Bookkeeping

最新段階式

簿記検定

問題集

全商

1

級

会計

実教出版

本書の内容と利用のしかた

　本書は，簿記の学習に取り組み，全商簿記実務検定試験をめざすみなさんが，簿記の知識を確実に身につけ，検定試験の出題形式や傾向を的確にとらえられるよう編集された問題集です。

　簿記の学習は決してむずかしいものではありませんが，しっかりと自分のものにするためには，実際に問題にぶつかり解決していく努力を積み重ねることが必要です。

　本書は，長年，簿記教育にたずさわってきた現場の教師陣が，平素の指導を通じて体得したものを十分に織り込んで編集したものです。日頃の学習に，検定試験のチャレンジに，大いに活用してください。

　本書には以下のような特色があります。

⑴　各種の簿記教科書を分析し，学習項目を網羅するとともに，どの教科書とも併用できるよう配列を工夫しました。

⑵　検定試験の出題範囲・傾向を分析し，各項目のなかに，的確なまとめと問題を収載しました。

⑶　各項目の問題は，原則として，基本問題―練習問題―検定問題の配列とし，基本的な問題から，段階をおって程度の高い問題へと進めるようにしました。

［内　容］

●**要点の整理**……各項目の学習事項を要約し，的確につかめるようにしました。また，適宜，例題をもちいることによって，取引の流れのなかでスムーズに理解できるようにしました。

●**基 本 問 題**……各項目のもっとも基本的な学習要素について問う問題を出題しました。いきなり問題に入っても戸惑うことのないよう，適宜，本文中に解法のポイントを示しました。

●**練 習 問 題**……基本問題からステップアップし，検定出題レベルの問題につなげるための問題を出題しました。重要な項目では，いろいろなパターンの問題を練習できるようにしました。

●**検 定 問 題**……全商簿記実務検定試験の過去の出題問題を，各項目ごとに分類し，出題しました。なお，範囲の関係で，実務検定試験問題の一題全部を出題できないときは部分的に示し，その傾向がわかるようにしました。

●**全商検定試験**……検定試験の出題傾向を分析して，全範囲から作問した程度・内容が同じ問題を多数出題し**出題形式別問題**　ました。

●**日 商 で は**……日商の試験にもチャレンジしたい人に向け，発展的な学習として「日商ではこうでる」を**こうでる！**　掲載しました。

◇**解　答　編**……別冊。解答にいたる過程の説明や注意事項を詳しく示しました。

　簿記は，暗記科目ではありません。

　簿記は，理解の科目です。考える科目です。

　このことを理解し，簿記特有の考え方や組み立てを身につけ，十分な実力を養成してください。

　みなさんの努力が実を結び，検定試験合格の栄冠を得られることを期待しています。

執筆者一同

も　く　じ

1 企業と財務会計

要点の整理

① 企業会計の意味

　企業会計とは，各企業を会計単位として，その継続的な経営活動を，会計期間ごとに区切り貨幣額を用いて記録・計算・整理し，その結果を報告することである。

① 　**会計単位**　——個々の企業が会計をおこなう範囲。

② 　**貨幣額**　——経営活動を貨幣額を用いて記録・計算・整理する。

③ 　**継続企業**　——企業の経営活動は継続して営まれているため，これを1年ごとの会計期間に区切らなければならない。

② 財務会計と管理会計

　企業会計には，報告先のちがいにより，次の二つの分野がある。

企業会計┬**財務会計**：株主，債権者，国・地方公共団体などの企業の利害関係者に対して，財政状態や経営成績などの会計情報を提供する**外部報告**の分野の会計。
　　　　└**管理会計**：企業の経営者や管理者に対して，経営活動を管理するために会計情報を提供する**内部報告**の分野の会計。

③ 株式会社のしくみ

　株式会社は株式を発行し，株主となった者から資金を調達し，その資金をもとに経営活動をおこない，そこから得た利益を株主に分配するしくみとなっている。

④ 企業会計の役割

　企業会計は，経営者をはじめ，株主，債権者，国・地方公共団体などの利害関係者やこれから投資をしようと考えている者に対して，会計情報を提供することにより，次の図のような役割を果たしている。

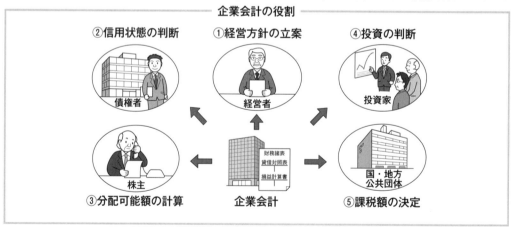

企業会計の役割

②信用状態の判断　債権者
①経営方針の立案　経営者
④投資の判断　投資家
③分配可能額の計算　株主
企業会計（財務諸表・貸借対照表・損益計算書）
⑤課税額の決定　国・地方公共団体

⑤ 財務会計の機能

(1) 利害調整機能

　株主と経営者の間や株主と債権者の間など，企業をとりまく利害関係者の間に生じる利害を，財務諸表によって調整する機能を財務会計の利害調整機能という。

(2) 情報提供機能

　投資家に対して，投資意思決定に役立つ有用な情報を提供するという働きを財務会計の情報提供機能といい，近年，特に重視されるようになった。

基本問題

❶-1 次の各文の □□□ のなかに，下記の語群のなかから，もっとも適当なものを選び，その番号を記入しなさい。

(1) 各企業を ［ ア ］ として，その継続的な経営活動を ［ イ ］ ごとに区切って，［ ウ ］ を用いて記録・計算・整理し，その結果を報告することを企業会計という。

(2) 企業会計の目的は，企業の一定期間における ［ エ ］ や一定時点における ［ オ ］ などの会計情報を，企業をとりまく多数の ［ カ ］ に提供することである。

1. 計　　　　算　　2. 財　政　状　態　　3. 利 害 関 係 者　　4. 会　計　期　間
5. 貨　　幣　　額　　6. 経　営　成　績　　7. 会　計　単　位　　8. 継　　　　続

(1)			(2)		
ア	イ	ウ	エ	オ	カ

ポイント (1)は企業会計の意味，(2)は企業会計の目的について述べた文である。

❶-2 企業会計が提供する会計情報は，下記の利害関係者が何をする場合に役立つか，A群とB群でもっとも適合する項目を線で結びなさい。

A群(利害関係者)　　　　　B群(何をする場合)
　経　営　者・　　　　・投資の判断をする場合
　債　権　者・　　　　・課税額の決定をする場合
　株　　　主・　　　　・信用状態の判断をする場合
　投　資　家・　　　　・経営方針の立案をする場合
　国・地方公共団体・　・分配可能額の計算をする場合

練習問題

❶-3 次の文の □□□ のなかに，下記の語群のなかから，もっとも適当なものを選び，その番号を記入しなさい。

企業会計は，企業の経営者のみならず，［ ア ］・［ イ ］・投資家・国や地方公共団体などの利害関係者に対し，［ ウ ］ によって，会計情報を提供することを目的としているが，このような外部報告のための会計を ［ エ ］ という。

また，外部報告のための会計情報のほかに，製造や販売などに関する内部報告のための会計情報も必要となるが，この分野の会計を ［ オ ］という。

1. 管　理　会　計　　2. 企　業　会　計　　3. 財　務　会　計　　4. 財　務　諸　表
5. 株　　　　主　　6. 債　　権　　者　　7. 経　　営　　者

ア		イ		ウ		エ		オ	

検定問題

❶-4 次の文の □□□ のなかに，下記の語群のなかから，もっとも適当なものを選び，その番号を記入しなさい。

企業会計は，企業の経営活動は永続的におこなわれるものであるとする継続企業を前提としている。そのため企業では，永続する経営活動を 1月1日から12月31日までというように区切った ［ ア ］ を定める必要がある。そして，財政状態や経営成績などを明らかにするために，決算をおこない，その結果を株主や債権者などの ［ イ ］ に報告している。　　　　　　　　　　　　　　　　　(第52回)

1. 利 害 関 係 者　　2. 会　計　期　間　　3. 取　締　役　会　　4. 会　計　期　末

ア		イ	

2 企業会計制度と会計基準

要点の整理

① 企業会計制度

企業をとりまく多くの者は，企業が提供する会計情報にもとづいていろいろな判断をおこなう。そのため，企業会計が正しくおこなわれ，会計情報が適切に伝達されるように，財務諸表作成の社会的なルールが必要となる。これには，会社法・金融商品取引法・法人税法や会計基準などがある。このように企業会計に関して制定された法律や会計基準によって規制される企業会計のしくみを**企業会計制度**という。

② 会社法と会社計算規則

(1) **会社法** 債権者や株主の保護を重視し，分配できる剰余金の限度額の計算などを規制する。

(2) **会社計算規則** 会社法ならびにその関係法令の委任にもとづく事項，たとえば，財産の評価や，貸借対照表・損益計算書などの記載方法などについて規定している。

③ 金融商品取引法と財務諸表等規則

(1) **金融商品取引法** 有価証券の発行および売買などの取引が公正におこなわれ，かつ，有価証券の流通を円滑にするための法律で，投資家を保護するために設けられている。

(2) **財務諸表等規則** 金融商品取引法にもとづいて制定された規則で，内閣総理大臣・証券取引所に提出する財務諸表は，この規則にしたがって作成する。

④ 法人税法

法人税法 企業の課税所得の計算および課税額の算出について規定している。

⑤ 会計基準

(1) **企業会計原則** 企業会計原則は，法令ではないが，すべての企業が会計処理をするにあたって守らなければならない基準で，企業会計制度の根幹をなす重要なルールである。企業会計原則は，一般原則・損益計算書原則・貸借対照表原則・注解から構成されている。

> 真実性の原則　　正規の簿記の原則　　資本取引・損益取引区分の原則
> 明瞭性の原則　　継続性の原則　　保守主義の原則　　単一性の原則

重要性の原則（一般原則ではないが，正規の簿記の原則や明瞭性の原則などと深い関係にある。）

(2) **企業会計基準** 企業会計基準は，個別のテーマごとに設定され，新しい会計問題に対応している。

⑥ 財務諸表の種類

金融商品取引法（注1）	会　社　法（注2）
1．貸借対照表	1．貸借対照表
2．損益計算書	2．損益計算書
3．包括利益計算書	3．株主資本等変動計算書
4．株主資本等変動計算書	4．注記表
5．キャッシュ・フロー計算書	5．事業報告
6．附属明細表	6．附属明細書

(注1) 連結財務諸表を前提としている。
(注2) 会社法では1～4を計算書類といい，これらに関連して5・6が作成される。

⑦ 財務諸表の構成要素

財務諸表の構成要素とは，意思決定有用性を向上させるために財務諸表に計上すべき要素をいう。日本の概念フレームワークでは8要素あるが，おもなものは次のとおりである。

(1) **資産**：将来，企業に現金などの収入をもたらす経済的資源をいう。

(2) **負債**：将来，企業に現金などの支出をもたらす経済的資源の引き渡し義務などをいう。

(3) **純資産**：資産から負債を差し引いた差額をいう。

(4) **収益**：純利益を増加させる項目であり，会計期末までに生じた資産の増加や負債の減少に見合う額のうち，実現した部分をいう。

(5) **費用**：純利益を減少させる項目であり，会計期末までに生じた資産の減少や負債の増加に見合う額のうち，実現した部分をいう。

基本問題

❷-1 次の各文の □□□□ のなかに, もっとも適当な用語を記入しなさい。

(1) 企業をとりまく多くの者は, 企業が提供する会計情報にもとづいていろいろな判断をおこなう。そのため, 企業会計が正しくおこなわれ, 会計情報が適切に伝達されるように, 財務諸表作成の社会的なルールが必要となる。このルールには, 会社法・金融商品取引法・法人税法や会計基準などがある。このように企業会計に関して制定された法律や会計基準によって規制される企業会計のしくみを ［ ア ］ という。

(2) わが国の企業会計制度における主要な法律として, 会社法・金融商品取引法・法人税法の三つがある。また, 法律ではないが, すべての企業がその会計処理をおこなうにあたって守らなければならない基準として, ［ イ ］ がある。

(3) 企業会計制度において, 債権者や株主の保護を重視し, 分配できる剰余金の限度額の計算などを規制する法が ［ ウ ］ である。

(4) 企業会計制度において, 国民経済の適切な運営と投資家の保護を目的としている法が ［ エ ］ であり, 課税所得および課税額の計算を目的としている法が法人税法である。

(5) 近年の企業をとりまく環境の変化や会計基準の国際的統合の流れなどに対しては, 企業会計原則では, 徐々に対応が難しくなってきた。そこで今日では, 企業会計原則とともに ［ オ ］ が企業会計をリードする役割を果たすようになっている。

(1)	(2)	(3)	(4)	(5)
ア	イ	ウ	エ	オ

❷-2 次の各文は, 企業会計原則の一般原則について述べたものである。それぞれの文が述べる一般原則の名称を答えなさい。

(1) 企業会計は, 企業の財政状態および経営成績に関して, 真実な報告を提供するものでなければならない。

(2) 企業会計は, その処理の原則および手続きを毎期継続して適用し, みだりにこれを変更してはならない。

(3) 企業会計は, 財務諸表によって, 利害関係者に対し必要な会計事実を明瞭に表示し, 企業の状況に関する判断を誤らせないようにしなければならない。

(4) 企業会計は, すべての取引につき, 正確な会計帳簿を作成しなければならない。

(5) 株主総会提出のため, 信用目的のため, 租税目的のためなど種々の目的のために異なる形式の財務諸表を作成する必要がある場合, それらの内容は, 信頼しうる会計記録にもとづいて作成されたものであって, 政策の考慮のために事実の真実な表示をゆがめてはならない。

(6) 企業の財政に不利な影響を及ぼす可能性がある場合には, これに備えて適当に健全な会計処理をしなければならない。

(7) 資本取引と損益取引とを明瞭に区別し, 特に資本剰余金と利益剰余金とを混同してはならない。

(1)		(2)		(3)		(4)	
(5)		(6)		(7)			

ポイント 企業会計原則の一般原則を参照しなさい。

練 習 問 題

❷-❸ 次の各文は，七つの一般原則のうちどの原則にあたるか，その一般原則の名称を答えなさい。

(1) 企業会計の処理や報告の両面について述べたもので，他の一般原則のかなめとなるもっとも基本的な原則である。

(2) 減価償却の計算法を，定額法から他の方法などにみだりに変更してはいけない。

(3) 財務諸表の作成にあたって，様式・区分・科目の配列の順序などについて一定の基準を設けた。

(4) 財務諸表を報告式から勘定式に形式を変えて作成した。ただし，内容については同一の会計記録にもとづいている。

(5) 手形や売掛金について回収不能額を見積もり貸倒引当金を計上した。

(6) 複式簿記により，正確な会計帳簿を作成し，これにもとづいて貸借対照表を作成した。

(1)		(2)		(3)	
(4)		(5)		(6)	

❷-❹ 次のA群に示す財務諸表の構成要素の説明文として適当なものをB群から選び，記号で答えなさい。

A群　　①　資産　　　②　純資産　　　③　収益

B群　　ア．資産から負債を差し引いた差額をいう。

イ．純利益を増加させる項目であり，会計期末までに生じた資産の増加や負債の減少に見合う額のうち，実現した部分をいう。

ウ．将来，企業に現金などの収入をもたらす経済的資源をいう。

①	②	③

検 定 問 題

❷-❺ 次の各文の ☐☐☐ にあてはまるもっとも適当な語を，それぞれの語群のなかから選び，その番号を記入しなさい。

(1) a．企業会計は，すべての取引につき ☐ ア ☐ の原則にしたがって，正確な会計帳簿を作成しなければならない。この原則は，網羅的，秩序的かつ明瞭に取引を記録することを求めており，この原則にそった記帳には ☐ イ ☐ がもっとも適している。

b．会計処理のさい，勘定科目の性質や金額の大小などから判断し，影響が小さいものについては，簡便な方法を採用することができる。これは，☐ ウ ☐ の原則の適用によるものである。たとえば，少額の消耗品について，買入時または払出時に ☐ エ ☐ として処理する方法を採用することができる。

（第93回）

1．正 規 の 簿 記　　2．単 式 簿 記　　3．単　　　一　　　性　　4．継　　　続　　　性
5．重　　　要　　　性　　6．費　　　　　　用　　7．勘　定　式　　8．収　　　　　　益
9．複　式　簿　記　　10．報　　告　　式

(2) a．企業会計において，いったん採用した会計処理の原則および手続きは，毎期継続して適用し，正当な理由がないかぎり変更してはならない。これを ☐ オ ☐ の原則という。なお，正当な理由によって会計処理の原則および手続きを変更したときは，財務諸表にこのことを ☐ カ ☐ しなければならない。

b．企業が自社の会計情報を開示することを ☐ キ ☐ といい，わが国では会社法や金融商品取引法によって規制されている。会社法は，株主に対する計算書類の提供や，貸借対照表・損益計算書の要旨を官報や新聞等で公告することを規定している。また，金融商品取引法は，☐ ク ☐ の開示を義務づけている。

（第91回）

1．継　　　続　　　性　　2．正 規 の 簿 記　　3．有価証券報告書　　4．キャッシュ・フロー
5．アカウンタビリティ　　6．ディスクロージャー　　7．仕　　　　　　訳　　8．単　　　一　　　性
9．注　　　　　　記　　10．附 属 明 細 書

ア	イ	ウ	エ	オ	カ	キ	ク

3 資産の意味と分類

要点の整理

① 資産の意味
企業の経営活動に役立つ財貨や権利などの経済的資源を**資産**という。

② 資産の種類

資産	流動資産……	当座資産…………………	現金・当座預金・受取手形・電子記録債権・売掛金・クレジット売掛金・有価証券など
		棚卸資産…………………	商品・製品・仕掛品・原材料・消耗品など
		その他の流動資産……	短期貸付金・未収入金・前払金・立替金・前払費用・未収収益など
	固定資産……	有形固定資産…………	建物・機械装置・車両運搬具・備品・土地・建設仮勘定など
		無形固定資産…………	特許権・鉱業権・ソフトウェア・のれんなど
		投資その他の資産……	投資有価証券・長期貸付金・子会社株式・長期前払費用など

③ 資産の分類基準

(1) 正常営業循環基準

企業の主要な営業活動の過程にある資産を**流動資産**とする基準を**正常営業循環基準**（または単に**営業循環基準**）という。

企業の主要な活動である売買や製造過程にある，商品や製品，主要な営業取引によって生じる受取手形や売掛金などは，この基準によって流動資産に分類される。

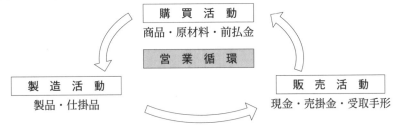

(2) 1年基準（ワン・イヤー・ルール）

資産が決算日の翌日から1年以内に現金化または費用化する資産を**流動資産**とし，それ以外の資産を**固定資産**とする基準を，**1年基準（ワン・イヤー・ルール）**という。

預金や貸付金，前払費用などは，この基準によって流動資産か固定資産に分類される。

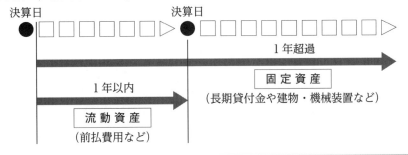

基本問題

❸-1　次の表の □□□□ のなかに，もっとも適当な用語を記入しなさい。ただし，分類は会社計算規則による。

(1)		(2)		(3)	
(4)		(5)		(6)	

❸-2　次の各文の □□□□ のなかに，下記の語群のなかから，もっとも適当なものを選び，その番号を記入しなさい。

(1) 企業の経営活動に役立つ財貨や権利などの経済的資源を ［　ア　］ という。貸借対照表の作成にあたり，資産は流動資産と ［　イ　］ に分類する。

(2) 企業の主要な営業活動の過程にある資産を流動資産とする基準を，［　ウ　］ という。

(3) 資産が決算日の翌日から1年以内に現金化または費用化するかどうかによって，流動資産と固定資産に分類する基準を ［　エ　］ という。

1．正常営業循環基準　　2．金銭債権的　　3．営業過程基準　　4．棚　卸　資　産
5．資　　　　　産　　　6．1　年　基　準　　7．1年以内基準　　8．固　定　資　産

(1)		(2)	(3)
ア	イ	ウ	エ

ポイント　①　(2)の企業の主要な営業活動とは，たとえば商品売買業では商品の売買取引をいう。
　　　　　②　(3)の分類基準は，ワン・イヤー・ルールともいう。

練習問題

❸-3　次の資産は，下記のどの項目に分類されるか，番号を記入しなさい。

1．長期前払費用　　2．備　　　　　品　　3．未　収　入　金　　4．クレジット売掛金
5．未　収　収　益　　6．売　　掛　　金　　7．の　れ　ん　　　8．定期預金(5年)
9．仕　掛　品　　　10．特　　許　　権　　11．長　期　貸　付　金　12．有　価　証　券
13．商　　　　　品　14．機　械　装　置　　15．子　会　社　株　式　16．現　　　　　金
17．前　払　金　　　18．ソフトウェア　　19．土　　　　　地　　20．原　材　料

流動資産	当　座　資　産		固定資産	有形固定資産	
	棚　卸　資　産			無形固定資産	
	その他の流動資産			投資その他の資産	

❸-4 次の各文のうち，正しいものには○印を，誤っているものには×印を（　）のなかに記入しなさい。

(1) （　）　子会社株式は，無形固定資産である。

(2) （　）　/年3か月後に回収予定の売掛金を，投資その他の資産の区分に記載した。

(3) （　）　前払費用は流動資産であるが，長期前払費用は固定資産である。

(4) （　）　資産は，まず/年基準で流動と固定に分類し，/年基準で分類できない項目を正常営業循環基準により分類する。

(5) （　）　建物は，流動資産である。

(6) （　）　商品や製品は，正常営業循環基準によって流動資産となる。

(7) （　）　有価証券は，すべて当座資産に分類される。

(8) （　）　その他の流動資産には，当座資産と棚卸資産に含まれない未収収益などがある。

(9) （　）　車両運搬具は，企業の主要な営業活動の過程にある資産だから，正常営業循環基準によって分類される。

(10) （　）　定期預金（3年）は流動資産に記載する。

|||||||||||||||||||||||||||||||||||||検 定 問 題|||||||||||||||||||||||||||||||||||||

❸-5 次の各文の下線を引いてある語が正しいときは○印を，誤っているときは正しい語を記入しなさい。

(1) 継続して店舗を賃借している場合の家賃支払額のうち，次年度以降に属する前払家賃などを<u>当座資産</u>（ア）といい，このうち，/年以内に費用となるものは貸借対照表の<u>無形固定資産</u>（イ）の区分に記載する。

(第29回一部修正)

(2) 通常の商取引から生じる受取手形や売掛金などの債権は流動資産とするが，預金や貸付金などは，<u>/年基準</u>（ウ）によって流動資産と<u>棚卸資産</u>（エ）とに区分する。

(第30回一部修正)

(1)		(2)	
ア	イ	ウ	エ

❸-6 次の各文の ☐☐☐☐ のなかに，下記の語群のなかから，もっとも適当なものを選び，その番号を記入しなさい。

(1) 一定の契約にしたがい，継続して役務の提供を受ける場合，まだ提供されていない役務に対し支払われた対価を ☐ ア ☐ という。これらのうち，/年以内に費用となるものは，貸借対照表の ☐ イ ☐ の区分に記載する。

(第24回一部修正)

(2) 通常の営業取引で生じた ☐ ウ ☐ や売掛金などの債権を流動資産とするのは，☐ エ ☐ によるものである。

(第81回一部修正)

1．流 動 資 産　　2．受 取 手 形　　3．営業循環基準　　4．流 動 負 債
5．棚 卸 資 産　　6．固 定 資 産　　7．貸 付 金　　8．/ 年 基 準
9．前 払 費 用　　10．固 定 負 債

(1)		(2)	
ア	イ	ウ	エ

資産の評価

4

要点の整理

① 資産評価の意味

　資産の評価とは，貸借対照表に記載する資産の価額を決めることである。売掛金に対する貸し倒れの見積もりや，固定資産の減価償却などは資産の評価のための手続きである。

② 資産評価の重要性

　資産の評価は，適正な財政状態を表示するために必要であるとともに，損益計算にも重要な影響を与える。

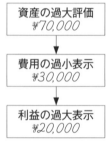

資産の過大評価の例

期末資産 70,000	期末負債 20,000
	期首資本 30,000
	当期純利益 (20,000)
費　用 30,000	収　益 50,000

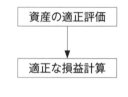

資産の適正評価の例

期末資産 65,000	期末負債 20,000
	期首資本 30,000
	当期純利益 (15,000)
費　用 35,000	収　益 50,000

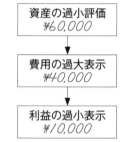

資産の過小評価の例

期末資産 60,000	期末負債 20,000
	期首資本 30,000
	当期純利益 (10,000)
費　用 40,000	収　益 50,000

資産の過大評価
¥70,000
↓
費用の過小表示
¥30,000
↓
利益の過大表示
¥20,000

資産の適正評価
↓
適正な損益計算

資産の過小評価
¥60,000
↓
費用の過大表示
¥40,000
↓
利益の過小表示
¥10,000

③ 資産の評価基準

(1) 原価基準

　買入価額や製造原価など，資産の取得原価を基準として評価する方法を**原価基準**という。この方法によると，評価損も評価益も計上されない。支払いの記録などがあるため金額の客観性，確実性があり，その検証可能性が高い。

(2) 時価基準

　資産を現在の価値である時価（公正価値）を用いて評価する方法を**時価基準**という。この方法によると，時価と原価を比較して，時価が低ければ評価損，時価が高ければ評価益が計上される。この基準は，売買目的有価証券など一部の資産に適用される。

基本問題

4-1 次の各文の □□□□ のなかに，下記の語群のなかから，もっとも適当なものを選び，その番号を記入しなさい。

(1) 期末資産を過大に評価すれば，費用が過小に表示され，純利益が □ア□ に表示される。

(2) 期末資産を過小に評価すれば，費用が過大に表示され，純利益が □イ□ に表示される。

1. 過　　　小　　2. 正　　　確　　3. 過　　　大

(1)	(2)
ア	イ

4-2 次の各文の □□□□ のなかに，下記の語群のなかから，もっとも適当なものを選び，その番号を記入しなさい。ただし，同じ語を何度用いてもよい。

(1) 資産を現在の価値である □ア□ を用いて評価する方法を，□イ□ という。この方法による場合は，時価と原価を比較して，□ウ□ が高ければ評価益が発生する。

(2) 買入価額など，資産の取得原価を基準として評価する方法を，□エ□ という。この方法による場合は，評価損も評価益も発生しない。

1. 評　価　損　　2. 原　価　基　準　　3. 時　価　基　準　　4. 原　　　価
5. 時　　　価　　6. 評　価　益

(1)			(2)
ア	イ	ウ	エ

ポイント (2)は取得原価を基準として評価する方法だから，原価基準という名前がつけられている。

練習問題

4-3 次の { } のうち，適当なものを選んで番号を記入しなさい。

(1) 期末の商品を過大評価すると，貸借対照表では資産が { 1. 過大表示 / 2. 過小表示 } される。損益計算書では売上原価が { 3. 過大表示 / 4. 過小表示 } され，純利益は { 5. 過大表示 / 6. 過小表示 } される。

(2) 建物の減価償却を過大におこなうと，貸借対照表では資産が { 1. 過大表示 / 2. 過小表示 } される。損益計算書では減価償却費が { 3. 過大表示 / 4. 過小表示 } され，純利益は { 5. 過大表示 / 6. 過小表示 } される。

(3) 時価と原価を比較して，時価が低い場合には { 1. 評価損 / 2. 評価益 }，時価が高い場合には { 3. 評価損 / 4. 評価益 } が計上される資産の評価基準を { 5. 原価基準 / 6. 時価基準 } という。この基準が適用される資産には { 7. 売買目的有価証券 / 8. 建　物 } がある。

(1)			(2)			(3)			

❹-❹　取得原価 ¥200,000 の資産の決算日における時価が，それぞれ次のような場合，原価基準・時価基準によって評価すると，その評価額はいくらになるか答えなさい。

時　　価	原　価　基　準		時　価　基　準	
¥200,000の場合	ア	¥	イ	¥
¥220,000の場合	ウ	¥	エ	¥
¥180,000の場合	オ	¥	カ	¥

検定問題

❹-❺　次の各文の ☐☐☐ のなかに，下記の語群のなかから，もっとも適当なものを選び，その番号を記入しなさい。

(1)　予測される将来の危険に備えて，| ア |や売掛金に対して貸倒引当金を設定し，費用も見積もり計上することができるのは，| イ |の原則によるものである。　　　　　　　　　（第48回）

(2)　売買目的で保有する有価証券の取得原価が 300 万円で，期末の時価が 360 万円の場合，その評価額は 360 万円で，評価益は | ウ | 万円である。しかし，仮にこの有価証券を | エ | によって評価した場合，この評価益は計上されないことになる。　　　　（第55回一部修正）

(3)　期末商品棚卸高を過小に評価すれば，| オ | が過大に表示され，売上総利益は | カ | に表示される。　　　　　　　　　　　　　　　　　　　　　　　　　　　　　（第37回一部修正）

1. 過　　　　小　　2. 実　現　主　義　　3. 取　得　原　価　　4. 受　取　手　形
5. 保　守　主　義　　6. 評　価　損　　7. 資　　　　産　　8.　　　60
9. 時　　　　価　　10.　　360　　11.　　300　　12. 過　　　　大
13. 売　上　原　価　　14. 利　益　準　備　金

(1)		(2)		(3)	
ア	イ	ウ	エ	オ	カ

❹-❻　次の各文の下線を引いてある語が正しいときは○印を，誤っているときは正しい語を記入しなさい。

(1)　時価が原価より低いときに，時価基準によって評価すると評価益が計上される。（第28回一部修正）
　　　　　　　　　　　　　　　　　　　　ア

(2)　時価が原価より高いときに，原価基準によって評価すると評価益も評価損も発生しない。
　　　　　　　　　　　　　　　　　イ
　　　　　　　　　　　　　　　　　　　　　　　　　　　　　　　　　（第28回一部修正）

(1)	(2)
ア	イ

5 流動資産 (1) －当座資産－

要点の整理

① 当座資産の意味

当座資産とは，流動資産のうち，現金・預金および現金化しやすい性質をもつ資産である。当座資産には，受取手形，売掛金，売買目的有価証券などがある。

② 現金・預金

当座預金については，決算日に，銀行が発行する残高証明書と帳簿残高が一致しているかどうかを確かめ，一致していないときは，**銀行勘定調整表**を作成する必要がある。

例 3月3/日（決算日）の当座預金出納帳の残高は￥424,000であり，南北銀行からの残高証明書の残高は￥640,000であった。この不一致の原因を調査し，銀行勘定調整表を作成した。

銀 行 勘 定 調 整 表		
南北銀行北支店 令和○年3月3/日		
	当座預金出納帳	銀行残高証明書
3月3/日現在残高	￥424,000	￥640,000
加算 ③振出小切手未渡し	30,000	
④掛代金回収未記帳	50,000	
⑤営業時間外預け入れ		60,000
計	￥504,000	￥700,000
減算 ①支払利息未記帳	￥ 4,000	
②振出小切手未払い		￥200,000
調整後当座預金残高	￥500,000	￥500,000

① 当座借越の利息￥4,000が，当社では未記帳であった。

② 振り出した小切手のうち，￥200,000が銀行で未払いであった。

③ 仕入先に振り出した小切手￥30,000が未渡しである。

④ 得意先より売掛金￥50,000の当座振込があったが，当社では未記帳であった。

⑤ 決算日に現金￥60,000を預け入れたが，営業時間外のため銀行では記帳をしていなかった。

③ 電子記録債権

(1) 電子記録債権の発生

電子記録債権とは，電子債権記録機関への電子記録によってその発生・譲渡などがおこなわれる新たな金銭債権である。債務者と債権者が取引銀行に利用の申し込みをおこない，登録したうえで，債務者は取引銀行を通じて電子債権記録機関に**発生記録の請求**をおこなう。同時に，債権者には電子債権記録機関から**発生記録の通知**がおこなわれる。債権者はその記録を**電子記録債権勘定**（資産）で処理し，債務者は**電子記録債務勘定**（負債）で処理する。

例 A社は，B社に対する買掛金￥8,000の支払いのため，取引銀行を通じて電子債権記録機関に発生記録の請求をおこなった。B社には電子債権記録機関から取引銀行を通じて発生記録の通知がおこなわれた。

A社 （借）買 掛 金 8,000 （貸）電 子 記 録 債 務 8,000
B社 （借）電 子 記 録 債 権 8,000 （貸）売 掛 金 8,000

(2) 電子記録債権の消滅

支払期日になると，債務者の口座から資金を引き落とし，債権者の口座へ払い込みがおこなわれるように取引銀行の口座間で決済がおこなわれる。

例 A社は，電子債権記録機関に発生記録した電子記録債務￥8,000について支払期日が到来し，当座預金口座から引き落とされた。

A社 （借）電 子 記 録 債 務 8,000 （貸）当 座 預 金 8,000
B社 （借）当 座 預 金 8,000 （貸）電 子 記 録 債 権 8,000

(3) 電子記録債権の譲渡

債権者が電子債権記録機関に譲渡記録の請求をおこない，債権の金額を譲渡することができる。電子記録債権を債権金額より低い金額で譲渡した場合に生じる損失は，**電子記録債権売却損勘定**（費用）を用いて処理する。

例 電子債権記録機関に取引銀行を通じて電子記録債権¥3,000の取引銀行への譲渡記録をおこない，取引銀行から¥100が差し引かれた残額が当座預金口座に振り込まれた。

（借）当 座 預 金 2,900　　（貸）電 子 記 録 債 権　3,000
電子記録債権売却損　100

④ クレジット売掛金

商品を販売するさいには，クレジットカードによる支払いを求められることがある。そのときの商品代金である債権は，クレジット会社（信販会社）に対する債権となるため，通常の商品販売から生ずる売掛金勘定ではなく，**クレジット売掛金勘定**（資産）として処理する。クレジット会社（信販会社）に対する手数料は販売時に計上し，支払手数料勘定で処理する。

例 商品¥40,000をクレジットカード払いの条件で販売した。なお，クレジット会社への手数料（販売代金の2％）を計上した。

（借）クレジット売掛金 39,200　　（貸）売　　　　　上　40,000
支 払 手 数 料　800

⑤ 受取手形・電子記録債権・売掛金の期末評価

受取手形や電子記録債権に不渡りによる貸し倒れが予想されたり，売掛金に回収の見込みがないと予想される場合には，期末に貸し倒れを見積もる。見積額は，それぞれの残高から差し引いて評価する必要がある。

貸し倒れの見積額は，債務者の財政状態や経営成績などに応じて，**一般債権・貸倒懸念債権・破産更生債権等**に区分し，その区分に応じた方法により，算定する。

⑥ 有価証券

当座資産に分類される**有価証券**は，売買目的有価証券と満期保有目的の債券およびその他有価証券のうち1年以内に満期の到来するものである。

(1) 有価証券の売買

有価証券を購入したときは，購入手数料などの付随費用を加えた額を取得原価とする。社債や公債を売買したときには，直前の利払日の翌日から売買日までの利息を計算して受け払いする。この利息を**端数利息**（経過利息）といい，**有価証券利息勘定**（収益）で処理する。

(2) 有価証券の評価

売買目的有価証券は時価で評価する。満期保有目的の債券は取得原価または，償却原価法によって評価する。その他有価証券については，時価で評価する。

有価証券利息	
端数利息を支払ったとき	端数利息を受け取ったとき

基本問題

5-1 3月31日（決算日）の当座預金出納帳の残高は¥541,000であり，銀行の残高証明書の残高は¥717,000であった。この不一致の原因を調査したところ，次のことが判明した。よって，当座預金出納帳の修正に必要な仕訳を示し，銀行勘定調整表を作成しなさい。なお，仕訳が必要ない場合は「仕訳なし」と記入すること。

① 買掛金支払いのために振り出した小切手¥40,000が，未渡しである。
② かねて取り立てを依頼していた練馬商店振り出しの約束手形¥120,000について，銀行で取り立て済みとなっていたが，当店では記帳していなかった。
③ 決算日に現金¥58,000を預け入れたが，営業時間外のため翌日入金として扱われていた。
④ かねて豊島商店あてに振り出していた小切手¥60,000が，銀行でまだ支払われていなかった。
⑤ 借入金の利息¥3,000が当座預金口座から引き落とされていたが，当店では記帳していなかった。
⑥ 広告宣伝費¥17,000の支払いのため小切手を作成したが，未渡しである。

	借	方	貸	方
①				
②				
③				
④				
⑤				
⑥				

銀 行 勘 定 調 整 表

東西銀行東京支店　　　　　　　令和○年3月3/日

	当座預金出納帳	銀行残高証明書
3月3/日現在残高	¥　541,000	¥　7/7,000
加算　①振出小切手未渡し	¥( )	
②手形代金回収未記帳	¥( )	
③営業時間外預け入れ		¥( )
⑥振出小切手未渡し	¥( )	
計	¥( )	¥( )
減算　④振出小切手未払い		¥( )
⑤支払利息未記帳	¥( )	
調整後当座預金残高	¥( )	¥( )

5-2 次の一連の取引について，①広島商事株式会社と②岡山商事株式会社の仕訳を示しなさい。

(1) 広島商事株式会社は，岡山商事株式会社に対する買掛金 ¥/00,000 について，電子債権記録機関に発生記録の請求をおこない，岡山商事株式会社にはその通知がおこなわれた。

(2) 上記の支払期日が到来し，両社の取引銀行の当座預金口座間で決済された。

		借	方	貸	方
(1)	①				
	②				
(2)	①				
	②				

5-3 次の取引の仕訳を示しなさい。

(1) 和歌山商事株式会社に対する買掛金 ¥90,000 の支払いのため，電子債権記録機関に取引銀行を通じて電子記録債権の譲渡記録をおこなった。

(2) 電子債権記録機関に取引銀行を通じて電子記録債権 ¥250,000 の取引銀行への譲渡記録をおこない，取引銀行から ¥2,000 が差し引かれた残額が当座預金口座に振り込まれた。

	借	方	貸	方
(1)				
(2)				

5-4 次の取引の仕訳を示しなさい。ただし，商品に関する勘定は3分法によること。

(1) 商品¥300,000をクレジットカード払いの条件で販売した。なお，クレジット会社への手数料（販売代金の1%）を計上した。

(2) クレジット会社から，手数料を差し引いた商品販売の手取額が当社の当座預金口座に入金された。なお，販売時の商品代金は¥300,000であり，手数料は販売代金の1%であった。

	借　　　　　　方	貸　　　　　　方
(1)		
(2)		

5-5 横浜商事株式会社（決算年1回）の令和○2年3月31日における総勘定元帳勘定残高（一部）と決算整理事項によって，

(1) 受取手形，電子記録債権および売掛金の評価額を求め，決算に必要な仕訳を示しなさい。

(2) 報告式の貸借対照表（一部）を完成しなさい。

元帳勘定残高
現　　　　金 ¥　　940,000　当　座　預　金 ¥2,860,000　受　取　手　形 ¥4,500,000
電子記録債権　2,300,000　売　　掛　　金　6,300,000

決算整理事項
貸倒見積高　　受取手形，電子記録債権の全額および売掛金¥6,000,000については一般債権であり，貸倒実績率1%として貸し倒れを見積もる。売掛金¥300,000は東西商店に対する貸倒懸念債権であり，¥120,000の貸し倒れを見積もる。

(1)

	借　　　　　　方	貸　　　　　　方

(2)

貸　借　対　照　表　（一部）

横浜商事株式会社　　　　　　　　令和○2年3月31日　　　　　　　　（単位：円）

資　産　の　部

Ⅰ　流　動　資　産

1. 現　金　預　金　　　　　　　　　　　　　（　　　　　　）
2. 受　取　手　形　　　　（　　　　　　）
　　貸　倒　引　当　金　　（　　　　　　）（　　　　　　）
3. 電　子　記　録　債　権　（　　　　　　）
　　貸　倒　引　当　金　　（　　　　　　）（　　　　　　）
4. 売　　掛　　金　　　　（　　　　　　）
　　貸　倒　引　当　金　　（　　　　　　）（　　　　　　）

5-6 次の取引の仕訳を示しなさい。

(1) 売買目的で額面¥2,000,000の社債を¥100につき¥98で買い入れ，代金は端数利息¥12,000とともに小切手を振り出して支払った。

(2) 上記(1)の社債の半年分の利息¥30,000を現金で受け取った。

(3) 売買目的で額面¥3,000,000の社債を¥100につき¥97で買い入れ，この代金は買入手数料¥18,000および端数利息¥21,000とともに小切手を振り出して支払った。

	借　　　　　　方	貸　　　　　　方
(1)		
(2)		
(3)		

ポイント 端数利息は，有価証券利息勘定（収益）で処理する。

5-7 次の取引の仕訳を示しなさい。
(1) 売買目的で額面¥6,000,000の社債を¥100につき¥96で売却し，代金は端数利息¥63,000とともに小切手で受け取った。なお，売却した社債の帳簿価額は¥5,830,000である。
(2) 売買目的で保有している東京商事株式会社の社債 額面¥30,000,000を¥100につき¥99.70で売却し，代金は端数利息¥41,000とともに小切手で受け取った。ただし，この東京商事株式会社の社債は当期に額面¥60,000,000を¥100につき¥98.60で買い入れたものであり，同時に買入手数料¥140,000および端数利息¥48,000を支払っている。

	借	方	貸	方
(1)				
(2)				

5-8 次の取引の仕訳を示しなさい。
(1) 決算にあたり，売買目的で保有する次の有価証券を時価によって評価した。
A社株式 帳簿価額 ¥650,000 時価 ¥690,000
B社社債 帳簿価額 ¥500,000 時価 ¥410,000
(2) 決算にあたり，売買目的で保有する次の有価証券を時価によって評価した。
淀川株式会社 200株 帳簿価額 ／株¥75,000 時価 ／株¥81,000
明石株式会社 50株 帳簿価額 ／株¥38,000 時価 ／株¥34,000

	借	方	貸	方
(1)				
(2)				

練 習 問 題

5-9 次の一連の取引について，京都株式会社の仕訳を示しなさい。
(1) 大津株式会社は，京都株式会社に対する買掛金¥500,000の支払いのため，電子債権記録機関に取引銀行を通じて債務の発生記録をおこなった。また，京都株式会社は取引銀行よりその通知を受けた。
(2) 京都株式会社は，奈良株式会社に対する買掛金¥400,000の支払いのため，取引銀行を通じて大津株式会社に対する電子記録債権の一部について譲渡記録をおこなった。
(3) 京都株式会社は，大津株式会社に対する電子記録債権の残高¥100,000について，割引をおこなうために取引銀行への債権の譲渡記録をおこない，取引銀行から利息相当額¥2,000を差し引かれた残額が当座預金口座に振り込まれた。

	借	方	貸	方
(1)				
(2)				
(3)				

5-10 次の取引の仕訳を示しなさい。

(1) 売買目的で額面¥2,000,000の社債を¥100につき¥98.60で買い入れ，この代金は買入手数料 ¥12,000および端数利息¥5,000とともに小切手を振り出して支払った。

(2) 売買目的で保有している埼玉工業株式会社の社債　額面¥50,000,000のうち¥30,000,000を ¥100につき¥99.20で売却し，代金は端数利息¥104,000とともに小切手で受け取った。ただし， この額面¥50,000,000の社債は当期に¥100につき¥97.80で買い入れたものであり，同時に買 入手数料¥150,000および端数利息¥90,000を支払っている。

	借　　　　　方	貸　　　　　方
(1)		
(2)		

5-11 神奈川株式会社（決算年1回）の令和○2年3月31日における総勘定元帳勘定残高（一部）と決算整理事項によって，

(1) (ア) 受取手形，電子記録債権および売掛金の評価額を求め，決算に必要な差額補充法による貸倒引当金設定の仕訳を示しなさい。

(イ) 売買目的有価証券の評価替えの仕訳を示しなさい。

(2) 報告式の貸借対照表（一部）を完成しなさい。

元帳勘定残高

現　　　　金 ¥	560,000	当 座 預 金 ¥	3,250,000	受 取 手 形 ¥	2,300,000
電子記録債権	3,500,000	売　　掛　　金	5,500,000	貸 倒 引 当 金	62,000
売買目的有価証券	2,650,000				

決算整理事項

a. 貸 倒 見 積 高　　受取手形，電子記録債権の全額および売掛金¥5,300,000については一般 債権であり，貸倒実績率1％として貸し倒れを見積もる。売掛金¥200,000 は南北商店に対する貸倒懸念債権であり，50％の貸し倒れを見積もる。

b. 売買目的有価証券評価高　　売買目的で保有する次の株式について，時価によって評価する。

豊島商事株式会社　40株　時価　1株¥42,000
品川商事株式会社　25株　時価　〃〃36,000

(1)

	借　　　　　方	貸　　　　　方
(ア)		
(イ)		

(2)

貸　借　対　照　表　（一部）

神奈川株式会社　　　　　　　　　令和○2年3月31日　　　　　　　　　（単位：円）

資　産　の　部

I　流　動　資　産

1. 現 金 預 金　　　　　　　　　　　　　　　（　　　　　）
2. 受 取 手 形　　　　（　　　　　）
    貸 倒 引 当 金　　　（　　　　　）　　（　　　　　）
3. 電 子 記 録 債 権　（　　　　　）
    貸 倒 引 当 金　　　（　　　　　）　　（　　　　　）
4. 売　　掛　　金　　　（　　　　　）
    貸 倒 引 当 金　　　（　　　　　）　　（　　　　　）
5. 有 価 証 券　　　　　　　　　　　　　　　（　　　　　）

||||||||||||||||||||||||||||||||||||||||||||||| 検定問題 |||||||||||||||||||||||||||||||||||||||||||||||

❺-12 島根商事株式会社の決算日における当座預金出納帳の残高は¥520,000であり，銀行が発行した当座勘定残高証明書の金額は¥720,000であった。そこで，不一致の原因を調査したところ，次の資料を得た。よって，当座預金出納帳の次月繰越高を求めなさい。 (第90回)

　　資　　　料
　　ⅰ　当月分の電気代¥50,000が当座預金口座から引き落とされていたが，当社ではまだ記帳していなかった。
　　ⅱ　かねて東北商店あてに振り出した小切手¥150,000が，銀行でまだ支払われていなかった。
　　ⅲ　買掛金支払いのために小切手¥100,000を作成して記帳していたが，まだ仕入先に渡していなかった。

当座預金出納帳の次月繰越高	¥

❺-13 次の取引の仕訳を示しなさい。
(1) 売買目的で額面¥4,500,000の社債を¥100につき¥98.40で買い入れ，代金は買入手数料¥7,000および端数利息¥18,000とともに小切手¥4,453,000を振り出して支払った。 (第84回)
(2) 売買目的で額面¥5,000,000の社債を額面¥100につき¥97.40で買い入れ，代金は買入手数料¥24,000および端数利息¥12,000とともに小切手を振り出して支払った。 (第87回)
(3) 売買目的で保有している福岡工業株式会社の社債　額面¥6,000,000のうち¥3,000,000を額面¥100につき¥99.40で売却し，代金は端数利息¥39,000とともに小切手で受け取り，ただちに当座預金とした。ただし，この額面¥6,000,000の社債は，当期に額面¥100につき¥97.80で買い入れたものであり，同時に買入手数料¥12,000および端数利息¥75,000を支払っている。(第86回)
(4) 売買目的で保有している西北物産株式会社の社債　額面¥10,000,000のうち¥6,000,000を額面¥100につき¥97.50で売却し，代金は端数利息¥138,000とともに小切手で受け取り，ただちに当座預金とした。ただし，この額面¥10,000,000の社債は，当期に額面¥100につき¥97.40で買い入れたものであり，同時に買入手数料¥20,000および端数利息¥50,000を支払っている。
(第88回)
(5) 売買目的で保有している熊本株式会社の社債　額面¥20,000,000のうち¥5,000,000を額面¥100につき¥99.60で売却し，代金は端数利息¥34,000とともに小切手で受け取った。ただし，この額面¥20,000,000の社債は，当期に額面¥100につき¥98.50で買い入れたものであり，同時に買入手数料¥140,000および端数利息¥272,000を支払っている。 (第92回)

	借　　　　　方	貸　　　　　方
(1)		
(2)		
(3)		
(4)		
(5)		

5-14 宮崎商事株式会社の総勘定元帳勘定残高と付記事項および決算整理事項によって，報告式の貸借対照表（一部）を完成しなさい。 （第86回一部修正）

ただし， i 会社計算規則によること。

ii 会計期間は令和○/年4月/日から令和○2年3月3/日までとする。

元帳勘定残高

現　　　　金	¥ 685,000	当 座 預 金	¥ 1,300,000	受 取 手 形	¥ 2,000,000
売　掛　金	1,400,000	貸 倒 引 当 金	12,000	売買目的有価証券	1,590,000

付記事項

① 3月3/日の当座預金勘定残高証明書の金額は¥/,720,000であり，その不一致の原因を調査したところ，次の資料を得た。

㋐ かねて仕入先長崎商店あてに振り出した小切手¥/40,000が，銀行でまだ引き落とされていなかった。

㋑ 買掛金支払いのために小切手¥80,000を作成して記帳していたが，まだ仕入先に渡していなかった。

㋒ かねて取り立てを依頼してあった得意先鹿児島商店振り出しの約束手形¥200,000が銀行で取り立て済みとなり，当座預金口座に入金されていたが，当社では未記帳であった。

決算整理事項

a. 貸 倒 見 積 高　　受取手形と売掛金の期末残高に対し，それぞれ/％と見積もり，貸倒引当金を設定する。

b. 有価証券評価高　　有価証券は，売買目的で保有する次の株式であり，時価によって評価する。

熊本株式会社　30株　　時価　/株¥56,000

貸　借　対　照　表（一部）

宮崎商事株式会社　　　　　　　令和○2年3月3/日　　　　　　　　　（単位：円）

資　産　の　部

I　流　動　資　産

1. 現　金　預　金 （　　　　　　）

2. 受　取　手　形 （　　　　　　）

（　　　　　　　） （　　　　　　） （　　　　　　）

3.（　　　　　　　） （　　　　　　）

（　　　　　　　） （　　　　　　） （　　　　　　）

4.（　　　　　　　） （　　　　　　）

6 流動資産 (2) －棚卸資産①－

要点の整理

① 棚卸資産の意味と種類

棚卸資産には，販売または製造のために消費する目的で保有する商品・製品・仕掛品などがある。

② 棚卸資産の取得原価

棚卸資産を購入した場合は，購入代価に引取運賃や購入手数料などの付随費用を加えた金額を取得原価とする。

また，この取得原価は期間損益を正しく計算するために，当期の費用とする額と，資産として次期に繰り越す額（次期の費用となる額）とに配分する必要がある。これを**費用配分の原則**という。

③ 払出価額の計算

> 払 出 価 額＝払 出 単 価×払 出 数 量
> 期末商品棚卸高＝期末の単価×期末棚卸数量

(1) 数量の計算

① **継続記録法**（帳簿棚卸法）

棚卸資産の種類ごとに，商品有高帳などを設けて，受け入れ・払い出しのつど，帳簿に継続して記録し，つねに受入数量・払出数量・在庫数量を帳簿上明らかにしておく方法。

② **棚卸計算法**（実地棚卸法）

期末に実地棚卸をおこない実際の数量を確かめ，次の計算式によって払出数量を算出する方法。

> 前期繰越数量＋当期仕入数量－実地棚卸数量＝当期払出数量

(2) 単価の計算

同じ種類の商品を異なった単価で仕入れた場合，単価を計算する方法には，次のようなものがある。これらの方法は，単価をすべて取得原価で計算する方法であるので，**原価法**とよばれる。

計算方法	特　　　　　徴
先入先出法	先に仕入れた商品を先に払い出したとみなして，払出単価を決める方法である。払出価額は比較的古い取得原価であらわされ，期末棚卸高は最近の取得原価であらわされる。
移動平均法	受け入れのつど，その数量と金額を，それぞれ，残高欄の数量と金額に加え，その合計金額を合計数量で割って平均単価を算出し，これを払出単価とする方法である。
総平均法	払い出しのときは数量だけ記入し，一定の期間末に，前期繰越高と仕入高の合計金額を，前期繰越数量と仕入数量の合計数量で割って平均単価を算出し，これを払出単価とする方法である。

基本問題

6-1 岐阜商店におけるA商品の仕入れ・売り上げの明細は，次のとおりである。(1)先入先出法　(2)移動平均法　(3)総平均法によって，商品有高帳に記入し，締め切りなさい。また，売上原価・期末商品棚卸高・売上総利益を求めなさい。

```
6月 1日  前月繰越   200個   @¥100
  10日  仕 入 れ   300〃   〃〃120
  15日  売り上げ   300〃   〃〃180
  20日  仕 入 れ   250〃   〃〃130
  25日  売り上げ   280〃   〃〃150
```

(1)

商 品 有 高 帳

(先入先出法)　　　　　　　　　A　商　品　　　　　　　　　単位：個

令和○年	摘　要	受　入			払　出			残　高		
		数量	単価	金額	数量	単価	金額	数量	単価	金額

売上原価 ¥	期末商品棚卸高 ¥	売上総利益 ¥

(2)

商 品 有 高 帳

(移動平均法) A 商 品 単位：個

令和 ○年	摘　　　要	受　　入			払　　出			残　　高		
		数量	単価	金　額	数量	単価	金　額	数量	単価	金　額

売 上 原 価　¥	期末商品棚卸高　¥	売 上 総 利 益　¥

ポイント ① *6／10の計算* ② *6／20の計算*

$$\frac{¥20,000 + ¥36,000}{200個 + 300個} = ¥112 \qquad \frac{¥22,400 + ¥32,500}{200個 + 250個} = ¥122$$

(3)

商 品 有 高 帳

(総平均法) A 商 品 単位：個

令和 ○年	摘　　　要	受　　入			払　　出			残　　高		
		数量	単価	金　額	数量	単価	金　額	数量	単価	金　額

売 上 原 価　¥	期末商品棚卸高　¥	売 上 総 利 益　¥

ポイント 払出単価の計算　¥88,500 ÷ 750個 = ¥118

練習問題

6-2 次の各文の　□□□□□　のなかに，下記の語群のなかから，もっとも適当なものを選び，その番号を記入しなさい。

(1) 棚卸資産には，販売のために保有する商品・製品や販売を目的として製造中の　□ア□，製造のために消費される原材料などがある。棚卸資産の　□イ□　は購入の場合，購入代価に付随費用を加えた金額であり，自社で製造した場合は，製造原価である。

(2) 適正な期間損益を計算するために，資産の取得原価を当期の　□ウ□　とする額と，資産として次期に繰り越す額とに分ける必要がある。これを　□エ□　という。

(3) 棚卸資産の払出数量を計算する方法には，商品有高帳などを設けて，受け入れ・払い出しのつど帳簿に記録する　□オ□　と，定期的に実際の棚卸数量を確かめて計算によって払出数量を求める　□カ□　がある。

(4) 同じ種類の商品を異なった単価で仕入れた場合の払出単価の計算方法には，先に仕入れた商品を先に払い出したとみなして払出単価を決める　□キ□　や，受け入れのつど平均単価を算出し，これを払出単価とする　□ク□　や，一定期間末に前期繰越高と仕入高の平均単価を算出し，これを払出単価とする　□ケ□　がある。

1. 棚 卸 計 算 法	2. 定　率　法	3. 費用収益対応の原則	4. 取 得 原 価
5. 生 産 高 比 例 法	6. 定　額　法	7. 収　　益	8. 費　　用
9. 先 入 先 出 法	10. 仕 掛 品	11. 備　　品	12. 費用配分の原則
13. 資　　産	14. 移 動 平 均 法	15. 継 続 記 録 法	16. 販 売 価 額
17. 実現主義の原則	18. 総 平 均 法		

(1)		(2)		(3)		(4)		
ア	イ	ウ	エ	オ	カ	キ	ク	ケ

6-3 A商品に関する仕入れと売り上げの6月中の資料から，先入先出法・移動平均法・総平均法によって，払出価額（売上原価）と期末商品棚卸高を計算しなさい。

```
6月 1日 前月繰越    600個  @¥200   ¥120,000
   7日 仕 入 れ  2,400 〃   〃 〃220
  15日 売り上げ  2,500 〃
  20日 仕 入 れ  2,000 〃   〃 〃240
  27日 売り上げ  1,800 〃
```

	先 入 先 出 法	移 動 平 均 法	総 平 均 法
払 出 価 額	¥	¥	¥
期末商品棚卸高	¥	¥	¥

6-4 7月10日現在のB商品の残高は，次のとおりであった。7月11日に400個を売り渡した場合，先入先出法，移動平均法によって，払出価額を計算しなさい。

```
7月5日仕入分   200個  @¥2,000   7月8日仕入分   300個  @¥2,300
```

先 入 先 出 法	¥	移 動 平 均 法	¥

6-5 次の資料から，先入先出法・移動平均法・総平均法によって，売上総利益を計算しなさい。ただし，商品/個あたりの販売価格は¥400である。

```
10月 1日 前月繰越   300個  @¥240
    7日 仕 入 れ   300 〃  〃 〃280
   15日 売り上げ    500 〃
   20日 仕 入 れ   150 〃  〃 〃300
   28日 売り上げ    200 〃
```

先 入 先 出 法	移 動 平 均 法	総 平 均 法
¥	¥	¥

■■■■■■■■■■■■■■■■■■■■■■■■■■■■■■■■■■■ **検定問題** ■■■■■■■■■■■■■■■■■■■■■■■■■■■■■■■■■■■

6-6 次の各文の □□□□ のなかに，下記の語群のなかから，もっとも適当なものを選び，その番号を記入しなさい。ただし，同じ語を何度用いてもよい。

(1) 正しい期間損益計算をおこなうため，資産の取得原価は ア の原則によって当期の費用となる部分と，次期以降の費用とするために資産として繰り越す部分とに分けられる。たとえば，商品の取得原価は，当期に販売されて イ となる部分と，当期に販売されずに期末商品棚卸高として繰り越す部分とに分けられる。　　　　　　　　　　　　　　　　　　　　　　　　　　（第75回）

(2) 商品の払出単価の計算を，正当な理由なく先入先出法から移動平均法に変更することが認められないのは ウ の原則によるものである。この原則により財務諸表の期間比較が可能になり，また， エ の防止ができる。　　　　　　　　　　　　　　　　　　　　　（第76回）

(3) 資産の取得原価は，資産の種類に応じた オ の原則によって，各会計期間に配分しなければならない。たとえば，有形固定資産は，定額法や定率法などの一定の カ の方法により，その取得原価を各会計期間に配分する。　　　　　　　　　　　　　　　　　　　　（第63回）

(4) 商品の取得原価は，販売によって キ として当期の費用となる部分と，期末商品棚卸高として次期に繰り越され，次期以降の費用となる部分とに分けられる。これは ク の原則によるものである。　　　　　　　　　　　　　　　　　　　　　　　　　　　　　（第72回）

(5) 商品の受け入れ・払い出しのつど商品有高帳などに記入して，受入数量・払出数量・残高数量を明らかにする方法を ケ という。そのさい，先に仕入れた商品を先に払い出したとみなして払出単価を決める コ などがある。　　　　　　　　　　　　　　　（第43回一部修正）

1. 利 益 操 作	2. 棚 卸 計 算 法	3. 費 用 収 益 対 応	4. 収　　　益
5. 資　　　本	6. 継 続 記 録 法	7. 売 上 原 価	8. 費 用 配 分
9. 期 末 棚 卸 高	10. 先 入 先 出 法	11. 減 価 償 却	12. 売 上 高
13. 明 瞭 性	14. 資　　　産	15. 総 平 均 法	16. 継 続 性

(1)		(2)		(3)		(4)		(5)	
ア	イ	ウ	エ	オ	カ	キ	ク	ケ	コ

7 流動資産 (3) －棚卸資産②－

要点の整理

① 棚卸資産の期末評価

棚卸資産は，原則として取得原価によって評価する。

(1) 期末における**正味売却価額**が取得原価よりも下落した場合には，正味売却価額で評価しなければならない。この場合，取得原価と正味売却価額との差額は，**商品評価損勘定**で処理する。

(2) 紛失・破損などによって数量不足（減耗）が発生した場合には，数量不足の商品（棚卸減耗）の取得原価を**棚卸減耗損勘定**で処理する。

② 商品評価損・棚卸減耗損

商品評価損・棚卸減耗損の発生原因		損益計算書の表示区分	勘定科目
正味売却価額の下落		製造原価，売上原価の内訳項目 ※臨時的で多額なものは特別損失に表示	商品評価損
数量不足	原価性がある	製造原価，売上原価の内訳項目または販売費	棚卸減耗損
	原価性がない	営業外費用または特別損失	

例 商品評価損¥*10,000* と棚卸減耗損¥*20,000* は，次のように計算される。

> **棚卸減耗損＝原価×（帳簿棚卸数量－実地棚卸数量）**
> **商品評価損＝（原価－正味売却価額）×実地棚卸数量**

	商品評価損 ¥*10,000* （¥*500*－¥*450*）×*200*個	棚卸減耗損 ¥*20,000* ¥*500*×（*240*個－*200*個）
原価 @¥*500*	正味売却価額　@¥*450* 実地棚卸数量　*200*個	

帳簿棚卸数量　*240*個

例 商品評価損¥*10,000* と棚卸減耗損¥*20,000* を，ともに**売上原価の内訳項目**として表示する場合，次のように仕訳する。ただし，期首商品棚卸高¥*100,000* とする。

（借）	仕　　　　　　入	*100,000*	（貸）	繰　越　商　品	*100,000*	
（借）	繰　越　商　品	*120,000*	（貸）	仕　　　　　　入	*120,000*	（注1）
（借）	棚　卸　減　耗　損	*20,000*	（貸）	繰　越　商　品	*20,000*	
（借）	商　品　評　価　損	*10,000*	（貸）	繰　越　商　品	*10,000*	
（借）	仕　　　　　　入	*20,000*	（貸）	棚　卸　減　耗　損	*20,000*	（注2）
（借）	仕　　　　　　入	*10,000*	（貸）	商　品　評　価　損	*10,000*	（注2）

(注1) 原価¥*500*×帳簿棚卸数量*240*個＝期末商品棚卸高¥*120,000*

(注2) 仕入勘定の借方は棚卸減耗損と商品評価損であり，期末商品棚卸高¥*120,000* から控除して，売上原価に加えるための仕訳である。

③ 売価還元法 （小売棚卸法）

取扱商品の種類が多い小売業などは，期末に取得原価を調査することが難しいので，**売価還元法**を用いることがある。この方法は，期末商品棚卸高を売価で計算し，これに**原価率**を掛けて期末商品棚卸高を計算する。

$$原価率＝\frac{期首商品棚卸高（原価）＋当期純仕入高（原価）}{期首商品棚卸高（売価）＋当期純仕入高（売価）}$$

期末商品棚卸高（原価）＝期末商品棚卸高（売価）×原価率

―基本問題―

7-1 次の資料によって，決算に必要な仕訳を示し，損益計算書（一部）を完成しなさい。ただし，棚卸減耗損・商品評価損は売上原価の内訳項目とする。(決算年/回 3月3/日)

資　　　料

(1) 総勘定元帳勘定残高

仕　入 ¥730,000　　売　上 ¥1,030,000　　繰越商品 ¥100,000

(2) 期末商品棚卸高　帳簿棚卸数量 700個　　原　価 @¥200
　　　　　　　　　　実地棚卸数量 680〃　　正味売却価額 〃〃170

	借　　　　　方		貸　　　　　方	
決算整理仕訳				

ポイント 棚卸減耗損・商品評価損は売上原価の内訳項目とするので，仕入勘定に振り替える仕訳が必要である。

損　益　計　算　書（一部）

令和○/年4月/日から令和○2年3月3/日まで　　　　　　　　（単位：円）

Ⅰ 売　　上　　高　　　　　　　　　　　　　　　　　（　　　　　　　）
Ⅱ 売　上　原　価
　1. 期首商品棚卸高　　　　（　　　　　　　）
　2. 当期商品仕入高　　　　（　　　　　　　）
　　　合　　　計　　　　　（　　　　　　　）
　3.（　　　　　　　）　　（　　　　　　　）
　　　　　　　　　　　　　（　　　　　　　）
　4. 棚　卸　減　耗　損　　（　　　　　　　）
　5.（　　　　　　　）　　（　　　　　　　）　　（　　　　　　　）
　　　売　上　総　利　益　　　　　　　　　　　　（　　　　　　　）

7-2 次の資料によって，期末商品棚卸高（原価）を計算しなさい。ただし，売価還元法によっている。

	原　　価	売　　価
期首商品棚卸高	¥ 615,000	¥ 750,000
当期仕入高	¥ 6,245,000	¥ 7,825,000
期末商品棚卸高		¥ 900,000

計　　算　　式	答
	¥

ポイント まず原価率を算出し，次に期末商品棚卸高（売価）に原価率を掛ける。

練 習 問 題

7-3 東京商事株式会社（決算年1回　3月31日）の商品に関する資料は，次のとおりであった。よって，
(1) 決算に必要な仕訳を示し，各勘定に転記をして，損益勘定以外の各勘定を締め切りなさい。ただし，商品に関する勘定は3分法による。また，勘定には，日付・相手科目・金額を記入すること。
(2) 損益計算書（一部）を完成しなさい。

　資　　　料
　　期末商品棚卸高　　帳簿棚卸数量 500個　　原　　価　@¥1,400
　　　　　　　　　　　実地棚卸数量 480〃　　正味売却価額　〃〃1,200
　　　　　　ただし，商品評価損は売上原価の内訳項目とする。また，棚卸減耗損のうち，15個分は通常発生する金額であるため売上原価の内訳項目とし，残りは営業外費用とする。

(1)

	借　　　　　方		貸　　　　　方	
決算整理仕訳				
決算振替仕訳				

繰 越 商 品		仕　　　　入	
730,000		7,260,000	

商 品 評 価 損		売　　　　上	
			9,820,000

棚 卸 減 耗 損		損　　　　益	

(2)
損 益 計 算 書（一部）
東京商事株式会社　　　　　令和○1年4月1日から令和○2年3月31日まで　　　　　　（単位：円）
Ⅰ　売　　上　　高　　　　　　　　　　　　　　　　　　（　　　　　　　　　）
Ⅱ　売　上　原　価
　1. 期 首 商 品 棚 卸 高　　　（　　　　　　　　　）
　2. 当 期 商 品 仕 入 高　　　（　　　　　　　　　）
　　　　合　　　　　計　　　　（　　　　　　　　　）
　3. 期 末 商 品 棚 卸 高　　　（　　　　　　　　　）
　　　　　　　　　　　　　　　（　　　　　　　　　）
　4. 棚 卸 減 耗 損　　　　　　（　　　　　　　　　）
　5. 商 品 評 価 損　　　　　　（　　　　　　　　　）　　（　　　　　　　　　　　）
　　　　売 上 総 利 益　　　　　　　　　　　　　　　　（　　　　　　　　　　　）

7-4 次の各文の □□□□ のなかに，下記の語群のなかから，もっとも適当なものを選び，その番号を記入しなさい。

(1) 通常の販売目的で保有する商品などを □ ア □ といい，この期末評価は原則として取得原価による。ただし，正味売却価額が取得原価より下落したときは，□ イ □ で評価しなければならない。
（第49回一部修正）

(2) 取扱商品の種類が多い百貨店などでは，期末に取得原価を個別に調査することが困難なので，売価による期末商品棚卸高に □ ウ □ を掛けて期末商品の評価額を算出することがある。この方法を □ エ □ という。
（第48回）

1．正味売却価額　　2．売上原価　　3．棚卸資産　　4．売価還元法
5．棚卸計算法　　6．原価率　　7．償却率　　8．取得原価

(1)		(2)	
ア	イ	ウ	エ

7-5 大分物産株式会社の次の勘定記録と資料から，（ ア ）と（ イ ）に入る金額と，（ ウ ）に入る勘定科目を記入しなさい。
（第74回一部修正）

```
            繰 越 商 品                          棚 卸 減 耗 損
4/1 前期繰越 3,859,000  3/31 仕  入 3,859,000   3/31 繰越商品 182,000 | 3/31 ( ウ ) 182,000
3/31 仕   入( ア )    〃 (   )( イ )
                       〃 棚卸減耗損 182,000
                       〃 次期繰越(     )
         (     )              (     )
```

資　料

期末商品棚卸高
	帳簿棚卸数量	実地棚卸数量	原　価	正味売却価額
A 品	1,200個	1,160個	@¥2,800	@¥3,000
B 品	1,000 〃	950 〃	〃 〃1,400	〃 〃1,300

ただし，棚卸減耗損および商品評価損は，売上原価の内訳項目とする。

ア	¥	イ	¥	ウ	

7-6 鳥取商事株式会社（決算年1回　3月31日）の次の資料によって，繰越商品勘定および棚卸減耗損勘定を完成しなさい。
（第67回一部修正）

資　料

i　期首商品棚卸高　　¥3,280,000

ii　期末商品棚卸高　　帳簿棚卸数量　700個　　原　価　@¥5,000
　　　　　　　　　　実地棚卸数量　680 〃　　正味売却価額　〃4,750

　　　　　　　　　　ただし，商品評価損は売上原価の内訳項目とする。また，棚卸減耗損のうち5個分は売上原価の内訳項目とし，残りは営業外費用とする。

```
                    繰 越 商 品
4/1  前 期 繰 越 (        ) | 3/31 仕     入 (        )
3/31 (        )(        )  |  〃 (        )(        )
                           |  〃 商 品 評 価 損 170,000
                           |  〃 次 期 繰 越 (        )
        (        )         |         (        )

                    棚 卸 減 耗 損
3/31 (        )(        )  | 3/31 仕     入 (        )
                           |  〃 (        )(        )
        (        )         |         (        )
```

❼-❼ 次の各問に答えなさい。

(1) 次の資料から，売価還元法によって期末商品棚卸高（原価）を求めなさい。　　　（第84回）

資　　料

		原　価	売　価
ⅰ	期首商品棚卸高	¥ 9,512,000	¥13,120,000
ⅱ	当期純仕入高	35,424,000	52,480,000
ⅲ	期末商品棚卸高	☐	11,800,000

期末商品棚卸高(原価)	¥

(2) 下記の当期の資料から，売価還元法によって ☐ のなかに入る適当な比率と金額を求めなさい。　　　（第87回）

① 資料 ⅰ から，前期の期末商品棚卸高の原価率は ☐ ア ☐ ％である。

② 前期よりも当期の原価率は低くなり，当期の期末商品棚卸高（原価）は¥ ☐ イ ☐ である。

資　　料

		原　価	売　価
ⅰ	期首商品棚卸高	¥ 612,000	¥ 900,000
ⅱ	純 仕 入 高	7,308,000	11,100,000
ⅲ	期末商品棚卸高	イ	750,000

ア	前期の期末商品棚卸高の原価率	％	イ	当期の期末商品棚卸高(原価)	¥

❼-❽ 福島商事株式会社（決算年1回　3月31日）の商品に関する資料は，次のとおりであった。よって，報告式の損益計算書（売上総利益まで）を完成しなさい。　　　（第81回一部修正）

元帳勘定残高

繰越商品 ¥ 3,104,000　　売　　上 ¥67,800,000　　仕　　入 ¥47,125,000

決算整理事項

期末商品棚卸高	帳簿棚卸数量	実地棚卸数量	原　　価	正味売却価額
A品	3,400個	3,400個	@¥800	@¥950
B品	960 〃	700 〃	〃 500	〃 400

ただし，棚卸減耗損および商品評価損は売上原価の内訳項目とする。

損　益　計　算　書

福島商事株式会社　　　令和○1年4月1日より令和○2年3月31日まで　　　（単位：円）

Ⅰ　売　　上　　高　　　　　　　　　　　　　　　　　（　　　　　　　）
Ⅱ　売　上　原　価
　1．期 首 商 品 棚 卸 高　　　（　　　　　　　）
　2．当 期 商 品 仕 入 高　　　（　　　　　　　）
　　　　合　　　計　　　　　　（　　　　　　　）
　3．期 末 商 品 棚 卸 高　　　（　　　　　　　）
　　　　　　　　　　　　　　　（　　　　　　　）
　4．(　　　　　　　)　　　　（　　　　　　　）
　5．(　　　　　　　)　　　　（　　　　　　　）　　　（　　　　　　　）
　　　売 上 総 利 益　　　　　　　　　　　　　　　（　　　　　　　）

7-9 福岡商事株式会社の商品に関する資料は，次のとおりであった。よって，

(1) 繰越商品・仕入・棚卸減耗損・商品評価損の各勘定の記入を完成しなさい。なお，勘定には，相手科目・金額を記入すること。

(2) 報告式の損益計算書（売上総利益まで）を完成しなさい。ただし，商品評価損は売上原価の内訳項目とする。また，棚卸減耗損のうち，/0個分は売上原価の内訳項目とし，残りは営業外費用とする。

(第38回一部修正)

資　料

i　商品に関する勘定記録（売上・仕入の各勘定の記録は，/年間の合計金額で示してある。）

繰越商品
前期繰越　783,000

売上
260,000 | 7,540,000

仕入
6,184,000 | 190,000

ii　期末商品棚卸高　帳簿棚卸数量　800個　原価　@¥1,200
実地棚卸数量　780 〃　正味売却価額　〃1,150

(1)

繰越商品
4/1 前期繰越 783,000 | 3/31 仕入 ( )
3/31 ( ) ( ) | 〃 棚卸減耗損 ( )
　　　　　　　　　　 | 〃 ( ) ( )
　　　　　　　　　　 | 〃 ( ) ( )
( ) | ( )

仕入
6,184,000 | 190,000
3/31 ( ) ( ) | 3/31 ( ) ( )
〃 棚卸減耗損 ( ) | 〃 ( ) ( )
〃 ( ) ( ) |
( ) | ( )

棚卸減耗損
3/31 ( ) 24,000 | 3/31 ( ) ( )
　　　　　　　　 | 〃 損益 ( )
( ) | ( )

商品評価損
3/31 ( ) ( ) | 3/31 ( ) ( )

(2)

損益計算書

福岡商事株式会社　　令和○/年4月/日から令和○2年3月3/日まで　　　　（単位：円）

I 売上高 ( )
II 売上原価
　1. 期首商品棚卸高 ( )
　2. 当期商品仕入高 ( )
　　　合計 ( )
　3. ( ) ( )
　　　 ( )
　4. 棚卸減耗損 ( )
　5. ( ) ( ) ( )
　　　売上総利益 ( )

8 その他の流動資産

要点の整理

① 短期貸付金・未収入金・前払金・立替金

(1) **短期貸付金**

貸し付けた資金の返済期限が決算日の翌日から１年以内に到来する貸付額である。

(2) **未収入金**

備品売却代金の未収額などのように，本来の営業取引以外の取引によって生じた一時的な債権である。

(3) **前払金**

商品や原材料などの仕入にあたって，その代金の一部を内金・手付金などで前もって仕入先に支払った場合の前払額をいう。

(4) **立替金**

取引先・従業員などに対して，一時的に金銭を立て替えた場合の金額である。

② 前払費用・未収収益

(1) **前払費用**

一定の契約に従って役務を継続して受けている場合，前払家賃などのように，まだ役務を受けていないのに支払った前払額をいう。貸借対照表にはこれらをまとめて前払費用として記載する。

(2) **未収収益**

一定の契約に従って役務を提供している場合，未収利息などのように，すでに提供した役務に対する未収額をいう。貸借対照表にはこれらをまとめて未収収益として記載する。

基本問題

8-1 関東商事株式会社の令和○年3月3/日（決算年/回）における総勘定元帳勘定残高と付記事項および決算整理事項によって，報告式の貸借対照表（一部）を完成しなさい。

元帳勘定残高

貸　付　金	¥ 9/0,000	手形貸付金	¥ 230,000	前　払　金	¥ 80,000
未 収 入 金	/40,000	保　険　料	300,000	受 取 家 賃	450,000

付記事項

① 貸付金¥9/0,000のうち¥600,000は，決算日の翌日から/年以内に返済期限の到来するものである。

決算整理事項

a．保険料前払高　¥60,000
b．家賃未収高　¥/50,000

貸 借 対 照 表 （一部）

関東商事株式会社　　　　　　令和○年3月3/日　　　　　　（単位：円）

資　産　の　部

I 流　動　資　産

　　　　：

　6.(　　　　　　)　　　　　　　(　　　　　)
　7.前　　払　　金　　　　　　(　　　　　)
　8.未　収　入　金　　　　　　(　　　　　)
　9.前　払(　　)　　　　　　　(　　　　　)
　10.未　収(　　)　　　　　　(　　　　　)

━━━ 練習問題 ━━━

❽-❷ 高崎商事株式会社の総勘定元帳勘定残高と付記事項および決算整理事項によって，報告式の貸借対照表（一部）を完成しなさい。

　　　ただし，ⅰ　会社計算規則によること。
　　　　　　　ⅱ　会計期間は令和○／年４月／日から令和○２年３月３／日までとする。

元帳勘定残高

現　　　　金	¥ 940,000	当 座 預 金	¥ 2,560,000	受 取 手 形	¥ 4,700,000
売　掛　金	5,200,000	貸 倒 引 当 金	39,000	売買目的有価証券	2,880,000
繰 越 商 品	3,800,000	貸　付　金	1,400,000	手 形 貸 付 金	350,000
仮　払　金	60,000	受 取 利 息	50,000	保　険　料	391,000
支 払 家 賃	1,350,000				

付記事項

　①　貸付金¥1,400,000のうち，決算日の翌日から／年以内に返済期限の到来するものが¥700,000ある。

　②　仮払金¥60,000は商品を注文したさい，内金として支払ったものである。

決算整理事項

　a．期末商品棚卸高　　帳簿棚卸数量　780個　　原　　　価　＠¥5,000
　　　　　　　　　　　　実地棚卸数量　750〃　　正味売却価額　〃¥4,800
　b．貸 倒 見 積 高　　受取手形と売掛金の期末残高に対し，それぞれ／%と見積もり，貸倒引当金を設定する。
　c．売買目的有価証券評価高　売買目的で保有する次の株式について，時価によって評価する。
　　　　　　　　　　　　群馬産業株式会社　40株　帳簿価額／株¥72,000　時価／株¥70,000
　d．保 険 料 前 払 高　保険料のうち¥276,000は，令和○／年９月／日から／年分の保険料として支払ったものであり，前払高を次期に繰り延べる。
　e．家 賃 前 払 高　　¥270,000
　f．利 息 未 収 高　　¥ 10,000

貸　借　対　照　表（一部）
令和○２年３月３／日

高崎商事株式会社　　　　　　　　　　　　　　　　　　　　　　　　　（単位：円）

資　産　の　部

Ⅰ　流　動　資　産

1．現　金　預　金　　　　　　　　　　　　　　（　　　　　）
2．（　　　　　　　）　　（　　　　　）
　　（　　　　　　　）　　（　　　　　）　（　　　　　）
3．（　　　　　　　）　　（　　　　　）
　　（　　　　　　　）　　（　　　　　）　（　　　　　）
4．（　　　　　　　）　　　　　　　　　　　（　　　　　）
5．（　　　　　　　）　　　　　　　　　　　（　　　　　）
6．（　　　　　　　）　　　　　　　　　　　（　　　　　）
7．（　　　　　　　）　　　　　　　　　　　（　　　　　）
8．（　　　　　　　）　　　　　　　　　　　（　　　　　）
9．（　　　　　　　）　　　　　　　　　　　（　　　　　）
　　　　流　動　資　産　合　計　　　　　　　　　　　　　　（　　　　　）

9 有形固定資産 (1)

要点の整理

① 有形固定資産の内容

有形固定資産は，長期にわたり使用される有形の資産で，次のようなものがある。

(1) 建　物

　店舗・事務所・工場・倉庫などの建築物のほか，冷暖房などの付属設備を含む。

(2) 構築物

　橋・へいなど，土地に定着した建物以外の設備または工作物である。

(3) 機械装置

　工作機械・作業機械・化学装置・コンベアなどの設備である。

(4) 船　舶

　タンカー・フェリーなどの貨物船・客船などの水上運搬具である。

(5) 車両運搬具

　自動車・鉄道車両その他の陸上運搬具である。

(6) 工具器具備品

　工作用具・机・事務機械などで，耐用年数が1年以上，金額が相当額（税法では10万円）以上のものである。

(7) 土　地

　店舗の敷地など，営業用に用いられる土地である。投資のために所有する土地は，投資その他の資産に属する。

(8) 建設仮勘定

　建物・機械装置などの建設が長期にわたる場合，建設に要した支出額を一時的に処理する勘定である。建設が完了したとき，建物・機械装置などの各勘定に振り替える。

例 ① **建物の建設代金を支出したとき**

　　（借）建 設 仮 勘 定　*4,000,000*　（貸）当 座 預 金　*4,000,000*

② **建設が完了し，引き渡しを受けたとき**

　　（借）建　　　　　物　*10,000,000*　（貸）建 設 仮 勘 定　*4,000,000*
　　　　　　　　　　　　　　　　　　　　　　当 座 預 金　*6,000,000*

② 有形固定資産の取得原価

　建　　物の取得原価 ＝ 買入価額 ＋ 付随費用（仲介手数料・登記料・使用するまでの修繕費など）
　機械装置の取得原価 ＝ 買入価額 ＋ 付随費用（据付費・試運転費など）

例 機械装置¥*800,000* を購入し，代金は月末払いとした。なお，引取運賃¥*20,000*　据付費¥*50,000*　試運転費¥*30,000* は小切手を振り出して支払った。

　　（借）機 械 装 置　*900,000*　（貸）未 　払 　金　*800,000*
　　　　　　　　　　　　　　　　　　　当 座 預 金　*100,000*

③ 資本的支出と収益的支出

　有形固定資産について生じる支出のうち，取得原価に加える支出を**資本的支出**という。これに対して，支出をした期の費用として処理する支出を**収益的支出**という。

資本的支出	使用開始前の仲介手数料・引取費・据付費・試運転費　など
	使用開始後の改良による耐用年数の延長・増築・増設などのための支出
収益的支出	修繕費　など

　資本的支出と収益的支出の区別は，実際には難しいが，損益計算に影響を与えるので重要である。

基本問題

9-1 次の取引の仕訳を示しなさい。
(1) 関東建設株式会社に，店舗用建物の建築を依頼し，請負代金¥30,000,000のうち，¥5,000,000を小切手を振り出して支払った。
(2) 上記の建物が完成し，引き渡しを受けたので最終支払分の¥5,000,000を小切手を振り出して支払った。なお，すでに¥25,000,000が支払ってある。
(3) 機械装置¥7,000,000を買い入れ，代金は月末払いとした。なお，引取運賃¥240,000　据付費¥110,000　試運転費¥90,000は小切手を振り出して支払った。

	借	方	貸	方
(1)				
(2)				
(3)				

9-2 次の支出を，資本的支出と収益的支出に分け，それぞれ番号を記入しなさい。
(1) 建物の定期的な修理代
(2) 取得した土地の地ならし費
(3) 建物にあらたにつけた避難階段の増設費
(4) 車両運搬具の通常のメンテナンス費用
(5) 耐用年数が延長した建物への支出
(6) 土地を購入したさいの仲介手数料
(7) 建物の増築費
(8) 機械装置の据付費

資本的支出		収益的支出	

9-3 次の取引の仕訳を示しなさい。
(1) 三重建設株式会社に，事務所用建物の建築を依頼し，建設代金¥5,000,000のうち，第1回支払分¥1,000,000を小切手を振り出して支払った。
(2) 上記の建物が完成し，引き渡しを受けたので，すでに支払ってある¥4,000,000を差し引いて，残額は小切手を振り出して支払った。
(3) 本社建物について，一部改築と修繕をおこない，工事費¥800,000は小切手を振り出して支払った。なお，このうち，¥600,000は資本的支出とし，残りを収益的支出とした。

	借	方	貸	方
(1)				
(2)				
(3)				

ポイント ① (1)の建設代金は，建物勘定に計上しない。
② (2)は建物が完成したので，建設仮勘定から建物勘定に振り替える。
③ (3)の資本的支出は資産勘定に，収益的支出は費用勘定に計上する。

練習問題

9-4 次の取引の仕訳を示しなさい。

(1) かねて所有している建物について修繕および改良をおこない，その費用¥700,000を小切手を振り出して支払った。ただし，支出額のうち¥200,000は修繕費とした。

(2) 倉庫用の建物¥30,000,000を購入し，代金は仲介手数料など¥600,000とともに小切手を振り出して支払った。

(3) 構築物が完成し，その引き渡しを受けた。代金¥2,000,000のうち，前渡しした¥1,000,000を差し引いた残額を小切手を振り出して支払った。

	借　　　　方	貸　　　　方
(1)		
(2)		
(3)		

検定問題

9-5 次の各文の ▢ のなかに，下記の語群のなかから，もっとも適当なものを選び，その番号を記入しなさい。

(1) 有形固定資産を修繕および改良するために生じた支出のうち，有形固定資産の価値を高めたり，耐用年数を延長させたりする支出を ア という。この支出を資産に計上せずに，当期の費用として処理した場合には，純利益は イ に計上される。　　　　　　　　　　　　　　（第83回）

(2) 固定資産の通常の維持・管理および現状を回復するための支出を ウ という。この支出を費用として計上せずに，資産として処理した場合には，純利益は エ に計上される。　（第90回）

1．過　　　小　　2．付　随　費　用　　3．資　本　的　支　出　　4．収　益　的　支　出
5．過　　　大　　6．取　得　原　価　　7．貸　倒　損　失　　8．費　用　配　分

(1)		(2)	
ア	イ	ウ	エ

9-6 次の各文の下線を引いてある語が正しいときは○印，誤っているときは正しい語を記入しなさい。

(1) 有形固定資産の価値を増加させたり，耐用年数を延長させたりするための支出を収益的支出
　　ア
といい，その支出は有形固定資産の取得原価に加算する。これに対し，有形固定資産の通常の維持・管理および原状を回復させるための支出は，当期の費用として計上する。
　　　　　　　　　　　　　　　　　　　　　　　　イ　　　　　　　　　　　　　　（第51回）

(2) 固定資産について生じる支出のうち，固定資産の帳簿価額に加えられる支出を収益的支出という。
　　　　　　　　　　　　　　　　　　　　　　　　　　　　　　　　　　　　ウ
このような支出を費用として処理すると，費用は過大に表示され，その結果，純利益は過小に表示されることになる。
　　　　　　　　　　　　　　　　　　　　　　　　　　　　　　　　エ
　　　　　　　　　　　　　　　　　　　　　　　　　　　　　　　　　　　　　　　（第40回）

(1)		(2)	
ア	イ	ウ	エ

9-7 次の取引の仕訳を示しなさい。

(1) かねて建築を依頼していた建物が完成し，引き渡しを受けたので，建築代金¥58,000,000のうち，すでに支払ってある金額を差し引いて，残額¥15,000,000は小切手を振り出して支払った。 (第83回)

(2) 大分商事株式会社は建物の改良と修繕をおこない，その代金¥6,700,000を小切手を振り出して支払った。ただし，代金のうち¥5,300,000は資本的支出とした。 (第84回)

(3) 鹿児島商事株式会社は，かねて自社の敷地内に広告塔の建設を依頼していたが，本日完成し，引き渡しを受けたので，建設代金¥2,500,000のうち，すでに支払ってある¥1,500,000を差し引いて，残額を小切手を振り出して支払った。 (第86回一部修正)

(4) 埼玉工業株式会社は建物の改良と修繕をおこない，その代金¥7,700,000を小切手を振り出して支払った。ただし，代金のうち¥6,500,000は建物の使用可能期間を延長させる資本的支出と認められ，残額は通常の維持・管理のための収益的支出とした。 (第88回)

(5) かねて建築を依頼していた本社社屋が完成し，引き渡しを受けたので，建築代金¥88,000,000のうち，すでに支払ってある金額を差し引いて，残額¥23,000,000は小切手を振り出して支払った。 (第90回一部修正)

(6) 徳島商事株式会社は建物の改良と修繕をおこない，その代金¥3,680,000を小切手を振り出して支払った。ただし，代金のうち¥3,000,000は建物の使用可能期間を延長させる支出と認められ，資本的支出とした。 (第91回)

(7) 愛知商事株式会社は，かねて建築を依頼していた本社社屋が完成し，引き渡しを受けた。よって，建築代金¥86,000,000のうち，すでに支払ってある金額を差し引いて，残額¥30,000,000は小切手を振り出して支払った。 (第93回一部修正)

	借　　方	貸　　方
(1)		
(2)		
(3)		
(4)		
(5)		
(6)		
(7)		

10 有形固定資産 (2) －リース取引－

要点の整理

① リース取引の意味

リース取引とは，リース物件の所有者である貸手が借手に対して，一定期間にわたり，そのリース物件を使用する権利を与え，借手が一定のリース料を貸手に支払う取引である。

② リース取引の分類

リース取引の分類 { **ファイナンス・リース取引**……実質的には借手がリース物件を購入し，その代金を分割払いしているとみなすリース取引

オペレーティング・リース取引……ファイナンス・リース取引以外のリース取引

③ リース取引の会計処理

(1) ファイナンス・リース取引の会計処理

ファイナンス・リース取引は，リース取引開始日において，リース物件を**リース資産勘定**（資産），将来支払うべきリース料を**リース債務勘定**（負債）として計上する。

その後，リース料の支払いに応じてリース債務は減少する。リース資産は，通常の購入した固定資産と同様に，リース期間にわたって減価償却の手続きにより費用として配分される。

> リース開始日

（借）リ ー ス 資 産 ×××　　（貸）リ ー ス 債 務 ×××

通常リース期間は長期にわたるため，リース料の総額はリース物件を現金で購入して支払う金額（見積現金購入価額）よりも高くなる。リース料の総額と見積現金購入価額との差額はリース取引にかかる利息を意味している。その処理方法には，**利子込み法**と**利子抜き法**がある。

ファイナンス・リース取引の処理方法 { 利子込み法……リース料総額に占める利息相当額を含めて処理する方法

利子抜き法……リース料総額に占める利息相当額を分離して処理する方法

例 リース会社からリース物件として備品を調達し，リース期間5年にわたり，毎期末にリース料¥10,000を現金で支払うことにした。この取引は，ファイナンス・リース取引と判定され，当該備品の現金購入価額は¥44,000と見積もられた。減価償却は，定額法　残存価額は零（0）　耐用年数はリース期間とし，記帳方法は間接法とする。

(a) 利子込み法
① 取得時（リース開始日）
（借）リ ー ス 資 産 50,000　　（貸）リ ー ス 債 務 50,000
② リース料支払時
（借）リ ー ス 債 務 10,000　　（貸）現　　　　　金 10,000
③ 決算時
（借）減 価 償 却 費 10,000　　（貸）リース資産減価償却累計額 10,000

(b) 利子抜き法
① 取得時（リース開始日）
（借）リ ー ス 資 産 44,000　　（貸）リ ー ス 債 務 44,000
② リース料支払時
（借）リ ー ス 債 務 8,800　　（貸）現　　　　　金 10,000
　　　支 払 利 息 1,200
③ 決算時
（借）減 価 償 却 費 8,800　　（貸）リース資産減価償却累計額 8,800

(2) オペレーティング・リース取引の会計処理

オペレーティング・リース取引は，通常の賃貸借取引と同様の会計処理をおこなう。したがって，リース開始時にリース料の支払いがない場合は，仕訳は不要となる。

リース開始日 （リース料が後払いの場合）
　仕訳なし
リース料支払時
（借）支払リース料 ××× （貸）現 金 な ど ×××

例 リース会社からリース物件として備品を調達し，リース期間3年にわたり，毎期末にリース料¥60,000を現金で支払うことにした。この取引は，オペレーティング・リース取引と判定された。
① リース開始日
　仕訳なし
② リース料支払時
（借）支払リース料 60,000 （貸）現 金 60,000

基 本 問 題

10-1 当期首に，リース会社からリース物件として備品を調達し，リース期間5年にわたり，毎期末にリース料¥200,000を現金で支払うことにした。この取引は，ファイナンス・リース取引と判定され，当該備品の現金購入価額は¥850,000と見積もられた。リース料総額と見積現金購入価額との差額は利息相当額とする。減価償却は，定額法　残存価額は零（0）　耐用年数はリース期間とし，記帳法は間接法とする。よって，利子込み法と利子抜き法それぞれの①リース取引開始日，②リース料支払時，③決算時の仕訳を示しなさい。

　なお，リース料に含まれている利息は毎期均等額を費用として処理する。

利子込み法

	借	方	貸	方
①				
②				
③				

利子抜き法

	借	方	貸	方
①				
②				
③				

ポイント ①リース料総額は¥200,000×5年＝¥1,000,000である。見積現金購入価額¥850,000とリース料総額との差額¥150,000は，リース取引にかかる利息を意味している。

10-2 当期首に，リース会社からリース物件として車両運搬具を調達し，リース期間3年にわたり，毎期末にリース料¥300,000を現金で支払うことにした。この取引は，オペレーティング・リース取引と判定された。①リース取引開始日，②リース料支払時の仕訳を示しなさい。

　なお，仕訳不要の場合には「仕訳なし」と記入すること。

	借	方	貸	方
①				
②				

練習問題

⑩-3 次の取引の仕訳を示しなさい。いずれも決算年/回の企業である。なお，仕訳が不要の場合には「仕訳なし」と記入すること。

(1) 大分商事株式会社は，期首において，年間リース料¥320,000（毎期末に後払い），期間5年間の条件でリース会社からリース物件として車両を調達することとした。このリース取引はファイナンス・リース取引に該当する。なお，会計処理は利子込み法によること。

(2) 上記(1)の/回目のリース料を現金で支払った。また，本日決算日にあたり，残存価額は零（0），耐用年数はリース期間とし，定額法による車両の減価償却（記帳は間接法による）をおこなった。

(3) 高知産業株式会社は，当期首において，次の条件によってリース会社とコピー機のリース契約を結んだ。このリース取引はファイナンス・リース取引に該当する。なお，会計処理は利子抜き法によること。（決算日は3月3/日）

　　　リース期間　5年間
　　　リース料年額　¥400,000（毎年3月末日払い）
　　　リース資産見積現金購入価額　¥1,800,000

(4) 上記(3)のコピー機について，3月3/日に/回目のリース料を小切手を振り出して支払った。また，本日決算日にあたり，コピー機は耐用年数5年，残存価額は零（0）として定額法で減価償却をおこなう。なお，リース料に含まれている利息は毎期均等額を費用として処理する。

(5) 秋田物産株式会社は，期首において，次の条件によってリース会社と備品のリース契約を結んだ。なお，このリース取引はオペレーティング・リース取引である。（決算日は3月3/日）

　　　リース期間　4年間
　　　リース料年額　¥160,000（支払日は毎期末，現金払い）

(6) 上記(5)の備品について，3月3/日にリース料を支払った。

	借　　　　　　　方	貸　　　　　　　方
(1)		
(2)		
(3)		
(4)		
(5)		
(6)		

11 有形固定資産 (3) －減価償却－

要点の整理

① 減価償却の意味

有形固定資産は，使用または時の経過などによって，その価値が減少していく。これを**減価**という。有形固定資産を使用する期間にわたって，その取得原価を一定の方法で費用として配分する手続きを**減価償却**といい，この費用を**減価償却費**という。

② 減価償却の必要性

減価償却は，**費用配分の原則**を固定資産に適用した会計手続きであり，毎期の規則正しい減価償却により，正しい期間損益計算がおこなわれる。

③ 減価の発生原因

減価の発生原因
- 経常的減価
  - 物質的減価……使用や時の経過による
  - 機能的減価……陳腐化・不適応化による
- 偶発的減価………………予測できない災害・事変などによる

④ 減価償却費の計算

(1) **定額法**　毎期，同一金額の減価償却費を計算する方法である。

$$毎期の減価償却費＝\frac{取得原価－残存価額}{耐用年数}$$

(2) **定率法**　毎期末の未償却残高に一定の償却率を掛けて，毎期の減価償却費を計算する方法である。

$$毎期の減価償却費＝期末の未償却残高×償却率$$

(3) **生産高比例法**　実際生産高または固定資産の利用度に応じて，毎期の減価償却費を計算する方法である。

$$毎期の減価償却費＝(取得原価－残存価額)×\frac{毎期の実際生産高(実際利用時間)}{予定総生産高(予定総利用時間)}$$

⑤ 減価償却の記帳方法

〔直接法〕（借）減 価 償 却 費　70,000　（貸）備　　　　　　品　70,000
〔間接法〕（借）減 価 償 却 費　70,000　（貸）備品減価償却累計額　70,000

⑥ 固定資産の買い換えと除却

使用してきた固定資産を下取りに出して新しいものに買い換えた場合は，帳簿価額と売却価額（下取価額）との差額を**固定資産売却益勘定**（または**固定資産売却損勘定**）に記入する。また，固定資産を除却したときは，帳簿価額を**固定資産除却損**として処理する。

〔買い換え〕（借）備品減価償却累計額　180,000　（貸）備　　　　　品　300,000
　　　　　　　　　備　　　　　品　200,000　　　　　当 座 預 金　100,000
　　　　　　　　　固定資産売却損　20,000
〔除　　却〕（借）備品減価償却累計額　180,000　（貸）備　　　　　品　300,000
　　　　　　　　　固定資産除却損　120,000

基本問題

⑪-1 次の各文の ▭ のなかに，もっとも適当な用語を記入しなさい。

(1) 有形固定資産は，使用や時の経過などによって，その価値が減少していく。有形固定資産を使用する期間にわたって，その取得原価を一定の方法で費用として配分する手続きを減価償却といい，この費用を ▭ ア ▭ という。

(2) 減価償却は， ▭ イ ▭ の原則を固定資産に適用した会計手続きであり，毎期の規則正しい減価償却によって，正しい期間損益計算がおこなわれる。

(3) 減価償却費の計算方法には，定額法・定率法のほかに，実際生産高または固定資産の利用度に応じた計算をする ▭ ウ ▭ がある。

(4) いったん採用した会計処理の原則および手続きは，みだりにこれを変更してはならない。たとえば減価償却の方法を，正当な理由なく，定額法から定率法に変更することは， ▭ エ ▭ の原則に反することになる。

(1)	(2)	(3)	(4)
ア	イ	ウ	エ

⑪-2 次の取引の仕訳を示しなさい。

(1) 取得原価¥1,000,000　減価償却累計額¥600,000の機械装置を¥300,000で売却し，代金は現金で受け取った。

(2) 取得原価¥500,000　減価償却累計額¥450,000の備品を除却した。

(3) 取得原価¥2,500,000　減価償却累計額¥1,100,000の営業用自動車を¥800,000で引き取らせ，新しく¥3,000,000の車を購入した。新車の代金との差額は月末に支払うことにした。

	借　　　　　方	貸　　　　　方
(1)		
(2)		
(3)		

ポイント ① (1)では，まず帳簿価額を算出する。取得原価¥1,000,000から減価償却累計額¥600,000を差し引けば求められる。算出した帳簿価額と売却価額を比べて，固定資産売却損益を算出する。

② (2)では，取得原価¥500,000から減価償却累計額¥450,000を差し引いて帳簿価額を算出し，それを固定資産除却損として処理する。

③ (3)では，帳簿価額と下取価額を比べて，固定資産売却損益を算出する。

練習問題

⑪-3 次の取引の仕訳を示しなさい。

(1) 決算にあたり，取得原価¥2,000,000の備品について減価償却をおこなう。ただし，耐用年数5年　残存価額は零（0）とし，定額法により減価償却費を計算し，間接法で記帳している。

(2) 決算にあたり，取得原価¥3,500,000　減価償却累計額¥700,000の備品について，償却率0.200の定率法で減価償却費を計算した。ただし，間接法で記帳している。

(3) 決算にあたり，取得原価¥10,000,000　残存価額10％の採掘用機械について，生産高比例法により減価償却をおこない，間接法で記帳する。ただし，この採掘用機械の予定総利用時間数は20,000時間，当期の実際利用時間数は1,600時間である。

(4) 令和○2年3月3/日　決算にあたり，令和○/年//月3日に購入した備品 ¥600,000 に対して，償却率0.20の定率法で減価償却を月割りによっておこなう。間接法で記帳している。

	借	方	貸	方
(1)				
(2)				
(3)				
(4)				

⑪-4 次の取引の仕訳を示しなさい。

(1) 第6期（決算年/回）初頭に営業用自動車を ¥1,400,000 で買い入れ，この代金は，これまで使用してきた営業用自動車を ¥280,000 で引き取らせ，新車の代金との差額 ¥1,120,000 は小切手を振り出して支払った。ただし，この旧車は，第3期初頭に ¥1,000,000 で買い入れたもので，耐用年数5年　残存価額は零(0)で，定額法によって毎期減価償却費を計算し，間接法で記帳してきた。

(2) 第7期（決算年/回）初頭に備品を ¥750,000 で買い入れ，この代金はこれまで使用してきた備品を ¥300,000 で引き取らせ，新しい備品の代金との差額は月末に支払うことにした。ただし，この古い備品は第5期初頭に ¥640,000 で買い入れたもので，定率法により毎期の償却率を25％として減価償却費を計算し，間接法で記帳してきた。

(3) 第9期（決算年/回）初頭に備品を ¥800,000 で買い入れ，この代金は，これまで使用してきた備品を ¥390,000 で引き取らせ，新しい備品の代金との差額は小切手を振り出して支払った。ただし，この古い備品は，第5期初頭に ¥700,000 で買い入れたもので，耐用年数8年　残存価額は零(0)で，定額法によって毎期減価償却費を計算し，間接法で記帳してきた。

(4) 沖縄商事株式会社（決算年/回）は，第/0期の初頭に備品を除却し，廃棄処分とした。ただし，この備品は第7期の初頭に ¥215,000 で買い入れたもので，耐用年数5年，残存価額は零(0)とし，定額法によって毎期減価償却費を計算し，間接法で記帳してきた。なお，この備品の評価額は零(0)である。

(5) 石川鉱業株式会社は，当期首にこれまで使用してきた取得原価 ¥10,000,000 の採掘用の機械装置を除却し，廃棄処分とした。ただし，この機械装置の残存価額は零(0)　予定総利用時間数は 25,000 時間　前期末までの実際利用時間数は22,500時間であり，生産高比例法によって減価償却費を計算し，間接法で記帳してきた。なお，この機械装置の評価額は零(0)である。

	借	方	貸	方
(1)				
(2)				
(3)				
(4)				
(5)				

■■■■■■■■■■■■■■■■■■■■■■■■■■■■■■■■■検定問題■■■■■■■■■■■■■■■■■■■■■■■■■■■■■■■■■

⑪-5 次の各文の [　　　] のなかに，下記の語群のなかから，もっとも適当なものを選び，その番号を記入しなさい。

(1) 期間損益計算を正しくおこなうためには，建物や車両運搬具などの有形固定資産の [ア] を，一定の減価償却の方法で，当期の費用とする額と次期に繰り越す額とに分ける必要がある。これを [イ] の原則という。 (第68回)

(2) 有形固定資産の減価のうち，企業経営上，当然発生する減価を [ウ] 減価という。これには，使用または時の経過などにともない生じる物質的減価と，陳腐化や不適応化によって生じる [エ] 減価がある。 (第89回)

(3) いったん採用した会計処理の原則および手続きは，みだりにこれを変更してはならない。たとえば，減価償却の方法を，正当な理由なく，生産量または利用の程度に応じて償却費を計算する [オ] から定率法に変更することは，[カ] の原則に反することになる。 (第48回)

1．明　瞭　性　　2．定　率　法　　3．会　計　期　間　　4．機　能　的
5．取　得　原　価　6．経　常　的　　7．正規の簿記　　8．費　用　配　分
9．継　続　性　10．定　額　法　11．生産高比例法　12．恒　常　的

(1)		(2)		(3)	
ア	イ	ウ	エ	オ	カ

⑪-6 次の取引の仕訳を示しなさい。

(1) 茨城商事株式会社（決算年1回）は，第7期初頭に備品を¥1,250,000で買い入れ，この代金はこれまで使用してきた備品を¥400,000で引き取らせ，新しい備品の代金との差額は月末に支払うことにした。ただし，この古い備品は第3期初頭に¥960,000で買い入れたもので，耐用年数8年，残存価額は零（0）とし，定額法によって毎期の減価償却費を計算し，間接法で記帳してきた。 (第81回)

(2) 三重商事株式会社（決算年1回）は，取得原価¥1,000,000の備品を第21期初頭に除却し，廃棄処分した。ただし，この備品は，第18期初頭に買い入れたもので，定率法により，毎期の償却率を20％として，減価償却費を計算し，間接法で記帳してきた。なお，この備品の評価額は零（0）である。 (第82回)

(3) 奈良鉱業株式会社（決算年1回）は，当期首に機械装置を¥6,732,000で買い入れ，この代金は，これまで使用してきた機械装置を¥540,000で引き取らせ，新しい機械装置の代金との差額は月末に支払うことにした。ただし，これまで使用してきた機械装置は¥8,550,000で買い入れたもので，残存価額は零（0）　予定総利用時間数は16,000時間　前期末までの実際利用時間数は14,400時間であり，生産高比例法によって減価償却費を計算し，間接法で記帳してきた。 (第83回)

	借　　　　　　方	貸　　　　　　方
(1)		
(2)		
(3)		

⑪-7 次の取引の仕訳を示しなさい。

(1) 宮崎商事株式会社（決算年/回）は，取得原価¥3,640,000の備品を第29期初頭に除却し，廃棄処分した。ただし，この備品は，第23期初頭に買い入れたもので，定額法により，残存価額は零（0） 耐用年数は8年として減価償却費を計算し，間接法で記帳してきた。なお，この備品の評価額は零（0）である。 (第84回)

(2) 愛媛商事株式会社（決算年/回）は，第12期初頭に備品を¥920,000で買い入れ，この代金はこれまで使用してきた備品を¥400,000で引き取らせ，新しい備品の代金との差額は現金で支払った。ただし，この古い備品は第10期初頭に¥800,000で買い入れたもので，定率法により毎期の償却率を20％として減価償却費を計算し，間接法で記帳してきた。 (第85回)

(3) 福島商事株式会社（決算年/回）は，第7期初頭に備品を¥2,200,000で買い入れ，この代金はこれまで使用してきた備品を¥800,000で引き取らせ，新しい備品の代金との差額は現金で支払った。ただし，この古い備品は，第4期初頭に¥2,400,000で買い入れたもので，耐用年数5年，残存価額は零（0）とし，定額法によって毎期の減価償却費を計算し，間接法で記帳してきた。 (第87回)

(4) 北海道商事株式会社（決算年/回）は，取得原価¥1,500,000の備品を第20期初頭に除却し，廃棄処分した。ただし，この備品は，第17期初頭に買い入れたもので，定率法により，毎期の償却率を20％として，減価償却費を計算し，間接法で記帳してきた。なお，この備品の評価額は零（0）である。 (第89回)

(5) 宮崎工業株式会社（決算年/回）は，第13期初頭に備品を¥2,200,000で買い入れ，この代金はこれまで使用してきた備品を¥800,000で引き取らせ，新しい備品の代金との差額は翌月末に支払うことにした。ただし，この古い備品は第10期初頭に¥2,000,000で買い入れたもので，定率法により毎期の償却率を20％として減価償却費を計算し，間接法で記帳してきた。 (第92回)

	借 方	貸 方
(1)		
(2)		
(3)		
(4)		
(5)		

12 無形固定資産

要点の整理

① 無形固定資産の意味と種類

無形固定資産は，具体的形態をもたない固定資産で，法律上の権利とのれんがある。

無形固定資産 { 法律上の権利 / のれん

> 特許権　実用新案権　商標権　意匠権
> 借地権　鉱業権　ソフトウェア　など

② 無形固定資産の取得原価

(1) 法律上の権利

特許権や実用新案権などの法律上の権利は，買入価額や登録税その他，取得に要した支出額を取得原価とする。

例 特許権を¥500,000で買い入れ，代金は小切手を振り出して支払った。なお，この登録に要した諸費用¥20,000は現金で支払った。

(借) 特　　許　　権 520,000　　(貸) 当 座 預 金 500,000
　　　　　　　　　　　　　　　　　　　　現　　　　　金　20,000

(2) ソフトウェア

コンピュータを機能させるように指令を組み合わせて表現したプログラムなどを**ソフトウェア**という。ソフトウェアを自社利用する場合は，研究開発費に相当する金額を除き，その制作に要した費用を取得原価とする。

例 自社利用のソフトウェアをプログラミング会社から購入し，¥800,000を現金で支払った。

(借) ソフトウェア 800,000　　(貸) 現　　　　　金 800,000

(3) のれん

のれんは，事業の譲り受けまたは合併などによって他の企業を取得した場合にかぎって資産に計上することができる。法律上認められた権利ではないが，優秀な技術や知名度などによって，その企業が他の企業に比べて，より多くの収益をあげている場合に，その超過収益力の原因となるものをいう。

のれんの取得原価を計算する一般的な方法は次のとおりである。

① 被取得企業の平均利益額を同種企業の平均利益率で割って，**収益還元価値**（企業全体の評価額）を求め，これを取得対価とする。

> **収益還元価値＝平均利益額÷同種企業の平均利益率**

② 上記の取得対価から被取得企業の**純資産**の時価を差し引いて，のれんの取得原価を求める。

> **のれんの取得原価＝取得対価（収益還元価値）－純資産の時価**

例 次の会社を取得することとし，同社の平均利益額¥840,000　平均利益率8％として，収益還元価値を求め，その取得対価を小切手を振り出して支払った。のれんの取得原価を計算しなさい。なお，資産と負債の時価は，帳簿価額に等しいものとする。

貸 借 対 照 表　　　　　　　　　（単位：円）

売　掛　金	4,000,000	買　掛　金	2,000,000
商　　　品	5,000,000	借　入　金	3,000,000
建　　　物	6,000,000	資　本　金	10,000,000
	15,000,000		15,000,000

① 収益還元価値：¥840,000÷0.08＝¥10,500,000

② のれんの取得原価：¥10,500,000－（¥15,000,000－¥5,000,000）＝¥500,000

③ 無形固定資産の期末評価

　無形固定資産の期末評価額は，取得原価または未償却残高から毎期の償却額を差し引いた額である。のれんについては，その取得後20年以内のその効果のおよぶ期間にわたって定額法などの方法によって規則的に償却する。

無形固定資産の耐用年数

	特　許　権	実用新案権	商　標　権	意　匠　権
税法による耐用年数	8 年	5 年	10年	7 年

基本問題

12-1 次の各文の □□□□□ のなかに，もっとも適当な用語を記入しなさい。

(1) 無形固定資産は，具体的形態をもたない固定資産で，□ア□ やのれんがある。のれんは，ある企業が同種企業の平均収益よりも多い収益をあげている場合に，その超過収益力の原因となるものをいう。

(2) のれんは，事業の譲り受けまたは □イ□ などによって他の企業を取得した場合にかぎって，資産に計上することができる。

(3) のれんの金額は，被取得企業の平均利益額を同種企業の平均利益率で割って □ウ□ を計算し，その金額から被取得企業の純資産額（時価）を差し引いて求める。

(4) 法律上の権利は，税法で定められている耐用年数などの期間内に残存価額を零（0）として，定額法で償却する。なお，鉱業権については，□エ□ によって償却することも認められている。

(5) 特許権などの法律上の権利は，貸借対照表では □オ□ に分類され，有効期間にわたって一定の減価償却の方法により，その取得原価を各会計期間に割り当てる必要がある。これは □カ□ の原則によるものである。

(1)	(2)	(3)	(4)
ア	イ	ウ	エ

(5)	
オ	カ

12-2 次の一連の取引の仕訳を示しなさい。

(1) 期首において，外部に開発を依頼していた自社で利用するソフトウェアについて，引き渡しを受け，代金¥200,000は現金で支払った。

(2) 決算にあたり，上記(1)のソフトウェアについて定額法により償却する。なお，このソフトウェアの使用可能期間（耐用年数）は5年と見積もっている。（決算年1回）

	借　　　　　方	貸　　　　　方
(1)		
(2)		

12-3 愛知商事株式会社は，次の財政状態のA商会を取得し，取得対価は小切手を振り出して支払った。
(1)A商会ののれんの金額を計算し，(2)取得時に必要な仕訳を示しなさい。なお，商品に関する勘定は3分法によること。

　　ただし，同商会の平均利益額¥800,000　同種企業の平均利益率を8％として収益還元価値を求め，その金額を取得対価とした。

　　なお，A商会の資産と負債の時価は，帳簿価額に等しいものとする。

貸 借 対 照 表

A商会		令和○年3月3/日				(単位：円)
売　掛　金	1,000,000	買　掛　金				2,700,000
商　　　品	3,000,000	借　入　金				2,300,000
建　　　物	10,000,000	資　本　金				9,000,000
	14,000,000					14,000,000

(1)

の れ ん の 金 額　¥

(2)

借　　　　　方		貸　　　　　方	

ポイント 収益還元価値：¥800,000÷0.08＝¥10,000,000　　のれん：¥10,000,000−¥9,000,000

練 習 問 題

12-4 次の資料によって，自社利用のソフトウェアについて (1)当期償却額，(2)取得原価を求めなさい。
当期は令和○2年4月/日から令和○3年3月3/日である。(決算年/回)

　　資　　料
　　令和○/年8月/日取得　　耐用年数3年
　　当期首のソフトウェア勘定の残高は¥700,000である。

(1)	ソフトウェアの当期償却額　¥	(2)	ソフトウェアの取得原価　¥

12-5 次の取引の仕訳を示しなさい。

　　下記の財政状態のB商会を¥/3,000,000で取得し，小切手を振り出して支払った。なお，B商会の資産と負債の時価は帳簿価額に等しいものとする。

貸 借 対 照 表

B商会		令和○年3月3/日				(単位：円)
売　掛　金	7,000,000	買　掛　金				1,000,000
備　　　品	3,000,000	借　入　金				3,000,000
建　　　物	5,000,000	資　本　金				11,000,000
	15,000,000					15,000,000

借　　　　　方		貸　　　　　方	

12-6 下記の財政状態のB商会を取得したさいの，のれんの金額を求めなさい。ただし，同商会の平均利益額は¥512,000 同種企業の平均利益率を8％として収益還元価値を求め，その金額を取得対価とした。なお，B商会の資産と負債の時価は帳簿価額に等しいものとする。

貸 借 対 照 表

B商会		令和○年3月3/日			（単位：円）
売 掛 金	4,450,000	買 掛 金			1,800,000
商 品	3,050,000	借 入 金			700,000
備 品	1,200,000	資 本 金			6,200,000
	8,700,000				8,700,000

の れ ん の 金 額 ¥

▮▮▮▮▮▮▮▮▮▮▮▮▮▮▮▮▮▮▮▮▮▮▮▮▮▮ **検 定 問 題** ▮▮▮▮▮▮▮▮▮▮▮▮▮▮▮▮▮▮▮▮▮▮▮▮▮▮

12-7 次の取引の仕訳を示しなさい。

(1) 長崎鉱業株式会社（決算年/回 3月3/日）は，決算にあたり，生産高比例法を用いて鉱業権を償却した。なお，この鉱業権は当期の/0月/日に¥135,000,000で取得し，当期に9,000トンの採掘量があった。ただし，この鉱区の推定埋蔵量は300,000トンであり，鉱業権の残存価額は零（0）である。　　　　　　　　　　　　　　　　　　　　　　　　　　　　　　　　（第84回）

(2) 高知物産株式会社は，次の財政状態にある北東商会を取得し，取得対価は小切手を振り出して支払った。ただし，同商会の平均利益額は¥424,000 同種企業の平均利益率を8％として収益還元価値を求め，その金額を取得対価とした。なお，北東商会の貸借対照表に示されている資産および負債の時価は帳簿価額に等しいものとする。　　　　　　　　　　　　　　　　（第85回）

北東商会		貸 借 対 照 表			（単位：円）
売 掛 金	5,600,000	買 掛 金			6,800,000
商 品	6,200,000	資 本 金			5,000,000
	11,800,000				11,800,000

	借　　　方	貸　　　方
(1)		
(2)		

⑫-8 新潟産業株式会社は，長岡商店（個人企業）を令和○年4月1日に取得したが，取得直前の貸借対照表および取得に関する資料は下記のとおりであった。よって，取得直後の新潟産業株式会社の貸借対照表（勘定式）を完成しなさい。　　　　　　　　　　　　　　　　　　　　　　　　　（第62回一部修正）

貸　借　対　照　表

新潟産業株式会社　　　　　　令和○年4月1日　　　　　　（単位：円）

現 金 預 金		7,804,000	支 払 手 形		5,170,000
受 取 手 形	7,000,000		買 掛 金		6,340,000
貸倒引当金	70,000	6,930,000	未払法人税等		630,000
売 掛 金	8,000,000		長期借入金		8,000,000
貸倒引当金	80,000	7,920,000	退職給付引当金		4,360,000
商 　　品		6,201,000	資 本 金		20,000,000
短期貸付金		4,600,000	資本準備金		3,000,000
備 　　品	9,000,000		利益準備金		1,200,000
減価償却累計額	2,025,000	6,975,000	別途積立金		460,000
投資有価証券		9,570,000	繰越利益剰余金		840,000
		50,000,000			50,000,000

貸　借　対　照　表

長岡商店　　　　　　令和○年4月1日　　　　　　（単位：円）

現 金 預 金		880,000	支 払 手 形	900,000
受 取 手 形	1,200,000		買 掛 金	850,000
貸倒引当金	12,000	1,188,000	短期借入金	1,300,000
売 掛 金	1,300,000		資 本 金	3,000,000
貸倒引当金	13,000	1,287,000		
商 　　品		2,275,000		
備 　　品	600,000			
減価償却累計額	180,000	420,000		
		6,050,000		6,050,000

資　料

① 長岡商店の資産と負債の時価は帳簿価額に等しいものとする。

② 長岡商店の平均利益額は¥294,000であり，同種企業の平均利益率を8％として収益還元価値を求め，その金額を取得対価として決定した。

③ 取得対価は小切手を振り出して支払った。

④ 新潟産業株式会社の短期貸付金のうち¥1,000,000は，長岡商店に対するものである。

貸　借　対　照　表

新潟産業株式会社　　　　　　令和○年4月1日　　　　　　（単位：円）

資　　　産	金　額	負 債 及 び 純 資 産	金　額
Ⅰ（　　　　　）		Ⅰ（　　　　　）	
現 金 預 金		支 払 手 形	
受 取 手 形（　　　）		買 掛 金	
貸倒引当金（　　　）		短期借入金	
売 掛 金（　　　）		（　　　　　）	
貸倒引当金（　　　）		Ⅱ（　　　　　）	
商 　　品		長期借入金	
（　　　）		（　　　　　）	
Ⅱ（　　　　　）		負 債 合 計	
（1）（　　　　　）		Ⅰ 株 主 資 本	
備 　　品（　　　）		（1）（　　　　　）	
減価償却累計額（　　　）		（2）資本剰余金	
（2）（　　　　）		1.（　　　）	
（　　　　）		（3）（　　　　）	
（3）投資その他の資産		1.（　　　）	
（　　　　）		2.別途積立金	
		3.繰越利益剰余金	
		純 資 産 合 計	
資 産 合 計		負債及び純資産合計	

12-9 東京商事株式会社は，品川商店（個人企業）を令和○年4月1日に取得したが，取得直前の貸借対照表および取得に関する資料は下記のとおりであった。よって，取得直後の東京商事株式会社の貸借対照表（勘定式）を完成しなさい。　　　　　　　　　　（第58回一部修正）

貸借対照表

東京商事株式会社　　　　　令和○年4月1日　　　　　　　　（単位：円）

現 金 預 金		3,941,000	支 払 手 形	1,950,000
受 取 手 形	2,500,000		買 掛 金	2,910,000
貸倒引当金	25,000	2,475,000	未払法人税等	830,000
売 掛 金	4,700,000		長期借入金	5,000,000
貸倒引当金	47,000	4,653,000	資 本 金	11,000,000
商 　 品		2,000,000	資本準備金	2,000,000
短期貸付金		1,900,000	利益準備金	200,000
備 　 品	8,000,000		別途積立金	535,000
減価償却累計額	2,400,000	5,600,000	繰越利益剰余金	1,028,000
投資有価証券		4,884,000		
		25,453,000		25,453,000

貸借対照表

品川商店　　　　　令和○年4月1日　　　　　　　　（単位：円）

現 金 預 金		430,000	支 払 手 形	450,000
受 取 手 形	700,000		買 掛 金	800,000
貸倒引当金	7,000	693,000	短期借入金	600,000
売 掛 金	1,000,000		資 本 金	2,000,000
貸倒引当金	10,000	990,000		
商 　 品		1,457,000		
備 　 品	400,000			
減価償却累計額	120,000	280,000		
		3,850,000		3,850,000

資　料

① 品川商店の資産と負債の時価は帳簿価額に等しいものとする。

② 品川商店の平均利益額は¥161,000であり，同種企業の平均利益率を7％として収益還元価値を求め，その金額を取得対価として決定した。

③ 取得対価は小切手を振り出して支払った。

④ 東京商事株式会社の短期貸付金のうち¥600,000は，品川商店に対するものである。

貸借対照表

東京商事株式会社　　　　　令和○年4月1日　　　　　　　　（単位：円）

資　　　産	金　額	負債及び純資産	金　額
Ⅰ（　　　　）		Ⅰ（　　　　）	
現 金 預 金		支 払 手 形	
受 取 手 形 （　　　）		（　　　　）	
貸倒引当金 （　　　）		未払法人税等	
売 掛 金 （　　　）		Ⅱ（　　　　）	
貸倒引当金 （　　　）		長期借入金	
商 　 品		負 債 合 計	
（　　　）		Ⅰ 株 主 資 本	
Ⅱ 固 定 資 産		(1) 資 本 金	
(1) 有形固定資産		(2) 資本剰余金	
備 　 品 （　　　）		1. 資本準備金	
減価償却累計額 （　　　）		(3) 利益剰余金	
(2) 無形固定資産		1. 利益準備金	
（　　　）		2. 別途積立金	
(3) 投資その他の資産		3. 繰越利益剰余金	
投資有価証券		純 資 産 合 計	
資 産 合 計		負債及び純資産合計	

13 投資その他の資産

要点の整理

① 投資その他の資産の意味と種類

　投資その他の資産には，長期利殖や他企業の支配を目的として長期にわたって所有する資産，および他の資産の区分に属さない長期性の資産がある。

分　　類		勘 定 科 目	貸借対照表の表 示 科 目	内　　　　容
投　資	長 期 利 殖目　　的	満期保有目的債券	投資有価証券	満期まで保有する目的で所有する社債などの債券
		その他有価証券		売買目的有価証券・満期保有目的債券・子会社株式・関連会社株式のいずれにも属さない有価証券
		長 期 貸 付 金		決算日の翌日から1年を超えて返済期限が到来する利殖目的の貸付金
	他企業支配目　　的	子 会 社 株 式	関係会社株式	議決権の50%を超える株式を保有する場合など他の企業を支配する目的で保有する株式
		関連会社株式		子会社以外の他の企業の事業方針の決定などに影響力を行使することを目的に保有する株式
その他の長期性資産		長 期 前 払 費 用		決算日の翌日から1年を超えて費用となる前払費用
		破産更生債権等		経営破綻している債務者に対する債権およびこれに準ずる債権

② 投資その他の資産の期末評価

(1)　**満期保有目的の債券**　原則として取得原価による。ただし，取得価額と債券金額（額面）との差額が金利の調整と認められるときは，**償却原価法**によって評価する。償却原価法とは額面金額より低い価額または高い価額で買い入れた場合，取得価額と額面金額との差額を償還期に至るまで毎期一定の方法で帳簿価額に加算または減算する方法である。

例 満期保有目的で，額面¥1,000,000　利率年3%（利払い年2回）　償還期限10年のB社の社債を，発行時に¥100につき¥97で買い入れていたが，本年度上半期分の利息¥15,000を現金で受け取った。また，本日，決算日につき，償却原価法により評価した。

　　取得価額と額面金額の差額……¥1,000,000 −$\left(¥1,000,000 × \dfrac{¥97}{¥100}\right)$= ¥30,000

　　帳簿価額に加算する金額…………¥30,000 ÷ 10年 = ¥3,000

　　（借）現　　　　金　15,000　　（貸）有 価 証 券 利 息　18,000
　　　　　満期保有目的債券　3,000

(2)　**その他有価証券（売買目的，支配・統制目的，満期保有目的以外のもの）**　時価で評価する。取得原価と時価との評価差額の合計額は，**その他有価証券評価差額金勘定**に計上し，貸借対照表の純資産の部に記載する。これを純資産直入法という。

(3)　**子会社株式・関連会社株式**　取得原価で評価する。ただし，時価が著しく下落したときは，回復すると認められる場合を除き，時価で評価しなければならない。

(4)　**市場価格のない株式**
　取得原価で評価する。ただし，発行会社の財政状態が悪化し，実質価額が著しく下落した場合，帳簿価額を実質価額まで減額しなければならない。

①	1株の実質価額 = $\dfrac{その会社の純資産額}{その会社の発行済株式数}$
②	株式の実質価額 = 1株の実質価額 × 持株数

例 子会社であるA社の財政状態が次のように著しく悪化したので，保有する株式240株（／株の帳簿価額¥80,000）を，実質価額によって評価替えした。なお，同社の発行済株式数は400株であり，市場価格のない株式である。

A 社		貸 借 対 照 表		（単位：円）
諸 資 産	25,000,000	諸 負 債	12,000,000	
		資 本 金	10,000,000	
		資 本 剰 余 金	3,000,000	
	25,000,000		25,000,000	

実質価額：$(¥25,000,000 - ¥12,000,000) \times \dfrac{240株}{400株} = ¥7,800,000$
    諸資産   諸負債

評価損：(／株の帳簿価額¥80,000×240株)−¥7,800,000＝¥11,400,000

　（借）　子会社株式評価損　11,400,000　　（貸）　子 会 社 株 式　11,400,000

(5) **長期貸付金**　債権金額から貸倒見積額を控除して評価する。なお，貸倒懸念債権に該当する場合には，債権金額から担保の処分見込額および保証による回収見込額を減額し，その残額について債務者の財政状態および経営成績を考慮して貸倒見積額を算定する。

> **貸倒見積高＝（債権額−担保処分・保証回収見込額）×貸倒見積率**

(6) **破産更生債権等**　債権金額から貸倒見積額を控除して評価する。なお，債権金額から担保の処分見込額および保証による回収見込額を減額し，その残額を貸倒見積額とする。

> **貸倒見積高＝債権額−担保処分・保証回収見込額**

基本問題

⓭-1　次の取引の仕訳を示しなさい。

　満期保有目的で，額面¥1,000,000　年利率2％（利払い年2回）　償還期限5年の宮城商事株式会社の社債を，発行時に¥100につき¥95で買い入れていたが，半年分の利息を現金で受け取った。また，本日決算日につき，償却原価法により評価した。

借　　　　方	貸　　　　方

⓭-2　子会社である株式会社A商会の財政状態が下記のように著しく悪化したので，保有する同社の株式120株（／株の帳簿価額¥65,000）を実質価額によって評価替えした。なお，同社の発行済株式数は200株であり，市場価格のない株式である。

　よって，(1)　当社保有株式の実質価額を求めなさい。
　　　　　(2)　実質価額によって保有株式を評価替えしたときの仕訳を示しなさい。

株式会社A商会		貸 借 対 照 表 令和○年3月3／日		（単位：円）
諸 資 産	60,000,000	諸 負 債	55,000,000	
		資 本 金	5,000,000	
	60,000,000		60,000,000	

(1)

計　算　式	答
	¥

(2)

借　　　　方	貸　　　　方

ポイント　子会社株式評価損＝(／株の帳簿価額¥65,000×120株)−¥3,000,000

⓭-❸　次の取引の仕訳を示しなさい。

(1) 決算にあたり，その他有価証券として保有する埼玉産業株式会社の株式/50株（/株の帳簿価額¥60,000）を/株につき¥70,000に評価替えする。

(2) 決算にあたり，子会社である東南商事株式会社の株式の時価が著しく下落し，回復する見込みがないので，保有する株式40株（/株の帳簿価額¥32,000）を/株につき¥/4,000（時価）に評価替えした。

(3) 決算にあたり，貸倒懸念債権に区分された長期貸付金¥2,500,000について，貸倒引当金を財務内容評価法によって計上した。ただし，貸し付けにあたり土地を担保として受け入れており，その時価は¥2,000,000である。また，貸倒見積率は20％である。

(4) 決算にあたり，破産更生債権等に区分された売掛金¥500,000について貸倒引当金を財務内容評価法によって計上した。なお，この取引先から営業保証金¥200,000を預かっている。

	借	方	貸	方
(1)				
(2)				
(3)				
(4)				

=練習問題=

⓭-❹　次の取引の仕訳を示しなさい。

(1) 富山商事株式会社は，子会社の財政状態が著しく悪化したので，保有する同社の株式80株（/株の帳簿価額¥60,000）を実質価額によって評価替えをした。なお，子会社の資産総額は¥7,000,000　負債総額は¥4,500,000　発行済株式数は/00株（市場価格のない株式）である。

(2) 満期まで保有する目的で，下記の福井産業株式会社の社債を発行時に¥/00につき¥98で買い入れていたが，本日，半年分の利息¥/5,000を現金で受け取った。また，本日，決算日にあたり，償却原価法によって評価した。

　　社債額面　¥/,000,000　　　払込金額　¥/00につき¥98　　　利率　年3％　　　利払い　年2回
　　償還期限　/0年

(3) 満期まで保有する目的で，額面¥4,000,000の社債を¥/00につき¥98.50で買い入れ，この代金は，買入手数料¥33,000および端数利息¥56,000とともに小切手を振り出して支払った。

(4) 決算（決算年/回　3月3/日）にあたり，保険料の前払高を次期に繰り延べる。ただし，保険料¥396,000は，当期の7月/日から3年分の保険料として支払ったものである。

(5) 決算にあたり，その他有価証券として保有する東西産業株式会社の株式90株（/株の帳簿価額¥50,000）を/株につき¥40,000に評価替えする。

	借	方	貸	方
(1)				
(2)				
(3)				
(4)				
(5)				

⓭-5 東京商事株式会社の総勘定元帳勘定残高（一部）と決算整理事項によって，報告式の貸借対照表（一部）を完成しなさい。

ただし，ⅰ　会社計算規則によること。
　　　　ⅱ　会計期間は令和○8年4月1日から令和○9年3月31日とする。

元帳勘定残高

満期保有目的債券　¥2,910,000　その他有価証券　¥2,020,000　子会社株式　¥5,120,000
保険料　　　　　　364,000

決算整理事項

a．有価証券評価高　　満期保有目的債券：期首に買い入れた次の社債について，償却原価法（定額法）によって評価する。
　　　　　　　　　　　　社債額面　¥3,000,000
　　　　　　　　　　　　取得原価　額面¥100につき¥97
　　　　　　　　　　　　償還期限　10年　　利率　年2％
　　　　　　　　　　　　利払い　年2回（3月末・9月末）
　　　　　　　　　その他有価証券：練馬商事株式会社　20株　時価　1株　¥98,000

b．子会社株式評価高　　支配を目的として保有する株式について，時価が著しく下落し，回復の見込みがないため，時価によって評価する。

持株数	1株の帳簿価額	1株の時価
80株	¥64,000	¥28,000

c．保険料前払高　　保険料のうち¥336,000は，令和○8年6月1日から2年分の保険料として支払ったものであり，前払高を次期に繰り延べる。

貸　借　対　照　表　（一部）

東京商事株式会社　　　　　　　令和○9年3月31日　　　　　　　　　　（単位：円）

資　産　の　部

Ⅱ　固　定　資　産

　(3)　投資その他の資産

　　1.（　投資有価証券　）　　　　　　　　（　4,879,000　）
　　2.（　関係会社株式　）　　　　　　　　（　2,240,000　）
　　3.（　長期前払　）費用　　　　　　　　（　　28,000　）

検定問題

13-6 次の取引の仕訳を示しなさい。

(1) 満期まで保有する目的で，当期首に山梨商事株式会社が発行した額面¥80,000,000の社債を，発行と同時に額面¥100につき¥98.60で買い入れていたが，決算にあたり償却原価法（定額法）によって評価した。なお，この社債の償還期限は10年である。　　　　　　　　　　（第86回）

(2) 岩手商事株式会社は，実質的に支配している南北商事株式会社の財政状態が悪化したので，保有する同社の株式300株（帳簿価額¥15,600,000）を実質価額によって評価替えした。なお，南北商事株式会社の資産総額は¥46,500,000　負債総額は¥35,000,000で，発行済株式数は500株であり，市場価格のない株式である。　　　　　　　　　　（第90回一部修正）

(3) 満期まで保有する目的で，千葉物産株式会社の額面¥8,500,000の社債を，額面¥100につき¥98.40で買い入れ，代金は買入手数料¥17,000および端数利息¥34,000とともに小切手を振り出して支払った。　　　　　　　　　　（第91回）

(4) 満期まで保有する目的で，当期首に愛知商事株式会社が発行した額面¥80,000,000の社債を，発行と同時に額面¥100につき¥99.20で買い入れていたが，決算にあたり，償却原価法（定額法）によって評価した。なお，この社債の償還期限は10年である。　　　　　　　　　　（第92回）

	借　　　　　方	貸　　　　　方
(1)		
(2)		
(3)		
(4)		

13-7 島根商事株式会社の総勘定元帳勘定残高（一部）と決算整理事項によって，報告式の貸借対照表（一部）を完成しなさい。　　　　　　　　　　（第83回一部修正）

ただし，i　会社計算規則によること。
　　　　ii　会計期間は令和○7年4月1日から令和○8年3月31日までとする。

元帳勘定残高

建　　　物	¥8,000,000	建物減価償却累計額	¥960,000	備　　　品	¥2,000,000
備品減価償却累計額	500,000	満期保有目的債券	1,480,000	その他有価証券	5,200,000
保　険　料	488,000				

決算整理事項

a. 有価証券評価高　　満期保有目的債券：償却原価法によって¥1,485,000に評価する。
　　　　　　　　　　その他有価証券：西産業株式会社　40株　時価　1株¥135,000
b. 減価償却高　　　　建物：定額法により，残存価額は零（0）　耐用年数は50年とする。
　　　　　　　　　　備品：定率法により，毎期の償却率を25%とする。
c. 保険料前払高　　　保険料のうち¥408,000は，令和○7年9月1日から2年分の保険料として支払ったものであり，前払高を次期に繰り延べる。

貸　借　対　照　表　（一部）
島根商事株式会社　　　　　　　令和○8年3月31日　　　　　　　　　　　（単位：円）

II　固　定　資　産
(1)　有形固定資産
　　1. 建　　　　　物　　　　（　　　　　　　）
　　　　減価償却累計額　　　（　　　　　　　）　　（　　　　　　　）
　　2. 備　　　　　品　　　　（　　　　　　　）
　　　　減価償却累計額　　　（　　　　　　　）　　（　　　　　　　）
　　　　有形固定資産合計　　　　　　　　　　　　（　　　　　　　）
(2)　投資その他の資産
　　1.（　　　　　　　）　　　　　　　　　　　　（　　　　　　　）
　　2.（　　　　　　　）　　　　　　　　　　　　（　　　　　　　）
　　　　投資その他の資産合計　　　　　　　　　　（　　　　　　　）
　　　　固　定　資　産　合　計　　　　　　　　　　　　　　　　　　　（　　　　　　　）

14 負債の意味と分類

要点の整理

① 負債の意味

　企業が負担している経済的資源を引き渡すなどの義務を**負債**という。またこのほかに，期間損益計算を正しくおこなうために計上する前受収益や未払費用，および負債性引当金なども含まれる。

② 負債の分類基準

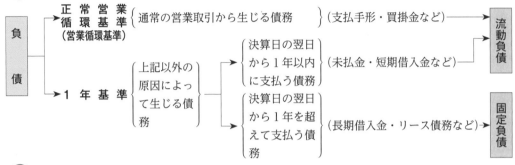

③ 負債の分類

流動負債……支払手形・電子記録債務・買掛金・未払金・前受金・短期借入金・預り金・未払費用・前
　　　　　　受収益・未払消費税・未払法人税等・役員賞与引当金・製品保証引当金・保証債務　など
固定負債……長期借入金・リース債務・退職給付引当金　など

基本問題

14-1 次の各文の 　　　　 のなかに，もっとも適当な用語を記入しなさい。

(1) 企業が負担している経済的資源を引き渡すなどの義務を ア という。またこれには，
　 イ を適正におこなうために生じる ウ や未払費用および負債性引当金なども含まれる。

(2) 負債は エ や／年基準により， オ と固定負債とに分類される。

(1)			(2)	
ア	イ	ウ	エ	オ

ポイント (1)は負債の意味を，(2)は負債の分類基準について述べたものである。

14-2 次の各科目は，流動負債・固定負債のいずれに属するか，その番号を記入しなさい。
　1. 長 期 借 入 金　　2. 未 払 金　　3. 買 掛 金　　4. 前 受 収 益
　5. 役員賞与引当金　　6. 電子記録債務　　7. 預 り 金　　8. 退職給付引当金
　9. 短 期 借 入 金　　10. 未払法人税等　　11. 支 払 手 形　　12. 前 受 金
　13. 保 証 債 務

流 動 負 債	
固 定 負 債	

ポイント (正常)営業循環基準および1年基準によって分類すること。

━━━━━━━━━━━━━━━━━━━ 練 習 問 題 ━━━━━━━━━━━━━━━━━━━

14-3 次の各文の ▢ のなかに，下記の語群のなかから，もっとも適当なものを選び，その番号を記入しなさい。ただし，同じ語を何度用いてもよい。

(1) 負債のうち，支払手形や買掛金などのように，取引先との通常の営業取引から生じる金銭債務は， ア により イ 負債とする。また，借入金や預り金などは ウ により流動負債または固定負債に分けられる。

(2) 前期末に／年6か月後返済の借入金を エ として，貸借対照表の オ 負債の部に記載していたが，当期末においては，これを カ として， キ 負債の部に記載する。

1．固　　定　　　2．営業循環基準　　3．負　　債　　　4．長期借入金
5．短期借入金　　6．流　　動　　　7．半年基準　　　8．／年基準
9．資　　産

	(1)			(2)		
ア	イ	ウ	エ	オ	カ	キ

14-4 次の各文の下線を引いてある語が正しいときは○印を，誤っているときは正しい語を記入しなさい。

(1) 負債を／年基準によって分類すると，取引日の翌日から起算して／年以内に支払う債務は流動負債
　　　　　　　　　　　　　　　ア　　　　　　　　　　　　　　　　イ
とされる。

(2) 取引先から商品販売代金の一部として受け取った前受金を流動負債とするのは，／年基準による。
　　　　　　　　　　　　　　　　　　　　　　　　　　ウ　　　　　　　　エ

	(1)		(2)
ア	イ	ウ	エ

━━━━━━━━━━━━━━━━━━━ 検 定 問 題 ━━━━━━━━━━━━━━━━━━━

14-5 次の各文の ▢ のなかに，下記の語群のなかから，もっとも適当なものを選び，その番号を記入しなさい。ただし，同じ語を何度用いてもよい。

(1) 取引先との通常の商取引の過程にある受取手形・売掛金・商品などの資産を ア とする基準を イ という。　　　　　　　　　　　　　　　　　　　　　　　　　　　　　　（第73回）

(2) 通常の営業取引から生じた支払手形や買掛金などの債務は， ウ によって流動負債とする。また，通常の営業取引以外の取引から生じた借入金や預り金などの債務は， エ によって流動負債と固定負債とに分けられる。　　　　　　　　　　　　　　　　　　　　　　　（第33回）

(3) 通常の営業取引で生じた オ や買掛金などの債務を流動負債とするのは， カ によるものである。　　　　　　　　　　　　　　　　　　　　　　　　　　　　　　　　　（第81回）

1．／年基準　　2．半年基準　　3．営業循環基準　　4．回収基準
5．流動資産　　6．売掛金　　7．固定資産　　8．支払手形

	(1)		(2)		(3)
ア	イ	ウ	エ	オ	カ

15 流動負債

要点の整理

① 流動負債の意味

負債のうち，支払手形・買掛金・前受金など取引先との通常の営業取引から生じる債務や短期借入金など，決算日の翌日から起算して，1年以内に支払期限が到来する債務が**流動負債**となる。

② 流動負債の内容

(1) 支払手形

仕入先との営業取引によって生じた商品，原材料などの仕入代金を支払うために生じる手形債務である。資金の借り入れのために生じた手形債務は手形借入金とし，支払手形と区別する。

(2) 電子記録債務

電子債権記録機関が作成する記録原簿に債務者の名前・支払額・支払期日などの情報を電子記録することにより発生する債務である。

(3) 買掛金

取引先との通常の営業取引から生じた商品，原材料などの仕入代金の未払額である。買掛金を所定の期日前に支払った場合に，決済日から期日までの利息に相当する額を控除されたときは，控除額を**仕入割引勘定**（収益）の貸方に記入する。

(4) 未払金

備品や有価証券の買い入れなど，本来の営業取引以外の取引によって生じた一時的な債務である。なお，その金額が比較的大きな場合などは，**未払配当金**などのような科目で示す。

(5) 短期借入金

支払期限が決算日の翌日から1年以内に到来する借入金であり，手形借入金や当座借越なども含む。

(6) 未払費用

一定の契約にしたがって役務を継続して受けている場合，すでに提供された役務に対しての未払額である。未払利息・未払広告料・未払家賃などがあり，貸借対照表では一括して**未払費用**とする。

(7) 前受金

商品代金の一部として得意先から事前に受け取った内金や手付金であり，商品を引き渡す義務である。

(8) 預り金

取引先から預かった営業保証金や，一時的な預かり分である。

(9) 前受収益

一定の契約にしたがって役務を継続して提供している場合，まだ提供していない役務に対しての前受額である。これには，前受利息・前受家賃などがあり，貸借対照表では一括して**前受収益**とする。

(10) 未払消費税

消費税の仮受額から仮払額を差し引いた消費税の未納額である。

(11) 未払法人税等

決算時に計上した法人税・住民税及び事業税の見積額から，中間申告時の納税額を引いた額である。

(12) 保証債務

手形の割引や裏書きをおこなった場合に生じる二次的責任であり，時価で評価する。

例 商品代金として受け取っていた約束手形 ¥300,000 を取引銀行で割り引き，割引料を差し引かれた手取金 ¥295,000 は当座預金とした。なお，保証債務の時価を手形金額の 1 %と見積もった。

(借)	当 座 預 金	295,000	(貸)	受 取 手 形	300,000
	手 形 売 却 損	5,000			
	保 証 債 務 費 用	3,000		保 証 債 務	3,000

例 上記の手形が満期に決済されたむね，取引銀行から通知を受けた。

(借)	保 証 債 務	3,000	(貸)	保証債務取崩益	3,000

基本問題

⓯-1 次の各文の □□□□ のなかに，もっとも適当な用語を記入しなさい。

(1) 資金の借り入れのため振り出した手形は，支払手形勘定と区別するために □ ア □ 勘定で処理し，当座借越などとともに貸借対照表では □ イ □ に含めて表示する。

(2) 取引先から商品を仕入れるさい，代金を月末払いとした場合，この債務は □ ウ □ として処理するが，有価証券の買い入れにさいし，代金を月末払いとした場合の債務は □ エ □ とする。

(1)		(2)	
ア	イ	ウ	エ

練習問題

⓯-2 次の取引の仕訳を示しなさい。ただし，商品に関する勘定は3分法によること。

(1) 営業用の貨物自動車¥1,600,000を購入して，代金のうち¥800,000は小切手を振り出して支払い，残額は2か月後に支払うことにした。

(2) 得意先から，現金¥300,000を借り入れ，3か月後に支払期日の到来する約束手形を振り出した。

(3) 商品¥250,000を仕入れ，代金は商品代金として受け取っていた約束手形¥250,000を裏書譲渡した。なお，保証債務の時価を¥5,000と見積もった。

	借　　　　　方	貸　　　　　方
(1)		
(2)		
(3)		

⓯-3 株式会社大曲商事の総勘定元帳勘定残高により，(1)付記事項の仕訳と，(2)決算整理仕訳を示し，(3)貸借対照表に記載する短期借入金の額を求めなさい。

元帳勘定残高
仮払法人税等　¥　100,000　支払手形　¥　800,000　短期借入金　¥　500,000
長期借入金　　　700,000

付記事項

① 支払手形¥800,000のうち¥300,000は，短期の営業資金を借り入れたときに振り出した約束手形であった。

② 長期借入金¥700,000のうち¥500,000は，6か月後に返済する借入金であった。

決算整理事項　　法人税・住民税及び事業税額　　¥250,000

(1)

	借　　方	貸　　方
①		
②		

(2)

借　　方	貸　　方

(3)

短期借入金の額	¥

⓯-4 川口商事株式会社の総勘定元帳勘定残高によって，報告式の貸借対照表(一部)の記入を示しなさい。
ただし，ⅰ　会社計算規則によること。
　　　　ⅱ　会計期間は令和○8年4月1日から令和○9年3月31日までとする。

元帳勘定残高
当座預金 ¥　50,000　仮　払　金 ¥　135,000　支払手形 ¥　200,000
(貸方残高)
買　掛　金　　610,000　借　入　金　5,000,000　手形借入金　　100,000

付 記 事 項
① 仮払金¥135,000は，法人税・住民税及び事業税の中間納付額であった。
② 借入金残高¥5,000,000の内訳は次のとおりである。

金　額	借　入　日	借入期間
¥2,000,000	令和○5年2月1日	5年
¥3,000,000	令和○8年7月1日	2年

決算整理事項
a．借入金に対する利息の未払高¥20,000を計上する。
b．法人税・住民税及び事業税額　¥256,000

貸 借 対 照 表 （一部）

川口商事株式会社　　　　　　　令和○9年3月31日　　　　　　（単位：円）

負 債 の 部

Ⅰ　流 動 負 債
1．支 払 手 形　　　　　　　　　　　（　　　　　）
2．買 　掛 　金　　　　　　　　　　　（　　　　　）
3．（　　　　　　　）　　　　　　　　（　　　　　）
4．（　　　　　　　）　　　　　　　　（　　　　　）
5．（　　　　　　　）　　　　　　　　（　　　　　）
　　　流 動 負 債 合 計　　　　　　　　　　　　　　　（　　　　　）

■■■■■■■ 検 定 問 題 ■■■■■■■

15-5 次の取引の仕訳を示しなさい。ただし，商品に関する勘定は3分法によること。
(1) 福岡商店から商品¥700,000を仕入れ，代金のうち¥500,000は得意先長野商店振り出し，当店あての約束手形を裏書譲渡し，残額は福岡商店あての約束手形を振り出して支払った。なお，保証債務の時価は手形額面金額の1%とする。　　　　（第93回）
(2) 得意先愛媛商店から受け取っていた同店振り出しの約束手形¥600,000を取引銀行で割り引き，割引料を差し引かれた手取金¥591,000は当座預金とした。なお，保証債務の時価は手形額面金額の1%とする。　　　　（第91回）
(3) かねて，買掛金の支払いとして山梨商店に裏書譲渡していた岐阜商店振り出しの約束手形¥300,000が期日に決済された。なお，裏書譲渡したさいに手形額面金額の1%の保証債務を計上している。　　　　（第78回）
(4) かねて，取引銀行で割り引いていた山形商店振り出しの約束手形¥750,000が期日に決済されたとの通知を受けた。なお，この手形を割り引いたさいに，手形額面金額の2%の保証債務を計上している。　　　　（第90回）
(5) かねて，商品代金の支払いとして長野商事株式会社に裏書譲渡していた東商店振り出しの約束手形が不渡りとなり，償還請求を受けた。よって，手形金額¥1,200,000および期日以後の利息¥3,000をともに小切手を振り出して支払い，同時に東商店に支払請求をおこなった。なお，この手形を裏書きしたさいに手形額面金額の1%の保証債務を計上している。　　　　（第92回）

	借　　　方	貸　　　方
(1)		
(2)		
(3)		
(4)		
(5)		

16 固定負債・引当金

要点の整理

① 固定負債の意味

決算日の翌日から起算して，1年を超えてから支払期限が到来する債務を**固定負債**という。

② 固定負債の内容

(1) **長期借入金**

支払期限が決算日の翌日から1年を超えて到来する借入金である。

(2) **リース債務**

ファイナンス・リース取引で借手側に生じる長期的な債務である。

③ 引当金設定の条件

引当金を設けるためには，次の条件をすべてみたす必要がある。

① 将来の特定の費用または損失の発生が予想されること。

② その発生の原因が当期以前にあること。

③ その発生の可能性が高いこと。

④ その金額を合理的に見積もることができること。

④ 製品保証引当金

製品の販売にあたって，無料で修理や取り換えをする契約をしている場合，予想される費用を見積もり計上するさいに設ける引当金をいう。

例 決算にあたり，売上高 ¥1,000,000 の 0.5％ の金額を製品保証引当金として計上した。

（借）製品保証引当金繰入　5,000　　（貸）製品保証引当金　5,000

⑤ 賞与引当金

就業規則等によって従業員に対して賞与の支給が定められている場合，当期に負担する額を見積もり計上するさいに設ける引当金をいう。

例 決算にあたり，当期に負担する従業員賞与について賞与引当金 ¥500,000 を見積もり計上した。

（借）賞与引当金繰入　500,000　　（貸）賞 与 引 当 金　500,000

例 従業員に賞与 ¥560,000 を現金で支給した。なお，賞与引当金 ¥500,000 が計上されている。

（借）賞 与 引 当 金　500,000　　（貸）現　　　　金　560,000
　　　従業員賞与手当　60,000

⑥ 修繕引当金

建物や機械設備などに対し，毎年おこなわれる通常の修繕について，当期の負担額を見積もり計上するさいに設ける引当金をいう。

例 決算にあたり，機械装置の修繕のために修繕引当金 ¥60,000 を計上した。

（借）修繕引当金繰入　60,000　　（貸）修 繕 引 当 金　60,000

例 機械装置の修繕をおこない，修繕費 ¥100,000 を小切手を振り出して支払った。なお，修繕引当金 ¥60,000 が計上されている。

（借）修 繕 引 当 金　60,000　　（貸）当 座 預 金　100,000
　　　修　繕　費　40,000

⑦ 退職給付引当金

企業が，従業員の退職後に支給すべき退職給付（退職一時金と退職年金）にそなえて，債務額を見積もり計上するさいに設ける引当金をいう。

例 決算にあたり，退職給付引当金 ¥50,000 を計上した。

（借）退 職 給 付 費 用　50,000　　（貸）退職給付引当金　50,000

⑧ 偶発債務

現在は確定した債務ではないが，将来，一定の条件が発生したときに，実際に債務として確定するおそれのあるものをいう。

例 得意先A社の借入金¥/00,000について債務を保証した。
   (借) 保 証 債 務 見 返 /00,000   (貸) 保 証 債 務 /00,000
例 上記のA社が，支払期日に返済できなかったので，利息¥/0,000とともに，小切手を振り出して立
  て替えて支払った。
   (借) 未 収 入 金 //0,000   (貸) 当 座 預 金 //0,000
       保 証 債 務 /00,000   保 証 債 務 見 返 /00,000

基本問題

16-1 次の文の □□□□□ のなかに，もっとも適当な用語を記入しなさい。

　引当金には，売掛金や受取手形の評価勘定としての性質をもつ □ ア □ と，負債としての性質をも
つ製品保証引当金や退職給付引当金などがあり，製品保証引当金は □ イ □ 負債の部に，退職給付引
当金は □ ウ □ 負債の部にそれぞれ区分表示される。

ア	イ	ウ

ポイント 引当金には，評価勘定としての性質をもつものと負債としての性質をもつものがある。

16-2 次の取引の仕訳を示しなさい。
(1) 決算にあたり，売上高¥/,000,000の0.4％の金額を製品保証引当金として計上した。
(2) 決算にあたり，当期に負担する従業員賞与について，賞与引当金¥800,000を見積もり計上した。
(3) 従業員に賞与¥580,000を現金で支給した。賞与引当金¥400,000が計上されている。
(4) 決算にあたり，機械装置の修繕のために修繕引当金¥80,000を計上した。
(5) 機械装置の修繕をおこない，修繕費¥/50,000は小切手を振り出して支払った。なお，修繕引当
　　金¥/20,000が計上されている。

	借　　　　　方	貸　　　　　方
(1)		
(2)		
(3)		
(4)		
(5)		

練習問題

16-3 次の取引の仕訳を示しなさい。
(1) 従業員荒川一郎が退職したので，定期預金¥4,500,000を払い戻して，退職金を支給した。ただ
　　し，退職給付引当金勘定残高が¥2/,000,000ある。
(2) 決算にさいし，退職給付引当金¥860,000を計上し，同時に同額の小切手を振り出して定期預金
　　とした。

	借　　　　　方	貸　　　　　方
(1)		
(2)		

16-4 大宮商事株式会社の総勘定元帳勘定残高によって，報告式の貸借対照表（一部）を完成しなさい。
　　　ただし，ⅰ　会社計算規則によること。
　　　　　　　ⅱ　会計期間は令和○3年4月/日から令和○4年3月3/日までとする。

元帳勘定残高

当座預金 （貸方残高）	¥ /50,000	仮　払　金 ¥ 224,000	支払手形 ¥ 680,000
買　掛　金	930,000	借　入　金 6,000,000	手形借入金 200,000
リース債務	450,000	退職給付引当金 3,7/0,000	

付記事項
　①　仮払金¥224,000は，法人税・住民税及び事業税の中間納付額であった。
　②　借入金のうち¥2,000,000は令和○4年/2月末日に返済日が到来する。
　③　リース債務¥450,000は令和○7年3月3/日までリース契約を締結しているコピー機に対するものであり，決算日（毎年3月3/日）の翌日から/年以内に支払期限が到来する部分¥/50,000は流動負債として表示する。

決算整理事項
　a．借入金に対する利息の未払高¥70,000を計上する。
　b．退職給付引当金繰入額　¥690,000
　c．法人税・住民税及び事業税額　¥5/0,000

貸　借　対　照　表　（一部）

大宮商事株式会社　　　　　　　令和○4年3月3/日　　　　　　　（単位：円）

負　債　の　部

Ⅰ　**流　動　負　債**
　1.　支　払　手　形　　　　　　　　　　（　　　　　）
　2.　買　　掛　　金　　　　　　　　　　（　　　　　）
　3.（　　　　　　　）　　　　　　　　　（　　　　　）
　4.　リ　ー　ス　債　務　　　　　　　　（　　　　　）
　5.（　　　　　　　）　　　　　　　　　（　　　　　）
　6.（　　　　　　　）　　　　　　　　　（　　　　　）
　　　流　動　負　債　合　計　　　　　　　　　　　　　（　　　　　　）
Ⅱ　**固　定　負　債**
　1.（　　　　　　　）　　　　　　　　　（　　　　　）
　2.（　　　　　　　）　　　　　　　　　（　　　　　）
　3.（　　　　　　　）　　　　　　　　　（　　　　　）
　　　固　定　負　債　合　計　　　　　　　　　　　　　（　　　　　　）
　　　負　債　合　計　　　　　　　　　　　　　　　　　（　　　　　　）

||||||検|定|問|題||||||

16-5 次の取引の仕訳を示しなさい。
　(1)　仮払金¥400,000は，当期首に退職した従業員に対する退職一時金であったので，退職給付引当金勘定を用いて処理する。　　　　　　　　　　　　　　　　　　　　（第69回）
　(2)　従業員福岡一郎が退職し，退職一時金¥6,000,000を定期預金から支払った。ただし，退職給付引当金勘定の残高が¥30,000,000ある。　　　　　　　　　　　　　　　（第92回）

	借　　　　　　　　方	貸　　　　　　　　方
(1)		
(2)		

17 純資産の意味と分類

要点の整理

① 純資産の意味

貸借対照表は，資産の部・負債の部・純資産の部に区分される。純資産は，資産から負債を差し引いた差額を意味する。

貸 借 対 照 表

資 産 の 部	負 債 の 部
	純資産の部

② 純資産の分類

純資産は，**株主資本**と評価・換算差額等，さらに新株予約権に大きく分類される。このうち株主資本は，純資産の中で株主に帰属する部分をいい，資本金・資本剰余金・利益剰余金と控除項目としての自己株式に分類される。

純資産 ｛
I　株主資本 ｛
(1)　資　本　金
(2)　資 本 剰 余 金 ｛1．資本準備金　2．その他資本剰余金
(3)　利 益 剰 余 金 ｛1．利益準備金　2．その他利益剰余金 ｛① 任意積立金　② 繰越利益剰余金
(4)　自己株式（控除項目）
II　評価・換算差額等
III　新株予約権

基本問題

17-1 次の各文の ☐☐☐☐ のなかに，もっとも適当な用語を記入しなさい。

(1) 純資産は，資産から負債を差し引いた差額で，☐ア☐ と評価・換算差額等，さらに新株予約権に大きく分類される。このうち ☐ア☐ は，純資産の中で ☐イ☐ に帰属する部分をいう。

(2) 株主資本は，☐ウ☐ と資本剰余金，さらに利益剰余金に分けられる。

(3) 資本剰余金は，☐エ☐ とその他資本剰余金に分けられる。

(4) 利益剰余金は，☐オ☐ とその他利益剰余金に分けられる。

(1)		(2)	(3)	(4)
ア	イ	ウ	エ	オ

練習問題

17-2 純資産の分類を示す下記の ☐ のなかに，もっとも適当な用語を記入しなさい。

純資産
  Ⅰ 株主資本
    (1) ☐
    (2) ☐
      { 1. 資本準備金
      { 2. その他資本剰余金
    (3) 利益剰余金
      { 1. 利益準備金
      { 2. ☐
        { ① 任意積立金
        { ② 繰越利益剰余金
    (4) 自己株式（控除項目）
  Ⅱ ☐
  Ⅲ ☐

17-3 埼玉商事株式会社の令和○年12月31日における下記の資料により，貸借対照表の純資産の部を完成しなさい。

資　料
(1) 資産の総額　¥97,000,000
(2) 負債の総額　¥45,000,000
(3) 純資産の部に属する総勘定元帳勘定残高（決算整理後）

資　本　金 ¥40,000,000　資本準備金 ¥3,000,000　その他資本剰余金 ¥2,000,000
利益準備金 1,000,000　新築積立金 1,200,000　繰越利益剰余金 ☐
その他有価証券評価差額金 600,000　新株予約権 1,500,000

貸　借　対　照　表

埼玉商事株式会社　　　　　　令和○年12月31日　　　　　　（単位：円）

〜〜〜〜〜〜〜〜〜〜〜〜〜〜〜〜〜〜〜〜〜〜〜〜〜〜〜〜〜〜〜〜〜〜〜〜〜〜

純 資 産 の 部

Ⅰ　株　主　資　本
(1) 資　本　金　　　　　　　　　　　　　　　　　　　　　40,000,000
(2) 資　本　剰　余　金
　1.（　　　　　　　　）　　　　　　　3,000,000
　2．その他資本剰余金　　　　　　　　2,000,000
　　　資 本 剰 余 金 合 計　　　　　　　　　　　　　　　5,000,000
(3)（　　　　　　　　）
　1．利　益　準　備　金　　　　　　　1,000,000
　2．その他利益剰余金
　　① 新　築　積　立　金　　　　　　（　　　　　　）
　　② 繰 越 利 益 剰 余 金　　　　　（　　　　　　）
　　　利 益 剰 余 金 合 計　　　　　　　　　　　　　　（　　　　　　）
　　　株 主 資 本 合 計　　　　　　　　　　　　　　　（　　　　　　）
Ⅱ（　　　　　　　　　　　）
(1) その他有価証券評価差額金　　　　　　　　　　　　　（　　　　　　）
Ⅲ　新　株　予　約　権　　　　　　　　　　　　　　　　（　　　　　　）
　　　純　資　産　合　計　　　　　　　　　　　　　　　（　　　　　　）

18 資本金

要点の整理

① 株式会社の設立

　株式会社は，株式を発行して株主となる者から現金などの資金の提供を受けて設立される。株式会社の**資本金**は，設立または株式の発行にさいして，株主となる者が会社に対して払い込んだ財産の額であり，原則としてその全額が資本金となる。ただし，会社法により払込金額の2分の1以内の金額は資本金に計上しないことも認められている。この資本金に計上しない部分は，**資本準備金勘定**に計上される。

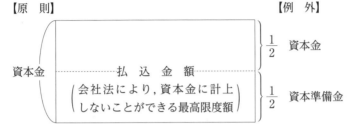

② 資本金の増加

　株式会社は，設立後，資本金を増加することができる。資本金は，株式を発行し，その払い込みを受けることなどにより増加する。また，資本準備金やその他資本剰余金ならびに利益準備金やその他利益剰余金を減少して資本金を増加することもできる。

例 福岡物産株式会社は，取締役会の決議により，株式*200*株を*1*株の払込金額*¥90,000*で発行し，全額の払い込みを受けて当座預金とした。ただし，会社法に規定する最高限度額を資本金として計上しないことにした。

　　（借）当 座 預 金 *18,000,000* 　　（貸）資 　本 　金 *9,000,000*
　　　　　　　　　　　　　　　　　　　　　　　 資 本 準 備 金 *9,000,000*

例 長崎商事株式会社は，株主総会の決議により，資本準備金*¥5,000,000*を減少し，資本金を同額増加した。

　　（借）資 本 準 備 金 *5,000,000* 　　（貸）資 　本 　金 *5,000,000*

例 大分商事株式会社は，株主総会の決議により，その他資本剰余金*¥2,000,000*を減少し，資本金を同額増加した。

　　（借）その他資本剰余金 *2,000,000* 　　（貸）資 　本 　金 *2,000,000*

③ 資本金の減少

　株式会社は，原則として株主総会の決議によって，資本金を減少することができる。資本金を減少することによって資本準備金やその他資本剰余金が増加する。また，繰越利益剰余金勘定の借方残高（欠損）を，資本金を減少させて，てん補することもできる。この場合，資本金の減少額を直接，繰越利益剰余金勘定に振り替えるのではなく，いったんその他資本剰余金勘定に振り替え，次にその他資本剰余金勘定から繰越利益剰余金勘定に振り替える処理をおこなう。

例 南北商事株式会社は，株主総会の決議にもとづいて，資本金*¥5,000,000*を減少して，その他資本剰余金を同額増加させたうえで，繰越利益剰余金勘定の借方残高*¥5,000,000*をてん補した。

　　（借）資 　本 　金 *5,000,000* 　　（貸）その他資本剰余金 *5,000,000*
　　　　 その他資本剰余金 *5,000,000* 　　　　 繰越利益剰余金 *5,000,000*

基本問題

18-1 次の各文の ☐ のなかに，もっとも適当な用語または数字を記入しなさい。

(1) 株式会社の ☐ ア ☐ は，設立または株式の発行にさいして，株主となる者が会社に対して払い込んだ財産の額であり，原則としてその全額を計上する。ただし，会社法により払込金額の ☐ イ ☐ 分の/以内の金額は資本金に計上しないことも認められている。この資本金に計上しない部分は，☐ ウ ☐ 勘定に計上される。

(2) 株式を発行し，その払い込みを受けることなどにより資本金は増加する。このほか，☐ エ ☐ やその他資本剰余金ならびに利益準備金やその他利益剰余金を減少して資本金を増加することもできる。

(3) 資本金を減少することによって資本準備金やその他資本剰余金が増加する。また，資本金を減少させて，繰越利益剰余金勘定の借方残高（欠損）をてん補することもできる。この場合，資本金の減少額を直接，繰越利益剰余金勘定に振り替えるのではなく，いったん ☐ オ ☐ 勘定に振り替え，次に ☐ オ ☐ 勘定から繰越利益剰余金勘定に振り替える処理をおこなう。

(1)			(2)	(3)
ア	イ	ウ	エ	オ

18-2 次の取引の仕訳を示しなさい。

(1) 長野商事株式会社は，設立にさいし，株式/00株を/株につき¥50,000で発行し，全額の引き受け・払い込みを受け，払込金は当座預金とした。ただし，資本金とする額は会社法が規定する原則を適用する。

(2) 岐阜商事株式会社は，資本準備金¥2,000,000を減少し，資本金を同額増加した。

(3) 静岡商事株式会社は，取締役会の決議により，株式200株を/株の払込金額¥/20,000で発行し，全額の引き受け・払い込みを受け，払込金は当座預金とした。ただし，会社法に規定する最高限度額を資本金に計上しないことにした。

	借　　　　　方	貸　　　　　方
(1)		
(2)		
(3)		

ポイント (3) 会社法に規定する最高限度額は払込金額の2分の1と覚えよう。

18-3 次の取引の仕訳を示しなさい。

(1) 深谷商事株式会社は，その他資本剰余金¥/,000,000を減少して，資本金を同額増加した。

(2) 所沢商事株式会社は，株主総会の決議にもとづいて，資本金¥2,500,000を減少して，その他資本剰余金を同額増加させたうえで，繰越利益剰余金勘定の借方残高¥2,500,000をてん補した。

	借　　　　　方	貸　　　　　方
(1)		
(2)		

練習問題

18-4 次の取引の仕訳を示しなさい。

(1) 鳥取産業株式会社は，株主総会の決議にもとづいて，資本金¥17,500,000を減少して，その他資本剰余金を同額増加させたうえで，繰越利益剰余金勘定の借方残高¥17,500,000をてん補した。

(2) 大分物産株式会社は，あらたに株式800株を1株の払込金額¥80,000で発行し，全額の引き受け・払い込みを受け，払込金は当座預金とした。ただし，払込金額のうち会社法に規定する最高限度額を資本金に計上しないことにした。なお，この株式の発行に要した諸費用¥870,000は小切手を振り出して支払った。

(3) 船橋物産株式会社は，事業拡張のため，株式300株を1株の払込金額¥120,000で発行し，全額の引き受け・払い込みを受け，払込金は当座預金とした。ただし，払込金額のうち資本金に計上しない金額は会社法に規定する最高限度額とした。

(4) 長崎商事株式会社は，株主総会の決議によって繰越利益剰余金勘定の借方残高¥24,000,000をてん補するため，資本金を¥24,000,000減少した。

(5) 山形商事株式会社は，あらたに株式600株を1株の払込金額¥80,000で発行し，全額の引き受け・払い込みを受け，払込金は当座預金とした。ただし，払込金額のうち資本金に計上しない金額は会社法に規定する最高限度額とした。なお，株式の発行に要した諸費用¥630,000は，小切手を振り出して支払った。

(6) 徳島産業株式会社は，あらたに株式500株を1株の払込金額¥90,000で発行し，全額の引き受け・払い込みを受け，払込金は当座預金とした。ただし，払込金額のうち資本金に計上しない金額は会社法に規定する最高限度額とした。なお，この株式の発行に要した諸費用¥930,000は小切手を振り出して支払った。

	借　　　　　方	貸　　　　　方
(1)		
(2)		
(3)		
(4)		
(5)		
(6)		

検定問題

18-5 次の取引の仕訳を示しなさい。

(1) 熊本物産株式会社は，事業規模拡大のため，株式82,000株を1株につき¥700で発行し，全額の引き受け・払い込みを受け，払込金は当座預金とした。ただし，払込金額のうち，資本金に計上しない金額は，会社法に規定する最高限度額とした。なお，この株式の発行に要した諸費用¥450,000は小切手を振り出して支払った。 (第93回)

(2) 群馬物産株式会社は，事業規模拡大のため，株式70,000株を1株につき¥850で発行し，全額の引き受け・払い込みを受け，払込金は当座預金とした。ただし，資本金とする額は会社法が規定する原則を適用する。なお，この株式の発行に要した諸費用¥430,000は小切手を振り出して支払った。 (第91回)

(3) 石川商事株式会社は，事業規模拡大のため，株式60,000株を1株につき¥1,300で発行し，全額の引き受け・払い込みを受け，払込金は当座預金とした。ただし，払込金額のうち，資本金に計上しない金額は，会社法に規定する最高限度額とした。なお，この株式の発行に要した諸費用¥450,000は小切手を振り出して支払った。 (第89回)

(4) 青森物産株式会社は，設立にさいし，株式900株を1株の払込金額¥85,000で発行し，全額の引き受け・払い込みを受け，払込金は当座預金とした。ただし，資本金とする額は会社法が規定する原則を適用する。なお，設立準備に要した諸費用¥6,200,000は小切手を振り出して支払った。 (第87回)

(5) 熊本商事株式会社は，事業規模拡大のため，株式500株を1株につき¥110,000で発行し，全額の引き受け・払い込みを受け，払込金は当座預金とした。ただし，払込金額のうち，資本金に計上しない金額は，会社法に規定する最高限度額とした。なお，この株式の発行に要した諸費用¥740,000は小切手を振り出して支払った。 (第84回)

(6) 北海道商事株式会社は，設立にさいし，株式200株を1株につき¥130,000で発行し，全額の引き受け・払い込みを受け，払込金は当座預金とした。ただし，払込金額のうち，資本金に計上しない金額は，会社法に規定する最高限度額とした。なお，設立準備に要した諸費用¥1,960,000は小切手を振り出して支払った。 (第81回)

	借　　　　　　方	貸　　　　　　方
(1)		
(2)		
(3)		
(4)		
(5)		
(6)		

19 資本剰余金

要点の整理

① 資本剰余金

　資本剰余金は，株主からの払込資本のうち資本金以外の部分をいい，**資本準備金**と**その他資本剰余金**に分けられる。

② 資本準備金

　資本準備金は，会社法の定めによって計上しなければならない準備金である。会社法では，資本準備金と利益準備金をあわせて準備金という。その他資本剰余金から配当する場合には，配当額の10分の1を準備金の額が資本金の4分の1に達するまで，その他資本剰余金から資本準備金に計上する。また，原則として株主総会の決議により，資本金やその他資本剰余金を減少して，資本準備金を増加させることもできるし，資本準備金を減少して，資本金やその他資本剰余金を増加させることもできる。

③ その他資本剰余金

　その他資本剰余金は，資本金や資本準備金を減少させた場合に増加する。また，その他資本剰余金を減少させて，資本金や資本準備金を増加したり，配当したりすることもできる。

例 株主総会の決議にもとづいて，資本準備金¥4,000,000を減少し，その他資本剰余金を同額増加した。

　（借）　資本準備金　4,000,000　　　（貸）　その他資本剰余金　4,000,000

④ 会社の合併

　複数の会社が一つの会社になることを**合併**という。会社の合併によって合併会社が被合併会社の株主に交付する株式などの時価総額は，合併契約書の定めにしたがい，合併会社の資本金・資本準備金・その他資本剰余金に計上する。

　なお，交付株式などの時価総額と引き継いだ純資産の時価評価額との差額は**のれん**として計上する。

例 千葉商事㈱は，南北商事㈱を吸収合併し，同社の株主に対して新株10株（1株の時価¥55,000）を交付した。この合併により千葉商事㈱において増加する資本金の額は¥300,000　資本準備金の額は¥250,000とする。なお，南北商事㈱の資産と負債の時価は帳簿価額に等しいものとする。

貸借対照表			
千葉商事㈱	令和○年9月30日		（単位：円）
現金預金	100,000	買 掛 金	200,000
売 掛 金	150,000	資 本 金	1,500,000
商 品	650,000	利益準備金	300,000
建 物	800,000		
備 品	300,000		
	2,000,000		2,000,000

被合併会社

貸借対照表			
南北商事㈱	令和○年9月30日		（単位：円）
現金預金	50,000	買 掛 金	110,000
売 掛 金	100,000	資 本 金	500,000
商 品	300,000	利益準備金	40,000
備 品	200,000		
	650,000		650,000

（借）　現 金 預 金	50,000	（貸）　買 掛 金	110,000
売 掛 金	100,000	資 本 金	300,000
繰 越 商 品	300,000	資本準備金	250,000
備 品	200,000		
の れ ん	10,000		

合併にさいし，千葉商事㈱は左の仕訳をおこなう。

合併後

貸借対照表			
千葉商事㈱	令和○年9月30日		（単位：円）
現金預金	150,000	買 掛 金	310,000
売 掛 金	250,000	資 本 金	1,800,000
商 品	950,000	資本準備金	250,000
建 物	800,000	利益準備金	300,000
備 品	500,000		
の れ ん	10,000		
	2,660,000		2,660,000

（注）　千葉商事㈱の貸借対照表の各科目に仕訳の金額を合算して，合併貸借対照表を作成する。

基本問題

19-1 次の取引の仕訳を示しなさい。

(1) 徳島商事株式会社は，株主総会の決議にもとづいて資本準備金¥3,000,000を減少し，その他資本剰余金を同額増加した。

(2) 香川物産株式会社は，株主総会の特別決議にもとづいて，資本金¥4,400,000を減少し，これにより剰余金¥4,000,000の配当をおこなった。なお，配当額の10分の1を資本準備金に計上する。

	借 方	貸 方
(1)		
(2)		

19-2 関東商事株式会社は，東西商会株式会社を合併した。下記の資料および合併直前の両社の貸借対照表によって，関東商事㈱の合併時の仕訳を示しなさい。

資　　料
① 関東商事㈱が東西商会㈱の株主に交付した新株は時価総額¥13,000,000である。
② 合併契約書によれば，関東商事㈱において増加する資本金の額は¥9,000,000であり，増加する資本準備金の額は¥4,000,000である。
③ 東西商会㈱の資産と負債の時価は帳簿価額に等しかった。

関東商事㈱　　　　貸借対照表　　　　（単位：円）

現 金 預 金	4,000,000	買 掛 金	17,500,000
売 掛 金	20,000,000	資 本 金	50,000,000
商 品	16,000,000	利 益 準 備 金	12,500,000
建 物	30,000,000		
備 品	10,000,000		
	80,000,000		80,000,000

東西商会㈱　　　　貸借対照表　　　　（単位：円）

現 金 預 金	1,500,000	買 掛 金	7,500,000
売 掛 金	6,000,000	資 本 金	11,500,000
商 品	7,500,000	利 益 準 備 金	1,000,000
備 品	5,000,000		
	20,000,000		20,000,000

借 方		貸 方	
( )	( )	( )	( )
( )	( )	( )	( )
繰 越 商 品	( )	資 本 準 備 金	( )
( )	( )		
の れ ん	( )		

━━━━━━━ 練習問題 ━━━━━━━

⓳-3 次の取引の仕訳を示しなさい。

(1) 愛媛商事株式会社は，株主総会の決議にもとづいて資本準備金¥4,000,000を減少し，その他資本剰余金を同額増加した。

(2) 岡山商事株式会社は，株主総会の決議にもとづいて，資本金¥3,000,000を減少して，その他資本剰余金を同額増加させたうえで，繰越利益剰余金勘定の借方残高¥3,000,000をてん補した。

(3) 香川物産株式会社は，株主総会の特別決議にもとづいて，資本金¥5,500,000を減少し，これにより剰余金¥5,000,000の配当をおこなった。なお，配当額の10分の1を資本準備金に計上する。

(4) 高知物産株式会社は，繰越利益剰余金の借方残高¥3,500,000をてん補するため，資本金¥3,500,000を減少した。

(5) 四国商事株式会社は，下記の財政状態の南北商会株式会社を合併することになり，時価総額¥12,000,000の新株を南北商会株式会社の株主に交付した。この合併によって四国商事株式会社において増加する資本金の額は¥9,000,000　その他資本剰余金の額は¥3,000,000とする。なお，南北商会株式会社の資産と負債の時価は，帳簿価額に等しいものとする。

南北商会株式会社　　貸借対照表　　（単位：円）

現 金 預 金	1,050,000	買 掛 金	4,500,000
売 掛 金	5,250,000	資 本 金	10,500,000
商 品	8,400,000	利 益 準 備 金	1,200,000
備 品	1,500,000		
	16,200,000		16,200,000

	借　　方	貸　　方
(1)		
(2)		
(3)		
(4)		
(5)		

19-4 九州商事株式会社は，北東物産株式会社を合併した。下記の資料および両社の合併直前の貸借対照表によって

(1) 九州商事㈱の合併時の仕訳を示しなさい。

(2) 合併後の貸借対照表を作成しなさい。

資　料

① 九州商事㈱が北東物産㈱の株主に交付した新株は時価総額¥12,500,000である。

② 合併契約書によれば，九州商事㈱において増加する資本金の額は¥9,600,000であり，増加する資本準備金の額は¥2,900,000である。

③ 北東物産㈱の有価証券の時価は¥7,800,000であり，その他の資産と負債の時価は帳簿価額に等しかった。

④ 九州商事㈱は北東物産㈱に対して売掛金¥1,800,000がある。

貸 借 対 照 表

九州商事㈱　令和○年3月3/日　（単位：円）

現 金 預 金	3,300,000	買 掛 金	6,300,000
売 掛 金	8,100,000	資 本 金	30,000,000
商 品	12,600,000	資本準備金	5,100,000
建 物	15,000,000	利益準備金	2,400,000
備 品	4,800,000		
	43,800,000		43,800,000

貸 借 対 照 表

北東物産㈱　令和○年3月3/日　（単位：円）

現 金 預 金	1,500,000	買 掛 金	3,100,000
売 掛 金	3,900,000	資 本 金	11,100,000
有 価 証 券	7,600,000	利益準備金	900,000
商 品	2,100,000		
	15,100,000		15,100,000

(1)

借　　　　　方		貸　　　　　方	

(2)

貸 借 対 照 表

九州商事㈱　　　　　　令和○年3月3/日　　　　　　（単位：円）

資　　産	金　額	負債及び純資産	金　額

⓲-5 次の各文の ▭ のなかに，もっとも適当な用語を記入しなさい。

(1) 資本剰余金は株主からの払込資本のうち ［ ア ］ 以外の部分をいい，資本準備金とその他資本剰余金に分けられる。

(2) 会社法では，［ イ ］ と利益準備金をあわせて準備金といい，将来会社の経営が悪化し，欠損が生じた場合，これをてん補することなどを目的としている。

(3) その他資本剰余金から配当する場合には，その配当額の ［ ウ ］ を準備金の額が資本金の ［ エ ］ に達するまで，その他資本剰余金から資本準備金に計上する。

(4) 原則として株主総会の決議により，資本金やその他資本剰余金を ［ オ ］ して，資本準備金を増加させることもできるし，［ カ ］ を減少して，資本金やその他資本剰余金を増加させることもできる。

(5) 合併がおこなわれると，合併会社は被合併会社に対する支配を獲得し，被合併会社の資産と負債を ［ キ ］ で評価する。

(6) 合併会社が被合併会社の株主に交付した株式などの時価総額と，時価で評価された被合併会社の純資産額との差額は，［ ク ］ として計上する。

(1)	(2)	(3)	
ア	イ	ウ	エ

(4)		(5)	(6)
オ	カ	キ	ク

||||||||| **検定問題** |||||||||

⓲-6 次の取引の仕訳を示しなさい。

(1) 東西商事株式会社は，株主総会において，資本金¥5,500,000を減少して，その他資本剰余金を同額増加させたうえで，剰余金¥5,000,000の配当を行うことを決議した。これにともない，配当額の10分の1を準備金に計上した。 (第90回)

(2) 香川商事株式会社は，株主総会において資本金¥8,800,000を減少して，その他資本剰余金を同額増加させたうえで，剰余金¥8,000,000の配当を行うことを決議した。なお，配当額の10分の1を資本準備金に計上した。 (第85回)

	借 方	貸 方
(1)		
(2)		

19-7 新潟物産株式会社は，信越商事株式会社を4月1日に吸収合併した。下記の合併直前の貸借対照表および合併に関する資料によって，合併直後の新潟物産株式会社の貸借対照表（勘定式）を完成しなさい。ただし，会社計算規則によること。 （第50回一部修正）

貸 借 対 照 表

新潟物産株式会社　　　　令和○年4月1日　　　　（単位：円）

現金預金	2,400,000	支払手形	2,600,000
受取手形	3,900,000	買掛金	4,100,000
貸倒引当金	39,000　3,861,000	短期借入金	3,200,000
売掛金	6,100,000	未払法人税等	1,100,000
貸倒引当金	61,000　6,039,000	退職給付引当金	1,950,000
有価証券	2,000,000	資本金	30,000,000
商品	9,900,000	資本準備金	6,700,000
備品	4,000,000	利益準備金	2,100,000
減価償却累計額	1,750,000　2,250,000	別途積立金	1,000,000
土地	23,000,000	繰越利益剰余金	4,800,000
長期貸付金	8,100,000		
	57,550,000		57,550,000

貸 借 対 照 表

信越商事株式会社　　　　令和○年4月1日　　　　（単位：円）

現金預金	840,000	支払手形	900,000
受取手形	1,700,000	買掛金	2,000,000
貸倒引当金	17,000　1,683,000	長期借入金	1,100,000
売掛金	2,300,000	資本金	10,000,000
貸倒引当金	23,000　2,277,000	利益準備金	600,000
商品	3,000,000	繰越利益剰余金	200,000
土地	7,000,000		
	14,800,000		14,800,000

資 料

① 信越商事株式会社の貸借対照表に示されている資産と負債の時価は帳簿価額に等しいものとする。

② 新潟物産株式会社は，新株220株（1株の時価￥50,000）を信越商事株式会社の株主に交付した。
　　この合併により，新潟物産株式会社において増加する資本金の額は￥8,500,000　資本準備金の額は￥2,500,000とする。

③ 信越商事株式会社の長期借入金のうち￥700,000は，新潟物産株式会社に対するものである。

貸 借 対 照 表

新潟物産株式会社　　　　令和○年4月1日　　　　（単位：円）

資　　産	金　額	負債及び純資産	金　額
Ⅰ（　　　　　）		Ⅰ **流 動 負 債**	
現金預金		支払手形	
受取手形	5,600,000	買掛金	
貸倒引当金	56,000	（　　　　　）	
売掛金（　　　）		未払法人税等	
貸倒引当金（　　）		Ⅱ（　　　　　）	
有価証券		（　　　　　）	
（　　　　）		退職給付引当金	
Ⅱ（　　　　）		**負 債 合 計**	
（1）（　　　　）		Ⅰ **株 主 資 本**	
備　品（　　　）		（1）（　　　　　）	
減価償却累計額（　　）		（2）資本剰余金	
土　地		1．資本準備金	
（2）無形固定資産		（3）（　　　　　）	
（　　　　）		1．利益準備金	
（3）（　　　　）		2．別途積立金	
長期貸付金		3．繰越利益剰余金	
		純 資 産 合 計	
資 産 合 計		**負債及び純資産合計**	

20 利益剰余金

要点の整理

① 利益剰余金

利益剰余金は，会社が獲得した利益の留保額をいい，**利益準備金**と**その他利益剰余金**に分けられ，その他利益剰余金は，さらに**任意積立金**と**繰越利益剰余金**に分けられる。

② 利益準備金

会社法は，剰余金の配当（株主に対する金銭の分配）をする場合には，その剰余金の配当により減少する剰余金の額の10分の1を準備金の金額が資本金の4分の1に達するまで，資本準備金または利益準備金として計上するよう定めている。つまり，分配する剰余金がその他利益剰余金の場合は，利益準備金として，その他資本剰余金の場合は，資本準備金として計上する。

また，利益準備金は，その額を減少して資本金やその他利益剰余金の額を増加することができる。

例 株主総会において，その他資本剰余金¥4,000,000と繰越利益剰余金¥6,000,000から配当をおこなうことを決議した。なお，配当にともない，繰越利益剰余金の配当額の10分の1を利益準備金として，その他資本剰余金の配当額の10分の1を資本準備金として計上した。

(借)	その他資本剰余金	4,400,000	(貸)	未 払 配 当 金	10,000,000
	繰越利益剰余金	6,600,000		利 益 準 備 金	600,000
				資 本 準 備 金	400,000

③ 任意積立金

任意積立金は，定款や株主総会の決議などによって，その他利益剰余金の一部を任意に積み立てたものである。

(1) **任意積立金の種類**

① 特定の目的をもつ積立金…………新築積立金・減債積立金・配当平均積立金　など

② 特定の目的をもたない積立金……別途積立金

(2) **任意積立金の取り崩し**

任意積立金を取り崩したときは，それぞれの積立金勘定から繰越利益剰余金勘定へ振り替える。

例 建物が完成して引き渡しを受けたので，この総建築費用¥800,000を小切手を振り出して支払った。なお，新築積立金¥800,000を取り崩した。

(借)	建　　　　　物	800,000	(貸)	当 座 預 金	800,000
(借)	新 築 積 立 金	800,000	(貸)	繰越利益剰余金	800,000

例 株主総会において，配当平均積立金¥500,000を取り崩して配当金にあてることを決議した。なお，この配当にともない利益準備金¥50,000を計上した。

(借)	配当平均積立金	500,000	(貸)	繰越利益剰余金	500,000
(借)	繰越利益剰余金	550,000	(貸)	未 払 配 当 金	500,000
				利 益 準 備 金	50,000

④ 繰越利益剰余金

繰越利益剰余金は，当期純利益が計上されたとき，または任意積立金の取り崩しをおこなったときなどに増加する。なお，当期純損失が計上された場合には，繰越利益剰余金が減少する。決算日において，繰越利益剰余金勘定が借方残高のときは，貸借対照表上，マイナスの金額として表示する。

基 本 問 題

20-1 次の取引の仕訳を示しなさい。
(1) 株主総会の決議により，繰越利益剰余金のうち¥5,000,000を新築積立金として積み立てることにした。
(2) 建物を新築し，この代金¥70,000,000を小切手を振り出して支払った。なお，取締役会の決議により，新築積立金¥70,000,000を取り崩した。
(3) 株主総会において繰越利益剰余金の借方残高¥800,000をてん補するため，別途積立金¥800,000を取り崩すことにした。
(4) 北海道商事株式会社は，株主総会において，剰余金¥6,000,000（その他資本剰余金¥2,000,000 繰越利益剰余金¥4,000,000）の配当をおこなうことを決議した。なお，配当にともない，資本準備金¥200,000 利益準備金¥400,000を計上する。
(5) 千葉商事株式会社は，株主総会において，配当平均積立金¥2,000,000を取り崩して配当をおこなうことを決議した。なお，配当にともない，繰越利益剰余金から利益準備金¥200,000を計上した。

	借 方	貸 方
(1)		
(2)		
(3)		
(4)		
(5)		

20-2 次の各文の _____ のなかに，もっとも適当な用語を記入しなさい。
(1) 利益剰余金は，____ア____ とその他利益剰余金に分けられ，さらにその他利益剰余金は，任意積立金と ____イ____ に分けられる。
(2) 繰越利益剰余金は，____ウ____ が計上されたとき，または任意積立金の取り崩しをおこなったときなどに増加する。なお，当期純損失は，____エ____ 勘定の借方に計上する。
(3) 会社法は，剰余金の配当をする場合に，その剰余金の配当により減少する剰余金の額の ____オ____ 分の/を資本準備金または ____カ____ として計上するよう定めている。

(1)		(2)	
ア	イ	ウ	エ

(3)	
オ	カ

最新段階式
簿記検定問題集
全商1級会計

解答編

実教出版

◎財務会計の基礎

❶ 企業と財務会計 (p.4)

▶1-1

(1)			(2)		
ア	イ	ウ	エ	オ	カ
7	4	5	6	2	3

▶1-2

A群(利害関係者)　　　　　　B群(何をする場合)

経　営　者　—　投資の判断をする場合
債　権　者　—　課税額の決定をする場合
株　　　主　—　信用状態の判断をする場合
投　資　家　—　経営方針の立案をする場合
国・地方公共団体　—　分配可能額の計算をする場合

▶1-3

ア	5(6)	イ	6(5)	ウ	4	エ	3	オ	1

▶1-4

ア	2	イ	1

❷ 企業会計制度と会計基準 (p.6)

▶2-1

(1)	(2)	(3)	(4)	(5)
ア	イ	ウ	エ	オ
企業会計制度	企業会計原則	会 社 法	金融商品取引法	企業会計基準

▶2-2

(1)	真実性の原則	(2)	継続性の原則	(3)	明瞭性の原則
(4)	正規の簿記の原則	(5)	単一性の原則	(6)	保守主義の原則
(7)	資本取引・損益取引区分 (剰余金区分)の原則				

▶2-3

(1)	真実性の原則	(2)	継続性の原則	(3)	明瞭性の原則
(4)	単一性の原則	(5)	保守主義の原則	(6)	正規の簿記の原則

▶2-4

①	②	③
ウ	ア	イ

▶2-5

ア	イ	ウ	エ	オ	カ
1	9	5	6	1	9
キ	ク				
6	3				

◎資　　産

❸ 資産の意味と分類 (p.9)

▶3-1

(1)	流 動 資 産	(2)	固 定 資 産	(3)	当 座 資 産
(4)	棚 卸 資 産	(5)	無形固定資産	(6)	投資その他の資産

▶3-2

(1)		(2)	(3)
ア	イ	ウ	エ
5	8	1	6

▶3-3

流動資産	当 座 資 産	4　6　12　16
	棚 卸 資 産	9　13　20
	その他の流動資産	3　5　17

固定資産	有形固定資産	2　14　19
	無形固定資産	7　10　18
	投資その他の資産	1　8　11　15 ❶❷

解説 ❶長期前払費用は固定資産に，前払費用は流動資産に分類される。
　　　長期前払費用は，1年を超えてから費用化する保険料や利息の前払分である。
❷預金のうち，決算日の翌日から1年以内に引き出すことができないものは，固定資産に分類される。

▶3-4

(1)	(×)	(2)	(×❶)	(3)	(○)
(4)	(×❷)	(5)	(×)	(6)	(○)
(7)	(×)	(8)	(○)	(9)	(×❸)
(10)	(×)				

解説 ❶売掛金は，回収期間の長短期にかかわらず流動資産に分類される。
❷資産は，まず正常営業循環基準で流動と固定に分類し，正常営業循環基準で分類できない項目を1年基準により分類する。
❸企業の主要な営業活動の過程にある資産は，受取手形・売掛金・商品などである。

▶3-5

(1)		(2)	
ア	イ	ウ❶	エ
前 払 費 用	流動資産	○	固定資産

解説 ❶流動と固定を分類するためには，初めに「正常営業循環基準」を適用し，この基準の適用外の資産に「1年基準」を適用する。

▶3-6

(1)		(2)	
ア	イ	ウ	エ
9	1	2	3

④ 資産の評価 (p.12)

▶4-1

(1)	(2)
ア	イ
3	1

▶4-2

(1)			(2)
ア	イ	ウ	エ
5	3	5	2

▶4-3

(1)			(2)		
1	4❶	5	2❷	3❸	6

(3)			
1	4	6	7❹

解説 ❶期末商品棚卸高を過大評価すると，次の式でわかるように，売上原価が過小表示される。

（期首商品棚卸高＋当期仕入高）－期末商品棚卸高＝売上原価

期末商品棚卸高を過小評価すると，上の式でわかるように，売上原価が過大表示される。

❷建物の減価償却を過大におこなうと，次の式でわかるように，貸借対照表では資産が過小表示される。

建物の取得原価－減価償却累計額＝帳簿価額

❸減価償却を過大におこなうと，減価償却費が過大に計上される。このため損益計算書では，減価償却費が過大表示されることになる。

❹棚卸資産や有形固定資産の評価は原則として原価基準をとっている。売買目的有価証券など一部の資産は時価基準で評価する。

▶4-4

時　価	原価基準	時価基準
¥200,000の場合 ア	¥200,000 ❶ イ	¥200,000 ❷
¥220,000の場合 ウ	¥200,000 エ	¥220,000
¥180,000の場合 オ	¥200,000 カ	¥180,000

解説 ❶原価基準では，時価に関係なく，取得原価¥200,000で評価する。したがって，ウ，オも同様である。

❷時価基準では，取得原価に関係なく，時価で評価する。したがって，エ，カも同様である。

▶4-5

(1)		(2)		(3)	
ア	イ	ウ	エ	オ	カ
4	5❶	8❷	3	13	1❸

解説 ❶企業会計原則の一般原則の六，注解4を参照。

❷時価¥3,600,000と取得原価¥3,000,000の差額¥600,000が，評価益となる。

❸資産を過小に評価すれば，純利益が過小に表示される。

▶4-6

(1)	(2)
ア	イ
評　価　損	○

⑤ 流動資産(1)－当座資産－ (p.15)

▶5-1

	借　　方		貸　　方	
①	当 座 預 金	40,000	買 掛 金	40,000
②	当 座 預 金	120,000	受 取 手 形	120,000
③	仕 訳 なし			
④	仕 訳 なし			
⑤	支 払 利 息	3,000	当 座 預 金	3,000
⑥	当 座 預 金	17,000	未 払 金 ❶	17,000

銀 行 勘 定 調 整 表

東西銀行東京支店　令和○年3月31日

		当座預金出納帳	銀行残高証明書
3月31日現在残高		¥ 541,000	¥ 717,000
加算	①振出小切手未渡し	¥(40,000)	
	②手形代金回収未記帳	¥(120,000)	
	③営業時間外預け入れ		¥(58,000)
	⑥振出小切手未渡し	¥(17,000)	
	計	¥(718,000)	¥(775,000)
減算	④振出小切手未払い		¥(60,000)
	⑤支払利息未記帳	¥(3,000)	
	調整後当座預金残高	¥(715,000)	¥(715,000)

解説 ❶広告宣伝費はすでに発生しているので，未払金となる。

▶5-2

		借　　方		貸　　方	
(1)	①	買 掛 金	100,000	電子記録債務	100,000
	②	電子記録債権	100,000	売 掛 金	100,000
(2)	①	電子記録債務	100,000	当 座 預 金	100,000
	②	当 座 預 金	100,000	電子記録債権	100,000

▶5-3

	借　　方		貸　　方	
(1)	買 掛 金	90,000	電子記録債権	90,000
(2)	当 座 預 金	248,000	電子記録債権	250,000
	電子記録債権売 却 損	2,000		

▶5-4

	借 方		貸 方	
(1)	クレジット 売 掛 金	297,000	売 上	300,000
	支払手数料	❶3,000		
(2)	当 座 預 金	297,000	クレジット 売 掛 金	297,000 ❷

解説 ❶¥300,000×1% =¥3,000
❷¥300,000−¥300,000×1% =¥297,000

▶5-5

(1)

借 方		貸 方	
貸倒引当金繰入	248,000	貸倒引当金	248,000 ❶

(2)

貸借対照表(一部)

横浜商事株式会社　　令和○2年3月31日　　(単位：円)

資 産 の 部

Ⅰ 流 動 資 産
1. 現 金 預 金　　　　　　　(3,800,000)
2. 受 取 手 形 (4,500,000)
　　貸倒引当金 (45,000) (4,455,000)
3. 電子記録債権 (2,300,000)
　　貸倒引当金 (23,000) (2,277,000)
4. 売 掛 金 (6,300,000)
　　貸倒引当金 (180,000) (6,120,000)❷

解説 ❶貸倒引当金
一 般 債 権　¥12,800,000×1% =¥128,000
貸倒懸念債権　　　　　　　¥120,000
　　　　　　　　　　　　　¥248,000
❷売掛金¥6,300,000−(¥6,000,000×1% +¥120,000)
=¥6,120,000

▶5-6

	借 方		貸 方	
(1)	売 買 目 的 有 価 証 券	1,960,000	当 座 預 金	1,972,000
	有価証券利息	12,000		
(2)	現 金	30,000	有価証券利息	30,000
(3)	売 買 目 的 有 価 証 券	❶2,928,000	当 座 預 金	2,949,000
	有価証券利息	21,000		

解説 ❶¥3,000,000× $\frac{¥97}{¥100}$ =¥2,910,000

¥2,910,000+¥18,000 =¥2,928,000

▶5-7

	借 方		貸 方	
(1)	現 金	5,823,000	売 買 目 的 有 価 証 券	5,830,000
	有価証券売却損	70,000	有価証券利息	63,000
(2)	現 金	29,951,000	売 買 目 的 有 価 証 券	29,650,000
			有価証券売却益	260,000 ❶
			有価証券利息	41,000

解説 ❶¥60,000,000× $\frac{¥98.60}{¥100}$ =¥59,160,000

¥59,160,000+¥140,000 =¥59,300,000

¥59,300,000× $\frac{¥30,000,000}{¥60,000,000}$ =¥29,650,000

(売却した売買目的有価証券の帳簿価額)

¥30,000,000× $\frac{¥99.70}{¥100}$ =¥29,910,000

(売買目的有価証券の売却価額)

¥29,910,000−¥29,650,000 =¥260,000

(売却益)

▶5-8

	借 方		貸 方	
(1)	有価証券評価損	50,000	売 買 目 的 有 価 証 券	50,000 ❶
(2)	売 買 目 的 有 価 証 券	1,000,000	有価証券評価益	1,000,000 ❷

解説 ❶¥690,000(時価)−¥650,000(帳簿価額)= ¥40,000
¥410,000(時価)−¥500,000(帳簿価額)=△¥90,000
　　　　　　　　　　　　　　　△¥50,000
(評価損となる)
❷(¥81,000−¥75,000)×200株=¥1,200,000
(¥34,000−¥38,000)× 50株=△¥200,000
　　　　　　　　　　　　　　¥1,000,000
(評価益となる)

▶5-9

	借 方		貸 方	
(1)	電子記録債権	500,000	売 掛 金	500,000
(2)	買 掛 金	400,000	電子記録債権	❶400,000
(3)	当 座 預 金	❷98,000	電子記録債権	100,000
	電子記録債権 売 却 損	2,000		

解説 ❶電子記録債務の発生(増加)ではないことに注意する。
❷(¥500,000−¥400,000)−¥2,000 =¥98,000

▶5-10

	借 方		貸 方	
(1)	売 買 目 的 有 価 証 券	1,984,000	当 座 預 金	1,989,000
	有価証券利息	5,000		
(2)	現 金	29,864,000	売 買 目 的 有 価 証 券	29,430,000
			有価証券売却益	330,000 ❶
			有価証券利息	104,000

解説 ❶¥50,000,000× $\frac{¥97.80}{¥100}$ =¥48,900,000

¥48,900,000+¥150,000 =¥49,050,000

¥49,050,000× $\frac{¥30,000,000}{¥50,000,000}$ =¥29,430,000

(売却した売買目的有価証券の帳簿価額)

¥30,000,000× $\frac{¥99.20}{¥100}$ =¥29,760,000

(売買目的有価証券の売却価額)

¥29,760,000−¥29,430,000 =¥330,000

(売却益)

▶5-11

(1)

	借 方		貸 方	
(ア)	貸倒引当金繰入	149,000	貸倒引当金	149,000 ❶
(イ)	有価証券評価損	70,000	売 買 目 的 有 価 証 券	70,000 ❷

(2)

貸 借 対 照 表 （一部）

神奈川株式会社　　令和○2年3月31日　　（単位：円）

資 産 の 部

Ⅰ 流 動 資 産
1. 現 金 預 金　　　　　　　　　（ 3,810,000）
2. 受 取 手 形　（ 2,300,000）
　　貸 倒 引 当 金（ 23,000）（ 2,277,000）
3. 電 子 記 録 債 権（ 3,500,000）
　　貸 倒 引 当 金（ 35,000）（ 3,465,000）
4. 売 掛 金　　（ 5,500,000）
　　貸 倒 引 当 金（ 153,000）（ 5,347,000）
5. 有 価 証 券　　　　　　　　　（ 2,580,000）

解説 ❶貸倒引当金の設定額
　　一 般 債 権　¥11,100,000×1％＝¥111,000
　　貸倒懸念債権　¥200,000×50％＝¥100,000
　　　　　　　　　　　　　　　　　　¥211,000
　　¥211,000－¥62,000＝¥149,000
❷¥42,000（時価）×40株＋¥36,000（時価）×25株
　　＝¥2,580,000
　¥2,580,000（時価）－¥2,650,000（元帳勘定残高）
　　＝△¥70,000

▶5-12

当座預金出納帳 の次月繰越高	¥ 570,000

解説 資料ⅰ～ⅲのうち，島根商事株式会社の当座預金出納帳の残高を修正する必要があるのはⅰとⅲである。
　ⅰ（借）水道光熱費 50,000　（貸）当座預金 50,000
　ⅲ（借）当座預金 100,000　（貸）買 掛 金 100,000
　当座預金出納帳残高（修正前）¥520,000－¥50,000
　＋¥100,000＝¥570,000

▶5-13

	借	方	貸	方	
(1)	売買目的 有価証券 有価証券利息	4,435,000 18,000	当座預金	4,453,000	❶
(2)	売買目的 有価証券 有価証券利息	4,894,000 12,000	当座預金	4,906,000	❷
(3)	当座預金	3,021,000	売買目的 有価証券 有価証券売却益 有価証券利息	2,940,000 42,000 39,000	❸
(4)	当座預金 有価証券売却損	5,988,000 6,000	売買目的 有価証券 有価証券利息	5,856,000 138,000	❹
(5)	現 金	5,014,000	売買目的 有価証券 有価証券売却益 有価証券利息	4,960,000 20,000 34,000	❺

解説 ❶売買目的有価証券の取得原価

　　購入価額¥4,500,000×$\frac{¥98.40}{¥100}$＝¥4,428,000
　¥4,428,000＋買入手数料¥7,000＝¥4,435,000
　端数利息は債券の売り手に支払うので，有価証券利息勘定の借方（収益の消滅）としていったん処理する。

❷売買目的有価証券の取得原価

　　購入価額¥5,000,000×$\frac{¥97.40}{¥100}$＝¥4,870,000
　¥4,870,000＋買入手数料¥24,000＝¥4,894,000

❸取得原価¥6,000,000×$\frac{¥97.80}{¥100}$
　＋買入手数料¥12,000＝¥5,880,000

　¥5,880,000×$\frac{¥3,000,000}{¥6,000,000}$＝¥2,940,000
　　　　（売却した売買目的有価証券の帳簿価額）

　¥3,000,000×$\frac{¥99.40}{¥100}$＝¥2,982,000
　　　　（売買目的有価証券の売却価額）
　¥2,982,000－¥2,940,000＝¥42,000（売却益）
　端数利息は債券の買い手から受け取るので，有価証券利息勘定の貸方（収益の発生）として処理する。

❹取得原価¥10,000,000×$\frac{¥97.40}{¥100}$
　＋買入手数料¥20,000＝¥9,760,000

　¥9,760,000×$\frac{¥6,000,000}{¥10,000,000}$＝¥5,856,000
　　　　（売却した売買目的有価証券の帳簿価額）

　¥6,000,000×$\frac{¥97.50}{¥100}$＝¥5,850,000
　　　　（売買目的有価証券の売却価額）
　¥5,850,000－¥5,856,000＝△¥6,000（売却損）

❺取得原価¥20,000,000×$\frac{¥98.50}{¥100}$
　＋買入手数料¥140,000＝¥19,840,000

　¥19,840,000×$\frac{¥5,000,000}{¥20,000,000}$＝¥4,960,000
　　　　（売却した売買目的有価証券の帳簿価額）

　¥5,000,000×$\frac{¥99.60}{¥100}$＝¥4,980,000
　　　　（売却した売買目的有価証券の売却価額）
　¥4,980,000－¥4,960,000＝¥20,000（売却益）

▶5-14

貸 借 対 照 表 （一部）

宮崎商事株式会社　　令和○2年3月31日　　（単位：円）

資 産 の 部

Ⅰ 流 動 資 産
1. 現 金 預 金　　　　　　　　　（2,265,000）❶
2. 受 取 手 形（1,800,000）
　（貸倒引当金）（ 18,000）（1,782,000）
3.（売 掛 金）（1,400,000）
　（貸倒引当金）（ 14,000）（1,386,000）
4.（有 価 証 券）　　　　　　　　（1,680,000）

解説 ❶付記事項(ア)(イ)(ウ)のうち，宮崎商事株式会社の当座預金出納帳の残高を修正する必要があるのは(イ)と(ウ)である。
　(イ)（借）当座預金 80,000　（貸）買 掛 金 80,000
　(ウ)（借）当座預金 200,000　（貸）受取手形 200,000
　当座預金出納帳残高（修正前）¥1,300,000
　＋¥80,000＋¥200,000＝¥1,580,000
　現金預金¥685,000＋¥1,580,000＝¥2,265,000

▶6-1

(1)

商 品 有 高 帳

（先入先出法）　　　　　　　　　A 商 品　　　　　　　単位：個

令和○年	摘 要	受 入 数量	単価	金 額	払 出 数量	単価	金 額	残 高 数量	単価	金 額
6 1	前月繰越	200	100	20,000				200	100	20,000
10	仕入れ	300	120	36,000				{ 200	100	20,000
								300	120	36,000
15	売り上げ				{ 200	100	20,000			
					100	120	12,000	200	120	24,000
20	仕入れ	250	130	32,500				{ 200	120	24,000
								250	130	32,500
25	売り上げ				{ 200	120	24,000			
					80	130	10,400	170	130	22,100
30	次月繰越				170	130	22,100			
		750		88,500	750		88,500			
7 1	前月繰越	170	130	22,100				170	130	22,100

売 上 原 価 ℣	❶ 66,400	期末商品棚卸高 ℣	22,100
売 上 総 利 益 ℣	❷ 29,600		

解説 売上高　6/15　℣180×300個＝℣54,000
　　　　　　　6/25　℣150×280個＝℣42,000
　　　　　　　　　　　　　　　　　℣96,000
　❶6/15払出欄℣32,000＋6/25払出欄℣34,400
　　＝℣66,400
　❷売上高℣96,000－℣66,400＝℣29,600

(2)

商 品 有 高 帳

（移動平均法）　　　　　　　　　A 商 品　　　　　　　単位：個

令和○年	摘 要	受 入 数量	単価	金 額	払 出 数量	単価	金 額	残 高 数量	単価	金 額
6 1	前月繰越	200	100	20,000				200	100	20,000
10	仕入れ	300	120	36,000				500	112	56,000
15	売り上げ				300	112	33,600	200	112	22,400
20	仕入れ	250	130	32,500				450	122	54,900
25	売り上げ				280	122	34,160	170	122	20,740
30	次月繰越				170	122	20,740			
		750		88,500	750		88,500			
7 1	前月繰越	170	122	20,740				170	122	20,740

売 上 原 価 ℣	❶ 67,760	期末商品棚卸高 ℣	20,740
売 上 総 利 益 ℣	❷ 28,240		

解説 ❶6/15払出欄℣33,600＋6/25払出欄℣34,160
　　＝℣67,760
　❷売上高℣96,000－℣67,760＝℣28,240

(3)

商 品 有 高 帳

（総平均法）　　　　　　　　　A 商 品　　　　　　　単位：個

令和○年	摘 要	受 入 数量	単価	金 額	払 出 数量	単価	金 額	残 高 数量	単価	金 額
6 1	前月繰越	200	100	20,000				200	100	20,000
10	仕入れ	300	120	36,000				500		
15	売り上げ				300	118	35,400	200		
20	仕入れ	250	130	32,500				450		
25	売り上げ				280	118	33,040	170	118	20,060
30	次月繰越				170	118	20,060			
		750		88,500	750		88,500			
7 1	前月繰越	170	118	20,060				170	118	20,060

売 上 原 価 ℣	❶ 68,440	期末商品棚卸高 ℣	20,060
売 上 総 利 益 ℣	❷ 27,560		

解説 ❶6/15払出欄℣35,400＋6/25払出欄℣33,040
　　＝℣68,440
　❷売上高℣96,000－℣68,440＝℣27,560

▶6-2

(1)		(2)		(3)	
ア	イ	ウ	エ	オ	カ
10	4	8	12	15	1

(4)		
キ	ク	ケ
9	14	18

▶6-3

	先入先出法❶	移動平均法❷	総平均法❸
払 出 価 額 ℣	960,000	963,360	970,080
期末商品棚卸高 ℣	168,000	164,640	157,920

解説 ❶先入先出法

		受 入			払 出			残 高		
6	1	600	200	120,000				600	200	120,000
	7	2,400	220	528,000				{ 600	200	120,000
								2,400	220	528,000
	15				{ 600	200	120,000			
					1,900	220	418,000	500	220	110,000
	20	2,000	240	480,000				{ 500	220	110,000
								2,000	240	480,000
	27				{ 500	220	110,000			
					1,300	240	312,000	700	240	168,000

❷移動平均法

		受 入			払 出			残 高		
6	1	600	200	120,000				600	200	120,000
	7	2,400	220	528,000				3,000	216	648,000
	15				2,500	216	540,000	500	216	108,000
	20	2,000	240	480,000				2,500	235.2	588,000
	27				1,800	235.2	423,360	700	235.2	164,640

❸総平均法

		受　　入			払　　出			残　　高	
6	1	600	200	120,000				600	200	120,000
	7	2,400	220	528,000				3,000
	15				2,500	225.6	564,000	500
	20	2,000	240	480,000				2,500
	27				1,800	225.6	406,080	700	225.6	157,920

¥1,128,000÷5,000個＝¥225.6

▶6-4

先入先出法	¥❶860,000	移動平均法	¥❷872,000

解説

		受　　入			払　　出			残　　高	
7	5	200	2,000	400,000				200	2,000	400,000
	8	300	2,300	690,000				{ 200	2,000	400,000
								{ 300	2,300	690,000
	11				{ 200	2,000	400,000	
					{ 200	2,300	460,000	

❶先入先出法による払出価額
……¥400,000＋¥460,000＝¥860,000

		受　　入			払　　出			残　　高	
7	5	200	2,000	400,000				200	2,000	400,000
	8	300	2,300	690,000				500	2,180	1,090,000
	11				400	2,180	872,000	

❷移動平均法による払出価額……¥872,000

▶6-5

先入先出法❶	移動平均法❷	総平均法❸
¥　94,000	¥　93,200	¥　92,400

解説 売上高　¥400×（10/15　500個＋10/28　200個）
＝¥280,000

❶先入先出法

		受　　入			払　　出			残　　高	
10	1	300	240	72,000				300	240	72,000
	7	300	280	84,000				{ 300	240	72,000
								{ 300	280	84,000
	15				{ 300	240	72,000	
					{ 200	280	56,000	100	280	28,000
	20	150	300	45,000				{ 100	280	28,000
								{ 150	300	45,000
	28				{ 100	280	28,000	
					{ 100	300	30,000	50	300	15,000

→ 売上原価¥186,000

売上高¥280,000－売上原価¥186,000＝¥94,000

❷移動平均法

		受　　入			払　　出			残　　高	
10	1	300	240	72,000				300	240	72,000
	7	300	280	84,000				600	260	156,000
	15				500	260	130,000	100	260	26,000
	20	150	300	45,000				250	284	71,000
	28				200	284	56,800	50	284	14,200

→ 売上原価¥186,800

売上高¥280,000－売上原価¥186,800＝¥93,200

❸総平均法

		受　　入			払　　出			残　　高	
10	1	300	240	72,000				300	240	72,000
	7	300	280	84,000				600
	15				500	268	134,000	100
	20	150	300	45,000				250
	28				200	268	53,600	50	268	13,400

¥201,000÷750個＝¥268
売上高¥280,000－売上原価¥187,600＝¥92,400

▶6-6

	(1)		(2)		(3)	
	ア	イ	ウ	エ	オ	カ
	8	7	16	1	8	11
	(4)			(5)		
	キ	ク	ケ	コ		
	7	8	6	10		

❼ 流動資産(3)－棚卸資産②－ (p.28)

▶7-1

		借　　　方		貸　　　方	
決算整理仕訳	仕　　入	100,000	繰越商品	100,000
	繰越商品	140,000	仕　　入	140,000
	棚卸減耗損	4,000	繰越商品	4,000
	商品評価損	20,400	繰越商品	20,400
	仕　　入	4,000	棚卸減耗損	4,000
	仕　　入	20,400	商品評価損	20,400

損　益　計　算　書（一部）
令和○1年4月1日から令和○2年3月31日まで　（単位：円）

Ⅰ　売　上　高　　　　　　　　　　　　　（　1,030,000）
Ⅱ　売　上　原　価
1. 期首商品棚卸高　　　（　100,000）
2. 当期商品仕入高　　　（　730,000）
　　合　　計　　　　　　（　830,000）
3. （期末商品棚卸高）　（　140,000）
　　　　　　　　　　　　（　690,000）
4. 棚　卸　減　耗　損❶（　4,000）
5. （商品評価損）❶　　（　20,400）（　714,400）
　　売　上　総　利　益　　　　　　　　（　315,600）

解説 ❶棚卸減耗損と商品評価損は売上原価の内訳項目なので，加算する。

▶7-2

計　　算　　式	答
$\dfrac{¥615,000＋¥6,245,000}{¥750,000＋¥7,825,000}＝0.8$　¥900,000×0.8＝	¥　720,000

▶7-3

(1)

	借　　　　方	貸　　　　方
決算整理仕訳	仕　　入　730,000	繰越商品　730,000
	繰越商品　700,000	仕　　入　700,000
	棚卸減耗損　28,000	繰越商品　28,000
	商品評価損　96,000	繰越商品　96,000
	仕　　入　21,000	棚卸減耗損　21,000
	仕　　入　96,000	商品評価損　96,000
決算振替仕訳	売　　上　9,820,000	損　　益　9,820,000
	損　　益　7,414,000	仕　　入　7,407,000 棚卸減耗損　7,000

```
                    繰　越　商　品
                   730,000 │ 3/31 仕    入   730,000
3/31 仕    入  700,000 │  〃  棚卸減耗損   28,000
                          │  〃  商品評価損   96,000
                          │  〃  次期繰越   576,000
                  1,430,000 │           1,430,000
```

```
                         仕           入
                   7,260,000 │ 3/31 繰越商品   700,000
3/31 繰越商品  730,000 │  〃   損    益 7,407,000
 〃  棚卸減耗損   21,000 │
 〃  商品評価損   96,000 │
                  8,107,000 │           8,107,000
```

```
                    商　品　評　価　損
3/31 繰越商品  96,000 │ 3/31 仕    入    96,000
```

```
                    棚　卸　減　耗　損
3/31 繰越商品  28,000 │ 3/31 仕    入    21,000
                       │  〃  損    益     7,000
                28,000 │               28,000
```

```
                         売           上
3/31 損    益 9,820,000 │            9,820,000
```

```
                         損           益
3/31 仕    入 7,407,000 │ 3/31 売    上 9,820,000
 〃  棚卸減耗損   7,000 │
```

(2)
損　益　計　算　書（一部）
東京商事株式会社　令和○1年4月1日から令和○2年3月31日まで　（単位：円）

Ⅰ　売　上　高		(9,820,000)
Ⅱ　売　上　原　価		
1.　期首商品棚卸高	(730,000)	
2.　当期商品仕入高	(7,260,000)	
合　　計	(7,990,000)	
3.　期末商品棚卸高❶	(700,000)	
	(7,290,000)	
4.　棚卸減耗損❷	(21,000)	
5.　商品評価損❸	(96,000)	(7,407,000)
売上総利益		(2,413,000)

【解説】❶ ¥1,400×500個＝¥700,000

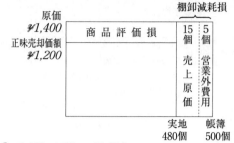

❷ ¥1,400×15個＝¥21,000
❸ （¥1,400−¥1,200）×480個＝¥96,000

▶7-4

(1)		(2)	
ア	イ	ウ	エ
3	1	6	4

▶7-5

ア	¥4,760,000❶	イ	¥ 95,000❷	ウ	仕　　　入

【解説】

❶A品　¥2,800×1,200個＝¥3,360,000
　B品　¥1,400×1,000個＝¥1,400,000
取得原価より正味売却価額が高いときは，取得原価で評価をする。
❷B品の商品評価損を記入する。
　（¥1,400−¥1,300）×950個＝¥95,000
期末商品に関する決算整理仕訳を示すと次のようになる。
(借)仕　　入 3,859,000　(貸)繰越商品 3,859,000
(借)繰越商品 4,760,000　(貸)仕　　入 4,760,000
(借)棚卸減耗損 182,000　(貸)繰越商品 182,000
(借)商品評価損 95,000　(貸)繰越商品 95,000
(借)仕　　入 182,000　(貸)棚卸減耗損 182,000
(借)仕　　入 95,000　(貸)商品評価損 95,000

▶**7-6**

	繰越商品					
4/1 前期繰越	(3,280,000)	3/31 仕　　入	(3,280,000)
3/31 (仕　入) ❶	(3,500,000)	〃 (棚卸減耗損)	(100,000) ❷
			〃 商品評価損	170,000
			〃 **次期繰越**	(3,230,000)
	(6,780,000)		(6,780,000)

	棚卸減耗損		
3/31 (繰越商品)	(100,000)	3/31 仕　　入	(25,000) ❸
		〃 (損　益)	75,000
	(100,000)		(100,000)

解説

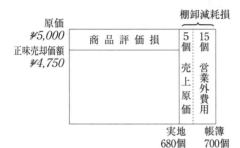

	棚卸減耗	
原価		
¥5,000		5個	15個
商品評価損			
正味売却価額		売上原価	営業外費用
¥4,750			
		実地 680個	帳簿 700個

❶¥5,000×700個=¥3,500,000
❷¥5,000×(700個-680個)=¥100,000
❸¥5,000×5個=¥25,000

期末商品に関する決算整理仕訳を示すと次のようになる。

(借)仕　　入 3,280,000　(貸)繰越商品 3,280,000
(借)繰越商品 3,500,000　(貸)仕　　入 3,500,000
(借)棚卸減耗損 100,000　(貸)繰越商品 100,000
(借)商品評価損 170,000　(貸)繰越商品 170,000
(借)仕　　入 25,000　(貸)棚卸減耗損 25,000
(借)仕　　入 170,000　(貸)商品評価損 170,000

▶**7-7**

(1)

期末商品棚卸高(原価)	¥　8,083,000

解説 $\dfrac{¥9,512,000+¥35,424,000}{¥13,120,000+¥52,480,000}=0.685$

原価率=68.5%

¥11,800,000×68.5%=¥8,083,000

(2)

ア	前期の期末商品 棚卸高の原価率	❶68 %	イ	当期の期末商品 棚卸高(原価)	¥❷495,000

解説 ❶$\dfrac{¥612,000}{¥900,000}=0.68$

前期原価率=68%

❷$\dfrac{¥612,000+¥7,308,000}{¥900,000+¥11,100,000}=0.66$

当期原価率=66%

¥750,000×66%=¥495,000

▶**7-8**

損　益　計　算　書

福島商事株式会社　令和○1年4月1日から令和○2年3月31日まで　(単位：円)

Ⅰ	売　上　高			(67,800,000)
Ⅱ	売　上　原　価			
	1. 期首商品棚卸高		(3,104,000)	
	2. 当期商品仕入高		(47,125,000)	
	合　　計		(50,229,000)	
	3. 期末商品棚卸高		(3,200,000)	
			(47,029,000)	
	4. (棚卸減耗損) ❶	(130,000)		
	5. (商品評価損) ❷	(70,000)	(47,229,000)	
	売上総利益			(20,571,000)

解説 A品には棚卸減耗・商品評価損がないので，P/Lの棚卸減耗損と商品評価損はB品からのみ算定する。

❶(960個-700個)×@¥500=¥130,000
❷(@¥500-@¥400)×700個=¥70,000

▶**7-9**

(1)

	繰　越　商　品		
4/1 前期繰越	783,000	3/31 仕　　入	(783,000)
3/31 (仕　入)	(960,000)	〃 棚卸減耗損	(24,000)
		〃 (商品評価損)	(39,000)
		〃 (次期繰越)	**897,000**
	(1,743,000)		(1,743,000)

	仕　　　　入		
	6,184,000		190,000
3/31 (繰越商品)	(783,000)	3/31 (繰越商品)	(960,000)
〃 棚卸減耗損	(12,000)	〃 (損　益)	(5,868,000)
〃 (商品評価損)	(39,000)		
	(7,018,000)		(7,018,000)

	棚　卸　減　耗　損		
3/31 (繰越商品)	24,000	3/31 (仕　　入)	(12,000)
		〃 損　益	12,000
	(24,000)		(24,000)

	商　品　評　価　損		
3/31 (繰越商品)	(39,000)	3/31 (仕　入)	(39,000)

(2)

損　益　計　算　書

福岡商事株式会社　令和○1年4月1日から令和○2年3月31日まで　(単位：円)

Ⅰ	売　上　高			(7,280,000)
Ⅱ	売　上　原　価			
	1. 期首商品棚卸高		(783,000)	
	2. 当期商品仕入高		(5,994,000)	
	合　　計		(6,777,000)	
	3. (期末商品棚卸高)		(960,000)	
			(5,817,000)	
	4. 棚卸減耗損		(12,000)	
	5. (商品評価損)	(39,000)	(5,868,000)	
	売上総利益			(1,412,000)

解説 各勘定の記入に必要な仕訳は，次のとおりである。

a.(借)仕　　入 783,000　(貸)繰越商品 783,000
b.(借)繰越商品 960,000　(貸)仕　　入 960,000
c.(借)棚卸減耗損 24,000　(貸)繰越商品 24,000
d.(借)商品評価損 39,000　(貸)繰越商品 39,000
e.(借)仕　　入 12,000　(貸)棚卸減耗損 12,000

(借)仕　　入　39,000　(貸)商品評価損　39,000
- a．期首商品棚卸高　¥783,000
- b．期末商品棚卸高　¥960,000
  - (原価¥1,200×帳簿棚卸数量800個)
- c．棚卸減耗損
  - ¥1,200×(800個−780個)＝¥24,000
- d．商品評価損
  - (¥1,200−¥1,150)×780個＝¥39,000
- e．棚卸減耗損のうち10個分(売上原価の内訳項目)
  - ¥1,200×10個＝¥12,000

損益計算書に記入される当期商品仕入高は，次のようにして計算する。
¥6,184,000−¥190,000＝¥5,994,000

⑧ その他の流動資産 (p.34)

▶8-1

貸　借　対　照　表 (一部)

関東商事株式会社　　令和○年3月31日　　(単位：円)

資　産　の　部

I 流　動　資　産
　　　　：
- 6. (短期貸付金)　❶(830,000)
- 7. 前　払　金　　(80,000)
- 8. 未　収　入　金　(140,000)
- 9. 前　払 (費用)　❷(60,000)
- 10. 未　収 (収益)　❸(150,000)

解説　❶1年以内に返済期限の到来する貸付金¥600,000と手形貸付金¥230,000は，貸借対照表上「短期貸付金」として表示する。
❷前払保険料は，前払費用として表示する。
❸未収家賃は，未収収益として表示する。

▶8-2

貸　借　対　照　表 (一部)

高崎商事株式会社　　令和○2年3月31日　　(単位：円)

資　産　の　部

I 流　動　資　産
- 1. 現　金　預　金　　(3,500,000)
- 2. (受 取 手 形)　(4,700,000)
  - (貸倒引当金)　(47,000)　(4,653,000)
- 3. (売　掛　金)　(5,200,000)
  - (貸倒引当金)　(52,000)　(5,148,000)
- 4. (有 価 証 券)　❶(2,800,000)
- 5. (商　　　品)　❷(3,600,000)
- 6. (短 期 貸 付 金)　❸(1,050,000)
- 7. (前　払　金)　❹(60,000)
- 8. (前 払 費 用)　❺(385,000)
- 9. (未　収　収　益)　(10,000)
  - 流動資産合計　(21,206,000)

解説　❶¥70,000(時価)×40株＝¥2,800,000
❷¥4,800(正味売却価額)×750個(実地棚卸数量)
　＝¥3,600,000
❸付記事項①より
　貸付金¥1,400,000のうち，決算日の翌日から1年以内に返済期限が到来する¥700,000は「短期貸付金」として表示する。また，手形貸付金¥350,000も「短期貸付金」として表示する。
　短期貸付金＝¥700,000＋¥350,000＝¥1,050,000

なお，残りの¥700,000は「長期貸付金」として表示する。
❹付記事項②より
　(借)前 払 金　60,000　(貸)仮 払 金　60,000
❺前払保険料と前払家賃は前払費用として表示する。
前払保険料

$$¥276,000×\frac{5か月(4/1〜8/31)}{12か月}＝¥115,000$$

前払費用　¥270,000＋¥115,000＝¥385,000

⑨ 有形固定資産(1) (p.36)

▶9-1

	借　　　方	貸　　　方
(1)	建設仮勘定❶ 5,000,000	当座預金 5,000,000
(2)	建　　物 30,000,000	建設仮勘定 25,000,000 当座預金 5,000,000
(3)	機 械 装 置❷ 7,440,000	未 払 金 7,000,000 当座預金 440,000

解説　❶建物が完成する前に支払った建設代金は建設仮勘定に計上する。
❷固定資産の取得原価は，その買入価額に付随費用を加えた金額である。

▶9-2

資本的支出	(2)(3)(5)(6)(7)(8)	収益的支出	(1) (4)

▶9-3

	借　　　方	貸　　　方
(1)	建設仮勘定 1,000,000	当座預金 1,000,000
(2)	建　　物 5,000,000	建設仮勘定 4,000,000 当座預金 1,000,000
(3)	建　　物 600,000 修　繕　費 200,000	当座預金 800,000

▶9-4

	借　　　方	貸　　　方
(1)	建　　物❶ 500,000 修　繕　費 200,000	当座預金 700,000
(2)	建　　物❷ 30,600,000	当座預金 30,600,000
(3)	構　築　物 2,000,000	建設仮勘定 1,000,000 当座預金 1,000,000

解説　❶¥500,000については，資本的支出として，建物勘定に計上する。
❷建物を購入したさいの仲介手数料など付随費用は，買入価額に加えて取得原価とする。

▶9-5

(1)		(2)	
ア	イ	ウ	エ
3	1	4	5

▶9-6

(1)		(2)	
ア	イ	ウ	エ
資本的支出	○	資本的支出	○

▶9-7

	借 方		貸 方	
(1)	建 物	58,000,000	建設仮勘定	43,000,000
			当 座 預 金	15,000,000
(2)	建 物	5,300,000	当 座 預 金	6,700,000
	修 繕 費	1,400,000		
(3)	構 築 物❶	2,500,000	建設仮勘定	1,500,000
			当 座 預 金	1,000,000
(4)	建 物	6,500,000	当 座 預 金	7,700,000
	修 繕 費	1,200,000		
(5)	建 物	88,000,000	建設仮勘定	65,000,000
			当 座 預 金	23,000,000
(6)	建 物	3,000,000	当 座 預 金	3,680,000
	修 繕 費	680,000		
(7)	建 物	86,000,000	建設仮勘定	56,000,000
			当 座 預 金	30,000,000

解説 ❶広告塔の建設は，建物勘定ではなく構築物勘定で処理する。

⑩ 有形固定資産(2)－リース取引－ (p.40)

▶10-1

利子込み法

	借 方		貸 方		
①	リース資産	1,000,000	リース債務	1,000,000	❶
②	リース債務	200,000	現 金	200,000	
③	減価償却費	200,000	リース資産減価償却累計額	200,000	❷

利子抜き法

	借 方		貸 方		
①	リース資産	850,000	リース債務	850,000	❸
②	リース債務	170,000	現 金	200,000	❹
	支 払 利 息	30,000			
③	減価償却費	170,000	リース資産減価償却累計額	170,000	❺

解説 ❶リース資産の取得原価
¥200,000×5回＝¥1,000,000
❷減価償却費
$\frac{¥1,000,000-¥0}{5年}=¥200,000$
❸利子抜き法のため，リース資産の取得原価は見積現金購入価額¥850,000とする。
❹リース料支払時のリース債務の減少額
¥850,000÷5回＝¥170,000
リース料総額
¥200,000×5回＝¥1,000,000

リース料総額¥1,000,000－見積現金購入価額¥850,000
＝¥150,000（利息相当額）
利息相当額¥150,000÷5回＝¥30,000（定額法による利息相当額の費用配分）
❺減価償却費
$\frac{¥850,000-¥0}{5年}=¥170,000$

▶10-2

	借 方		貸 方	
①	仕 訳 な し❶			
②	支払リース料	300,000	現 金	300,000

解説 ❶通常の賃貸借取引と同様に処理するため，契約時（リース取引開始時）の仕訳は不要。

▶10-3

	借 方		貸 方		
(1)	リース資産	1,600,000	リース債務	1,600,000	❶
(2)	リース債務	320,000	現 金	320,000	❷
	減価償却費	320,000	リース資産減価償却累計額	320,000	
(3)	リース資産	1,800,000	リース債務	1,800,000	❸
(4)	リース債務	360,000	当 座 預 金	400,000	❹
	支 払 利 息	40,000			
	減価償却費	360,000	リース資産減価償却累計額	360,000	
(5)	仕 訳 な し				
(6)	支払リース料	160,000	現 金	160,000	

解説 ❶リース資産の取得原価
¥320,000×5回＝¥1,600,000
❷減価償却費
$\frac{¥1,600,000-¥0}{5年}=¥320,000$
❸利子抜き法のため，リース資産の取得原価は見積現金購入価額¥1,800,000とする。
❹リース料支払時のリース債務の減少額
¥1,800,000÷5回＝¥360,000
リース料総額
¥400,000×5回＝¥2,000,000
リース料総額¥2,000,000－見積現金購入価額¥1,800,000
＝¥200,000（利息相当額）
利息相当額¥200,000÷5回＝¥40,000（定額法による利息相当額の費用配分）
減価償却費
$\frac{¥1,800,000-¥0}{5年}=¥360,000$

11 有形固定資産(3)－減価償却－（p.43）

▶**11-1**

(1)	(2)	(3)	(4)
ア	イ	ウ	エ❶
減価償却費	費用配分	生産高比例法	継続性

解説 ❶たとえば，企業がある期に，減価償却の方法を定額法から定率法に変更し，次の期には定率法から定額法へと逆に変更するようなことが理由なくおこなわれると，財務諸表の数値について合理的な期間比較ができなくなるなどの弊害がでる。

▶**11-2**

	借 方		貸 方	
(1)	機械装置減価償却累計額 現　金 固定資産売却損	600,000 300,000 100,000	機械装置	1,000,000
(2)	備品減価償却累計額 固定資産除却損	450,000 50,000	備　品	500,000
(3)	車両運搬具減価償却累計額 車両運搬具 固定資産売却損	1,100,000 3,000,000 600,000	車両運搬具 未払金	2,500,000 2,200,000

▶**11-3**

	借 方		貸 方	
(1)	減価償却費	400,000	備品減価償却累計額	400,000
(2)	減価償却費	560,000	備品減価償却累計額	560,000
(3)	減価償却費	720,000	機械装置減価償却累計額	720,000
(4)	減価償却費	❶50,000	備品減価償却累計額	50,000

解説 ❶減価償却費

$$¥600,000 × 0.20 × \frac{5 か月}{12か月} = ¥50,000$$

▶**11-4**

	借 方		貸 方	
(1)	車両運搬具減価償却累計額 車両運搬具 固定資産売却損	❶600,000 1,400,000 ❷120,000	車両運搬具 当座預金	1,000,000 1,120,000
(2)	備品減価償却累計額 備　品 固定資産売却損	❸280,000 750,000 60,000	備　品 未払金	640,000 450,000
(3)	備品減価償却累計額 備　品	350,000 800,000	備　品 当座預金 固定資産売却益	700,000 410,000 40,000
(4)	備品減価償却累計額 固定資産除却損	❹129,000 86,000	備　品	215,000
(5)	機械装置減価償却累計額 固定資産除却損	❺9,000,000 1,000,000	機械装置	10,000,000

解説 ❶$\dfrac{取得原価¥1,000,000 - 残存価額¥0}{耐用年数5年} = ¥200,000$

　　$¥200,000 × 3 年 = ¥600,000$

❷取得原価¥1,000,000 - 減価償却累計額¥600,000
　＝¥400,000
　固定資産売却損
　¥400,000 - ¥280,000 = ¥120,000

❸取得原価¥640,000 × 25% = ¥160,000
　　　　　　　　　　　　　第5期の減価償却費
　($¥640,000 - ¥160,000) × 25% = ¥120,000$
　　　　　　　　　　　　　第6期の減価償却費
　2年間の減価償却累計額
　¥160,000 + ¥120,000 = ¥280,000

❹備品の減価償却累計額
　$\dfrac{取得原価¥215,000 - 残存価額¥0}{耐用年数5年} = ¥43,000$
　¥43,000 × 3 年 = ¥129,000
　固定資産除却損
　¥215,000 - ¥129,000 = ¥86,000

❺前期末までの減価償却累計額
　$(取得原価¥10,000,000 - 残存価額¥0) × \dfrac{22,500時間}{25,000時間}$
　＝¥9,000,000
　固定資産除却損
　¥10,000,000 - ¥9,000,000 = ¥1,000,000

▶**11-5**

(1)		(2)		(3)	
ア	イ	ウ	エ	オ	カ
5	8	6	4	11	9

▶**11-6**

	借 方		貸 方	
(1)	備品減価償却累計額 備　品 固定資産売却損	480,000 1,250,000 80,000	備　品 未払金	960,000 850,000 ❶
(2)	備品減価償却累計額 固定資産除却損	488,000 512,000	備　品	1,000,000 ❷
(3)	機械装置減価償却累計額 機械装置 固定資産売却損	7,695,000 6,732,000 315,000	機械装置 未払金	8,550,000 6,192,000 ❸

解説 ❶備品の減価償却累計額
　$\dfrac{取得原価¥960,000 - 残存価額¥0}{耐用年数8年} = ¥120,000$
　¥120,000 × 4 年 = ¥480,000
　取得原価¥960,000 - 減価償却累計額¥480,000
　＝¥480,000
　固定資産売却損
　¥480,000 - ¥400,000 = ¥80,000

❷第18期の減価償却費
　¥1,000,000 × 0.2 = ¥200,000
　第19期の減価償却費
　($¥1,000,000 - ¥200,000) × 0.2 = ¥160,000$
　第20期の減価償却費
　($¥1,000,000 - ¥200,000 - ¥160,000) × 0.2$
　＝¥128,000
　3年間の減価償却累計額
　¥200,000 + ¥160,000 + ¥128,000 = ¥488,000
　固定資産除却損
　¥1,000,000 - ¥488,000 = ¥512,000

❸前期末までの減価償却累計額
（取得原価¥8,550,000−残存価額¥0）

$\times \dfrac{14,400時間}{16,000時間} = ¥7,695,000$

取得原価¥8,550,000−減価償却累計額¥7,695,000
＝¥855,000
固定資産売却損
¥855,000−¥540,000＝¥315,000

▶11-7

	借 方		貸 方		
(1)	備品減価償却累計額	2,730,000	備　　品	3,640,000	❶
	固定資産除却損	910,000			
(2)	備品減価償却累計額	288,000	備　　品	800,000	❷
	備　　品	920,000	現　　金	520,000	
	固定資産売却損	112,000			
(3)	備品減価償却累計額	1,440,000	備　　品	2,400,000	❸
	備　　品	2,200,000	現　　金	1,400,000	
	固定資産売却損	160,000			
(4)	備品減価償却累計額	732,000	備　　品	1,500,000	❹
	固定資産除却損	768,000			
(5)	備品減価償却累計額	976,000	備　　品	2,000,000	❺
	備　　品	2,200,000	未　払　金	1,400,000	
	固定資産売却損	224,000			

解説 ❶第23期から第28期までの減価償却累計額

$\dfrac{取得原価¥3,640,000−残存価額¥0}{耐用年数8年}$

×6年（第23期〜第28期）＝¥2,730,000
固定資産除却損
¥3,640,000−¥2,730,000＝¥910,000

❷第10期の減価償却費
¥800,000×0.2＝¥160,000
第11期の減価償却費
（¥800,000−¥160,000）×0.2＝¥128,000
2年間の減価償却累計額
¥160,000＋¥128,000＝¥288,000
取得原価¥800,000−減価償却累計額¥288,000
＝¥512,000
固定資産売却損
¥512,000−¥400,000＝¥112,000

❸備品の減価償却累計額

$\dfrac{取得原価¥2,400,000−残存価額¥0}{耐用年数5年} = ¥480,000$

¥480,000×3年（第4期〜第6期）
＝¥1,440,000
取得原価¥2,400,000−減価償却累計額¥1,440,000
＝¥960,000
固定資産売却損
¥960,000−¥800,000＝¥160,000

❹第17期の減価償却費
¥1,500,000×0.2＝¥300,000
第18期の減価償却費
（¥1,500,000−¥300,000）×0.2＝¥240,000
第19期の減価償却費
（¥1,500,000−¥300,000−¥240,000）×0.2
＝¥192,000

3年間の減価償却累計額
¥300,000＋¥240,000＋¥192,000＝¥732,000
固定資産除却損
¥1,500,000−¥732,000＝¥768,000

❺第10期の減価償却費
¥2,000,000×0.2＝¥400,000
第11期の減価償却費
（¥2,000,000−¥400,000）×0.2＝¥320,000
第12期の減価償却費
（¥2,000,000−¥400,000−¥320,000）×0.2
＝¥256,000
3年間の減価償却累計額
¥400,000＋¥320,000＋¥256,000＝¥976,000
取得原価¥2,000,000−減価償却累計額¥976,000
＝¥1,024,000
固定資産売却損
¥1,024,000−¥800,000＝¥224,000

⑫ 無形固定資産（p.48）

▶12-1

(1)	(2)	(3)	(4)
ア	イ	ウ	エ
法律上の権利	合　　併	収益還元価値	生産高比例法

(5)	
オ	カ
無形固定資産	費 用 配 分

▶12-2

	借 方		貸 方	
(1)	ソフトウェア	200,000	現　　金	200,000
(2)	ソフトウェア償却	❶40,000	ソフトウェア	40,000

解説 ❶ソフトウェア償却

$¥200,000 \times \dfrac{1年}{5年} = ¥40,000$

▶12-3

(1)

のれんの金額	¥1,000,000

(2)

	借 方		貸 方	
売 掛 金	1,000,000	買 掛 金	2,700,000
繰 越 商 品	3,000,000	借 入 金	2,300,000
建　　物	10,000,000	当 座 預 金	10,000,000
の れ ん	1,000,000		

(1)	ソフトウェアの 当期償却額 ¥ ❶300,000	(2)	ソフトウェアの 取得原価 ¥ ❷900,000

解説 令和○1年8月1日～令和○2年3月31日 →8か月
したがって、前期に8か月分が償却済み。耐用年数
3年は36か月なので、期首の¥700,000は残り28か
月で償却することになる。

$$❶¥700,000 \times \frac{12か月}{36か月-8か月} = ¥300,000$$

$$❷¥700,000 \times \frac{36か月}{36か月-8か月} = ¥900,000$$

▶12-5

借 方		貸 方	
売 掛 金	7,000,000	買 掛 金	1,000,000
備 品	3,000,000	借 入 金	3,000,000
建 物	5,000,000	当 座 預 金	13,000,000
の れ ん ❶	2,000,000		

解説 ❶資産総額¥15,000,000-負債総額¥4,000,000
＝純資産額¥11,000,000
取得価額¥13,000,000-純資産額¥11,000,000
＝のれん¥2,000,000

▶12-6

のれんの金額 ¥	200,000

解説 収益還元価値 ¥512,000÷0.08＝¥6,400,000
¥6,400,000-純資産額(¥8,700,000-¥2,500,000)
＝¥200,000

▶12-7

	借 方		貸 方		
(1)	鉱業権償却	4,050,000	鉱 業 権	4,050,000	❶
(2)	売 掛 金	5,600,000	買 掛 金	6,800,000	
	繰 越 商 品	6,200,000	当 座 預 金	5,300,000	❷
	の れ ん	300,000			

解説 ❶鉱業権償却

$$(取得原価¥135,000,000-¥0) \times \frac{9,000トン}{300,000トン}$$

$$= ¥4,050,000$$

❷収益還元価値 ¥424,000÷0.08＝¥5,300,000
のれん
¥5,300,000-純資産額¥5,000,000＝¥300,000
商品は繰越商品勘定で処理する。

▶12-8

貸 借 対 照 表

新潟産業株式会社　令和○年4月1日　（単位：円）

資 産	金 額	負債及び純資産	金 額
Ⅰ（流動資産）		Ⅰ（流動負債）	
現金預金	5,009,000	支払手形	6,070,000
受取手形 (8,200,000)		買 掛 金	7,190,000
貸倒引当金 (82,000)	8,118,000	短期借入金 ❷	300,000
売掛金 (9,300,000)		（未払法人税等）	630,000
貸倒引当金 (93,000)	9,207,000	Ⅱ（固定負債）	
商 品	8,476,000	長期借入金	8,000,000
（短期貸付金）❷	3,600,000	（退職給付引当金）	4,360,000
Ⅱ（固定資産）		負 債 合 計	26,550,000
⑴（有形固定資産）		Ⅰ 株主資本	
備 品 (9,600,000)		⑴（資本金）	20,000,000
減価償却累計額 (2,205,000)	7,395,000	⑵ 資本剰余金	
⑵（無形固定資産）		1.（資本準備金）	3,000,000
（の れ ん） ❶	675,000	⑶（利益剰余金）	
⑶ 投資その他 の 資 産		1.（利益準備金）	1,200,000
（投資有価証券）	9,570,000	2. 別途積立金	460,000
		3. 繰越利益剰余金	840,000
		純 資 産 合 計	25,500,000
資 産 合 計	52,050,000	負債及び純資産合計	52,050,000

解説 ❶収益還元価値
¥294,000÷0.08＝¥3,675,000→取得対価
のれんの取得原価
¥3,675,000（取得対価）-¥3,000,000（純資産）
＝¥675,000
❷資料④の相殺仕訳
（借）短期借入金 1,000,000 （貸）短期貸付金 1,000,000

▶12-9

貸 借 対 照 表

東京商事株式会社　令和○年4月1日　（単位：円）

資 産	金 額	負債及び純資産	金 額
Ⅰ（流動資産）		Ⅰ（流動負債）	
現金預金	2,071,000	支払手形	2,400,000
受取手形 (3,200,000)		（買 掛 金）	3,710,000
貸倒引当金 (32,000)	3,168,000	未払法人税等	830,000
売 掛 金 (5,700,000)		Ⅱ（固定負債）	
貸倒引当金 (57,000)	5,643,000	長期借入金	5,000,000
商 品	3,457,000	負 債 合 計	11,940,000
（短期貸付金）❷	1,300,000	Ⅰ 株主資本	
Ⅱ 固定資産		⑴ 資本金	11,000,000
⑴有形固定資産		⑵ 資本剰余金	
備 品 (8,400,000)		1. 資本準備金	2,000,000
減価償却累計額 (2,520,000)	5,880,000	⑶ 利益剰余金	
⑵無形固定資産		1. 利益準備金	200,000
（の れ ん）❶	300,000	2. 別途積立金	535,000
⑶ 投資その他 の 資 産		3. 繰越利益剰余金	1,028,000
投資有価証券	4,884,000	純 資 産 合 計	14,763,000
資 産 合 計	26,703,000	負債及び純資産合計	26,703,000

解説 ❶収益還元価値
¥161,000÷0.07＝¥2,300,000→取得対価
のれんの取得原価
¥2,300,000（取得対価）-¥2,000,000（純資産）
＝¥300,000
❷資料④の相殺仕訳
（借）短期借入金 600,000 （貸）短期貸付金 600,000

⑬ 投資その他の資産 (p.54)

▶13-1

借	方	貸	方
現　　　金	10,000	有価証券利息	20,000
満期保有目的債券	10,000		

解説 半年分の利息　$¥1,000,000 × 2\% ÷ 2回 = ¥10,000$

取得価額と額面金額との差額

$$¥1,000,000 - \left(¥1,000,000 × \dfrac{¥95}{¥100}\right) = ¥50,000$$

帳簿価額加算額　$¥50,000 ÷ 5年 = ¥10,000$

▶13-2

(1)

計　算　式	答
$(¥60,000,000 - ¥55,000,000) × \dfrac{120株}{200株} = ¥3,000,000$	¥3,000,000

(2)

借	方	貸	方
子会社株式評価損	4,800,000	子 会 社 株 式	4,800,000

▶13-3

	借	方	貸	方
(1)	その他有価証券	1,500,000	その他有価証券評価差額金	1,500,000
(2)	子会社株式評価損	720,000	子会社株式	720,000
(3)	貸倒引当金繰入	100,000	貸倒引当金	100,000
(4)	貸倒引当金繰入	300,000	貸倒引当金	300,000

▶13-4

	借	方	貸	方
(1)	子会社株式評価損 ❶	2,800,000	子 会 社 株 式	2,800,000
(2)	現　　　金 満期保有目的債券 ❷	15,000 2,000	有価証券利息	17,000
(3)	満期保有目的債券 ❸ 有価証券利息	3,973,000 56,000	当 座 預 金	4,029,000
(4)	前払保険料 長期前払保険料	132,000 165,000	保　険　料	297,000 ❹
(5)	その他有価証券評価差額金	900,000	その他有価証券	900,000

解説 ❶資産総額$¥7,000,000 -$負債額$¥4,500,000$
$= $純資産$¥2,500,000$

$$¥2,500,000 × \dfrac{80株}{100株} = ¥2,000,000 \cdots\cdots 実質価額$$

(帳簿価額$¥60,000 × 80株) - ¥2,000,000$
$= ¥2,800,000$

❷取得価額と額面金額との差額

$$¥1,000,000 - \left(¥1,000,000 × \dfrac{¥98}{¥100}\right) = ¥20,000$$

帳簿価額に加算する金額　$¥20,000 × \dfrac{1年}{10年} = ¥2,000$

❸$¥4,000,000 × \dfrac{¥98.50}{¥100} = ¥3,940,000$

買入手数料$¥33,000$をこの価額に加える。

❹保険料$¥396,000$は3年分(36か月)なので,
1か月分は$¥396,000 ÷ 36か月 = ¥11,000$となる。
当期分(7/1〜3/31)の9か月と決算日の翌日からの1年分(12か月分)を除くと,残りは15か月分となる。決算日の翌日からの1年分は前払保険料として処理し,残りの15か月分は,決算日の翌日から1年を超える保険料なので,長期前払保険料として処理する。

▶13-5

貸 借 対 照 表 (一部)

東京商事株式会社　令和○9年3月31日　　　(単位：円)

資 産 の 部

Ⅱ 固 定 資 産
  (3) 投資その他の資産
    1. (投資有価証券)　　　　　❶(4,879,000)
    2. (関係会社株式)　　　　　❷(2,240,000)
    3. (長期前払)費用　　　　　❸(　28,000)

解説 ❶満期保有目的債券の償却原価法による評価
取得原価と額面金額との差額

$$¥3,000,000 - \left(¥3,000,000 × \dfrac{¥97}{¥100}\right) = ¥90,000$$

帳簿価額加算額$¥90,000 ÷ 10年 = ¥9,000$
$¥2,910,000 + ¥9,000 = ¥2,919,000$
その他有価証券の評価
$¥98,000 × 20株 = ¥1,960,000$
満期保有目的債券とその他有価証券は,貸借対照表上は「投資有価証券」として表示する。
❷子会社株式の評価
$¥28,000 × 80株 = ¥2,240,000$
子会社株式は貸借対照表上は「関係会社株式」として表示する。
❸保険料$¥336,000$は2年分(24か月)なので,
1か月分は$¥336,000 ÷ 24か月 = ¥14,000$となる。
当期分(6/1〜3/31)の10か月と決算日の翌日からの1年分(12か月分)を除くと,残りは2か月分となる。この2か月分は,決算日の翌日から1年を超える保険料なので,長期前払保険料として処理する。長期前払保険料は貸借対照表上は「長期前払費用」として表示する。

▶13-6

	借	方	貸	方
(1)	満期保有目的債券	112,000	有価証券利息	112,000 ❶
(2)	子会社株式評価損	8,700,000	子 会 社 株 式	8,700,000 ❷
(3)	満期保有目的債券 有価証券利息	8,381,000 34,000	当 座 預 金	8,415,000 ❸
(4)	満期保有目的債券	64,000	有価証券利息	64,000 ❹

解説 ❶取得価額と額面金額との差額

$$¥80,000,000 - \left(¥80,000,000 × \dfrac{¥98.60}{¥100}\right) = ¥1,120,000$$

帳簿価額加算額　$¥1,120,000 ÷ 10年 = ¥112,000$

❷1株の帳簿価額

$$\dfrac{¥15,600,000}{300株} = ¥52,000$$

1株の実質価額

$$\frac{¥46,500,000 - ¥35,000,000}{500株} = ¥23,000$$

$(¥52,000 - ¥23,000) × 300株 = ¥8,700,000$

❸ $8,500,000 × \dfrac{¥98.40}{¥100} + ¥17,000 = ¥8,381,000$

❹ 取得価額と額面金額との差額

$$¥80,000,000 - \left(¥80,000,000 × \frac{¥99.20}{¥100}\right)$$

$= ¥640,000$

帳簿価額加算額　$¥640,000 ÷ 10年 = ¥64,000$

▶ **13-7**

貸 借 対 照 表（一部）

島根商事株式会社　令和○8年3月31日　　　（単位：円）

Ⅱ 固 定 資 産

(1) 有形固定資産

　1. 建　　　　物　　*(8,000,000)*

　　　減価償却累計額　*(1,120,000)*　*(6,880,000)*

　2. 備　　　　品　　*(2,000,000)*

　　　減価償却累計額　*(875,000)*　*(1,125,000)*

　　　有形固定資産合計　　　　*(8,005,000)*

(2) 投資その他の資産

　1. (投資有価証券)　❶*(6,885,000)*

　2. (長期前払費用)　❷*(85,000)*

　　　投資その他の資産合計　　　*(6,970,000)*

　　　固定資産合計　　　　　　*(14,975,000)*

解説 ❶満期保有目的債券　*¥1,485,000*

　その他有価証券　*¥135,000 × 40株 = ¥5,400,000*

　満期保有目的債券とその他有価証券は，貸借対照表上は「投資有価証券」として表示する。

　❷保険料*¥408,000*は2年分(24か月)なので，1か月分は*¥408,000 ÷ 24か月 = ¥17,000*となる。当期分(9/1〜3/31)の7か月と決算日の翌日からの1年分(12か月分)を除くと，残りは5か月分となる。この5か月分は，決算日の翌日から1年を超える保険料なので，長期前払保険料として処理する。長期前払保険料は貸借対照表上は「長期前払費用」として表示する。

◎ 負　　債

⑭ 負債の意味と分類 （p.59）

▶ **14-1**

(1)			(2)	
ア	イ	ウ	エ	オ
負　債	期間損益計算	前受収益	(正常)営業循環基準	流動負債

▶ **14-2**

流動負債	2　3　4　5　6　7　9　10　11　12　13
固定負債	1　8

▶ **14-3**

(1)				(2)		
ア	イ	ウ	エ	オ	カ	キ
2	6	8	4	1	5	6

▶ **14-4**

(1)			(2)❶
ア	イ	ウ	エ
貸借対照表日(または決算日)	○	○	(正常)営業循環基準

解説 ❶前受金は，取引先との通常の営業取引から生じた債務であるので，支払手形や買掛金同様，(正常)営業循環基準により流動負債とする。

▶ **14-5**

(1)		(2)		(3)	
ア	イ	ウ	エ	オ	カ
5	3	3	1	8	3

⑮ 流動負債 （p.61）

▶ **15-1**

(1)		(2)	
ア	イ	ウ❶	エ
手形借入金	短期借入金	買　掛　金	未　払　金

解説 ❶商品の仕入代金の未払額は買掛金勘定とする。

▶ **15-2**

	借　　　方		貸　　　方	
(1)	車両運搬具	*1,600,000*	当 座 預 金	*800,000*
			未　払　金	*800,000*
(2)	現　　　金	*300,000*	手形借入金❶	*300,000*
(3)	仕　　　入	*250,000*	受 取 手 形	*250,000*
	保証債務費用	*5,000*	保 証 債 務	*5,000*

解説 ❶貸方は(短期)借入金でもよい。

▶ **15-3**

(1)

	借　　　方		貸　　　方	
①	支 払 手 形	*300,000*	手形借入金❶	*300,000*
②	長期借入金	*500,000*	短期借入金❷	*500,000*

(2)

借	方	貸	方
法 人 税 等	250,000	仮払法人税等	100,000
		未払法人税等	150,000

(3)

短期借入金の額	¥	1,300,000	❸

解説 ❶短期の営業資金を借り入れたとき振り出した約束
手形は，手形借入金勘定とする。

❷6か月後に返済する借入金は，短期借入金とする。

❸¥500,000（元帳勘定残高）＋¥300,000（手形借入金）
＋¥500,000（付記事項②長期借入金から短期借入金となった分）
＝¥1,300,000

▶15-4

貸 借 対 照 表 (一部)

川口商事株式会社　令和○9年3月31日　　(単位：円)

負 債 の 部

Ⅰ 流 動 負 債
1. 支 払 手 形　　　　　　　(200,000)
2. 買 掛 金　　　　　　　(610,000)
3. (短期借入金)　　❶(2,150,000)
4. (未 払 費 用)　　　(20,000)
5. (未払法人税等)　　❷(121,000)
　　流動負債合計　　　　　(3,101,000)

解説 ❶短期借入金となるのは，借入日令和○5年2月1
日の借入金¥2,000,000と当座預金の貸方残高（当
座借越）¥50,000と手形借入金¥100,000の合計
額である。

❷¥256,000（法人税等）
　－¥135,000（付記事項①仮払法人税額）
　＝¥121,000

▶15-5

	借	方	貸	方
(1)	仕 入	700,000	受取手形	500,000
			支払手形	200,000
	保証債務費用	5,000	保証債務	5,000
(2)	当座預金	591,000	受取手形	600,000
	手形売却損	9,000		
	保証債務費用	6,000	保証債務	6,000
(3)	保証債務	3,000	保証債務取崩益	3,000
(4)	保証債務	15,000	保証債務取崩益	15,000
(5)	不渡手形	1,203,000	当座預金	1,203,000
	保証債務	❶12,000	保証債務取崩益	12,000

解説 ❶¥1,200,000×1％＝¥12,000

⑯ 固定負債・引当金 (p.64)

▶16-1

ア	イ	ウ
貸 倒 引 当 金	流 動	固 定

▶16-2

	借	方	貸	方
(1)	製品保証引当金繰入	4,000	製品保証引当金	4,000
(2)	賞与引当金繰入	800,000	賞与引当金	800,000
(3)	賞与引当金	400,000	現 金	580,000
	従業員賞与手当	180,000		
(4)	修繕引当金繰入	80,000	修繕引当金	80,000
(5)	修繕引当金	120,000	当座預金	150,000
	修 繕 費	30,000		

▶16-3

	借	方	貸	方
(1)	退職給付引当金	4,500,000	定期預金	4,500,000
(2)	退職給付費用	860,000	退職給付引当金	860,000
	定期預金	860,000	当座預金	860,000

▶16-4

貸 借 対 照 表 (一部)

大宮商事株式会社　令和○4年3月31日　　(単位：円)

負 債 の 部

Ⅰ 流 動 負 債
1. 支 払 手 形　　　　　　　(680,000)
2. 買 掛 金　　　　　　　(930,000)
3. (短期借入金)　　❶(2,350,000)
4. リ ー ス 債 務　　❷(150,000)
5. (未 払 費 用)　　　(70,000)
6. (未払法人税等)　　❸(286,000)
　　流動負債合計　　　　　(4,466,000)

Ⅱ 固 定 負 債
1. (退職給付引当金)　❹(4,400,000)
2. (リ ー ス 債 務)　❷(300,000)
3. (長 期 借 入 金)　❺(4,000,000)
　　固定負債合計　　　　　(8,700,000)
　　負 債 合 計　　　　　(13,166,000)

解説 ❶短期借入金として計上するものは次の三つである。

　当座借越（当座預金の貸方残高）¥150,000
　借入金（付記事項②令和○4年12月末日が返済日のもの）¥2,000,000
　手形借入金¥200,000

❷リース債務は，1年基準により，決算日の翌日か
ら1年以内に支払期限が到来する部分は流動負債
に表示し，1年を超えて期限の到来する部分は固
定負債に表示する。

❸¥510,000（法人税等）－¥224,000（仮払法人税等）
　＝¥286,000

❹¥3,710,000＋¥690,000＝¥4,400,000

❺¥6,000,000－¥2,000,000（付記事項②）＝¥4,000,000

▶16-5

	借	方	貸	方
(1)	退職給付引当金	400,000	仮 払 金	400,000
(2)	退職給付引当金	6,000,000	定 期 預 金	6,000,000

◎純資産

⑰ 純資産の意味と分類 （p.67）

▶17-1

(1)		(2)	(3)	(4)
ア	イ	ウ	エ	オ
株主資本	株　主	資本金	資本準備金	利益準備金

▶17-2

▶17-3

貸借対照表

埼玉商事株式会社　　令和○年12月31日　　（単位：円）

純資産の部

Ⅰ 株主資本
(1) 資　本　金 … 40,000,000
(2) 資本剰余金
　1.(資本準備金) … 3,000,000
　2. その他資本剰余金 … 2,000,000
　　資本剰余金合計 … 5,000,000
(3)(利益剰余金)
　1. 利益準備金 … 1,000,000
　2. その他利益剰余金
　① 新築積立金 … (1,200,000)
　② 繰越利益剰余金 … ❶(2,700,000)
　　利益剰余金合計 … (4,900,000)
　　株主資本合計 … (49,900,000)
Ⅱ (評価・換算差額等) ❷
(1) その他有価証券
　　評価差額金 … (600,000)
Ⅲ 新株予約権 … (1,500,000)
　　純資産合計 … (52,000,000)

解説 ❶純資産合計を求めてから逆算する。
　　純資産合計＝資産総額−負債総額
　　　　　　＝¥97,000,000−¥45,000,000
　　　　　　＝¥52,000,000
　　株主資本合計＝純資産合計−評価・換算差額等
　　　　　　　　−新株予約権
　　　　　　＝¥52,000,000−¥600,000−¥1,500,000
　　　　　　＝¥49,900,000
　　利益剰余金合計＝株主資本合計−資本金−資本剰余金合計
　　　　　　　＝¥49,900,000−¥40,000,000−¥5,000,000
　　　　　　　＝¥4,900,000
　　繰越利益剰余金＝利益剰余金合計−利益準備金
　　　　　　　　−新築積立金
　　　　　　　＝¥4,900,000−¥1,000,000−¥1,200,000
　　　　　　　＝¥2,700,000
❷その他有価証券評価差額金を評価・換算差額等と
して表示する。

⑱ 資本金 （p.69）

▶18-1

(1)			(2)	(3)
ア	イ	ウ	エ	オ
資 本 金	2	資本準備金	資本準備金	その他資本剰余金

▶18-2

	借　　　方	貸　　　方
(1)	当座預金　5,000,000	資　本　金　5,000,000
(2)	資本準備金　2,000,000	資　本　金　2,000,000
(3)	当座預金　24,000,000	資　本　金　12,000,000 資本準備金　12,000,000 ❶

解説 ❶会社法に規定する最高限度額は，払込金額の2分
の1である。よって，次のようになる。
　¥120,000×200株÷2＝¥12,000,000
この金額は，資本準備金勘定に計上する。

▶18-3

	借　　　方	貸　　　方
(1)	その他資本 剰　余　金　1,000,000	資　本　金　1,000,000
(2)	資　本　金　2,500,000 その他資本 剰　余　金　2,500,000	その他資本 剰　余　金　2,500,000 繰越利益剰余金　2,500,000 ❶

解説 ❶資本金を減少して，繰越利益剰余金を直接増加さ
せることはできない。つまり，次のように仕訳を
してはいけない。
　(借)資　本　金 2,500,000　(貸)繰越利益剰余金 2,500,000

▶18-4

	借　　　方	貸　　　方
(1)	資　本　金　17,500,000 その他資本 剰　余　金　17,500,000	その他資本 剰　余　金　17,500,000 繰越利益剰余金　17,500,000
(2)	当座預金　64,000,000 株式交付費 ❶　870,000	資　本　金　32,000,000 資本準備金　32,000,000 当座預金　870,000
(3)	当座預金　36,000,000	資　本　金　18,000,000 資本準備金　18,000,000
(4)	資　本　金　24,000,000 その他資本 剰　余　金　24,000,000	その他資本 剰　余　金　24,000,000 繰越利益剰余金　24,000,000
(5)	当座預金　48,000,000 株式交付費 ❶　630,000	資　本　金　24,000,000 資本準備金　24,000,000 当座預金　630,000
(6)	当座預金　45,000,000 株式交付費 ❶　930,000	資　本　金　22,500,000 資本準備金　22,500,000 当座預金　930,000

解説 ❶株式会社設立後に，あらたに株式を発行した場合
に要した諸費用は，株式交付費勘定で処理する。

	借　　　　方	貸　　　　方
(1)	当 座 預 金　57,400,000	資 本 金　28,700,000
		資本準備金　28,700,000
	株式交付費　450,000	当 座 預 金　450,000
(2)	当 座 預 金　59,500,000	資 本 金　59,500,000
	株式交付費　430,000	当 座 預 金　430,000
(3)	当 座 預 金　78,000,000	資 本 金　39,000,000
		資本準備金　39,000,000
	株式交付費　450,000	当 座 預 金　450,000
(4)	当 座 預 金　76,500,000	資 本 金　76,500,000
	創 立 費 ❶6,200,000	当 座 預 金　6,200,000
(5)	当 座 預 金　55,000,000	資 本 金　27,500,000
		資本準備金　27,500,000
	株式交付費　740,000	当 座 預 金　740,000
(6)	当 座 預 金　26,000,000	資 本 金　13,000,000
		資本準備金　13,000,000
	創 立 費 ❶1,960,000	当 座 預 金　1,960,000

解説　❶設立準備に要した諸費用は，創立費勘定で処理する。

⑲ 資本剰余金 (p.73)

▶19-1

	借　　　　方	貸　　　　方
(1)	資本準備金　3,000,000	その他資本剰余金　3,000,000
(2)	資 本 金　4,400,000	その他資本剰余金　4,400,000
	その他資本剰余金　4,400,000	未払配当金　4,000,000
		資本準備金　400,000

▶19-2

	借　　　　方	貸　　　　方
	(現 金 預 金)(1,500,000)	(買　掛　金)(7,500,000)
	(売　掛　金)(6,000,000)	(資　本　金)(9,000,000)
	繰 越 商 品(7,500,000)	資本準備金(4,000,000)
	(備　　品)(5,000,000)	
	(の れ ん)(❶500,000)	

解説　❶のれん＝交付株式の時価総額−被合併会社の純資産時価
　　　　＝¥13,000,000−(¥20,000,000−¥7,500,000)
　　　　＝¥500,000

▶19-3

	借　　　　方	貸　　　　方
(1)	資本準備金　4,000,000	その他資本剰余金　4,000,000
(2)	資 本 金　3,000,000	その他資本剰余金　3,000,000
	その他資本剰余金　3,000,000	繰越利益剰余金　3,000,000
(3)	資 本 金　5,500,000	その他資本剰余金　5,500,000
	その他資本剰余金　5,500,000	未払配当金　5,000,000
		資本準備金　500,000
(4)	資 本 金　3,500,000	その他資本剰余金　3,500,000
	その他資本剰余金　3,500,000	繰越利益剰余金　3,500,000
(5)	現 金 預 金　1,050,000	買 掛 金　4,500,000
	売 掛 金　5,250,000	資 本 金　9,000,000
	繰 越 商 品　8,400,000	その他資本剰余金　3,000,000
	備　　品　1,500,000	
	の れ ん ❶300,000	

解説　❶のれん＝交付株式の時価総額−被合併会社の純資産時価
　　　　＝¥12,000,000−(¥16,200,000−¥4,500,000)
　　　　＝¥300,000

▶19-4

(1)

借　　　　方	貸　　　　方
現 金 預 金　1,500,000	買 掛 金　3,100,000
売 掛 金　3,900,000	資 本 金　9,600,000
有 価 証 券　7,800,000	資本準備金　2,900,000
繰 越 商 品　2,100,000	
の れ ん ❶300,000	
買 掛 金　1,800,000	売 掛 金　1,800,000 ❷

(2)

貸 借 対 照 表 ❸

九州商事㈱　　令和○年3月31日　　（単位：円）

資　産	金　額	負債及び純資産	金　額
現 金 預 金	4,800,000	買 掛 金	7,600,000
売 掛 金	10,200,000	資 本 金	39,600,000
有 価 証 券	7,800,000	資本準備金	8,000,000
商　　品	14,700,000	利益準備金	2,400,000
建　　物	15,000,000		
備　　品	4,800,000		
の れ ん	300,000		
	57,600,000		57,600,000

解説　❶被合併会社の資産と負債は，時価で評価する。本問の場合，有価証券の時価が帳簿価額と異なるため注意する。
　　　のれん＝交付株式の時価総額−被合併会社の純資産時価
　　　　＝¥12,500,000−(¥15,300,000−¥3,100,000)
　　　　＝¥300,000
　　　❷九州商事㈱の売掛金と北東物産㈱の買掛金の相殺仕訳をおこなう。
　　　❸九州商事㈱の貸借対照表の各科目と(1)の仕訳の同一科目を合算して，合併貸借対照表を作成する。

▶19-5

(1)	(2)	(3)	
ア	イ	ウ	エ
資 本 金	資本準備金	10分の1	4分の1
(4)		(5)	(6)
オ	カ	キ	ク
減 少	資本準備金	時 価	の れ ん

▶19-6

	借 方		貸 方	
(1)	資 本 金	5,500,000	その他資本剰 余 金	5,500,000
	その他資本剰 余 金	5,500,000	未払配当金	5,000,000
			資本準備金	500,000
(2)	資 本 金	8,800,000	その他資本剰 余 金	8,800,000
	その他資本剰 余 金	8,800,000	未払配当金	8,000,000
			資本準備金	800,000

▶19-7

貸 借 対 照 表

新潟物産株式会社　　令和○年4月1日　　　　　（単位：円）

資 産		金 額	負債及び純資産	金 額
Ⅰ (流動資産)			Ⅰ 流動負債	
現金預金		3,240,000	支払手形	3,500,000
受取手形	5,600,000		買 掛 金	6,100,000
貸倒引当金	56,000	5,544,000	(短期借入金)	3,200,000
売 掛 金	(8,400,000)		未払法人税等	1,100,000
貸倒引当金	(84,000)	8,316,000	Ⅱ (固定負債)	
有価証券		2,000,000	(長期借入金)	400,000
(商 品)		12,900,000	退職給付引当金	1,950,000
Ⅱ (固定資産)			負 債 合 計	16,250,000
(1)(有形固定資産)			Ⅰ 株主資本	
備 品	(4,000,000)		(1)(資 本 金)	38,500,000
減価償却累計額	(1,750,000)	2,250,000	(2) 資本剰余金	
土 地		30,000,000	1. 資本準備金	9,200,000
(2) 無形固定資産			(3)(利益剰余金)	
(の れ ん)		200,000	1. 利益準備金	2,100,000
(3)(投資その他の資産)			2. 別途積立金	1,000,000
長期貸付金		7,400,000	3. 繰越利益剰余金	4,800,000
			純 資 産 合 計	55,600,000
資 産 合 計		71,850,000	負債及び純資産合計	71,850,000

解説 本問の合併のための仕訳は，次のようになる。

(借)現金預金　840,000　（貸)支払手形　900,000
　　受取手形 1,700,000　　　貸倒引当金 17,000
　　売 掛 金 2,300,000　　　貸倒引当金 23,000
　　繰越商品 3,000,000　　　買 掛 金 2,000,000
　　土　　地 7,000,000　　　長期借入金 1,100,000
　　の れ ん 200,000　　　資 本 金 8,500,000
　　　　　　　　　　　　　　資本準備金 2,500,000
(借)長期借入金 700,000　（貸)長期貸付金 700,000

⑳ 利益剰余金 （p.79）

▶20-1

	借 方		貸 方	
(1)	繰越利益剰余金	5,000,000	新築積立金	5,000,000
(2)	建 物	70,000,000	当座預金	70,000,000
	新築積立金	70,000,000	繰越利益剰余金	70,000,000
(3)	別途積立金	800,000	繰越利益剰余金	800,000
(4)	その他資本剰 余 金	2,200,000	未払配当金	6,000,000
	繰越利益剰余金	4,400,000	資本準備金	200,000
			利益準備金	400,000
(5)	配当平均積立金	2,000,000	繰越利益剰余金	2,000,000
	繰越利益剰余金	2,200,000	未払配当金	2,000,000
			利益準備金	200,000

▶20-2

(1)		(2)	
ア	イ	ウ	エ
利益準備金	繰越利益剰余金	当期純利益	繰越利益剰余金
(3)			
オ	カ		
10	利益準備金		

▶20-3

	借 方		貸 方	
(1)	建 物	9,700,000	建設仮勘定	5,200,000
			当座預金	4,500,000
	新築積立金	9,700,000	繰越利益剰余金	9,700,000
(2)	繰越利益剰余金	4,200,000	損 益	4,200,000
(3)	繰越利益剰余金	4,600,000	未払配当金	3,200,000
			利益準備金	❶320,000
			別途積立金	1,080,000

解説 ❶利益準備金の会社法に規定する額は，次のように求める。

配当金の10分の1の金額 = ¥3,200,000 ÷ 10
　　　　　　　　　　　　 = ¥320,000
資本金の4分の1の金額 = ¥90,000,000 ÷ 4
　　　　　　　　　　　 = ¥22,500,000
¥22,500,000 > 準備金の合計額 ¥17,000,000
　　　　　　 + ¥320,000
¥320,000の利益準備金を計上しても，準備金の合計額は資本金の4分の1に達しないので，¥320,000となる。

▶20-4

貸借対照表（一部）

群馬物産株式会社　　　　　　　　　　（単位：円）

（3）利益剰余金
　1.利益準備金　　　　　　　　　　（ 400,000）
　2.その他利益剰余金
　　①別途積立金　　　　　　　　　（ 800,000）
　　②繰越利益剰余金　　　❶（ 1,100,000）
　　　利益剰余金合計　　　　　　　（ 2,300,000）
　　　株主資本合計　　　　　　　　25,000,000

解説 ❶株主資本合計から逆算して，繰越利益剰余金を求める。
　　　まず，株主資本合計から資本金・資本準備金・その他資本剰余金を差し引いて，利益剰余金合計を出す。
　　　¥25,000,000－¥20,000,000－¥2,400,000－¥300,000
　　　＝¥2,300,000
　　　次に，利益剰余金合計から利益準備金・別途積立金を差し引いて繰越利益剰余金を求める。
　　　¥2,300,000－¥400,000－¥800,000＝¥1,100,000

▶20-5

	準備金の名称	計 上 金 額	
(1)	利 益 準 備 金	¥ 150,000	❶
(2)	資 本 準 備 金	¥ 180,000	❷

解説 ❶繰越利益剰余金からの配当なので，利益準備金を計上する。その額は次のように求める。
　　　まず，配当額の10分の1の金額を算出する。
　　　¥1,800,000÷10＝¥180,000
　　　次に資本金の4分の1の金額と準備金の合計額を比較すると後者のほうが大きくなる。
　　　¥60,000,000÷4＝¥15,000,000
　　　¥14,000,000＋¥850,000＋¥180,000
　　　＝¥15,030,000
　　　よって，計上する利益準備金は資本金の4分の1に達するまでの金額となる。
　　　¥15,000,000－（¥14,000,000＋¥850,000）
　　　＝¥150,000
　　❷その他資本剰余金からの配当なので，資本準備金を計上する。その額は次のように求める。
　　　まず，配当額の10分の1の金額を算出する。
　　　¥1,800,000÷10＝¥180,000
　　　次に資本金の4分の1の金額と準備金の合計額を比較すると後者のほうが小さい。
　　　¥60,000,000÷4＝¥15,000,000
　　　¥10,000,000＋¥500,000＋¥180,000
　　　＝¥10,680,000
　　　よって，計上する資本準備金は¥180,000となる。

▶20-6

	借　　方		貸　　方	
(1)	その他資本剰余金	1,100,000	未払配当金	4,000,000
	繰越利益剰余金	3,300,000	資本準備金	100,000
			利益準備金	300,000
(2)	繰越利益剰余金	1,760,000	未払配当金	1,410,000
			利益準備金 ❶	130,000
			別途積立金	220,000
(3)	建　　物	86,000,000	建設仮勘定	56,000,000
			当座預金	30,000,000
	新築積立金	86,000,000	繰越利益剰余金	86,000,000
(4)	建　　物	88,000,000	建設仮勘定	65,000,000
			当座預金	23,000,000
	新築積立金	88,000,000	繰越利益剰余金	88,000,000
(5)	利益準備金	800,000	繰越利益剰余金	800,000
(6)	その他資本剰余金	3,300,000	未払配当金	6,500,000
	繰越利益剰余金	3,850,000	資本準備金	300,000
			利益準備金	350,000
(7)	繰越利益剰余金	4,000,000	減債積立金	4,000,000

解説 ❶¥1,410,000÷10＝¥141,000
　　　¥64,000,000÷4－（¥14,500,000＋¥1,370,000）
　　　＝¥130,000
　　　よって，利益準備金は¥130,000

21 自己株式・新株予約権 （p.83）

▶21-1

	(1)		(2)	(3)	(4)
	ア	イ	ウ	エ	オ
	自己株式	株　式	控　除	処　分	消　却

▶21-2

	借　　方		貸　　方	
(1)	自 己 株 式	12,000,000	当 座 預 金	12,300,000
	支 払 手 数 料	300,000		
(2)	当 座 預 金	4,200,000	自 己 株 式	3,600,000
			その他資本剰余金 ❶	600,000
(3)	当 座 預 金	6,000,000	自 己 株 式	7,200,000
	その他資本剰余金	1,200,000		
(4)	その他資本剰余金 ❷	1,200,000	自 己 株 式	1,200,000
(5)	当 座 預 金	600,000	新株予約権	600,000
(6)	当 座 預 金	2,000,000	資 本 金	2,300,000
	新株予約権 ❸	300,000		
(7)	新株予約権	300,000	新株予約権戻入益	300,000

解説 ❶自己株式の売却価額と帳簿価額との差額は，その他資本剰余金で処理する。
　　　❷自己株式を消却したときは，その他資本剰余金を減少させる。

— 21 —

❸新株予約権の権利行使があった場合は，新株予約権を減少させる。

▶21-3

	借 方	貸 方	
(1)	当座預金 *600,000*	新株予約権 *600,000*	
(2)	当座預金 *2,000,000* 新株予約権 *300,000*	資 本 金 *2,300,000*	❶
(3)	当座預金 *2,000,000* 新株予約権 *300,000*	自 己 株 式 *2,100,000* その他資本 剰 余 金 ❷*200,000*	

解説 ❶5個分の新株予約権を減少させる。
¥60,000×5個＝¥300,000
権利行使価額*¥2,000,000*は，1個あたりの権利行使価額が*¥400,000*で，5個分の権利行使があったので，*¥400,000×5個＝¥2,000,000*と計算されたものである。
❷新株予約権の権利行使にあたり，新株にかえて自己株式を交付した場合は，自己株式の処分対価（新株予約権＋権利行使価額）と自己株式の帳簿価額との差額は，その他資本剰余金に計上する。

▶21-4

	借 方	貸 方
(1)	その他資本 剰 余 金 *12,000,000*	自 己 株 式 *12,000,000*
(2)	自 己 株 式 *12,000,000*	当 座 預 金 *12,000,000*
(3)	その他資本 剰 余 金 *6,300,000*	自 己 株 式 *6,300,000*
(4)	当 座 預 金 *4,800,000*	自 己 株 式 *4,000,000* その他資本 剰 余 金 *800,000*
(5)	自 己 株 式 *6,000,000*	当 座 預 金 *6,000,000*

◎損益計算

22 損益計算の意味と基準 (p.86)

▶22-1

(1)		(2)		(3)	(4)
ア	イ	ウ	エ	オ	カ
11	1	10	8	5	13

▶22-2

(1)	*¥ 48,000* ❶	(2)	*¥ 32,000*

解説 ❶現金主義では，当期に支出した*¥48,000*すべてが保険料という費用として計上され，会計処理される。

▶22-3

(1)		(2)		(3)
ア	イ	ウ	エ	オ
2	7	8	5	4 ❶

解説 ❶売上高は収益であり，収益は実現主義により認識する。

▶22-4

(1) ❶	(2) ❷	(3) ❸	(4) ❹
¥ 50,000	*¥ 25,000*	*¥ 110,000*	*¥1,200,000*

解説 ❶前受家賃の額は*¥150,000×$\frac{1}{3}$*（4月分の1か月分が前受高である）＝*¥50,000*
❷受取利息の勘定残高*¥16,000*に未収利息の*¥9,000*を加えた額である。
❸広告料の勘定残高*¥70,000*に未払広告料の*¥40,000*を加えた額である。
❹前払地代の額は*¥600,000×$\frac{2}{6}$*（4・5月分の2か月分が前払高である）＝*¥200,000*であるので，支払地代の勘定残高*¥1,400,000*から，前払地代の*¥200,000*を差し引いた額である。

▶22-5

(1)		(2)		(3)		(4)
ア	イ	ウ	エ	オ	カ	キ
8	10	1	12	13	10	7

23 営業損益の計算 (p.89)

▶23-1

	借 方	貸 方
(1)	普 通 預 金（ *582,000*） （売 上）（ *18,000*）	売 掛 金 *600,000*
(2)	売 掛 金（ *768,000*）	（売 上）（ *768,000*）
(3)	現 金（ *768,000*）	（売 掛 金）（ *768,000*）
(4)	現 金（ *800,000*）	（前 受 金 （契約負債））（ *800,000*）
(5)	（前 受 金 （契約負債））（ *600,000*）	（役 務 収 益）（ *600,000*）

▶23-2

(1)	¥	**❶**60,000,000	(2)	¥	48,000,000

解説 ❶工事進行基準　¥200,000,000×$\dfrac{¥48,000,000}{¥160,000,000}$

$-¥0=¥60,000,000$

▶23-3

	借　　　　方	貸　　　　方
(1)	給　　料　　240,000 旅　　費　　 90,000	現　　金　　330,000
(2)	仕　掛　品　　230,000	給　　料　　180,000 旅　　費　　 50,000
(3)	普通預金　　510,000 役務原価　　230,000	役務収益　　510,000 仕　掛　品　　230,000

▶23-4

❶

①	工事進行基準による当期の工事利益	¥58,700,000	②	原価回収基準による当期の工事収益	¥46,800,000

解説 ❶工事進行基準　¥234,800,000×$\dfrac{¥46,800,000}{¥187,200,000}$

$-¥0=¥58,700,000$

---

24 経常損益の計算(1) (p.92)

▶24-1

営業収益	営業費用	営業外収益	営業外費用
8	2 7 9 10	1 3 4	5 6 10❶

解説 ❶貸付金などの主たる営業活動に関係しない貸倒引当金の繰入額は，営業外費用の区分に記載する。

▶24-2

(1)	(2)	(3)	(4)	(5)
¥300,000	¥100,000	¥360,000	¥ 40,000	¥ 50,000

▶24-3

借　　　　方	貸　　　　方
買　掛　金　　300,000	当座預金　　297,000 仕入割引　　 3,000

▶24-4

	借　　　　方	貸　　　　方
(1)	買　掛　金　　400,000	現　　金　　396,000 仕入割引　　 4,000
(2)	当座預金　76,500,000 創　立　費　 6,200,000	資　本　金❶76,500,000 当座預金　 6,200,000
(3)	当座預金　57,400,000 株式交付費　　450,000	資　本　金❷28,700,000 資本準備金　28,700,000 当座預金　　450,000

解説 ❶¥85,000×900株＝¥76,500,000

❷¥700×$\dfrac{1}{2}$×82,000株＝¥28,700,000

▶24-5

ア	4	6	9	イ	1	5	7

---

25 経常損益の計算(2) －外貨建取引－ (p.94)

▶25-1

	借　　　　方	貸　　　　方
4/10	(売　掛　金)(123,000)	売　　上 (123,000)
5/12	普通預金 (125,000)	(売　掛　金)(123,000) (為替差損益)(2,000)
6/8	(売　掛　金)(369,000)	売　　上 (369,000)
7/15	普通預金 (360,000) (為替差損益)(9,000)	(売　掛　金)(369,000)

▶25-2

	借　　　　方	貸　　　　方
9/9	仕　　入 (123,000)	(買　掛　金)(123,000)
10/5	(買　掛　金)(123,000) (為替差損益)(2,000)	普通預金 (125,000)
11/20	仕　　入 (369,000)	(買　掛　金)(369,000)
12/10	(買　掛　金)(369,000)	普通預金 (360,000) (為替差損益)(9,000)

▶25-3

(1)

為替差損益
7/15 9,000 ｜ 5/12 2,000

損益計算書（一部）
Ⅳ **営業外収益** 　（　　　　　）（　　　　　） Ⅴ **営業外費用** 　（為 替 差 損）（ 7,000）

(2)

為替差損益
10/5 2,000 ｜ 12/10 9,000

損益計算書（一部）
Ⅳ **営業外収益** 　（為 替 差 益）（ 7,000） Ⅴ **営業外費用** 　（　　　　　）（　　　　　）

▶25-4

	借　　　　方	貸　　　　方
(1)	前　払　金　❶6,250	現　　金　　6,250
(2)	仕　　入　63,850	前　払　金　 6,250 買　掛　金　❷57,600
(3)	買　掛　金　57,600	普通預金　❸56,700 為替差損益　　900

解説 ❶ 50ドル×¥125＝¥ 6,250

❷450ドル×¥128＝¥57,600

❸450ドル×¥126＝¥56,700

▶25-5

	借　　　　方	貸　　　　方
(1)	現　　金　　22,140	前　受　金　❶22,140
(2)	前　受　金　　22,140 売　掛　金　❷90,720	売　　上　112,860
(3)	普通預金　❸88,560 為替差損益　 2,160	売　掛　金　90,720

解説 ❶180ドル×¥123＝¥22,140
　　　❷720ドル×¥126＝¥90,720
　　　❸720ドル×¥123＝¥88,560

▶25-6

	借　　　　方	貸　　　　方
2/1	売　掛　金　　61,500	売　　　上　　61,500
3/1	為替差損益　❶1,500	売　掛　金　　1,500
3/31	仕　訳　な　し	
4/30	普　通　預　金　❷60,000	売　掛　金　　60,000

解説 ❶500ドル×¥120－¥61,500＝△¥1,500
　　　❷500ドル×¥120（予約レート）＝¥60,000

▶25-7

	借　　　　方	貸　　　　方
8/1	仕　　　入　　98,400	買　掛　金　　98,400
9/1	買　掛　金　　2,400	為替差損益　❶2,400
10/30	買　掛　金　　❷96,000	普　通　預　金　　96,000

解説 ❶800ドル×¥120－¥98,400＝△¥2,400
　　　❷800ドル×¥120（予約レート）＝¥96,000

26　当期純利益の計算(1) (p.98)

▶26-1

(1)	(2)	(3)
災　害　損　失	固定資産売却益	投資有価証券売却益
(4)	(5)	(6)
固定資産売却損	固定資産除却損	子会社株式評価損

▶26-2

	借　　　　方	貸　　　　方
(1)	子会社株式 評　価　損　　30,000,000	子会社株式　　30,000,000
(2)	車両運搬具 減価償却累計額　　450,000 災　害　損　失❶　550,000	車両運搬具　　1,000,000
(3)	建物減価 償却累計額　11,000,000 未　決　算　　9,000,000	建　　　物　　20,000,000
(4)	未　収　入　金　10,500,000	未　決　算　　9,000,000 保　険　差　益　　1,500,000

解説 ❶火災や風水害などの災害による臨時の損失は，災
害損失で処理する。

▶26-3

区　　　分	番　号	区　　　分	番　号
販売費及び一般管理費	3	営　業　外　費　用	1
営　業　外　収　益	2	特　別　損　失	2

▶26-4

販売費及び一般管理費	3　7　10
営　業　外　収　益	1　5　8

27　当期純利益の計算(2)－法人税等－ (p.100)

▶27-1

	借　　　　方	貸　　　　方
第1期	（繰延税金資産）（　　600）	法人税等調整額（　　600）
第2期	（法人税等調整額）（　　600）	（繰延税金資産）（　　600）

▶27-2

	借　　　　方	貸　　　　方
第1期	（減価償却費）（　50,000）	（備品減価 償却累計額）（　50,000）
	（繰延税金資産）（　3,000）	法人税等調整額（　3,000）
第2期	（法人税等調整額）（　3,000）	（繰延税金資産）（　3,000）

▶27-3

	借　　　　方	貸　　　　方
第1期	その他有価証券（　20,000）	（繰延税金負債）（　6,000） その他有価証券 評価差額金（　14,000）
第2期	（繰延税金負債）（　6,000） その他有価証券 評価差額金（　14,000）	（その他有価証券）（　20,000）

▶27-4

	借　　　　方	貸　　　　方
(1)	繰延税金資産　❶6,000	法人税等調整額　　6,000
(2)	法人税等調整額　　6,000	繰延税金資産　　6,000
(3)	減価償却費　100,000 繰延税金資産　❷11,250	備品減価 償却累計額　100,000 法人税等調整額　11,250

解説 ❶¥20,000×30％＝¥6,000
　　　❷会計上の減価償却費
　　　　（¥500,000－¥0）÷5年＝¥100,000
　　　　税法上の減価償却費
　　　　（¥500,000－¥0）÷8年＝¥62,500
　　　　繰延税金資産
　　　　（¥100,000－¥62,500）×30％＝¥11,250

◎財務諸表の作成

28　貸借対照表の作成 (p.104)

▶28-1

(1)		(2)		
ア	イ	ウ	エ	オ
7	4	1	3	6
(3)					
カ	キ	ク	ケ	コ	サ
2	3	10	2	5	12

▶28-2

貸 借 対 照 表

資 産 の 部	負 債 の 部
I 流動資産 貸倒引当金(売掛金) 前 払 費 用	**I 流動負債** 前 受 収 益 **II 固定負債** 退職給付引当金
II 固定資産	**純 資 産 の 部**
(1) 有形固定資産 車両運搬具	**I 株主資本**
(2) 無形固定資産 のれん	(1) 資 本 金 ☐
(3) 投資その他の資産 長期貸付金 投資有価証券	(2) 資本剰余金
	1. 資本準備金 ☐
	2. その他資本剰余金 ☐
	(3) 利益剰余金
	1. 利益準備金 ☐
	2. 任意積立金 新築積立金
	3. 繰越利益剰余金 ☐
	II 評価・換算差額等 その他有価証券評価差額金

▶28-3

貸 借 対 照 表

千葉商事株式会社　　令和〇2年3月31日　　（単位：円）

資 産 の 部			負 債 の 部	
I [流動資産]			**I [流動負債]**	
1.[現金預金]		2,071,350	1.[支払手形]	2,460,000
2. 受取手形	3,000,000		2. 買 掛 金	1,482,110
貸倒引当金	30,000	2,970,000	3.[短期借入金]	500,000
3. 売 掛 金	3,300,000		4. 未払費用	6,250
貸倒引当金	33,000	(3,267,000)	5. 未払法人税等	138,000
4. 有価証券		2,090,000	流動負債合計	4,586,360
5. 商 品		4,715,420	**II 固定負債**	
6.[未収収益]		10,320	1.[長期借入金]	4,000,000
流動資産合計		(15,124,090)	2. 退職給付引当金	1,470,000
II [固定資産]			固定負債合計	5,470,000
(1) [有形固定資産]			負 債 合 計	10,056,360
1. 建 物	3,000,000		**純 資 産 の 部**	
減価償却累計額	1,350,000	1,650,000	**I 株主資本**	
2. 土 地		(9,950,000)	(1)[資本金]	(15,000,000)
有形固定資産合計		11,600,000	(2) 資本剰余金	
(2) [無形固定資産]			1.[資本準備金]	(1,500,000)
1. のれん		380,000	資本剰余金合計	(1,500,000)
無形固定資産合計		380,000	(3) 利益剰余金	
(3) [投資その他の資産]			1. 利益準備金	(803,000)
1. 投資有価証券		2,000,000	2. その他利益剰余金	
2. 長期前払費用		120,000	① 別途積立金	(910,000)
投資その他の資産合計		2,120,000	② 繰越利益剰余金	(954,730)
固定資産合計		(14,100,000)	利益剰余金合計	(2,667,730) ❷
			純 資 産 合 計	(19,167,730) ❶
資 産 合 計		29,224,090	負債及び純資産合計	29,224,090

解説 ❶純資産合計
　　負債及び純資産合計¥29,224,090
　　−負債合計¥10,056,360
　　＝¥19,167,730
❷利益剰余金合計
　　純資産合計¥19,167,730
　　−(資本金¥15,000,000+資本剰余金合計¥1,500,000)
　　＝¥2,667,730

▶28-4

(1)

貸 借 対 照 表

奈良商事株式会社　　令和〇2年3月31日　　（単位：円）

資 産 の 部		
I 流 動 資 産		
1. 現 金 預 金		(6,334,000)
2. 電子記録債権	(2,800,000)	
(貸倒引当金) ❷	28,000	(2,772,000)
3.(売 掛 金)	(2,300,000)	
(貸倒引当金) ❷	23,000	(2,277,000)
4.(有 価 証 券)		(952,900)
5.(商 品) ❶		(2,700,000)
6. 前 払 費 用 ❹		(24,000)
流動資産合計		(15,059,900)
II 固 定 資 産		
(1) 有形固定資産		
1. リース資産	(1,512,000)	
(減価償却累計額) ❸	(151,200)	(1,360,800)
有形固定資産合計		(1,360,800)
(2) 投資その他の資産		
1. 投資有価証券		(2,500,000)
投資その他の資産合計		(2,500,000)
固定資産合計		(3,860,800)
資 産 合 計		(18,920,700)

負 債 の 部		
I 流 動 負 債		
1. 電子記録債務		(1,481,200)
2. 買 掛 金		(1,972,700)
3. リース債務		(151,200)
4.(前 受 金)		(100,000)
5. 未 払 費 用 ❺		(50,000)
6.(未払法人税等) ❼		(250,000)
流動負債合計		(4,005,100)
II 固 定 負 債		
1. 長 期 借 入 金		(1,000,000)
2. リース債務		(1,209,600)
3.(退職給付引当金) ❻		(370,000)
固定負債合計		(2,579,600)
負 債 合 計		(6,584,700)

純 資 産 の 部		
I 株 主 資 本		
(1) 資 本 金		(10,000,000)
(2) 資本剰余金		
1.(資本準備金)		(600,000)
資本剰余金合計		(600,000)
(3) 利益剰余金		
1. 利益準備金		(450,000)
2. その他利益剰余金		
① 別 途 積 立 金		(300,000)
② 繰越利益剰余金		(986,000)
利益剰余金合計 ❾		(1,736,000)
株主資本合計		(12,336,000)
純 資 産 合 計 ❽		(12,336,000)
負債及び純資産合計		(18,920,700)

(2)

a	¥21,700,000 ❿	b	¥ 26,000 ❷	c	¥ 48,000 ⓫

— 25 —

解説 [付記事項の仕訳]

① (借)満期保有 2,500,000 (貸)売買目的 2,500,000
　　　目的債券　　　　　　　有価証券

② (借)仮 受 金 400,000 (貸)売 掛 金 300,000
　　　　　　　　　　　　　　　前 受 金 100,000

③ (借)リース債務 151,200 (貸)リース債務 151,200
　　　(固定負債)　　　　　　　(流動負債)

　1年以内に支払期限が到来する¥151,200が流動負債に計上される。

※付記事項をもとに, 元帳勘定残高を修正すること。

[決算整理事項の仕訳]

❶ a.(借)仕　　入 2,400,000 (貸)繰越商品 2,400,000
　　(借)繰越商品 2,700,000 (貸)仕　　入 2,700,000

❷ b.(借)貸倒引当金繰入 26,000 (貸)貸倒引当金 26,000
　　電子記録債権¥2,800,000×1％＝¥28,000
　　売掛金(¥2,600,000－付記事項②¥300,000)
　　×1％＝¥23,000
　　(¥28,000＋¥23,000)－貸倒引当金元帳残高¥25,000
　　＝¥26,000

❸ c.(借)減価償却費 151,200 (貸)リース資産減価 151,200
　　　　　　　　　　　　　　償却累計額
　　減価償却費＝リース資産帳簿価額¥1,512,000－残存価額¥0 / 10年
　　＝¥151,200

❹ d.(借)前払保険料 24,000 (貸)保険料 24,000

❺ e.(借)支払利息 50,000 (貸)未払利息 50,000

❻ f.(借)退職給付費用 170,000 (貸)退職給付引当金 170,000
　　¥200,000＋¥170,000＝¥370,000

❼ g.(借)法人税等 410,000 (貸)仮払法人税等 160,000
　　　　　　　　　　　　　　未払法人税等 250,000

❽ 純資産合計(株主資本合計)
　　負債及び純資産合計¥18,920,700
　　－負債合計¥6,584,700
　　＝¥12,336,000

❾ 利益剰余金合計
　　株主資本合計¥12,336,000
　　－(資本金¥10,000,000＋資本剰余金合計¥600,000)
　　＝¥1,736,000

❿ 損益計算書(一部)を作成すると次のとおりとなる。

損 益 計 算 書 (一部)(単位：円)

I 売　上　高　　　　　　　　　27,527,500
II 売 上 原 価
　1. 期首商品棚卸高 2,400,000
　2. 当期商品仕入高 22,000,000
　　　合　　　計　 24,400,000
　3. 期末商品棚卸高 2,700,000 21,700,000 ❿
　　　売 上 総 利 益　　　　　　5,827,500

⓫決算整理事項d.保険料の前払い¥24,000から, 損益計算書に記載する保険料は¥72,000－¥24,000＝¥48,000となる。

▶**28-5**

(1)

貸 借 対 照 表

北海道物産株式会社　　令和○年12月31日　　(単位：円)

資 産 の 部

I 流 動 資 産
　1. 現 金 預 金 　　　　　　　　　(4,248,400)
　2. 受 取 手 形 (800,000)
　　　(貸倒引当金)❸(8,000) (792,000)
　3. 電子記録債権 (4,100,000)
　　　(貸倒引当金)❸(41,000) (4,059,000)
　4.(売 掛 金) (2,640,000)
　　　(貸倒引当金)❸(26,400) (2,613,600)
　5.(有 価 証 券) ❹(2,840,000)
　6.(商　　　品) ❶(4,950,000)
　7.(前 払 費 用) ❻(70,000)
　　　流動資産合計 　　　　　　　(19,573,000)
II 固 定 資 産
　⑴ 有形固定資産
　　1.(備　　　品) (4,800,000)
　　　(減価償却累計額)❺(1,728,000) (3,072,000)
　　2.(土　　　地) (17,000,000)
　　　有形固定資産合計 (20,072,000)
　⑵ 投資その他の資産
　　1.(投資有価証券) ❹(3,610,000)
　　　投資その他の資産合計 (3,610,000)
　　　固定資産合計 (23,682,000)
　　　資 産 合 計 (43,255,000)

負 債 の 部

I 流 動 負 債
　1. 電子記録債務 (2,800,000)
　2. 買 掛 金 (3,068,500)
　3.(前 受 金) (300,000)
　4.(短 期 借 入 金) (800,000)
　5.(未 払 費 用) ❼(29,000)
　6.(未 払 法 人 税 等) ❾(1,650,000)
　　　流動負債合計 (8,647,500)
II 固 定 負 債
　1.(長 期 借 入 金) (1,900,000)
　2.(退職給付引当金) ❽(1,970,000)
　　　固定負債合計 (3,870,000)
　　　負 債 合 計 (12,517,500)

純 資 産 の 部

I 株 主 資 本
　⑴ 資 本 金 (23,000,000)
　⑵ 資本剰余金
　　1.(資本準備金) (1,200,000)
　　　資本剰余金合計 (1,200,000)
　⑶ 利益剰余金
　　1. 利益準備金 (500,000)
　　2. その他利益剰余金
　　　① 新 築 積 立 金 (600,000)
　　　② 別 途 積 立 金 (370,000)
　　　③ 繰越利益剰余金 (4,557,500)
　　　利益剰余金合計 ⓬(6,027,500)
　　　株 主 資 本 合 計 ⓫(30,227,500)
II 評 価 ・ 換 算 差 額 等
　1. その他有価証券評価差額金 ❹(110,000)
　　　評価・換算差額等合計 (110,000)
III 新 株 予 約 権 (400,000)
　　　純 資 産 合 計 ❿(30,737,500)
　　　負債及び純資産合計 (43,255,000)

---

(2)

a	¥17,530,000 ⑬	b	¥ 768,000 ❺	c	¥4,252,700 ⑭

解説 ［付記事項の仕訳］

① （借)仮 受 金 700,000 （貸)売 掛 金 400,000
　　　　　　　　　　　　　　　　前 受 金 300,000

② （借)長期借入金 800,000 （貸)短期借入金 800,000

※付記事項をもとに，元帳勘定残高を修正すること。

［決算整理事項の仕訳］

❶ a．(借)仕　　入 4,720,000 （貸)繰越商品 4,720,000
　　　(借)繰越商品 4,950,000 （貸)仕　　入 4,950,000

❷ b．(借)売 掛 金 40,000 （貸)為替差損益 40,000
　　　決算日のレートで計算した売掛金
　　　1ドル124円×10,000ドル＝¥1,240,000
　　　取引日のレートで計算した売掛金
　　　1ドル120円×10,000ドル＝¥1,200,000
　　　決算日の売掛金のほうが¥40,000多いため，
　　　これを為替差損益勘定(貸方)で処理する。

❸ c．(借)貸倒引当金繰入 51,400 （貸)貸倒引当金 51,400
　　　受取手形¥800,000× 1 ％＝¥8,000
　　　電子記録債権¥4,100,000× 1 ％＝¥41,000
　　　売掛金(¥3,000,000－付記事項①¥400,000
　　　＋決算 b．¥40,000)× 1 ％＝¥26,400
　　　(¥8,000＋¥41,000＋¥26,400)
　　　－貸倒引当金元帳残高¥24,000＝¥51,400

❹ d．(借)有価証券評価損 80,000 （貸)売買目的有価証券 80,000
　　　(借)その他有価証券 110,000 （貸)その他有価証券評価差額金 110,000
　　　売買目的有価証券は帳簿価額のほうが時価よ
　　　りも高いので，評価損となる。
　　　(帳簿価額¥73,000－時価¥71,000)×40株
　　　＝¥80,000
　　　¥2,920,000－¥80,000＝¥2,840,000
　　　その他有価証券(投資有価証券)
　　　¥3,500,000＋¥110,000＝¥3,610,000

❺ e．(借)減価償却費 768,000 （貸)備品減価償却累計額 768,000
　　　減価償却費
　　　(備品¥4,800,000－備品減価償却累計額¥960,000)
　　　×償却率20％＝¥768,000
　　　¥960,000＋¥768,000＝¥1,728,000

❻ f．(借)前払保険料 70,000 （貸)保 険 料 70,000
　　　1年間（6月1日から5月31日まで）のうち，
　　　次期にあたる1月1日から5月31日までの5
　　　か月分が前払いとなる。
　　　¥168,000÷12か月＝¥14,000
　　　　　　　　　　　(1か月分の保険料)
　　　¥14,000×5か月＝¥70,000　となる。

❼ g．(借)支払利息 29,000 （貸)未払利息 29,000

❽ h．(借)退職給付費用 570,000 （貸)退職給付引当金 570,000
　　　¥1,400,000＋¥570,000＝¥1,970,000

❾ i．(借)法人税等 2,930,000 （貸)仮払法人税等 1,280,000
　　　　　　　　　　　　　　　　未払法人税等 1,650,000

⑩純資産合計
　負債及び純資産合計¥43,255,000
　－負債合計¥12,517,500
　＝¥30,737,500

⑪株主資本合計
　純資産合計¥30,737,500
　－(評価換算差額等¥110,000＋新株予約権¥400,000)
　＝¥30,227,500

⑫利益剰余金合計
　株主資本合計¥30,227,500
　－(資本金¥23,000,000＋資本剰余金合計¥1,200,000)
　＝¥6,027,500

⑬損益計算書を作成すると次のとおりとなる。

損 益 計 算 書 （単位：円）

Ⅰ	売 上 高			69,700,000
Ⅱ	売 上 原 価			
	1. 期首商品棚卸高		4,720,000	
	2. 当期商品仕入高		52,400,000	
	合 計		57,120,000	
	3. 期末商品棚卸高		4,950,000	52,170,000
	売 上 総 利 益			17,530,000 ⑬
Ⅲ	販売費及び一般管理費			
	1. 給 料		5,540,000	
	2. 発 送 費		614,900	
	3. 広 告 料		510,000	
	4. 貸倒引当金繰入 ❸		51,400	
	5. 減 価 償 却 費 ❺		768,000	
	6. 退職給付費用 ❽		570,000	
	7. 支 払 家 賃		1,776,000	
	8. 保 険 料		168,000	
	9. 租 税 公 課		185,000	
	10. 雑 費		163,000	10,346,300
	営 業 利 益			7,183,700
Ⅳ	営 業 外 収 益			
	1. 有価証券利息		120,000	
	2. 為 替 差 益 ❷		40,000	160,000
Ⅴ	営 業 外 費 用			
	1. 支 払 利 息		81,000	
	2. 有価証券評価損 ❹		80,000	161,000
	税引前当期純利益			7,182,700
	法人税・住民税及び事業税 ❾			2,930,000
	当 期 純 利 益			4,252,700 ⑭

⑭繰越利益剰余金(当期末残高) ¥4,557,500
　－繰越利益剰余金(元帳勘定残高) ¥304,800
　＝¥4,252,700

▶28-6

貸 借 対 照 表

山口商事株式会社　　令和1○2年3月31日　　（単位：円）

資 産 の 部

I 流 動 資 産
1. 現 金 預 金　　　　　　　　　　　（ 3,274,000）
2. 受 取 手 形　　　（ 1,000,000）
 （貸倒引当金）❷（ 10,000）　（ 990,000）
3. 電子記録債権　　（ 900,000）
 （貸倒引当金）❷（ 9,000）　（ 891,000）
4. 売 掛 金　　　　（ 2,200,000）
 （貸倒引当金）❷（ 22,000）　（ 2,178,000）
5. （商　品）　　　　　　　　❶（ 3,150,000）
6. （前 払 費 用）　　　　　　❹（ 6,000）
 流動資産合計　　　　　　　　　　（ 10,489,000）

II 固 定 資 産
⑴ 有形固定資産
1. 備　　　品　　　（ 2,400,000）
 （減価償却累計額）❸（ 1,050,000）　（ 1,350,000）
 有形固定資産合計　　　　　　　　（ 1,350,000）
⑵ 投資その他の資産
1. （関係会社株式）　　　　　　（ 3,040,000）
 投資その他の資産合計　　　　　　（ 3,040,000）
 固定資産合計　　　　　　　　　　（ 4,390,000）
 資 産 合 計　　　　　　　　　　（ 14,879,000）

負 債 の 部

I 流 動 負 債
1. 電子記録債務　　　　　　　　　（ 950,000）
2. 買 掛 金　　　　　　　　　　　（ 1,824,400）
3. （前 受 金）　　　　　　　　　（ 110,000）
4. （未払法人税等）　　　　　　❻（ 650,000）
 流動負債合計　　　　　　　　　　（ 3,534,400）
II 固 定 負 債
1. （退職給付引当金）　　　　　❺（ 48,000）
 固定負債合計　　　　　　　　　　（ 48,000）
 負 債 合 計　　　　　　　　　　（ 3,582,400）

純 資 産 の 部

I 株 主 資 本
⑴ 資 本 金　　　　　　　　　　　（ 10,000,000）
⑵ 資 本 剰 余 金
1. 資 本 準 備 金　　　　　　　（ 190,000）
 資本剰余金合計　　　　　　　　　（ 190,000）
⑶ 利 益 剰 余 金
1. その他利益剰余金
 ① 繰越利益剰余金　　　　　　（ 1,106,600）
 利益剰余金合計　　　　　　　❽（ 1,106,600）
 株 主 資 本 合 計　　　　　　　（ 11,296,600）
 純 資 産 合 計　　　　　　　❼（ 11,296,600）
 負債及び純資産合計　　　　　　　（ 14,879,000）

損 益 計 算 書

山口商事株式会社　令和○1年4月1日から令和○2年3月31日まで　（単位：円）

費 用	金 額	収 益	金 額
売 上 原 価	❾11,099,400	売 上 高	14,590,000
給 料	1,151,000		
（貸倒引当金繰入）	❷21,000		
保 険 料	❿12,000		
（減価償却費）	❸450,000		
支 払 家 賃	90,000		
（退職給付費用）	❺18,000		
雑 費	41,000		
支 払 利 息	27,000		
電子記録債権売却損	12,000		
法 人 税 等	650,000		
当 期 純 利 益	⓫1,018,600		
	14,590,000		14,590,000

解説　［付記事項の仕訳］
① （借）当座預金　85,000　（貸）電子記録債権　85,000
② （借）仮受金　110,000　（貸）前受金　110,000
※付記事項をもとに，元帳勘定残高を修正すること。
［決算整理事項の仕訳］
❶ a．（借）仕　入　2,800,000　（貸）繰越商品　2,800,000
　　　（借）繰越商品　3,150,000　（貸）仕　入　3,150,000
❷ b．（借）貸倒引当金繰入　21,000　（貸）貸倒引当金　21,000
　　受取手形¥1,000,000×1％＝¥10,000
　　電子記録債権（¥985,000－付記事項①¥85,000）
　　×1％＝¥9,000
　　売掛金¥2,200,000×1％＝¥22,000
　　（¥10,000＋¥9,000＋¥22,000）
　　－貸倒引当金元帳残高¥20,000＝¥21,000
❸ c．（借）減価償却費　450,000　（貸）備品減価償却累計額　450,000
　　減価償却費
　　（備品¥2,400,000－備品減価償却累計額¥600,000）
　　×償却率25％＝¥450,000
　　¥600,000＋¥450,000＝¥1,050,000
❹ d．（借）前払保険料　6,000　（貸）保険料　6,000
　　1年間（10月1日から9月30日まで）のうち，
　　次期にあたる4月1日から9月30日までの6
　　か月分が前払いとなる。
　　¥12,000÷12か月＝¥1,000（1か月分の保険料）
　　¥1,000×6か月＝¥6,000　となる。
❺ e．（借）退職給付費用　18,000　（貸）退職給付引当金　18,000
　　¥30,000＋¥18,000＝¥48,000
❻ f．（借）法人税等　650,000　（貸）未払法人税等　650,000
❼ 純資産合計（株主資本合計）
　　負債及び純資産合計¥14,879,000
　　－負債合計¥3,582,400
　　＝¥11,296,600
❽ 利益剰余金合計
　　株主資本合計¥11,296,600
　　－（資本金¥10,000,000＋資本剰余金合計¥190,000）
　　＝¥1,106,600
❾ 売上原価
　　期首商品棚卸高¥2,800,000
　　＋当期商品仕入高¥11,449,400
　　－期末商品棚卸高¥3,150,000
　　＝¥11,099,400
❿ 保険料
　　元帳勘定残高¥18,000－前払保険料¥6,000＝¥12,000
⓫ 当期純利益
　　収益総額¥14,590,000－費用総額¥13,571,400
　　＝¥1,018,600

貸 借 対 照 表

宮崎商事株式会社　　令和○9年3月31日　　（単位：円）

資 産 の 部

Ⅰ 流 動 資 産
1. 現 金 預 金　　　　　　　　❿(2,261,500)
2. 電 子 記 録 債 権　(1,800,000)
　　貸倒引当金　❸(18,000)　(1,782,000)
3. 売 掛 金　　　　(1,496,000)
　　貸倒引当金　❸(14,960)　(1,481,040)
4. 有 価 証 券　　　　　　　❹(1,680,000)
5.(商　　品)　　　　　　　　❶(1,734,000)
6.(前 払 費 用)　　　　　　　❻(288,000)
　　流動資産合計　　　　　　　(9,226,540)

Ⅱ 固 定 資 産
(1) 有形固定資産
1. 備　　品　　　　2,600,000
　　減価償却累計額　❺(1,950,000)　(650,000)
2. 土　　地　　　　　　　　10,705,000
3. 建 設 仮 勘 定　　　　　　4,500,000
　　有形固定資産合計　　　　(15,855,000)
(2) 投資その他の資産
1. 投資有価証券　　　　　　❹(2,320,000)
2.(関係会社株式)　　　　　　❹(1,920,000)
3.(長期前払費用)　　　　　　❻(384,000)
　　投資その他の資産合計　　(4,624,000)
　　固定資産合計　　　　　　(20,479,000)
　　　資 産 合 計　　　　　　(29,705,540)

負 債 の 部

Ⅰ 流 動 負 債
1. 電 子 記 録 債 務　　　　　1,795,000
2. 買　　掛　　金　　　　　　❷(1,509,600)
3.(未 払 費 用)　　　　　　　❼(13,000)
4.(未払法人税等)　　　　　　❾(374,000)
　　流動負債合計　　　　　　(3,691,600)

Ⅱ 固 定 負 債
1.(長 期 借 入 金)　　　　　(2,600,000)
2. 退職給付引当金　　　　　❽(3,450,000)
3. 繰延税金負債　　　　　　❹(17,400)
　　固定負債合計　　　　　　(6,067,400)
　　　負 債 合 計　　　　　　(9,759,000)

純 資 産 の 部

Ⅰ 株 主 資 本
(1) 資　　本　　金　　　　　　12,000,000
(2) 資本剰余金
1. 資 本 準 備 金　　　　　1,600,000
　　資本剰余金合計　　　　　　1,600,000
(3) 利益剰余金
1. 利 益 準 備 金　　　　　1,380,000
2. その他利益剰余金
①別 途 積 立 金　　　　1,530,000
②繰越利益剰余金　　　⓯(3,395,940)
　　利益剰余金合計　　　　　⓮(6,305,940)
　　株主資本合計　　　　　　⓭(19,905,940)

Ⅱ 評価・換算差額等
1. その他有価証券評価差額金　❹(40,600)
　　評価・換算差額等合計　　(40,600)
　　　純 資 産 合 計　　　　⓬(19,946,540)
　　　負債及び純資産合計　　⓫(29,705,540)

解説　まず，資料の確認をする。元帳勘定残高は資産，負債，純資産，収益，費用の順に並んでおり，資産は現金から，負債は電子記録債務から，純資産は資本金から，収益は売上から，費用は仕入からとなっている。付記事項とは，期中の取引について決算にあたり，未記帳や誤記帳等の事実が判明したものである。よって，まず，これらを正しく処理し，元帳勘定残高の金額を訂正する。このあと決算整理事項の仕訳をおこない，貸借対照表を作成する。

[付記事項の仕訳]
①(イ)(借)当座預金　80,000　(貸)買掛金　80,000
(ウ)(借)当座預金　200,000　(貸)電子記録債権 200,000
　当座勘定残高証明書は，取引銀行から取り寄せた当社の当座預金の残高である。それに対して当社で記録している当座預金勘定の残高は，元帳勘定残高から¥1,296,400とわかる。よって，その差額¥420,000について，原因を調査したのが(ア)から(ウ)となる。この中で当社が修正すべきなのは(イ)と(ウ)である。

※付記事項①の仕訳をもとに，元帳勘定残高の関係する勘定科目の金額を訂正する。訂正後の当座預金勘定の残高は¥1,576,400（元帳勘定残高¥1,296,400＋付記事項の仕訳から¥280,000），買掛金勘定の残高は¥1,488,000（元帳勘定残高¥1,408,000＋付記事項の仕訳から¥80,000），電子記録債権勘定の残高は¥1,800,000（元帳勘定残高¥2,000,000－付記事項の仕訳から¥200,000）となる。

[決算整理事項の仕訳]
❶a.(借)仕　入 1,460,000　(貸)繰越商品 1,460,000
(借)繰越商品 1,850,000　(貸)仕　入 1,850,000
(借)棚卸減耗損　44,000　(貸)繰越商品　44,000
(借)商品評価損　72,000　(貸)繰越商品　72,000
(借)仕　入　44,000　(貸)棚卸減耗損　44,000
(借)仕　入　72,000　(貸)商品評価損　72,000
　商品にはA品とB品があるが，A品からは商品評価損が発生し，B品からは棚卸減耗損が発生している。
棚卸減耗損（B品）
（帳簿棚卸1,400個－実地棚卸1,320個）
×原価@¥550＝¥44,000
商品評価損（A品）
（原価@¥900－正味売却価額@¥840）
×実地棚卸1,200個＝¥72,000

❷b.(借)為替差損益　21,600　(貸)買掛金　21,600
取引日のレートによる買掛金の金額
1ドル125円×7,200ドル＝¥900,000
決算日のレートによる買掛金の金額
1ドル128円×7,200ドル＝¥921,600
買掛金の金額は円換算により¥21,600増加している。
¥1,408,000＋付記事項①(イ)¥80,000＋¥21,600
＝¥1,509,600

❸c.(借)貸倒引当金繰入　20,960　(貸)貸倒引当金　20,960
　電子記録債権¥1,800,000と売掛金¥1,496,000に対してそれぞれ過去の貸倒実績から1％の貸し倒れを見積もる。ただし，貸倒引当金勘定の残高が¥12,000あるため，その差額¥20,960を繰り入れる。

※電子記録債権の金額は付記事項①(ウ)により,元帳勘定残高¥2,000,000から¥1,800,000に変わることに注意する。修正後の残高をもとに貸倒引当金を設定する。

（電子記録債権¥1,800,000＋売掛金¥1,496,000）×貸倒実績率1％＝¥32,960

¥32,960－貸倒引当金元帳勘定残高¥12,000＝¥20,960

❹d.（借)売買目的有価証券 90,000 （貸)有価証券評価益 90,000
　　（借)その他有価証券 58,000 （貸)その他有価証券評価差額金 40,600
　　　　　　　　　　　　　　　　　　繰延税金負債 17,400
　　（借)子会社株式評価損 3,300,000 （貸)子会社株式 3,300,000

売買目的有価証券：熊本株式会社
　帳簿価額¥1,590,000
　決算日時点の評価額¥1,680,000（＝1株の時価¥56,000×30株)
　よって，評価益は¥90,000（＝¥1,680,000－¥1,590,000）

その他有価証券：大分株式会社
　帳簿価額¥2,262,000
　決算日時点の評価額¥2,320,000（＝1株の時価¥8,000×290株)
　よって，評価差額は¥58,000（＝¥2,320,000－¥2,262,000）
　税効果会計を適用する。
　繰延税金負債¥17,400（＝¥58,000×法定実効税率30％）

子会社株式：南北株式会社
　帳簿価額¥5,220,000
　決算日時点の時価は¥1,920,000（＝1株の時価¥3,200×600株)と著しく下落し，回復の見込みがないため，強制的に評価損を計上する。
　評価損¥3,300,000（＝¥5,220,000－¥1,920,000）

❺e.（借)減価償却費 325,000 （貸)備品減価償却累計額 325,000
備品の減価償却費の計算

$$減価償却費＝\frac{備品の取得原価¥2,600,000－残存価額¥0}{耐用年数8年}$$
$$＝¥325,000$$

※貸借対照表に減価償却累計額を記載する方法に注意する。

❻f.（借)前払保険料 288,000 （貸)保険料 672,000
　　　長期前払保険料 384,000

1か月分の保険料の金額は，3年分の保険料¥864,000÷36か月＝¥24,000となる。当期は令和○8年8月から令和○9年3月までの8か月が経過しているため，28か月分の¥672,000が前払分となる。決算日の翌日から1年(12か月)分の前払額¥288,000（＝¥24,000×12か月)は前払費用として流動資産に，残りの¥384,000（＝¥24,000×16か月)は長期前払費用として固定資産に計上する。

❼g.（借)支払利息 13,000 （貸)未払利息 13,000
　　※貸借対照表に記載するさいに未払利息は未払費用となることに注意する。

❽h.（借)退職給付費用 820,000 （貸)退職給付引当金 820,000

❾i.（借)法人税等 1,354,000 （貸)仮払法人税等 980,000
　　　　　　　　　　　　　　　　　未払法人税等 374,000

以上の決算整理仕訳から，貸借対照表を作成する。

決算整理仕訳から，資産・負債・純資産に該当するものを，それぞれ所定の箇所に記入する。現金と当座預金はあわせて，現金預金として記入する。貸倒引当金と減価償却累計額の記入方法に注意する。

❿現金預金
　現金¥685,100＋当座預金¥1,576,400
　＝¥2,261,500

⓫負債及び純資産合計は，資産合計と同額の¥29,705,540となる。

⓬純資産合計
　負債及び純資産合計¥29,705,540
　－負債合計¥9,759,000
　＝¥19,946,540

⓭株主資本合計
　純資産合計¥19,946,540－評価換算差額等¥40,600
　＝¥19,905,940

⓮利益剰余金合計
　株主資本合計¥19,905,940
　－(資本金¥12,000,000＋資本剰余金合計¥1,600,000)
　＝¥6,305,940

⓯繰越利益剰余金
　利益剰余金合計¥6,305,940
　－(利益準備金¥1,380,000＋別途積立金¥1,530,000)
　＝¥3,395,940

貸 借 対 照 表

茨城商事株式会社　　令和○3年3月31日　　　（単位：円）

資 産 の 部

I 流 動 資 産

1．現 金 預 金	❾(1,966,600)	
2．受 取 手 形	(1,700,000)	
貸倒引当金 ❷(17,000)	(1,683,000)	
3．売 掛 金	(1,500,000)	
貸倒引当金 ❷(15,000)	(1,485,000)	
4．(商　　　品)	❶(1,725,000)	
5．(前 払 費 用)	❺(180,000)	
流動資産合計		(7,039,600)

II 固 定 資 産

(1) 有形固定資産

1．建　　　物	4,000,000	
減価償却累計額 ❹(1,584,000)	(2,416,000)	
2．リース資産	2,000,000	
減価償却累計額 ❹(800,000)	(1,200,000)	
3．土　　　地	17,009,000	
4．建設仮勘定	1,450,000	
有形固定資産合計	(22,075,000)	

(2) 投資その他の資産

1．投資有価証券	❸(2,460,000)	
2．(関係会社株式)	❸(1,540,000)	
3．(長期前払費用)	❺(255,000)	
投資その他の資産合計	(4,255,000)	
固定資産合計		(26,330,000)
資 産 合 計		(33,369,600)

負 債 の 部

I 流 動 負 債

1．支 払 手 形	2,419,000	
2．買 掛 金	2,105,600	
3．(未 払 費 用)	❻(38,000)	
4．リース債務	(400,000)	
5．(未払法人税等)	❽(625,000)	
流動負債合計		(5,587,600)

II 固 定 負 債

1．長期借入金	1,900,000	
2．リース債務	(800,000)	
3．(退職給付引当金)	❼(3,670,000)	
4．繰延税金負債	❸(90,000)	
固定負債合計		(6,460,000)
負 債 合 計		(12,047,600)

純 資 産 の 部

I 株 主 資 本

(1) 資 本 金　10,000,000

(2) 資本剰余金

1．資本準備金	1,300,000	
資本剰余金合計	1,300,000	

(3) 利益剰余金

1．利益準備金	1,280,000	
2．その他利益剰余金		
① 別途積立金	1,490,000	
② 繰越利益剰余金	⓮(6,042,000)	
利益剰余金合計		⓭(8,812,000)
株主資本合計		⓬(20,112,000)

II 評価・換算差額等

1．その他有価証券評価差額金	❸(210,000)	
評価・換算差額等合計	(210,000)	

III 新株予約権 (1,000,000)

純資産合計	⓫(21,322,000)
負債及び純資産合計	❿(33,369,600)

解説 元帳勘定残高は資産，負債，純資産，収益，費用の順に並んでいる。ちなみに，資産は現金から，負債は支払手形から，純資産は資本金から，収益は売上から，費用は仕入からである。最初に付記事項について仕訳をして，元帳勘定残高の金額を訂正する。この訂正を終えたのちに，決算整理事項の仕訳をおこない，貸借対照表を作成する。

[付記事項の仕訳]

① (借)貸倒引当金　35,000　(貸)売掛金　50,000
　　貸倒損失　15,000

　　貸し倒れた売掛金は¥50,000だが，貸倒引当金の元帳勘定残高は¥35,000なので，不足分の¥15,000は貸倒損失勘定で処理する。

※付記事項の仕訳をもとに，元帳勘定残高の関係する勘定科目の金額を訂正する。なお，訂正後の売掛金勘定の残高は¥1,500,000（＝元帳勘定残高¥1,550,000－付記事項①の仕訳から¥50,000）となる。

② (借)リース債務　400,000　(貸)リース債務　400,000
　　　(固定負債)　　　　　　　　（流動負債）

　　残りのリース期間は3年なので，元帳勘定残高¥1,200,000÷3年＝¥400,000が流動負債に計上される。

[決算整理事項の仕訳]

❶ a．(借)仕　入 1,560,000　(貸)繰越商品 1,560,000
　　(借)繰越商品 1,926,000　(貸)仕　入 1,926,000
　　(借)棚卸減耗損　153,000　(貸)繰越商品　153,000
　　(借)商品評価損　48,000　(貸)繰越商品　48,000
　　(借)仕　入　153,000　(貸)棚卸減耗損　153,000
　　(借)仕　入　48,000　(貸)商品評価損　48,000

商品にはA品とB品があるが，A品・B品ともに実地棚卸数量が少ないため，棚卸減耗損が発生し，さらにA品からは商品評価損も発生している。

棚卸減耗損（A品）
（帳簿棚卸1,300個－実地棚卸1,200個）
×原価@¥900＝¥90,000
棚卸減耗損（B品）
（帳簿棚卸1,200個－実地棚卸1,100個）
×原価@¥630＝¥63,000
商品評価損（A品）
（原価@¥900－正味売却価額@¥860）
×実地棚卸1,200個＝¥48,000

❷ b．(借)貸倒引当金繰入　32,000　(貸)貸倒引当金　32,000

受取手形¥1,700,000と売掛金¥1,500,000に対してそれぞれ過去の貸倒実績から1％の貸し倒れを見積もる。

　　※売掛金の金額は付記事項①により，元帳勘定残高¥1,550,000から¥1,500,000に変わっていることに注意する。修正後の金額をもとに貸倒引当金を設定する。
（受取手形¥1,700,000＋売掛金¥1,500,000）
×貸倒実績率1％＝¥32,000

❸ c．(借)その他有価証券　300,000　(貸)その他有価証券評価差額金　210,000
　　　　　　　　　　　　　　　　　　繰延税金負債　90,000
　　(借)子会社株式評価損 1,680,000　(貸)子会社株式 1,680,000

その他有価証券：愛媛製菓株式会社
帳簿価額¥2,160,000
決算日時点の評価額¥2,460,000（＝1株の

時価￥8,200×300株)
よって，評価差額は￥300,000（＝￥2,460,000
－￥2,160,000）
税効果会計を適用する。
繰延税金負債￥90,000（＝￥300,000×法
定実効税率30％）
子会社株式：東西物産株式会社
帳簿価額￥3,220,000
決算日時点の時価は￥1,540,000（＝1株の
時価￥2,200×700株）と著しく下落し，回復
の見込みがないため，強制的に評価損を計
上する。
評価損￥1,680,000（＝￥3,220,000－￥1,540,000）

❹ d.（借）減価償却費　472,000　（貸）建物減価 償却累計額　72,000
リース資産 減価償却累計額　400,000

建物の減価償却費の計算

$$減価償却費 = \frac{建物の取得原価￥4,000,000 － 残存価額￥400,000（取得原価の10％）}{耐用年数50年}$$
$$= ￥72,000$$

リース資産の減価償却費の計算

$$減価償却費 = \frac{リース資産の取得原価￥2,000,000 － 残存価額￥0}{耐用年数5年}$$
$$= ￥400,000$$

※貸借対照表に減価償却累計額を記入する方
法に注意する。

❺ e.（借）前払保険料　180,000　（貸）保険料　435,000
長期前払保険料　255,000

1か月分の保険料の金額は，3年分の保険料
￥540,000÷36か月＝￥15,000となる。当期は
令和〇2年9月から令和〇3年3月までの7か
月が経過しているため，29か月分の￥435,000
が前払分となる。決算日の翌日から1年（12
か月）分の前払額￥180,000（＝￥15,000×12
か月）は前払費用として流動資産に，残りの
￥255,000（＝￥15,000×17か月）は長期前払
費用として固定資産に計上する。

❻ f.（借）支払利息　38,000　（貸）未払利息　38,000
※未払利息は，貸借対照表に記載するときに
は，未払費用になる。

❼ g.（借）退職給付費用　840,000　（貸）退職給付引当金　840,000
❽ h.（借）法人税等　1,495,000　（貸）仮払法人税等　870,000
未払法人税等　625,000

以上の決算整理仕訳から，貸借対照表を作成する。
決算整理仕訳から，資産・負債・純資産に該当する
ものを，それぞれ所定の箇所に記入する。

❾現金預金
現金￥891,400＋当座預金￥1,075,200
＝￥1,966,600
❿負債及び純資産合計は，資産合計と同額の
￥33,369,600となる。
⓫純資産合計
負債及び純資産合計￥33,369,600
－負債合計￥12,047,600
＝￥21,322,000
⓬株主資本合計
純資産合計￥21,322,000
－（評価換算差額等￥210,000＋新株予約権￥1,000,000）
＝￥20,112,000

⓭利益剰余金合計
株主資本合計￥20,112,000
－（資本金￥10,000,000＋資本剰余金合計￥1,300,000）
＝￥8,812,000
⓮繰越利益剰余金
利益剰余金合計￥8,812,000
－（利益準備金￥1,280,000＋別途積立金￥1,490,000）
＝￥6,042,000

▶28-9

貸　借　対　照　表

岡山商事株式会社　　令和○4年3月31日　　（単位：円）

資　産　の　部

Ⅰ　流　動　資　産

1. 現 金 預 金		❾	(3,890,900)
2. 電 子 記 録 債 権	(2,200,000)		
貸倒引当金	❷(22,000)	(2,178,000)	
3. 売 　 掛 　 金	(3,000,000)		
貸倒引当金	❷(30,000)	(2,970,000)	
4.(有 価 証 券)		❸	(1,200,000)
5.(商 　 品)		❶	(2,263,000)
6.(前 払 費 用)		❺	(60,000)
流動資産合計			(12,561,900)

Ⅱ　固　定　資　産

(1) 有形固定資産

1. 建 　 　 　 物	7,500,000		
減価償却累計額	❹(1,800,000)	(5,700,000)	
2. リ ー ス 資 産	3,500,000		
減価償却累計額	❹(2,100,000)	(1,400,000)	
3. 土 　 　 　 地		3,189,000	
4. 建 設 仮 勘 定		4,800,000	
有形固定資産合計		(15,089,000)	

(2) 投資その他の資産

1. 投 資 有 価 証 券		❸(1,952,000)	
投資その他の資産合計		(1,952,000)	
固定資産合計			(17,041,000)
資 産 合 計			(29,602,900)

負　債　の　部

Ⅰ　流　動　負　債

1. 電 子 記 録 債 務		701,000	
2. 買 　 掛 　 金		2,105,900	
3.(未 払 費 用)		❻(8,000)	
4. リ ー ス 債 務		(700,000)	
5.(未払法人税等)		❽(504,000)	
流動負債合計			(4,018,900)

Ⅱ　固　定　負　債

1. 長 期 借 入 金		4,000,000	
2. リ ー ス 債 務		(700,000)	
3.(退職給付引当金)		❼(2,569,000)	
固定負債合計			(7,269,000)
負 債 合 計			(11,287,900)

純　資　産　の　部

Ⅰ　株　主　資　本

(1) 資 本 金　　　　　　　　　　　　10,000,000

(2) 資本剰余金

1. 資 本 準 備 金	1,200,000	
資本剰余金合計		1,200,000

(3) 利益剰余金

1. 利 益 準 備 金	300,000	
2. その他利益剰余金		
① 別 途 積 立 金	830,000	
② 繰越利益剰余金	⓮(5,785,000)	
利益剰余金合計		⓭(6,915,000)
株主資本合計		⓬(18,115,000)

Ⅱ　新　株　予　約　権　　　　　　　(200,000)

純資産合計		⓫(18,315,000)
負債及び純資産合計		⓾(29,602,900)

解説 ［付記事項の仕訳］

① (借)現 　 金 150,000 (貸)売 掛 金 150,000

② (借)リース債務 700,000 (貸)リース債務 700,000
　　（固定負債）　　　　　　　　（流動負債）

残りのリース期間は2年なので，元帳勘定残高¥1,400,000÷2年＝¥700,000が流動負債に計上される。

※付記事項の仕訳をもとに，元帳勘定残高の関係する勘定科目の金額を訂正する。

［決算整理事項の仕訳］

❶ a.(借)仕 　 入 2,340,000 (貸)繰越商品 2,340,000
　(借)繰越商品 2,420,000 (貸)仕 　 入 2,420,000
　(借)棚卸減耗損 92,000 (貸)繰越商品 92,000
　(借)商品評価損 65,000 (貸)繰越商品 65,000
　(借)仕 　 入 92,000 (貸)棚卸減耗損 92,000
　(借)仕 　 入 65,000 (貸)商品評価損 65,000

商品にはA品とB品があるが，A品は実地棚卸数量が少ないため，棚卸減耗損が発生している。B品からは商品評価損が発生している。

棚卸減耗損（A品）
（帳簿棚卸1,500個－実地棚卸1,400個）
×原価@¥920＝¥92,000

商品評価損（B品）
（原価@¥800－正味売却価額@¥750）
×実地棚卸1,300個＝¥65,000

❷ b.(借)貸倒引当金入 37,000 (貸)貸倒引当金 37,000

電子記録債権¥2,200,000と売掛金¥3,000,000に対してそれぞれ過去の貸倒実績から1%の貸し倒れを見積もるが，貸倒引当金勘定の残高が¥15,000あるため，その差額¥37,000を繰り入れる。

※売掛金の金額は付記事項①により，元帳勘定残高¥3,150,000から¥3,000,000に変わっていることに注意する。修正後の金額をもとに貸倒引当金を設定する。

（電子記録債権¥2,200,000＋売掛金¥3,000,000）×貸倒実績率1%＝¥52,000

¥52,000－貸倒引当金元帳勘定残高¥15,000＝¥37,000

❸ c.(借)売買目的有価証券 30,000 (貸)有価証券評価益 30,000
　(借)満期保有目的の債券 12,000 (貸)有価証券利息 12,000

売買目的有価証券：山口産業株式会社
　帳簿価額¥1,170,000
　決算日時点の評価額¥1,200,000（＝1株の時価¥4,000×300株）
　よって，評価益は¥30,000（＝¥1,200,000－¥1,170,000）

満期保有目的債券
　帳簿価額¥1,940,000
　決算日時点の評価額¥1,952,000（償却原価法）
　よって，差額の¥12,000（＝¥1,952,000－¥1,940,000）を有価証券利息として処理する。

❹ d.(借)減価償却費 850,000 (貸)建物減価償却累計額 150,000
　　　　　　　　　　　　　　　　リース資産減価償却累計額 700,000

建物の減価償却費の計算

$$減価償却費 = \frac{建物の取得原価¥7,500,000 - 残存価額¥0}{耐用年数50年}$$
$$= ¥150,000$$

リース資産の減価償却費の計算

$$減価償却費 = \frac{リース資産の取得原価¥3,500,000 - 残存価額¥0}{耐用年数5年}$$
$$= ¥700,000$$

❺ e．(借)前払保険料　60,000　(貸)保険料　60,000

❻ f．(借)支払利息　8,000　(貸)未払利息　8,000

利息は6か月経過分を後払いする契約なので，2月末に支払ったあとの1か月分（3月分）を見越し計上する。

よって未払高は，長期借入金¥4,000,000×利率(年)2.4%×$\frac{1か月}{12か月}$＝¥8,000となる。

※未払利息は，貸借対照表に記載するときには，未払費用となる。

❼ g．(借)退職給付費用　802,000　(貸)退職給付引当金　802,000

❽ h．(借)法人税等　954,000　(貸)仮払法人税等　450,000
　　　　　　　　　　　　　　　　未払法人税等　504,000

以上の決算整理仕訳から，貸借対照表を作成する。決算整理仕訳から，資産・負債・純資産に該当するものを，それぞれ所定の箇所に記入する。

❾ 現金預金
現金¥1,768,500＋当座預金¥2,122,400
＝¥3,890,900

❿ 負債及び純資産合計は，資産合計と同額の¥29,602,900となる。

⓫ 純資産合計
負債及び純資産合計¥29,602,900
－負債合計¥11,287,900
＝¥18,315,000

⓬ 株主資本合計
純資産合計¥18,315,000－新株予約権¥200,000
＝¥18,115,000

⓭ 利益剰余金合計
株主資本合計¥18,115,000
－(資本金¥10,000,000＋資本剰余金合計¥1,200,000)
＝¥6,915,000

⓮ 繰越利益剰余金
利益剰余金合計¥6,915,000
－(利益準備金¥300,000＋別途積立金¥830,000)
＝¥5,785,000

▶**28-10**

貸 借 対 照 表

鹿児島商事株式会社　　令和○3年3月31日　　（単位：円）

資 産 の 部

Ⅰ 流 動 資 産			
1．現 金 預 金		❾(3,805,000)	
2．受 取 手 形	(2,000,000)		
貸倒引当金	❷(40,000)	(1,960,000)	
3．売 掛 金	(3,900,000)		
貸倒引当金	❷(78,000)	(3,822,000)	
4．(有 価 証 券)		❸(4,500,000)	
5．(商　　　　品)		❶(5,070,000)	
6．(前 払 費 用)		❺(288,000)	
流動資産合計			(19,445,000)
Ⅱ 固 定 資 産			
⑴ 有形固定資産			
1．建　　　物	6,000,000		
減価償却累計額	❹(3,780,000)	(2,220,000)	
2．リース資産	(1,400,000)		
減価償却累計額	❹(700,000)	(700,000)	
3．土　　　地	8,193,000		
有形固定資産合計		(11,113,000)	
⑵ 投資その他の資産			
1．(投資有価証券)		❸(5,500,000)	
2．(長期前払費用)		❺(480,000)	
投資その他の資産合計		(5,980,000)	
固定資産合計			(17,093,000)
資 産 合 計			(36,538,000)

負 債 の 部

Ⅰ 流 動 負 債			
1．支 払 手 形		1,257,000	
2．買 掛 金		3,740,000	
3．短 期 借 入 金		(2,500,000)	
4．(未 払 金)		(172,000)	
5．リース債務		(350,000)	
6．(未払法人税等)		❽(1,141,000)	
7．(前 受 収 益)		❻(70,000)	
流動負債合計			(9,230,000)
Ⅱ 固 定 負 債			
1．長 期 借 入 金		3,000,000	
2．リース債務		(350,000)	
3．退職給付引当金		❼(3,730,000)	
4．繰延税金負債		❸(30,000)	
固定負債合計			(7,110,000)
負 債 合 計			(16,340,000)

純 資 産 の 部

Ⅰ 株 主 資 本			
⑴ 資 本 金			13,000,000
⑵ 資 本 剰 余 金			
1．資 本 準 備 金		2,000,000	
資本剰余金合計			2,000,000
⑶ 利 益 剰 余 金			
1．利 益 準 備 金		(860,000)	
2．その他利益剰余金			
① 繰越利益剰余金		⓮(3,268,000)	
利益剰余金合計			⓭(4,128,000)
株主資本合計			⓬(19,128,000)
Ⅱ 評価・換算差額等			
1．その他有価証券評価差額金		❸(70,000)	
評価・換算差額等合計			(70,000)
Ⅲ 新 株 予 約 権			(1,000,000)
純 資 産 合 計			⓫(20,198,000)
負債及び純資産合計			❿(36,538,000)

解説 [付記事項の仕訳]

① (借)貸倒引当金　*64,000*　(貸)売 掛 金　*84,000*
　　　貸倒損失　*20,000*

　　貸し倒れた売掛金は¥84,000だが，貸倒引当金の元帳勘定残高は¥64,000なので，不足分の¥20,000は貸倒損失勘定で処理する。なお，訂正後の売掛金勘定の残高は¥3,900,000（＝元帳勘定残高¥3,984,000−付記事項①の仕訳から¥84,000）となる。

② (借)リース債務　*350,000*　(貸)リース債務　*350,000*
　　　(固定負債)　　　　　　　　(流動負債)

　　残りのリース期間は2年なので，元帳勘定残高¥700,000÷2年＝¥350,000が流動負債に計上される。

[決算整理事項の仕訳]

❶ a.(借)仕　　入　*5,142,000*　(貸)繰越商品　*5,142,000*
　　(借)繰越商品　*5,400,000*　(貸)仕　　入　*5,400,000*
　　(借)棚卸減耗損　*135,000*　(貸)繰越商品　*135,000*
　　(借)商品評価損　*195,000*　(貸)繰越商品　*195,000*
　　(借)仕　　入　*135,000*　(貸)棚卸減耗損　*135,000*
　　(借)仕　　入　*195,000*　(貸)商品評価損　*195,000*

　　棚卸減耗損
　　（帳簿棚卸2,000個−実地棚卸1,950個）
　　×原価@¥2,700＝¥135,000

　　商品評価損
　　（原価@¥2,700−正味売却価額@¥2,600）
　　×実地棚卸数量1,950個＝¥195,000

❷ b.(借)貸倒引当金繰入　*118,000*　(貸)貸倒引当金　*118,000*
　　（受取手形¥2,000,000＋売掛金¥3,900,000）
　　×貸倒実績率2％＝¥118,000

❸ c.(借)売買目的の有価証券　*180,000*　(貸)有価証券評価益　*180,000*
　　西南株式会社　1株の時価×3,000×1,000株＝¥3,000,000
　　佐賀株式会社　1株の時価×7,500× 200株＝¥1,500,000
　　　　　　　　　　　　　　　　（時価の合計）¥4,500,000
　　　　　　　　　　　　　　　　（帳簿価額）¥4,320,000
　　　　　　　　　　　　　　よって，有価証券評価益 ¥ 180,000

　　(借)その他有価証券　*100,000*　(貸)その他有価証券評価差額金　*70,000*
　　　　　　　　　　　　　　　　　　繰延税金負債　*30,000*

　　その他有価証券：長崎株式会社
　　　帳簿価額¥5,400,000
　　　決算日時点の評価額¥5,500,000（＝1株の時価¥1,100×5,000株）
　　　よって，評価差額は¥100,000（＝¥5,500,000−¥5,400,000）
　　　税効果会計を適用する。
　　　繰延税金負債¥30,000（＝¥100,000×法定実効税率30％）

❹ d.(借)減価償却費　*530,000*　(貸)建物減価償却累計額　*180,000*
　　　　　　　　　　　　　　　　　リース資産減価償却累計額　*350,000*

　　建物の減価償却費の計算

　　減価償却費＝$\dfrac{\text{建物の取得原価¥6,000,000−残存価額¥600,000（残存価額10％）}}{\text{耐用年数30年}}$
　　　　　　＝¥180,000

　　リース資産の減価償却費の計算

　　減価償却費＝$\dfrac{\text{リース資産の取得原価¥1,400,000−残存価額¥0}}{\text{耐用年数4年}}$
　　　　　　＝¥350,000

❺ e.(借)前払保険料　*288,000*　(貸)保 険 料　*768,000*
　　　長期前払保険料　*480,000*

1か月分の保険料の金額は，3年分の保険料¥864,000÷36か月＝¥24,000となる。当期は令和○2年12月から令和○3年3月までの4か月が経過しているため，32か月分の¥768,000が前払分となる。決算日の翌日から1年(12か月)分の前払額¥288,000（＝¥24,000×12か月）は前払費用として流動資産に，残りの¥480,000（＝¥24,000×20か月）は長期前払費用として固定資産に計上する。

❻ f.(借)受取家賃　*70,000*　(貸)前受家賃　*70,000*
　　※前受家賃は，貸借対照表には前受収益として，流動負債に計上する。

❼ g.(借)退職給付費用　*1,245,000*　(貸)退職給付引当金　*1,245,000*

❽ h.(借)法人税等　*2,341,000*　(貸)仮払法人税等　*1,200,000*
　　　　　　　　　　　　　　　　未払法人税等　*1,141,000*

以上の決算整理仕訳から，貸借対照表を作成する。決算整理仕訳から，資産・負債・純資産に該当するものを，それぞれ所定の箇所に記入する。

❾ 現金預金
　　現金¥683,200＋当座預金¥3,121,800
　　＝¥3,805,000

❿ 負債及び純資産合計は，資産合計と同額の¥36,538,000となる。

⓫ 純資産合計
　　負債及び純資産合計¥36,538,000
　　−負債合計¥16,340,000
　　＝¥20,198,000

⓬ 株主資本合計
　　純資産合計¥20,198,000
　　−（評価換算差額等¥70,000＋新株予約権¥1,000,000）
　　＝¥19,128,000

⓭ 利益剰余金合計
　　株主資本合計¥19,128,000
　　−（資本金¥13,000,000＋資本剰余金合計¥2,000,000）
　　＝¥4,128,000

⓮ 繰越利益剰余金
　　利益剰余金合計¥4,128,000−利益準備金¥860,000
　　＝¥3,268,000

貸 借 対 照 表

兵庫商事株式会社　　令和○4年3月31日　　（単位：円）

資 産 の 部

Ⅰ 流 動 資 産
1. 現 金 預 金　　　　　　❾(3,256,120)
2. 電子記録債権　　　1,100,000
　　　貸倒引当金 ❷(11,000)　(1,089,000)
3. 売　　掛　　金　(2,700,000)
　　　貸倒引当金 ❷(27,000)　(2,673,000)
4. (有 価 証 券)　　　　　❸(2,052,000)
5. (商　　　　品)　　　　　❶(2,285,000)
6. (前 払 費 用)　　　　　❺(198,000)
　　　流動資産合計　　　　　　　(11,553,120)
Ⅱ 固 定 資 産
(1) 有形固定資産
1. 建　　　　　物　　5,130,000
　　　減価償却累計額 ❹(855,000)　(4,275,000)
2. 備　　　　　品　　2,880,000
　　　減価償却累計額 ❹(1,260,000)　(1,620,000)
3. (土　　　　地)　　　　(7,164,000)
　　　有形固定資産合計　　　　(13,059,000)
(2) 投資その他の資産
1. (投資有価証券)　　　　❸(5,913,000)
　　投資その他の資産合計　　(5,913,000)
　　　固定資産合計　　　　　　(18,972,000)
　　　資 産 合 計　　　　　　(30,525,120)

負 債 の 部

Ⅰ 流 動 負 債
1. 電子記録債務　　　　　　(1,377,000)
2. 買　　掛　　金　　　　　(2,870,110)
3. (短 期 借 入 金)　　　　(450,000)
4. (未 払 費 用)　　　　❻(26,000)
5. (未払法人税等)　　　　❽(820,000)
　　　流動負債合計　　　　　　(5,543,110)
Ⅱ 固 定 負 債
1. (長 期 借 入 金)　　　　(1,800,000)
2. 退職給付引当金　　　❼(1,827,000)
3. 繰延税金負債　　　　❸(24,300)
　　　固定負債合計　　　　　　(3,651,300)
　　　負 債 合 計　　　　　　(9,194,410)

純 資 産 の 部

Ⅰ 株 主 資 本
(1) 資　　本　　金　　　　　　15,300,000
(2) 資 本 剰 余 金
1. 資 本 準 備 金　　　　1,080,000
　　　資本剰余金合計　　　　　1,080,000
(3) 利 益 剰 余 金
1. 利 益 準 備 金　　　　(472,000)
2. その他利益剰余金
① 別 途 積 立 金　　(360,000)
② 繰越利益剰余金　❹(4,062,010)
　　　利益剰余金合計　　❸(4,894,010)
　　　株主資本合計　　　❷(21,274,010)
Ⅱ 評価・換算差額等
1. その他有価証券評価差額金 ❸(56,700)
　　評価・換算差額等合計　　(56,700)
　　　純 資 産 合 計　　❶(21,330,710)
　　　負債及び純資産合計　❿(30,525,120)

解説 ［付記事項の仕訳］
① (借)当座預金 300,000 (貸)売 掛 金 300,000
② (借)借 入 金 2,250,000 (貸)短期借入金 450,000
　　　　　　　　　　　　　　　 長期借入金 1,800,000
※付記事項の仕訳をもとに，元帳勘定残高の関係する勘定科目の金額を訂正する。大阪銀行の当座預金口座は当座借越の状態であったため，マイナスの残高(¥120,000の貸方残高)であったが，売掛金の回収によって¥300,000が入金されたため，プラスの残高(¥180,000の借方残高)となる。よって，訂正後の当座預金勘定残高は，京都銀行¥2,414,000と大阪銀行¥180,000の合計¥2,594,000となる。また，訂正後の売掛金勘定残高は¥2,700,000 (元帳勘定残高¥3,000,000－付記事項①の仕訳から¥300,000)となる。

［決算整理事項の仕訳］
❶ a. (借)仕 入 2,989,000 (貸)繰越商品 2,989,000
　　(借)繰越商品 2,575,000 (貸)仕 入 2,575,000
　　(借)棚卸減耗損 178,000 (貸)繰越商品 178,000
　　(借)商品評価損 112,000 (貸)繰越商品 112,000
　　(借)仕 入 178,000 (貸)棚卸減耗損 178,000
　　(借)仕 入 112,000 (貸)商品評価損 112,000
　　棚卸減耗損(A品)
　　(帳簿棚卸1,400個－実地棚卸1,300個)
　　×原価@¥950 = ¥95,000
　　棚卸減耗損(B品)
　　(帳簿棚卸1,500個－実地棚卸1,400個)
　　×原価@¥830 = ¥83,000
　　商品評価損(B品)
　　(原価@¥830－正味売却価額@¥750)
　　×実地棚卸1,400個 = ¥112,000

❷ b. (借)貸倒引当金繰入 23,000 (貸)貸倒引当金 23,000
　　電子記録債権¥1,100,000と売掛金¥2,700,000に対してそれぞれ過去の貸倒実績から1％の貸し倒れを見積もるが，貸倒引当金勘定の残高が¥15,000あるため，その差額¥23,000を繰り入れる。
　　※売掛金の金額は付記事項①により，元帳勘定残高¥3,000,000から¥2,700,000に変わることに注意する。修正後の金額をもとに貸倒引当金を設定する。
　　(電子記録債権¥1,100,000＋売掛金¥2,700,000)×貸倒実績率1％ = ¥38,000
　　¥38,000－貸倒引当金元帳勘定残高¥15,000 = ¥23,000

❸ c. (借)有価証券評価損 207,000 (貸)売買目的有価証券 207,000
　　(借)その他有価証券 81,000 (貸)その他有価証券評価差額金 56,700
　　　　　　　　　　　　　　　 繰延税金負債 24,300
　　売買目的有価証券：西南株式会社
　　帳簿価額¥2,259,000
　　決算日時点の評価額¥2,052,000 (＝1株の時価¥6,840×300株)
　　よって，評価損は¥207,000 (＝¥2,259,000－¥2,052,000)
　　その他有価証券：奈良株式会社
　　帳簿価額¥5,832,000
　　決算日時点の評価額¥5,913,000 (＝1株の時価¥59,130×100株)
　　よって，評価差額は¥81,000 (＝¥5,913,000

－¥5,832,000）

税効果会計を適用する。

繰延税金負債¥24,300（＝¥81,000×法定実効税率30％）

❹d.（借）減価償却費 711,000 （貸）建物減価償却累計額 171,000
　　　　　　　　　　　　　　　　　備品減価償却累計額 540,000

建物の減価償却費の計算（定額法）

$$減価償却費＝\frac{建物の取得原価¥5,130,000－残存価額¥0}{耐用年数30年}$$

$$＝¥171,000$$

備品の減価償却費の計算（定率法）

（備品の取得原価¥2,880,000－備品減価償却累計額の元帳勘定残高¥720,000）×償却率25％＝¥540,000

❺e.（借）前払保険料 198,000 （貸）保険料 198,000

支払済みである1年分（令和○3年12月1日から令和○4年11月30日まで）のうち，次期にあたる令和○4年4月1日から令和○4年11月30日までの8か月分が前払分となる。

¥297,000÷12か月＝¥24,750（1か月分の保険料）

¥24,750×8か月＝¥198,000

❻f.（借）支払利息 26,000 （貸）未払利息 26,000

❼g.（借）退職給付費用 558,000 （貸）退職給付引当金 558,000

❽h.（借）法人税等 1,560,000 （貸）仮払法人税等 740,000
　　　　　　　　　　　　　　　　　未払法人税等 820,000

以上の決算整理仕訳から，貸借対照表を作成する。決算整理仕訳から，資産・負債・純資産に該当するものを，それぞれ所定の箇所に記入する。ただし，売買目的有価証券勘定は，貸借対照表に記入する場合には，有価証券となることに注意する。

❾現金預金

現金¥662,120＋当座預金¥2,594,000
＝¥3,256,120

❿負債及び純資産合計は，資産合計と同額の¥30,525,120となる。

⓫純資産合計

負債及び純資産合計¥30,525,120
－負債合計¥9,194,410
＝¥21,330,710

⓬株主資本合計

純資産合計¥21,330,710
－評価・換算差額等合計¥56,700
＝¥21,274,010

⓭利益剰余金合計

株主資本合計¥21,274,010
－（資本金¥15,300,000＋資本剰余金合計¥1,080,000）
＝¥4,894,010

⓮繰越利益剰余金

利益剰余金合計¥4,894,010
－（利益準備金¥472,000＋別途積立金¥360,000）
＝¥4,062,010

㉙ 損益計算書の作成 （p.124）

▶29-1

(1)		(2)			
ア	イ	ウ	エ	オ	カ
経済価値	存在	生産	提供	対価	実現

(3)				(4)		
キ	ク	ケ	コ	サ	シ	ス
収益	総額	相殺	除去	実現	発生	対応表示

▶29-2

損　益　計　算　書

I	売　　上　　高…………	4
II	売　上　原　価…………	2　9
III	販売費及び一般管理費……	6　8　10　12　19　22　24　25　27
IV	営　業　外　収　益……	1　7　11　13　16　18　26
V	営　業　外　費　用……	5　12　21
VI	特　別　利　益…………	3　20
VII	特　別　損　失…………	14　15　17　23

▶29-3

損　益　計　算　書

○○株式会社　　令和○1年4月1日から令和○2年3月31日まで　　（単位：千円）

I	（売　　上　　高）		20,000
II	（売　上　原　価）		
	1. 期首商品棚卸高	500	
	2. 当期商品仕入高	7,500	
	合　　計	8,000	
	3. 期末商品棚卸高	800	7,200
	（売上総利益）		(12,800)
III	（販売費及び一般管理費）		
	1. 給　　料	2,400	
	2. 広　告　料	570	
	3. 貸倒引当金繰入	550	
	4. のれん償却	230	
	5. 減価償却費	350	
	6. 雑　　費	100	(4,200)
	（営業利益）		(8,600)
IV	（営業外収益）		
	1. 受取配当金	100	
	2. 仕入割引	140	
	3. 有価証券売却益	160	400
V	（営業外費用）		
	1. 支払利息	670	
	2. 有価証券評価損	160	
	3. 雑　　損	70	900
	（経常利益）		(8,100)
VI	（特別利益）		
	1. 固定資産売却益	200	
	2. 投資有価証券売却益	100	300
VII	（特別損失）		
	1. 固定資産売却損	1,600	
	2. 固定資産除却損	1,200	2,800
	（税引前当期純利益）		(5,600)
	（法人税・住民税及び事業税）		2,000
	（当期純利益）		(3,600)

▶**29-4**

(1)

損 益 計 算 書

愛媛商事株式会社　令和○5年4月1日から令和○6年3月31日まで　　　　（単位：円）

Ⅰ 売 上 高 （ 44,900,000）
Ⅱ 売 上 原 価
　　1. 期首商品棚卸高　　　　1,950,000
　　2. 当期商品仕入高　　（38,350,000）
　　　　　合　　　計　　　（40,300,000）
　　3. 期末商品棚卸高　　（ 2,860,000）
　　　　　　　　　　　　　（37,440,000）
　　4. 棚卸減耗損❶　　　（ 120,000）❷（37,560,000）
　　　　売 上 総 利 益 　　　　（ 7,340,000）
Ⅲ 販売費及び一般管理費
　　1. 給　　　　　料　　　　3,740,000
　　2.（広　告　料）（　 800,000）
　　3.（発　送　費）（　 156,500）
　　4.（旅　　　費）　 261,310
　　5.（貸倒引当金繰入）❸（　 28,000）
　　6.（保　険　料）❻（　 54,000）
　　7.（租 税 公 課）❺（　 4,000）
　　8.（減 価 償 却 費）❹（　 160,000）
　　9.（退 職 給 付 費 用）❽（　 35,000）
　　10.（雑　　　費）（　 58,800）（ 5,297,610）
　　　　営 業 利 益　　　　（ 2,042,390）
Ⅳ 営 業 外 収 益
　　1. 受 取 利 息 ❼（　 5,000）
　　2.（仕 入 割 引）（　 2,000）
　　3.（償却債権取立益）（　 4,490）（　 11,490）
Ⅴ 営 業 外 費 用
　　1. 支 払 利 息 （　 11,200）（　 11,200）
　　　　経 常 利 益　　　　（ 2,042,680）
Ⅵ 特 別 利 益
　　1.（固定資産売却益）（　 56,000）（　 56,000）
　　　　税引前当期純利益　　　（ 2,098,680）
　　　　法人税・住民税
　　　　及 び 事 業 税　　❾（　 821,000）
　　　　当 期 純 利 益　　　（ 1,277,680）

(2)

a	¥4,063,700 ❿	b	¥2,740,000 ⓫	c	¥2,187,020
d	¥1,115,000 ⓬	e	¥1,407,680 ⓭		

解説　［付記事項の仕訳］
　　① （借）仮 受 金　 80,000　（貸）売 掛 金　 24,000
　　　　　　　　　　　　　　　 固定資産売却益　 56,000
　　② （借）買 掛 金　 2,000　（貸）仕 入 割 引　 2,000
　　③ （借）リース債務　 160,000　（貸）リース債務　 160,000
　　　　　　（固定負債）　　　　　 （流動負債）
　　　支払期限が1年以内に到来する分¥160,000が
　　　流動負債に計上される。
　　※付記事項をもとに，元帳勘定残高を修正すること。
　　［決算整理事項の仕訳］
　❶a.（借）仕　　　入　 1,950,000　（貸）繰越商品　 1,950,000
　　　　（借）繰越商品　 2,860,000　（貸）仕　　　入　 2,860,000
　　　　（借）棚卸減耗損　 120,000　（貸）繰越商品　 120,000
　　　　（借）仕　　　入　 120,000　（貸）棚卸減耗損　 120,000
　❷売上原価は，期首商品棚卸高¥1,950,000と当
　　期商品仕入高¥38,350,000から期末商品棚卸高
　　¥2,860,000を差し引いた金額に，棚卸減耗損

¥120,000を加えた¥37,560,000となる。棚卸減
耗損は売上原価の内訳項目となる。
❸b.（借）貸倒引当金繰入　 28,000　（貸）貸倒引当金　 28,000
　　（電子記録債権¥1,524,000＋売掛金¥2,276,000）
　　×貸倒実績率1％＝¥38,000
　　¥38,000－貸倒引当金元帳勘定残高¥10,000
　　＝¥28,000
❹c.（借）減価償却費　 160,000　（貸）リース資産減価
　　　　　　　　　　　　　　　　　　償却累計額　 160,000
　　リース資産の減価償却費の計算

$$減価償却費＝\frac{リース資産の取得原価¥800,000－残存価額¥0}{耐用年数5年}$$
$$＝¥160,000$$

❺d.（借）貯 蔵 品　 5,000　（貸）租税公課　 5,000
❻e.（借）前払保険料　 18,000　（貸）保 険 料　 18,000
❼f.（借）未収利息　 2,000　（貸）受取利息　 2,000
❽g.（借）退職給付費用　 35,000　（貸）退職給付引当金　 35,000
❾h.（借）法人税等　 821,000　（貸）未払法人税等　 821,000
❿現金¥229,800と当座預金¥3,833,900の合計
　¥4,063,700となる。
⓫期末商品棚卸高（帳簿棚卸高）は¥2,860,000であ
　るが，棚卸減耗が発生しているため，実地棚卸高
　である¥2,740,000が貸借対照表に記載される。
⓬固定負債に該当するものは，リース債務（支払期
　限が1年を超えて到来する分）¥320,000と退職
　給付引当金¥795,000である。
⓭繰越利益剰余金（元帳勘定残高）¥130,000
　＋当期純利益¥1,277,680
　＝繰越利益剰余金（当期末残高）¥1,407,680

(1)

損 益 計 算 書

中国商事株式会社　令和○1年4月1日から令和○2年3月31日まで　（単位：円）

I	売　上　高		(72,750,000)
II	売　上　原　価		
	1. 期首商品棚卸高	(4,530,000)	
	2. 当期商品仕入高	(54,530,000)	
	合　　　計	(59,060,000)	
	3. 期末商品棚卸高	(4,600,000)	
		(54,460,000)	
	4.(棚 卸 減 耗 損)❶	(184,000)	
	5.(商 品 評 価 損)❶	(72,000)❷	(54,716,000)
	売 上 総 利 益		(18,034,000)
III	販売費及び一般管理費		
	1. 給　　　　　料	(6,120,100)	
	2. 発　　送　　費	(2,520,000)	
	3.(貸倒引当金繰入)❹	(54,000)	
	4.(減 価 償 却 費)❼	(600,000)	
	5.(支 払 家 賃)	(3,000,000)	
	6.(保　険　料)❽	(156,000)	
	7.(租 税 公 課)	(190,000)	
	8.(雑　　　　　費)	(116,900)	(12,757,000)
	営 業 利 益		(5,277,000)
IV	営 業 外 収 益		
	1.(受 取 配 当 金)	(120,000)	
	2.(為 替 差 益)❸	(200,000)	(320,000)
V	営 業 外 費 用		
	1. 支 払 利 息 ❾	(154,000)	
	2.(有価証券評価損)❻	(100,000)	(254,000)
	経 常 利 益		(5,343,000)
VI	特 別 利 益		
	1.(固定資産売却益)	(141,000)	(141,000)
VII	特 別 損 失		
	1.(固定資産除却損)	(274,000)	(274,000)
	税引前当期純利益		(5,210,000)
	法人税・住民税 及 び 事 業 税	(1,920,000)❿	
	法人税等調整額	(△7,800)❺	(1,912,200)
	当 期 純 利 益		(3,297,800)

(2)

a	¥5,537,000 ⓫	b	¥4,344,000 ⓬	c	¥2,700,000 ⓭
d	¥13,544,000 ⓮	e	¥21,227,800 ⓯		

解説 ［付記事項の仕訳］

① （借）当座預金 400,000 （貸）電子記録債権 400,000
② （借）仕　入 160,000 （貸）発 送 費 160,000
※付記事項をもとに、元帳勘定残高を修正すること。

［決算整理事項の仕訳］

❶ a.（借）仕　入 4,530,000 （貸）繰越商品 4,530,000
　　（借）繰越商品 4,600,000 （貸）仕　入 4,600,000
　　　　期末商品棚卸高＝帳簿棚卸数量500個×原価¥9,200
　　　　　　　　　　　＝¥4,600,000
　　（借）棚卸減耗損 184,000 （貸）繰越商品 184,000
　　（借）商品評価損 72,000 （貸）繰越商品 72,000
　　（借）仕　入 184,000 （貸）棚卸減耗損 184,000
　　（借）仕　入 72,000 （貸）商品評価損 72,000

棚卸減耗損
（帳簿棚卸数量500個－実地棚卸数量480個）
×原価¥9,200＝¥184,000
商品評価損
（原価¥9,200－正味売却価額¥9,050）
×実地棚卸数量480個＝¥72,000

❷ 売上原価は、期首商品棚卸高¥4,530,000と当期商品仕入高¥54,530,000から期末商品棚卸高¥4,600,000を差し引いた金額に、棚卸減耗損¥184,000と商品評価損¥72,000を加えた¥54,716,000となる。棚卸減耗損と商品評価損は売上原価の内訳項目となる。

❸ b.（借）売 掛 金 200,000 （貸）為替差損益 200,000
決算日のレートで計算した売掛金
1ドル130円×20,000ドル＝¥2,600,000
取引日のレートで計算した売掛金
1ドル120円×20,000ドル＝¥2,400,000
決算日の売掛金のほうが¥200,000多いため、これを為替差損益勘定（貸方）で処理する。

❹ c.（借）貸倒引当金繰入 54,000 （貸）貸倒引当金 54,000
（電子記録債権¥3,500,000＋売掛金¥4,600,000）
×貸倒実績率1％＝¥81,000
¥81,000－貸倒引当金元帳勘定残高¥27,000
＝¥54,000

❺ d.（借）繰延税金資産 7,800 （貸）法人税等調整額 7,800
将来加算一時差異¥26,000×法定実効税率30％
＝¥7,800

❻ e.（借）有価証券評価損 100,000 （貸）売買目的 有価証券 100,000
売買目的有価証券は帳簿価額のほうが時価よりも高いので、評価損となる。
（時価¥54,000－帳簿価額¥56,000）×50株
＝△¥100,000

❼ f.（借）減価償却費 600,000 （貸）備品減価 償却累計額 600,000
減価償却費＝（備品¥3,200,000－備品減価償却累計額¥800,000）×償却率25％
＝¥600,000

❽ g.（借）前払保険料 64,000 （貸）保 険 料 64,000

❾ h.（借）支払利息 14,000 （貸）未払利息 14,000

❿ i.（借）法人税等 1,920,000 （貸）仮払法人税等 1,100,000
未払法人税等 820,000

⓫ 現金¥759,800と当座預金¥4,377,200、付記事項①の当座預金¥400,000の合計¥5,537,000となる。

⓬ 期末商品棚卸高（帳簿棚卸高）は¥4,600,000（帳簿棚卸数量500個×原価@¥9,200）であるが、棚卸減耗損¥184,000と商品評価損¥72,000が発生しているため、実地棚卸高は¥4,344,000となり、この金額が貸借対照表に記載される。

⓭ 売買目的有価証券（元帳勘定残高）¥2,800,000－有価証券評価損（❻）¥100,000＝¥2,700,000が貸借対照表に記載される金額となる。

❶❷貸借対照表の負債の部と純資産の部を作成すると次のとおりとなる。

貸借対照表（一部）（単位：円）

負債の部

Ⅰ 流動負債		
1. 電子記録債務	2,820,000	
2. 買 掛 金	3,390,000	
3. 短期借入金	1,500,000	
4. 未 払 費 用	14,000	
5. 未払法人税等	820,000 ❿	
流動負債合計		8,544,000
Ⅱ 固定負債		
1. 長期借入金	5,000,000	
固定負債合計		5,000,000
負 債 合 計		13,544,000 ⓮

純資産の部

Ⅰ 株 主 資 本		
(1) 資 本 金		15,500,000
(2) 資本剰余金		
1. 資本準備金	1,300,000	
資本剰余金合計		1,300,000
(3) 利益剰余金		
1. 利益準備金	800,000	
2. その他利益剰余金		
① 別途積立金	240,000	
② 繰越利益剰余金	3,387,800	
利益剰余金合計		4,427,800
株主資本合計		21,227,800 ⓯
Ⅱ 新株予約権		700,000
純資産合計		21,927,800
負債及び純資産合計		35,471,800

▶29-6

損 益 計 算 書

鹿児島商事株式会社　令和〇1年4月1日から令和〇2年3月31日まで　　　（単位：円）

Ⅰ 売 上 高			(31,900,000)
Ⅱ 売 上 原 価			
1. 期首商品棚卸高		(2,313,000)	
2. 当期商品仕入高		(29,097,000)	
合 計		(31,410,000)	
3. (期末商品棚卸高)		(2,200,000)	
		(29,210,000)	
4. (棚卸減耗損)❶		(50,000)	
5. (商品評価損)❶		(43,000)❷	(29,303,000)
売上総利益			(2,597,000)
Ⅲ 販売費及び一般管理費			
1. 給 料		(936,000)	
2. 発 送 費		(328,700)	
3. (貸倒引当金繰入)❸		(48,000)	
4. (減価償却費)❺		(135,000)	
5. (退職給付費用)❻		(120,000)	
6. (雑 費)		(173,080)	(1,740,780)
営 業 利 益			(856,220)
Ⅳ 営 業 外 収 益			
1. (有価証券利息)		(76,000)	
2. (受取配当金)		(34,000)	(110,000)
Ⅴ 営 業 外 費 用			
1. (支 払 利 息)		(5,000)	(5,000)
経 常 利 益			(961,220)
Ⅵ 特 別 利 益			
1. (固定資産売却益)		(230,000)	(230,000)
税引前当期純利益			(1,191,220)
法人税・住民税及び事業税 ❼			(480,000)
(当 期 純 利 益)			(711,220)

貸 借 対 照 表

鹿児島商事株式会社　　令和〇2年3月31日　　　　（単位：円）

資 産 の 部			負 債 の 部		
Ⅰ 流動資産			Ⅰ 流動負債		
1. 現金預金		(5,005,900)	1. 電子記録債務		(1,940,000)
2. 電子記録債権 (2,200,000)			2. 買 掛 金		(1,276,680)
貸倒引当金❸ 22,000 (2,178,000)			3. [前受金]		(220,000)
3. 売 掛 金 (3,400,000)			4. 未払法人税等 ❼		(330,000)
貸倒引当金❸ 34,000 (3,366,000)			流動負債合計		(3,766,680)
4. 商 品 ❶ (2,107,000)			Ⅱ 固定負債		
流動資産合計		(12,656,900)	1. 退職給付引当金 ❻		(367,000)
Ⅱ 固定資産			2. 繰延税金負債 ❹		(15,000)
(1) 有形固定資産			固定負債合計		(382,000)
1. 備 品 (810,000)			負 債 合 計		(4,148,680)
減価償却累計額❺ 405,000 (405,000)			純 資 産 の 部		
有形固定資産合計		(405,000)	Ⅰ 株主資本		
(2) 投資その他の資産			(1) 資 本 金		(10,000,000)
1. 投資有価証券 ❹		(1,095,000)	(2) 利益剰余金		
2. 関係会社株式		(1,250,000)	1. 利益準備金		(100,000)
投資その他の資産合計		(2,345,000)	2. その他利益剰余金		
固定資産合計		(2,750,000)	①繰越利益剰余金		(1,123,220)
			利益剰余金合計		(1,223,220)
			株主資本合計		(11,223,220)
			Ⅱ 評価・換算差額等		
			1. その他有価証券評価差額金 ❹		(35,000)
			評価・換算差額等合計		(35,000)
			純 資 産 合 計		(11,258,220)
資 産 合 計		(15,406,900)	負債・純資産合計		(15,406,900)

[付記事項の仕訳]

① （借）仮 受 金 *450,000* （貸）固定資産売却益 *230,000*
                                    （貸）前 受 金 *220,000*

② （借）子会社株式 *1,250,000* （貸）その他有価証券 *1,250,000*

※付記事項をもとに, 元帳勘定残高を修正すること。

[決算整理事項の仕訳]

❶ a . （借）仕 入 *2,313,000* （貸）繰越商品 *2,313,000*
    （借）繰越商品 *2,200,000* （貸）仕 入 *2,200,000*
    （借）棚卸減耗損 *50,000* （貸）繰越商品 *50,000*
    （借）商品評価損 *43,000* （貸）繰越商品 *43,000*
    （借）仕 入 *50,000* （貸）棚卸減耗損 *50,000*
    （借）仕 入 *43,000* （貸）商品評価損 *43,000*
    棚卸減耗損
    （帳簿棚卸数量2,200個－実地棚卸数量2,150個）
    ×原価¥1,000＝¥50,000
    商品評価損
    （原価¥1,000－正味売却価額¥980）
    ×実地棚卸数量2,150個＝¥43,000

❷ 売上原価は, 期首商品棚卸高¥2,313,000と当期商品仕入高¥29,097,000の合計から期末商品棚卸高¥2,200,000を差し引いた金額に, 棚卸減耗損¥50,000と商品評価損¥43,000を加えた¥29,303,000となる。棚卸減耗損と商品評価損は売上原価の内訳項目となる。

❸ b . （借）貸倒引当金繰入 *48,000* （貸）貸倒引当金 *48,000*
    （電子記録債権¥2,200,000＋売掛金¥3,400,000）
    ×貸倒実績率 1 ％＝¥56,000
    ¥56,000－貸倒引当金元帳残高¥8,000＝¥48,000

❹ c . （借）その他有価証券 *50,000* （貸）その他有価証券評価差額金 *35,000*
                                    繰延税金負債 *15,000*
    帳簿価額¥1,045,000（＝ 1 株の帳簿価額¥41,800×25株）
    決算日時点の評価額¥1,095,000（＝ 1 株の時価¥43,800×25株）
    よって, 評価差額は¥50,000（＝¥1,095,000－¥1,045,000）
    税効果会計を適用する。
    繰延税金負債¥15,000（＝¥50,000×法定実効税率30％）

❺ d . （借）減価償却費 *135,000* （貸）備品減価償却累計額 *135,000*
    減価償却費＝（備品¥810,000－備品減価償却累計額¥270,000）×償却率25％
               ＝¥135,000

❻ e . （借）退職給付費用 *120,000* （貸）退職給付引当金 *120,000*

❼ f . （借）法人税等 *480,000* （貸）仮払法人税等 *150,000*
                                  未払法人税等 *330,000*

▶**29-7**

損 益 計 算 書

埼玉商事株式会社 令和○4年4月1日から令和○5年3月31日まで （単位：円）

Ⅰ	売 上 高			（ 73,368,000 ）
Ⅱ	売 上 原 価			
	1. 期首商品棚卸高		2,510,000	
	2. 当期商品仕入高		（ 51,730,000 ）	
	合 計		（ 54,240,000 ）	
	3. 期末商品棚卸高❶		（ 2,312,000 ）	
			（ 51,928,000 ）	
	4. (棚 卸 減 耗 損)❶		（ 102,000 ）	（ 52,030,000 ）
	売 上 総 利 益			（ 21,338,000 ）
Ⅲ	販売費及び一般管理費			
	1. 給 料		7,290,000	
	2. 発 送 費		2,280,000	
	3. 広 告 料		3,150,000	
	4. (貸倒引当金繰入)❷		（ 16,030 ）	
	5. (減 価 償 却 費)❹		（ 844,000 ）	
	6. (退 職 給 付 費 用)❼		（ 450,000 ）	
	7. 支 払 家 賃		3,135,000	
	8. 保 険 料❺		（ 300,000 ）	
	9. 租 税 公 課		379,000	
	10. (雑 費)		（ 148,950 ）	（ 17,992,980 ）
	営 業 利 益			（ 3,345,020 ）
Ⅳ	営 業 外 収 益			
	1. (有価証券利息)❸		（ 36,000 ）	
	2. 受 取 配 当 金		180,000	（ 216,000 ）
Ⅴ	営 業 外 費 用			
	1. 支 払 利 息❻		（ 40,000 ）	
	2. (有価証券評価損)❸		（ 100,000 ）	（ 140,000 ）
	経 常 利 益			（ 3,421,020 ）
Ⅵ	特 別 損 失			
	1. 固定資産除却損		（ 120,000 ）	（ 120,000 ）
	税引前当期純利益			（ 3,301,020 ）
	法人税・住民税及び事業税		❽	（ 990,000 ）
	当 期 純 利 益			（ 2,311,020 ）

解説 まず, 資料の確認をする。元帳勘定残高は資産, 負債, 純資産, 収益, 費用の順に並んでおり, 資産は現金から, 負債は電子記録債務から, 純資産は資本金から, 収益は売上から, 費用は仕入からとなっている。付記事項は, 当期中の取引の仕訳について決算を開始する前に確認したところ, 未処理のものや, 間違って仕訳していた事実が判明したものとなる。よって, まず, これらのことをきちんと処理しなければならない。最初に付記事項について仕訳をして, 元帳勘定残高の金額の訂正をする。この訂正を終えたのちに, 決算整理事項の仕訳をおこない, 報告式の損益計算書を作成する。

[付記事項の仕訳]

① （借）貸倒引当金 *13,000* （貸）電子記録債権 *13,000*

※付記事項の仕訳をもとに, 元帳勘定残高の関係する勘定科目の金額を訂正する。訂正後の電子記録債権勘定の残高は¥1,487,000（元帳勘定残高¥1,500,000－付記事項①の仕訳から¥13,000）, 貸倒引当金勘定の残高は¥11,000（元帳勘定残高¥24,000－付記事項①の仕訳から¥13,000）になる。

[決算整理事項の仕訳]

❶ a.(借)仕　　入 *2,510,000*　(貸)繰越商品 *2,510,000*
　　(借)繰越商品 *2,312,000*　(貸)仕　　入 *2,312,000*
　　(借)棚卸減耗損 *102,000*　(貸)繰越商品 *102,000*
　　(借)仕　　入 *102,000*　(貸)棚卸減耗損 *102,000*
　棚卸減耗損
　(帳簿棚卸680個−実地棚卸650個)
　×原価¥*3,400*＝¥*102,000*
　※棚卸減耗損は，売上原価の内訳項目になるので，損益計算書の売上原価の記入方法について注意する。

❷ b.(借)貸倒引当金繰入 *16,030*　(貸)貸倒引当金 *16,030*
　電子記録債権¥*1,487,000*と売掛金¥*1,216,000*に対してそれぞれ過去の貸倒実績から1％の貸し倒れを見積もるが，貸倒引当金勘定の残高が¥*11,000*であるため，その差額¥*16,030*を繰り入れる。
　※電子記録債権の金額は付記事項①により，元帳勘定残高¥*1,500,000*から¥*1,487,000*に変わることに注意する。修正後の金額をもとに貸倒引当金を設定する。
　(電子記録債権¥*1,487,000*＋売掛金¥*1,216,000*)
　×貸倒実績率1％＝¥*27,030*
　¥*27,030*−貸倒引当金元帳残高¥*11,000*＝¥*16,030*

❸ c.(借)有価証券評価損 *100,000*　(貸)売買目的有価証券 *100,000*
　　(借)満期保有目的の債券 *6,000*　(貸)有価証券利息 *6,000*
　　(借)その他有価証券 *20,000*　(貸)その他有価証券評価差額金 *14,000*
　　　　　　　　　　　　　　繰延税金負債 *6,000*
　売買目的有価証券：甲通信株式会社
　　帳簿価額¥*2,400,000*
　　決算日時点の評価額¥*2,300,000*（＝1株の時価¥*115,000*×20株）
　　よって，評価損は¥*100,000*（＝¥*2,400,000*−¥*2,300,000*）
　満期保有目的債券
　　帳簿価額¥*1,476,000*
　　決算日時点の評価額¥*1,482,000*（償却原価法）
　　よって，差額の¥*6,000*（＝¥*1,482,000*−¥*1,476,000*）を有価証券利息として処理する。
　その他有価証券：乙産業株式会社
　　帳簿価額¥*1,010,000*
　　決算日時点の評価額¥*1,030,000*（＝1株の時価¥*103,000*×10株）
　　よって，評価差額は¥*20,000*（＝¥*1,030,000*−¥*1,010,000*）
　　税効果会計を適用する。
　　繰延税金負債¥*6,000*（＝¥*20,000*×法定実効税率30％）

❹ d.(借)減価償却費 *844,000*　(貸)建物減価償却累計額 *300,000*
　　　　　　　　　　　　　　備品減価償却累計額 *544,000*
　建物の減価償却費の計算（定額法）

　減価償却費 ＝ $\dfrac{\text{建物の取得原価¥}9,000,000−\text{残存価額¥}0}{\text{耐用年数30年}}$

　　　　　　＝¥*300,000*
　備品の減価償却費の計算（定率法）
　（備品の取得原価¥*3,400,000*−備品減価償却累計額の元帳勘定残高¥*680,000*）×償却率

20％＝¥*544,000*

❺ e.(借)前払保険料 *50,000*　(貸)保険料 *50,000*
　支払済みである1年分（令和○4年6月から令和○5年5月まで）のうち，次期にあたる4月1日から5月31日までの2か月分が前払いとなる。
　¥*300,000*÷12か月＝¥*25,000*（1か月分の保険料）
　¥*25,000*×2か月＝¥*50,000*　となる。
　当期の保険料は¥*350,000*（元帳勘定残高）−¥*50,000*＝¥*300,000*となる。

❻ f.(借)支払利息 *8,000*　(貸)未払利息 *8,000*
　支払利息は，元帳勘定残高¥*32,000*＋決算整理仕訳f.¥*8,000*＝¥*40,000*

❼ g.(借)退職給付費用 *450,000*　(貸)退職給付引当金 *450,000*

❽ h.(借)法人税等 *990,000*　(貸)仮払法人税等 *760,000*
　　　　　　　　　　　　　　未払法人税等 *230,000*

以上の決算整理仕訳から，損益計算書を作成する。決算整理仕訳から，収益と費用に該当するものを記入するが，収益であれば営業外収益または特別利益，費用であれば販売費及び一般管理費，営業外費用，特別損失のどこに記入するのかよく確認する。なお，販売費及び一般管理費の一番下の行には雑費勘定を記入する。

損 益 計 算 書

島根商事株式会社　令和○1年4月1日から令和○2年3月31日まで　　（単位：円）

I　売　上　高　　　　　　　　　　　　　　　79,460,000
II　売　上　原　価
　　1. 期首商品棚卸高　　　　5,035,000
　　2. 当期商品仕入高　　（55,622,000）
　　　　　合　　計　　　　（60,657,000）
　　3. 期末商品棚卸高❶　（ 4,942,000）
　　　　　　　　　　　　　（55,715,000）
　　4.（棚卸減耗損）❶　　（　 57,000）
　　5.（商品評価損）❶　　（　 89,000）　（55,861,000）
　　　　売上総利益　　　　　　　　　　　（23,599,000）
III　販売費及び一般管理費
　　1. 給　　　　料　　　　8,328,000
　　2. 発　送　費　　　　　1,750,000
　　3. 広　告　料　　　　　1,895,000
　　4. 貸倒引当金繰入❷（　 28,010）
　　5.（減価償却費）❹　　（ 391,000）
　　6. ソフトウェア償却❺（　 80,000）
　　7.（退職給付費用）❽　（ 832,000）
　　8. 保　険　料❻　　　　（ 368,000）
　　9. 水道光熱費　　　　　　 590,000
　　10. 消　耗　品　費　　　　133,500
　　11. 租　税　公　課　　　　 94,000
　　12.（雑　　　　費）　　（ 190,000）　（14,679,510）
　　　　営　業　利　益　　　　　　　　　（ 8,919,490）
IV　営　業　外　収　益
　　1. 有価証券利息　　　　　　 8,000
　　2. 受取配当金　　　　　（ 194,000）
　　3.（有価証券評価益）❸（ 125,000）　（ 327,000）
V　営　業　外　費　用
　　1.（支　払　利　息）❼（ 128,000）
　　2.（電子記録債権売却損）（ 18,200）　（ 146,200）
　　　　経　常　利　益　　　　　　　　　（ 9,100,290）
VI　特　別　損　失
　　1. 固定資産売却損　　　　 180,000　　　 180,000
　　　　税引前当期純利益　　　　　　　　（ 8,920,290）
　　　　法人税・住民税
　　　　及び事業税　　　　❾（ 2,654,000）
　　　　当期純利益　　　　　　　　　　　（ 6,266,290）

解説 ［付記事項の仕訳］
　①　（借）現　　金　 96,000　（貸）受取配当金　 96,000
　②　（借）当座預金　581,800　（貸）電子記録債権　600,000
　　　　　電子記録
　　　　　債権売却損　 18,200

　※付記事項の仕訳をもとに，元帳勘定残高の関係する勘定科目の金額を訂正する。訂正後の現金勘定の残高は¥1,521,000（元帳勘定残高¥1,425,000＋付記事項①の仕訳から¥96,000），受取配当金勘定の残高は¥194,000（元帳勘定残高¥98,000＋付記事項①の仕訳から¥96,000），当座預金勘定の残高は¥2,865,700（元帳勘定残高¥2,283,900＋付記事項②の仕訳から¥581,800），電子記録債権勘定の残高は¥1,460,000（元帳勘定残高¥2,060,000−付記事項②の仕訳から¥600,000）となる。また，電子記録債権売却損勘定残高は付記事項②から¥18,200となる。

［決算整理事項の仕訳］
❶a.（借）仕　入　5,035,000　（貸）繰越商品　5,035,000
　（借）繰越商品　4,942,000　（貸）仕　入　4,942,000
　期末商品棚卸高の内訳
　（A品　帳簿棚卸数量1,780個×原価¥1,250＝¥2,225,000
　　B品　帳簿棚卸数量1,430個×原価¥1,900＝¥2,717,000）
　（借）棚卸減耗損　 57,000　（貸）繰越商品　 57,000
　（借）商品評価損　 89,000　（貸）繰越商品　 89,000
　（借）仕　入　 57,000　（貸）棚卸減耗損　 57,000
　（借）仕　入　 89,000　（貸）商品評価損　 89,000
　棚卸減耗損（B品）
　（帳簿棚卸1,430個−実地棚卸1,400個）
　×原価¥1,900＝¥57,000
　商品評価損（A品）
　（原価¥1,250−正味売却価額¥1,200）
　×実地棚卸1,780個＝¥89,000
　※棚卸減耗損および商品評価損は，売上原価の内訳項目になるので，損益計算書の売上原価の記入方法について注意する。

❷b.（借）貸倒引当金繰入　28,010　（貸）貸倒引当金　28,010
　電子記録債権¥1,460,000と売掛金¥2,541,000に対してそれぞれ過去の貸倒実績から1％の貸し倒れを見積もるが，貸倒引当金勘定の残高が¥12,000あることが元帳勘定残高からわかる。よって，その差額¥28,010について仕訳をする。
　※電子記録債権の金額は付記事項②により，元帳勘定残高¥2,060,000から¥1,460,000に変わることに注意する。修正後の金額をもとに貸倒引当金を設定する。
　（電子記録債権¥1,460,000
　＋売掛金¥2,541,000）
　×貸倒実績率1％＝¥40,010
　¥40,010−貸倒引当金元帳残高¥12,000
　　＝¥28,010

❸c.（借）売買目的
　　　　　有価証券　125,000　（貸）有価証券評価益　125,000
　（借）その他有価証券　60,000　（貸）その他有価証券
　　　　　　　　　　　　　　　　　評価差額金　42,000
　　　　　　　　　　　　　　　　　繰延税金負債　18,000
　売買目的有価証券：鳥取株式会社
　帳簿価額¥2,175,000
　決算日時点の評価額¥2,300,000（＝1株の時価¥92,000×25株）
　よって，評価益は¥125,000（＝¥2,300,000−¥2,175,000）
　その他有価証券：岡山株式会社
　帳簿価額¥2,025,000
　決算日時点の評価額¥2,085,000（＝1株の時価¥139,000×15株）
　よって，評価差額は¥60,000（＝¥2,085,000−¥2,025,000）
　税効果会計を適用する。
　繰延税金負債¥18,000（＝¥60,000×法定実効税率30％）

❹d.（借）減価償却費　391,000　（貸）建物減価
　　　　　　　　　　　　　　　　　償却累計額　135,000
　　　　　　　　　　　　　　　　　備品減価
　　　　　　　　　　　　　　　　　償却累計額　256,000
　建物の減価償却費の計算（定額法）

　減価償却費＝$\dfrac{建物の取得原価¥6,750,000−残存価額¥0}{耐用年数50年}$

　　　　　＝¥135,000
　備品の減価償却費の計算（定率法）

（備品の取得原価¥2,500,000
　－備品減価償却累計額の元帳勘定残高¥1,220,000）
　×償却率20％＝¥256,000

❺e.（借）ソフトウェア償却　80,000　（貸）ソフトウェア　80,000
　ソフトウェアの購入金額¥400,000を5年間
　で均等償却するので，償却額は¥400,000÷
　5年＝¥80,000となる。

❻f.（借）前払保険料　145,000　（貸）保険料　145,000

❼g.（借）支払利息　20,000　（貸）未払利息　20,000
　前回の利払日は1月末である。よって，2
　月から3月までの2か月分の利息が未払い
　となる。1か月分は¥10,000（＝長期借入金
　¥5,000,000×年利率2.4％÷12か月）なので2
　か月分¥20,000の利息が未払いとなる。
　支払利息は，元帳勘定残高¥108,000＋決算
　整理仕訳g.¥20,000＝¥128,000

❽h.（借）退職給付費用　832,000　（貸）退職給付引当金　832,000

❾i.（借）法人税等　2,654,000　（貸）仮払法人税等　1,450,000
　　　　　　　　　　　　　　　未払法人税等　1,204,000

以上の決算整理仕訳から，損益計算書を作成する。
決算整理仕訳から，収益と費用に該当するものを記
入するが，収益であれば営業外収益または特別利益，
費用であれば販売費及び一般管理費，営業外費用，
特別損失のどこに記入するのかよく確認する。なお，
販売費及び一般管理費の一番下の行は雑費勘定を記
入する。

▶**29-9**

損 益 計 算 書

京都商事株式会社　令和○1年4月1日から令和○2年3月31日まで　　（単位：円）

Ⅰ	売　　上　　高			（34,000,000）
Ⅱ	売　上　原　価			
	1. 期首商品棚卸高	3,615,000		
	2. 当期商品仕入高	（18,627,000）		
	合　　　　計	（22,242,000）		
	3. 期末商品棚卸高❶	（3,472,000）		
		（18,770,000）		
	4.（棚卸減耗損）❶	（32,000）	（18,802,000）	
	売　上　総　利　益			（15,198,000）
Ⅲ	販売費及び一般管理費			
	1. 給　　　　　料	9,648,000		
	2. 発　　送　　費	980,000		
	3. 広　　告　　料	760,000		
	4.（貸倒引当金繰入）❸	（53,000）		
	5.（減 価 償 却 費）❺	（371,000）		
	6.（退 職 給 付 費 用）❽	（450,000）		
	7. 通　　信　　費	538,000		
	8. 消　耗　品　費	82,000		
	9. 保　　険　　料❻	（350,000）		
	10. 租　税　公　課	216,000		
	11.（雑　　　　　費）	（172,000）	（13,620,000）	
	営　業　利　益			（1,578,000）
Ⅳ	営 業 外 収 益			
	1. 受　取　家　賃	156,000		
	2. 受 取 配 当 金	（60,000）		
	3.（有価証券評価益）❹	（70,000）	（286,000）	
Ⅴ	営 業 外 費 用			
	1.（支　払　利　息）❼	（72,000）		
	2. 電子記録債権売却損	（92,000）		
	3. 為　替　差　損❷	（40,000）	（204,000）	
	経　常　利　益			（1,660,000）
Ⅵ	特　別　利　益			
	1. 固定資産売却益	259,000	259,000	
	税引前当期純利益			（1,919,000）
	法人税・住民税及び事業税	（543,000）❾		
	法人税等調整額	（△3,900）❸	（539,100）	
	当　期　純　利　益			（1,379,900）

解説 ［付記事項の仕訳］
①（借）売　上　600,000　（貸）売掛金　600,000
※売上の修正の仕訳をおこない，あわせてその商品
　の原価¥400,000についても期末商品棚卸高に計
　上されているか確認する必要がある。
※付記事項の仕訳をもとに，元帳勘定残高の関
　係する勘定科目の金額を訂正する。訂正後
　の売掛金勘定の残高は¥4,600,000（元帳勘
　定残高¥5,200,000－付記事項①の仕訳から
　¥600,000），売上勘定の残高は¥34,000,000（元
　帳勘定残高¥34,600,000－付記事項①の仕訳か
　ら¥600,000）となる。
［決算整理事項の仕訳］
❶a.（借）仕　　入　3,615,000　（貸）繰越商品　3,615,000
　　　（借）繰越商品　3,472,000　（貸）仕　　入　3,472,000
　　　期末商品棚卸高の内訳
　　　決算整理事項a.より

— 44 —

帳簿棚卸数量3,840個×原価@¥800＝¥3,072,000
付記事項①（売上を取り消した分）より ¥ 400,000
合計 ¥3,472,000

(借)棚卸減耗損 32,000 (貸)繰越商品 32,000
(借)仕 入 32,000 (貸)棚卸減耗損 32,000
棚卸減耗損
（帳簿棚卸3,840個－実地棚卸3,800個）
×原価¥800＝¥32,000
※棚卸減耗損は売上原価の内訳項目になるの
　で，損益計算書の売上原価の記入方法につ
　いて注意する。

❷b.(借)為替差損益 40,000 (貸)買掛金 40,000
決算日のレートで計算した買掛金
1ドル112円×20,000ドル＝¥2,240,000
取引日のレートで計算した買掛金
1ドル110円×20,000ドル＝¥2,200,000
決算日の買掛金のほうが¥40,000多いため，
これを為替差損益勘定（借方）で処理する。

❸c.(借)貸倒引当金繰入 53,000 (貸)貸倒引当金 53,000
(借)繰延税金資産 3,900 (貸)法人税等調整額 3,900
電子記録債権¥3,100,000と売掛金¥4,600,000
に対してそれぞれ過去の貸倒実績から１％の
貸し倒れを見積もるが，貸倒引当金勘定の残
高¥24,000があることが元帳勘定残高からわ
かる。よって，その差額¥53,000について仕
訳をする。
また，損金不算入額¥13,000は将来減算一時
差異となるので，法定実効税率30％を乗じた
額を繰延税金資産として計上する。
¥13,000×30％＝¥3,900
※売掛金の金額は付記事項①により，元帳勘
　定残高¥5,200,000から¥4,600,000に変わ
　ることに注意する。修正後の金額をもとに
　貸倒引当金を設定する。
　（電子記録債権¥3,100,000＋売掛金¥4,600,000）
　×貸倒実績率１％＝¥77,000
　¥77,000－貸倒引当金元帳勘定残高¥24,000
　＝¥53,000

❹d.(借)売買目的有価証券 70,000 (貸)有価証券評価益 70,000
(借)その他有価証券 40,000 (貸)その他有価証券評価差額金 28,000
繰延税金負債 12,000
売買目的有価証券
奈良商事 １株の時価¥4,200×400株＝¥1,680,000
南北物産 １株の時価¥1,900×300株＝¥ 570,000
時価の合計¥2,250,000
帳簿価額¥2,180,000
よって，有価証券評価益¥ 70,000
その他有価証券：東西産業株式会社
帳簿価額¥1,980,000
決算日時点の評価額¥2,020,000（＝１株の
時価¥2,020×1,000株）
よって，評価差額は¥40,000（＝¥2,020,000
－¥1,980,000）
税効果会計を適用する。
繰延税金負債¥12,000（＝¥40,000×法定
実効税率30％）

❺e.(借)減価償却費 371,000 (貸)建物減価償却累計額 171,000
備品減価償却累計額 200,000

建物の減価償却費の計算（定額法）

$$減価償却費＝\frac{建物の取得原価¥9,500,000-残存価額(10\%)¥950,000}{耐用年数50年}$$
$$＝¥171,000$$

備品の減価償却費の計算（定額法）

$$減価償却費＝\frac{備品の取得原価¥1,600,000-残存価額¥0}{耐用年数８年}$$
$$＝¥200,000$$

❻f.(借)前払保険料 868,000 (貸)保険料 868,000
１か月分の保険料の金額は，３年分の保険料
¥1,008,000÷36か月＝¥28,000となる。当
期は令和○1年11月から令和○2年３月まで
の５か月が経過しているため，31か月分の
¥868,000が前払分となる。よって，当期の
保険料（費用）は，元帳勘定残高¥1,218,000－
決算整理事項ｆ.¥868,000＝¥350,000とな
る。

❼g.(借)支払利息 18,000 (貸)未払利息 18,000
支払利息は，元帳勘定残高¥54,000＋決算整
理仕訳ｇ.¥18,000＝¥72,000となる。

❽h.(借)退職給付費用 450,000 (貸)退職給付引当金 450,000

❾i.(借)法人税等 543,000 (貸)仮払法人税等 285,000
未払法人税等 258,000

以上の決算整理仕訳から，損益計算書を作成する。
決算整理仕訳から，収益と費用に該当するものを記
入するが，収益であれば営業外収益または特別利益，
費用であれば販売費及び一般管理費，営業外費用，
特別損失のどこに記入するのかよく確認する。なお，
販売費及び一般管理費の一番下の行には，雑費勘定
を記入する。

損 益 計 算 書

神奈川産業株式会社 令和〇1年4月1日から令和〇2年3月31日まで （単位：円）

Ⅰ 売 上 高 　　　　　　　　　　　 63,107,100
Ⅱ 売 上 原 価
　1. 期首商品棚卸高 　　　　937,000
　2. 当期商品仕入高 　　（43,765,000）
　　　　合　　　計 　　　（44,702,000）
　3. 期末商品棚卸高❶（　 924,000）
　　　　　　　　　　　　（43,778,000）
　4.（棚卸減耗損）❶（　　30,000）
　5.（商品評価損）❶（　　24,000）（43,832,000）
　　　　売上総利益 　　　　　 （19,275,100）
Ⅲ 販売費及び一般管理費
　1. 給　　　　　料 　　　8,040,000
　2. 発　送　費 （　　874,000）
　3. 広　告　料 　　　1,563,000
　4.（貸倒引当金繰入）❸（　　69,200）
　5.（減価償却費）❺（　　490,000）
　6. 通　信　費 　　　　954,000
　7. 消　耗　品　費 　　　307,600
　8.（退職給付費用）❽（　　793,000）
　9. 保　険　料 ❻（　　435,000）
　10. 租　税　公　課 　　　273,000
　11.（雑　　　　費）（　198,300）（13,997,100）
　　　　営　業　利　益 　　　 （ 5,278,000）
Ⅳ 営　業　外　収　益
　1. 受　取　地　代 　　　480,000
　2. 受　取　配　当　金 （　 45,000）
　3.（有価証券評価益）❹（　150,000）
　4. 為　替　差　益 ❷（　180,000）（　855,000）
Ⅴ 営　業　外　費　用
　1.（支　払　利　息）❼（　72,000）（　72,000）
　　　　経　常　利　益 　　　 （ 6,061,000）
Ⅵ 特　別　利　益
　1.（固定資産売却益）（　106,000）（　106,000）
Ⅶ 特　別　損　失
　1.（固定資産除却損）（　140,000）（　140,000）
　　　　税引前当期純利益 　　　（ 6,027,000）
　　　法人税・住民税
　　　及 び 事 業 税 （ 1,755,000）❾
　　　法人税等調整額 （△11,760）❸（ 1,743,240）
　　　　当　期　純　利　益 　　（ 4,283,760）

解説 ［決算整理事項の仕訳］
❶a.（借)仕　　　入　937,000 （貸)繰越商品　937,000
　　　（借)繰越商品　924,000 （貸)仕　　入　924,000
　　　期末商品棚卸高
　　　⎛A品　帳簿棚卸数量1,200個×原価¥520＝¥624,000⎞
　　　⎝B品　帳簿棚卸数量1,000個×原価¥300＝¥300,000⎠
　　　（借)棚卸減耗損　30,000 （貸)繰越商品　30,000
　　　（借)商品評価損　24,000 （貸)繰越商品　24,000
　　　（借)仕　　入　30,000 （貸)棚卸減耗損　30,000
　　　（借)仕　　入　24,000 （貸)商品評価損　24,000
　　　棚卸減耗損（B品）
　　　（帳簿棚卸1,000個－実地棚卸900個)
　　　×原価¥300＝¥30,000
　　　商品評価損（A品）
　　　（原価¥520－正味売却価額¥500)
　　　×実地棚卸1,200個＝¥24,000

※棚卸減耗損および商品評価損は，売上原価
　の内訳項目になるので，損益計算書の売上
　原価の記入方法について注意する。
❷b.（借)売 掛 金　420,000 （貸)為替差損益　420,000
　　（借)為替差損益　240,000 （貸)買 掛 金　240,000
　　＜売掛金＞
　　決算日のレートで計算した売掛金
　　1ドル122円×30,000ドル＝¥3,660,000
　　取引日のレートで計算した売掛金
　　1ドル108円×30,000ドル＝¥3,240,000
　　決算日の売掛金のほうが¥420,000多いため，
　　これを為替差損益勘定（貸方）で処理する。
　　＜買掛金＞
　　決算日のレートで計算した買掛金
　　1ドル122円×20,000ドル＝¥2,440,000
　　取引日のレートで計算した買掛金
　　1ドル110円×20,000ドル＝¥2,200,000
　　決算日の買掛金のほうが¥240,000多いため，
　　これを為替差損益勘定（借方）で処理する。
❸c.（借)貸倒引当金繰入　69,200 （貸)貸倒引当金　69,200
　　（借)繰延税金資産　11,760 （貸)法人税等調整額　11,760
　　受取手形¥3,700,000と売掛金¥4,720,000に
　　対してそれぞれ過去の貸倒実績から1％の貸
　　し倒れを見積もるが，貸倒引当金勘定の残高
　　が¥15,000あることが元帳勘定残高からわか
　　る。よって，その差額¥69,200について，仕
　　訳する。
　　※売掛金の金額は決算整理事項 b．により，
　　　元帳勘定残高¥4,300,000から¥4,720,000
　　　に変わることに注意する。修正後の金額を
　　　もとに貸倒引当金を設定する。
　　　（受取手形¥3,700,000＋売掛金¥4,720,000）
　　　×貸倒実績率1％＝¥84,200
　　　¥84,200－貸倒引当金勘定残高¥15,000
　　　＝¥69,200
　　また，損金不算入額¥39,200は将来減算一時
　　差異となるので，法定実効税率30％を乗じた
　　額を繰延税金資産として計上する。
　　¥39,200×30％＝¥11,760
❹d.（借)売買目的　150,000 （貸)有価証券評価益　150,000
　　　　有価証券
　　（借)その他有価証券　100,000 （貸)その他有価証券　70,000
　　　　　　　　　　　　　　　　　　評価差額金
　　　　　　　　　　　　　　　　　繰延税金負債　30,000
　　売買目的有価証券：埼玉産業株式会社
　　　帳簿価額¥1,650,000
　　　決算日時点の評価額¥1,800,000（＝1株の
　　　時価¥6,000×300株）
　　　よって，評価益は¥150,000（＝¥1,800,000
　　　－¥1,650,000）
　　その他有価証券：関東製菓株式会社
　　　帳簿価額¥1,500,000
　　　決算日時点の評価額¥1,600,000（＝1株の
　　　時価¥3,200×500株）
　　　よって，評価差額は¥100,000（＝¥1,600,000
　　　－¥1,500,000）
　　税効果会計を適用する。
　　繰延税金負債¥30,000（＝¥100,000×法
　　定実効税率30％）
❺e.（借)減価償却費　490,000 （貸)建物減価　170,000
　　　　　　　　　　　　　　　　償却累計額
　　　　　　　　　　　　　　　　備品減価　320,000
　　　　　　　　　　　　　　　　償却累計額

建物の減価償却費の計算（定額法）

$$減価償却費 = \frac{建物の取得原価¥8,500,000 - 残存価額¥0}{耐用年数50年}$$
$$= ¥170,000$$

備品の減価償却費の計算（定率法）
（備品の取得原価¥2,500,000 - 備品減価償却累計額の元帳勘定残高¥900,000）× 償却率20% = ¥320,000

❻f.（借）前払保険料　105,000　（貸）保険料　105,000
支払済みである１年分（令和○1年７月１日から令和○2年６月30日まで）のうち，次期以降にあたる令和○2年４月１日から令和○2年６月30日までの３か月分が前払いとなる。
¥420,000÷12か月 = ¥35,000（１か月分の保険料）
よって，前払費用の金額は¥35,000×３か月 = ¥105,000となる。
当期の保険料は¥540,000（元帳勘定残高） - ¥105,000 = ¥435,000となる。

❼g.（借）支払利息　8,000　（貸）未払利息　8,000
当期の支払利息は¥64,000（元帳勘定残高） + ¥8,000 = ¥72,000となる。支払利息は損益計算書では，営業外費用となる。

❽h.（借）退職給付費用　793,000　（貸）退職給付引当金　793,000

❾i.（借）法人税等　1,755,000　（貸）仮払法人税等　760,000
　　　　　　　　　　　　　　　未払法人税等　995,000

以上の決算整理仕訳から，損益計算書を作成する。決算整理仕訳から，収益と費用に該当するものを記入するが，収益であれば営業外収益または特別利益，費用であれば販売費及び一般管理費，営業外費用，特別損失のどこに記入するのかよく確認する。

▶29-11

損　益　計　算　書

大分物産株式会社　令和○2年4月1日から令和○3年3月31日まで　（単位：円）

Ⅰ　売　上　高　94,879,000
Ⅱ　売　上　原　価
　1.　期首商品棚卸高　6,400,000
　2.　当期商品仕入高　（74,790,000）
　　　　合　　計　（81,190,000）
　3.　期末商品棚卸高❶（7,000,000）
　　　　　　　　　　　（74,190,000）
　4.（棚卸減耗損）❶（175,000）
　5.（商品評価損）❶（390,000）　（74,755,000）
　　　売 上 総 利 益　（20,124,000）
Ⅲ　販売費及び一般管理費
　1.　給　　　料　4,752,000
　2.　発　送　費　1,520,000
　3.　広　告　料　3,650,000
　4.（貸倒引当金繰入）❷（32,000）
　5.（減価償却費）❹（750,000）
　6.（退職給付費用）❽（988,000）
　7.　支　払　家　賃❻（2,190,000）
　8.　保　険　料❺（300,000）
　9.　租　税　公　課　394,000
　10.　雑　　　費　272,400　（14,848,400）
　　　営 業 利 益　（5,275,600）
Ⅳ　営 業 外 収 益
　1.（受 取 利 息）❼（9,000）
　2.（有価証券利息）❸（400,000）　（409,000）
Ⅴ　営 業 外 費 用
　1.　支 払 利 息　（120,000）
　2.（有価証券評価損）❸（320,000）　（440,000）
　　　経 常 利 益　（5,244,600）
Ⅵ　特　別　利　益
　1.　固定資産売却益　（280,000）　（280,000）
Ⅶ　特　別　損　失
　1.　固定資産除却損　（200,000）　（200,000）
　　　税引前当期純利益　（5,324,600）
　　　法人税・住民税
　　　及　び　事　業　税❾（1,608,000）
　　　当 期 純 利 益　（3,716,600）

解説　[付記事項の仕訳]
①　（借）仮 受 金　160,000　（貸）売 掛 金　160,000
②　（借）売買目的有価証券　8,000　（貸）支払手数料　8,000
※付記事項の仕訳をもとに，元帳勘定残高の関係する勘定科目の金額を訂正する。訂正後の売掛金勘定の残高は¥3,000,000（元帳勘定残高¥3,160,000 - 付記事項①の仕訳から¥160,000），仮受金勘定の残高は¥0（元帳勘定残高¥160,000 - 付記事項①の仕訳から¥160,000），売買目的有価証券勘定の残高は¥5,480,000（元帳勘定残高¥5,472,000 + 付記事項②の仕訳から¥8,000），支払手数料勘定の残高は¥0（元帳勘定残高¥8,000 - 付記事項②の仕訳から¥8,000）となる。
[決算整理事項の仕訳]
❶a.（借）仕　入　6,400,000　（貸）繰越商品　6,400,000
　　（借）繰越商品　7,000,000　（貸）仕　入　7,000,000
　　（借）棚卸減耗損　175,000　（貸）繰越商品　175,000
　　（借）商品評価損　390,000　（貸）繰越商品　390,000
　　（借）仕　入　175,000　（貸）棚卸減耗損　175,000
　　（借）仕　入　390,000　（貸）商品評価損　390,000

棚卸減耗損
（帳簿棚卸2,000個－実地棚卸1,950個）
×原価¥3,500＝¥175,000
商品評価損
（原価¥3,500－正味売却価額¥3,300）
×実地棚卸1,950個＝¥390,000
※棚卸減耗損および商品評価損は，売上原価
の内訳項目になるので，損益計算書の売上
原価の記入方法について注意する。

❷b.（借）貸倒引当金繰入　32,000　（貸）貸倒引当金　32,000
電子記録債権¥4,800,000と売掛金¥3,000,000
に対してそれぞれ過去の貸倒実績から1％の
貸し倒れを見積もるが，貸倒引当金勘定の残
高が¥46,000あることが元帳勘定残高からわ
かる。よって，その差額¥32,000について仕
訳する。
※売掛金の金額は付記事項①により，元帳勘
定残高¥3,160,000から¥3,000,000に変わ
ることに注意する。修正後の金額をもとに
貸倒引当金を設定する。
（電子記録債権¥4,800,000＋売掛金¥3,000,000）
×貸倒実績率1％＝¥78,000
¥78,000－貸倒引当金元帳勘定残高¥46,000
＝¥32,000

❸c.（借）有価証券評価損　320,000　（貸）売買目的
有価証券　320,000
（借）満期保有
目的債券　40,000　（貸）有価証券利息　40,000
売買目的有価証券
南北物産　1株の時価¥31,600×100株＝¥3,160,000
長崎商事　1株の時価¥2,500×800株＝¥2,000,000
時価の合計¥5,160,000
帳簿価額　元帳勘定残高¥5,472,000＋付記
事項②¥8,000＝¥5,480,000
よって，有価証券評価損　¥5,480,000－¥5,160,000
＝¥320,000
満期保有目的債券
帳簿価額¥7,720,000
決算日時点の評価額¥7,760,000（償却原価
法）
よって，差額の¥40,000（＝¥7,760,000－
¥7,720,000）を有価証券利息として処理す
る。

❹d.（借）減価償却費　750,000　（貸）備品減価
償却累計額　750,000
減価償却費の計算（定率法）
（備品の取得原価¥4,000,000－備品減価償却累
計額の元帳勘定残高¥1,000,000）×償却率25％
＝¥750,000

❺e.（借）前払保険料　100,000　（貸）保険料　100,000
6か月（令和○3年2月から7月まで）のうち，
次期にあたる令和○3年4月1日から7月31日
までの4か月分が前払となる。
¥150,000÷6か月＝¥25,000（1か月分の保険料）
¥25,000×4か月＝¥100,000　となる。
当期の保険料は¥400,000（元帳勘定残高）
－¥100,000＝¥300,000となる。

❻f.（借）前払家賃　365,000　（貸）支払家賃　365,000
支払家賃は，元帳勘定残高¥2,555,000－決算
整理仕訳f.¥365,000＝¥2,190,000となる。

❼g.（借）未収利息　3,000　（貸）受取利息　3,000
受取利息は，元帳勘定残高¥6,000＋決算整理

仕訳g.¥3,000＝¥9,000となる。
❽h.（借）退職給付費用　988,000　（貸）退職給付引当金　988,000
❾i.（借）法人税等　1,608,000　（貸）仮払法人税等　750,000
未払法人税等　858,000

30 その他の財務諸表（株主資本等変動計算書・注記表）(p.144)

▶**30-1**

(1)		(2)	
ア	イ	ウ	エ
株主資本等 変動計算書	注 記 表	剰 余 金	資 本 金

▶**30-2**

(1)

	借 方		貸 方	
令和 ○1年 4／1	当座預金	5,000,000	資 本 金 資本準備金	2,500,000 2,500,000
令和 ○1年 6／27	繰越利益剰余金	2,800,000	未払配当金 利益準備金 別途積立金	2,000,000 200,000 600,000
令和 ○1年 10／4	当座預金	1,300,000	自 己 株 式 その他資本剰余金	1,000,000 300,000
令和 ○2年 3／31	損 益	4,900,000	繰越利益剰余金	4,900,000

(2)

株 主 資 本 等 変 動 計 算 書

佐賀商事株式会社　　　　　令和○1年4月1日から令和○2年3月31日まで　　　　　（単位：千円）

	資本金	資本剰余金			利益剰余金				自己 株式	純資産 合計
		資 本 準備金	その他 資 本 剰余金	資 本 剰余金 合 計	利 益 準備金	その他利益剰余金		利 益 剰余金 合 計		
						別 途 積立金	繰越利益 剰 余 金			
当期首残高	20,000	1,000	500	1,500	700	800	3,000	4,500	△1,500	24,500
当期変動額										
新株の発行	2,500	2,500		2,500						5,000
剰余金の配当					200		△2,200	△2,000		△2,000
別途積立金の積立						600	△600	－		－
当期純利益							4,900	4,900		4,900
自己株式の処分			300	300					1,000	1,300
当期変動額合計	2,500	2,500	300	2,800	200	600	2,100	2,900	1,000	9,200
当期末残高	22,500	3,500	800	4,300	900	1,400	5,100	7,400	△500	33,700

◎財務諸表の活用

㉛ 財務諸表分析 (p.146)

▶31-1

	計　算　式	比率
(1)総資本営業利益率	$\dfrac{240,000}{(2,700,000+2,300,000)\div 2}\times 100=$	9.6%
(2)総資本経常利益率	$\dfrac{120,000}{(2,700,000+2,300,000)\div 2}\times 100=$	4.8%
(3)総資本利益率	$\dfrac{60,000}{(2,700,000+2,300,000)\div 2}\times 100=$	2.4%
(4)自己資本利益率	$\dfrac{60,000}{(1,300,000+1,100,000)\div 2}\times 100=$	5%
(5)売上高総利益率	$\dfrac{360,000}{1,200,000}\times 100=$	30%
(6)売上高営業利益率	$\dfrac{240,000}{1,200,000}\times 100=$	20%
(7)売上高経常利益率	$\dfrac{120,000}{1,200,000}\times 100=$	10%
(8)売上高純利益率	$\dfrac{60,000}{1,200,000}\times 100=$	5%
(9)売上原価率	$\dfrac{840,000}{1,200,000}\times 100=$	70%

▶31-2

	計　算　式	比率
(1)総資本回転率	$\dfrac{40,000,000}{(8,000,000+10,000,000)\div 2}=$	4.4回
(2)固定資産回転率	$\dfrac{40,000,000}{(2,410,000+1,972,000+3,940,000+1,979,000)\div 2}=$	7.8回
(3)売上債権回転率	$\dfrac{40,000,000}{(950,000+814,000+1,020,000+996,000)\div 2}=$	21.2回
(4)商品回転率	$\dfrac{31,200,000}{(1,000,000+1,400,000)\div 2}=$	26回
(5)流動比率	$\dfrac{581,000+1,020,000+996,000+1,400,000+84,000}{830,000+717,000+200,000+108,000}\times 100=$	220%
(6)当座比率	$\dfrac{581,000+1,020,000+996,000}{830,000+717,000+200,000+108,000}\times 100=$	140%
(7)自己資本比率	$\dfrac{4,500,000+1,225,000}{10,000,000}\times 100=$	57.3%
(8)負債比率	$\dfrac{830,000+717,000+200,000+108,000+2,420,000}{4,500,000+1,225,000}\times 100=$	74.7%
(9)固定比率	$\dfrac{3,940,000+1,979,000}{4,500,000+1,225,000}\times 100=$	103.4%
(10)固定長期適合率	$\dfrac{3,940,000+1,979,000}{4,500,000+1,225,000+2,420,000}\times 100=$	72.7%

▶31-3

	計　算　式	比率
(1)固定比率	$\dfrac{6,000,000+5,900,000}{10,100,000+1,480,000+2,420,000}\times 100=$	85%
(2)受取勘定回転率（売上債権回転率）	$\dfrac{40,600,000}{1,500,000+4,300,000}=$	7回
(3)商品回転率	$\dfrac{31,500,000}{(2,400,000+2,850,000)\div 2}=$	12回

▶31-4

	計　算　式	比率
(1)流動比率	$\dfrac{660,000+1,240,000+1,850,000+2,125,000}{985,000+1,300,000+215,000}\times 100=$	235%
(2)当座比率	$\dfrac{660,000+1,240,000+1,850,000}{985,000+1,300,000+215,000}\times 100=$	150%
(3)商品回転率	$\dfrac{2,325,000+33,175,000-2,125,000}{(2,325,000+2,125,000)\div 2}=$	15回
(4)受取勘定回転率（売上債権回転率）	$\dfrac{37,080,000}{1,240,000+1,850,000}=$	12回

▶31-5

①

ア❶	イ❷	ウ❸	エ❹	オ❺
140 %	120 %	30 %	12 %	4 %

カ❻	キ❼
3 回	20 %

②

	❽	2,900	千円

③

1

解説 （以下の説明は単位千円）

❶流動比率 $=\dfrac{4,200+5,600+9,400+12,800+23,000+1,000}{4,300+26,500+8,000+1,200}$
$\times 100=140\%$

❷当座比率 $=\dfrac{1,300+600+2,400+1,700}{1,400+2,700+600+300}\times 100=120\%$

❸自己資本比率 $=\dfrac{11,000+6,400+9,600}{90,000}\times 100=30\%$

❹総資本利益率 $=\dfrac{1,680}{14,000}\times 100=12\%$

❺売上高純利益率 $=\dfrac{1,680}{42,000}\times 100=4\%$

❻総資本回転率 $=\dfrac{42,000}{14,000}=3$ 回

❼売上高成長率 $=\dfrac{180,000-150,000}{150,000}\times 100=20\%$

❽期末商品棚卸高

商品回転率 $=\dfrac{\text{売上原価}25,200}{(\text{期首商品}2,700+\text{期末商品 ク})\div 2}$
$=9$ 回

（期首商品2,700＋期末商品ク）÷2 ＝25,200÷9回
期末商品（ク）＝2,900

— 50 —

▶31-6

ア❶		イ❷	ウ	エ❸	オ
4.0	%	29.2 回	2	50.0 日	1

カ❹		キ	ク❺		ケ	コ
50.0	%	2	20.0	%	1	2

解説 （以下の説明は単位千円）

❶売上高純利益率 $= \dfrac{4,088}{102,200} \times 100 = 4.0\%$

❷商品回転率 $= \dfrac{3,942}{(131+139) \div 2} = 29.2$回

❸平均回収日数 $= \dfrac{(11,200+16,800) \div 2}{102,200} \times 365$日 $= 50.0$日

❹売上高成長率 $= \dfrac{6,000-4,000}{4,000} \times 100 = 50.0\%$

❺負債比率 $= \dfrac{負債(6,960-5,800)}{自己資本5,800} \times 100 = 20.0\%$

▶31-7

①

a	当座比率❶	95.4 %	b	固定比率❷	149.6 %
c	商品回転率❸	12.0 回			

②

a	流動比率❹	195.0 %	b	売上高総利益率❺	35.0 %
c	受取勘定回転率（売上債権回転率）❻	18.0 回			

③

ア ❼	10.5 %	イ ❽	4.8 %	ウ	2

解説 ❶当座比率 $= \dfrac{¥940,000+¥647,000+¥745,000+¥530,000}{¥1,306,000+¥1,614,000+¥80,000}$

$\times 100 = 95.4\%$

❷固定比率 $= \dfrac{¥1,800,000+¥600,000+¥1,400,000+¥1,284,000+¥650,000+¥250,000}{¥2,000,000+¥1,000,000+¥241,000+¥759,000}$

$\times 100 = 149.6\%$

❸商品回転率 $= \dfrac{¥1,296,000+¥14,558,000-¥1,154,000}{(¥1,296,000+¥1,154,000) \div 2} = 12.0$回

❹流動比率 $= \dfrac{¥309,000+¥186,000+¥123,000+¥310,000+¥269,000+¥51,000}{¥249,000+¥376,000+¥15,000}$

$\times 100 = 195.0\%$

❺売上高総利益率 $= \dfrac{¥5,760,000-(¥307,000+¥3,706,000-¥269,000)}{¥5,760,000}$

$\times 100 = 35.0\%$

❻受取勘定回転率 $= \dfrac{¥5,760,000}{(¥331,000+¥186,000+¥123,000) \div 2}$

$= 18.0$回

❼自己資本利益率 $= \dfrac{¥420,000}{¥2,000,000+¥1,000,000+¥241,000+¥759,000}$

$\times 100 = 10.5\%$

❽総資本利益率 $= \dfrac{¥120,000}{¥2,500,000} \times 100 = 4.8\%$

▶31-8

①

ア❶	イ	ウ❷	エ❸	オ	カ❹
22.4 回	2	140.0 %	212.5 %	4	76.5 %

②

	❺		❻
a	第8期の自己資本 35,000千円	b	第8期の固定負債 13,475千円
c	第9期の有形固定資産 31,374千円		

❼

解説 （以下の説明は単位千円）

❶第9期商品回転率 $= \dfrac{205,296}{(9,240+9,090) \div 2} = 22.4$回

❷第8期当座比率 $= \dfrac{5,730+3,850+5,650+4,370}{4,620+5,795+3,240+345} \times 100$

$= 140.0\%$

❸第9期当座比率 $= \dfrac{現金預金+4,250+5,050+4,280}{4,530+5,605+3,740+365} \times 100$

$= 147.5\%$より現金預金を求める。

現金預金：（現金預金 $+4,250+5,050+4,280$）

$= (4,530+5,605+3,740+365) \times 1.475$

現金預金 $= 21,004-13,580 = 7,424$

第9期流動比率 $= \dfrac{7,424+4,250+5,050+4,280+9,090+166}{4,530+5,605+3,740+365}$

$\times 100 = 212.5\%$

❹第9期負債比率 $= \dfrac{4,530+5,605+3,740+365+9,100+3,894}{20,180+2,680+1,440+2,650+8,650}$

$\times 100 = 76.5\%$

❺第8期自己資本

第8期固定比率 $= \dfrac{12,100+5,480+14,645+1,200}{自己資本} \times 100$

$= 95.5\%$より

自己資本 $= (12,100+5,480+14,645+1,200) \div 0.955$

$= 35,000$

❻第8期固定負債

負債 $=$ 総資本 $-$ 自己資本

$= (5,730+3,850+5,650+4,370+9,240+210$

$+12,100+5,480+14,645+1,200) - 35,000$

$= 27,475$

固定負債 $=$ 負債 $-$ 流動負債

$= 27,475 - (4,620+5,795+3,240+345)$

$= 13,475$

❼第9期有形固定資産 $= 11,500+5,229+14,645$

$= 31,374$

▶31-9

ア❶	イ❷	ウ❸	エ❹	オ❺
112.0 %	205.0 %	60.0 %	5.0 %	3.0 %

カ❻	キ❼	ク❽	ケ❾
12.0 %	930,000千円	331,000千円	502,000千円

解説 （以下の説明は単位千円）

❶当座比率 $= \dfrac{209,000+73,000+96,000+70,000}{137,000+179,000+84,000}$

$\times 100 = 112.0\%$

❷流動比率 $= \dfrac{217,000+92,000+78,000+50,000+309,000+33,000}{149,000+215,000+16,000}$

$\times 100 = 205.0\%$

❸自己資本比率 $= \dfrac{1,000,000+100,000+46,000+294,000}{2,400,000}$

$\times 100 = 60.0\%$

❹売上高純利益率 $= \dfrac{252,000}{5,040,000} \times 100 = 5.0\%$

❺売上高純利益率 $= \dfrac{当期純利益}{4,500,000} \times 100 = 1.6\%$より

当期純利益 $= 4,500,000 \times 0.016 = 72,000$

総資本利益率 $= \dfrac{72,000}{2,400,000} \times 100 = 3.0\%$

❻売上高成長率 $= \dfrac{5,040,000-4,500,000}{4,500,000} \times 100 = 12.0\%$

❼第6期商品回転率 $= \dfrac{売上原価}{(291,000+309,000) \div 2} = 11.4$回より

売上原価 $=(291,000+309,000)\div 2\times 11.4=3,420,000$

売上総利益 $=4,500,000-3,420,000=1,080,000$

営業利益 $=72,000+28,000+72,000+52,000-74,000$
$=150,000$

販売費及び一般管理費 $=1,080,000-150,000$
$=930,000$

❽第7期商品回転率 $=\dfrac{売上原価3,840,000}{(309,000+ク)\div 2}=12.0$回 より

$(309,000+ク)\div 2=3,840,000\div 12$

ク(第7期商品)$=331,000$

❾第7期繰越利益剰余金：$294,000-40,000-4,000$
$+252,000=502,000$

▶31-10

①

ア❶	イ❷	ウ❸	エ❹
11.5 %	40,000 千円	87.5 %	3.5 %

オ❺
0.4 回

②

4

③

総資本回転率

④

2

解説 （以下の説明は単位千円）

❶第17期自己資本利益率：

$\dfrac{当期純利益}{自己資本(34,000+3,000+3,000)}\times 100=3.5\%$ より

当期純利益 $=(34,000+3,000+3,000)\times 0.035=1,400$

売上高純利益率：$\dfrac{当期純利益1,400}{売上高}\times 100=2.0\%$ より

売上高 $=1,400\div 0.02=70,000$

売上高総利益率 $=\dfrac{8,050}{70,000}\times 100=11.5\%$

❷自己資本 $=(34,000+3,000+3,000)=40,000$

❸第18期売上原価率 $=\dfrac{49,000}{56,000}\times 100=87.5\%$

❹第18期自己資本利益率 $=\dfrac{1,400}{40,000}\times 100=3.5\%$

❺第18期総資本利益率 $=\dfrac{当期純利益1,400}{総資本}\times 100$
$=1.0\%$ より

総資本 $=1,400\div 0.01=140,000$

第18期総資本回転率：$\dfrac{売上高56,000}{総資本140,000}=0.4$回

▶31-11

①

ア❶	イ❷	ウ❸	エ❹
1,350,000千円	6.6 回	4.8 回	230.5 %

オ❺	カ❻
118.7 %	67.8 %

②

a	第 4 期 の 負債比率❼	60 %	b	第 5 期 の 自己資本比率❽	64 %

解説 （以下の説明は単位千円）

❶第5期売上原価率 $=\dfrac{売上原価861,300}{売上高}\times 100=63.8\%$ より

売上高 $=861,300\div 0.638=1,350,000$

❷第5期商品回転率 $=\dfrac{861,300}{(153,000+108,000)\div 2}=6.6$回

❸受取勘定回転率 $=\dfrac{1,050,000}{(207,500+103,000+127,000)\div 2}=4.8$回

❹第4期流動比率 $=\dfrac{63,800+103,000+127,000+153,000+14,200}{98,000+80,000+22,000}$
$\times 100=230.5\%$

❺第5期流動比率 $=\dfrac{86,100+129,400+140,600+108,000+14,400}{流動負債}$
$\times 100=159.5\%$ より

流動負債 $=300,000$

第5期当座比率 $=\dfrac{86,100+129,400+140,600}{300,000}$
$\times 100=118.7\%$

❻第4期固定比率 $=\dfrac{105,000+77,000+120,000+37,000}{300,000+102,000+98,000}$
$\times 100=67.8\%$

❼第4期負債比率 $=\dfrac{98,000+80,000+22,000+70,000+30,000}{300,000+102,000+98,000}$
$\times 100=60\%$

❽第5期自己資本比率 $=\dfrac{350,000+132,000+118,000}{937,500}$
$\times 100=64\%$

▶31-12

ア	イ❶	ウ❷	エ
3	¥ 190,000	¥ 12,960,000	1

オ❸	カ	キ❹	ク	ケ❺	コ
10 %	1	9 回	5	7 回	2

解説 ❶のれん記載額

年平均利益額¥48,000÷8% ＝¥600,000

のれん：¥600,000－（¥1,290,000－¥890,000）
＝¥200,000

のれん償却額：¥200,000÷20年 ＝¥10,000

のれん記載額：¥200,000－¥10,000 ＝¥190,000

❷売上高総利益率：30%より

売上原価率 $=1-30\%=70\%$ となり，

売上原価率 $=\dfrac{売上原価¥9,072,000}{売上高}\times 100=70\%$ から

売上高 $=¥9,072,000\div 0.7=¥12,960,000$

❸第7期自己資本利益率
$=\dfrac{当期純利益¥291,000}{¥1,750,000+¥343,000+¥817,000}\times 100=10\%$

❹第7期当座比率：

$\dfrac{¥172,000+¥1,310,000+¥1,282,000+¥70,000}{¥612,000+¥1,489,000+未払法人税等}\times 100=130\%$

未払法人税等 $=(¥172,000+¥1,310,000+¥1,282,000$
$+¥70,000)\div 1.3-(¥612,000+¥1,489,000)$
$=¥79,000$

流動負債 $=¥612,000+¥1,489,000+$未払法人税等¥79,000
$=¥2,180,000$

流動比率：

$\dfrac{¥172,000+¥1,310,000+¥1,282,000+¥70,000+商品+¥61,000}{¥612,000+¥1,489,000+¥79,000}$

$\times 100=180\%$ より

商品 $=¥1,029,000$

第7期商品回転率 $=\dfrac{¥9,072,000}{(¥987,000+¥1,029,000)\div 2}=9$回

❺第6期受取勘定回転率 $=\dfrac{¥9,940,000}{¥742,000+¥678,000}=7$回

32 連結財務諸表の活用 (p.158)

▶32-1

(1)		(2)	
ア	イ	ウ	エ
個別財務諸表	連結財務諸表	親 会 社	子 会 社

(3)	
オ	
持 株 会 社	

◎連結財務諸表

33 連結財務諸表の作成 (p.160)

▶33-1

借	方	貸	方
資 本 金	3,000	子会社株式	4,500
利益剰余金	1,500		

▶33-2

借	方	貸	方
資 本 金	3,000	子会社株式	5,400
利益剰余金	1,500		
の れ ん	900		

▶33-3

借	方	貸	方
資 本 金	3,000	子会社株式	4,650
利益剰余金	1,500	非支配株主持分	❶450
の れ ん	600		

解説 ❶(¥3,000＋¥1,500)×10％＝¥450

▶33-4

(1) 連結仕訳

　　投資と資本の相殺消去仕訳

借	方	貸	方
資 本 金	2,000	子会社株式	2,800
利益剰余金	1,000	非支配株主持分	❶600
の れ ん	❷400		

解説 ❶(¥2,000＋¥1,000)×20％＝¥600
　　　❷¥2,800－(¥2,000＋¥1,000)×80％＝¥400

(2)

連 結 精 算 表

令和○1年3月31日

科　　　目	個別貸借対照表			修 正 消 去		連結貸借対照表	
	P 社	S 社	合 計	借 方	貸 方	借 方	貸 方
（資　産）							
流 動 資 産	2,400	1,200	3,600			3,600	
固 定 資 産	5,200	4,000	9,200			9,200	
子 会 社 株 式	2,800		2,800		2,800		
の れ ん				400		400	
資 産 合 計	10,400	5,200	15,600				
（負債・純資産）							
流 動 負 債	[1,800]	[1,600]	[3,400]				3,400
固 定 負 債	[2,600]	[600]	[3,200]				3,200
資 本 金	[4,000]	[2,000]	[6,000]	2,000			4,000
利 益 剰 余 金	[2,000]	[1,000]	[3,000]	1,000			2,000
非支配株主持分					600		600
負債・純資産合計	[10,400]	[5,200]	[15,600]	3,400	3,400	13,200	13,200

注：[ ] は，金額が貸方にあることを示す。

(3)

連 結 貸 借 対 照 表

令和○1年3月31日　　　　（単位：円）

流 動 資 産	(3,600)	流 動 負 債	(3,400)
固 定 資 産	(9,200)	固 定 負 債	(3,200)
の れ ん	(400)	資 本 金	(4,000)
		利 益 剰 余 金	(2,000)
		非支配株主持分	(600)
	(13,200)		(13,200)

▶33-5

借　　　方		貸　　　方	
資 本 金 （資 本 金 当 期 首 残 高）	3,000	子 会 社 株 式	4,650
利 益 剰 余 金 当 期 首 残 高	900	非支配株主持分 （非支配株主持分 当 期 首 残 高）❶	390
の れ ん ❷	1,140		

解説　❶（¥3,000＋¥900）×10％＝¥390
　　　❷¥4,650－（¥3,000＋¥900）×90％＝¥1,140

▶33-6

借　　　方		貸　　　方	
の れ ん 償 却 ❶	57	の れ ん	57

解説　❶¥1,140÷20年＝¥57

▶33-7

借　　　方		貸　　　方	
非支配株主に帰属 する当期純利益 ❶	60	非支配株主持分	60

解説　❶¥600×10％＝¥60

▶33-8

借　　　方		貸　　　方	
借 入 金	300	貸 付 金	300

▶33-9

借　　　方		貸　　　方	
受 取 利 息	6	支 払 利 息	6

▶33-10

借　　　方		貸　　　方	
支 払 手 形	600	受 取 手 形	600
支 払 手 形	300	借 入 金	300

▶33-11

借　　　方		貸　　　方	
貸 倒 引 当 金 ❶	12	貸倒引当金繰入	12

解説　❶¥600×2％＝¥12

▶33-12

借　　　方		貸　　　方	
売 上 高	3,000	売 上 原 価	3,000

▶33-13

借　　　方		貸　　　方	
売 上 原 価 ❶	30	商　　　品	30

解説　❶¥330×$\frac{0.1}{1.1}$＝¥30

▶33-14

借　　　方		貸　　　方	
売 上 原 価 ❶	40	商　　　品	40
非支配株主持分 ❷	8	非支配株主に帰属 する当期純利益	8

解説　❶¥440×$\frac{0.1}{1.1}$＝¥40
　　　❷¥40×20％＝¥8

▶33-15

借　　　方		貸　　　方	
受 取 配 当 金 ❶	1,400	剰余金の配当 （配 当 金）	1,400
非支配株主持分 ❷	600	剰余金の配当 （配 当 金）	600

解説　❶¥2,000×70％＝¥1,400
　　　❷¥2,000×30％＝¥600

▶33-16

① 開始仕訳

借　　　方		貸　　　方	
資 本 金 （資 本 金 当 期 首 残 高）	15,000	子 会 社 株 式	17,200
利 益 剰 余 金 当 期 首 残 高	6,000	非支配株主持分 （非支配株主持分 当 期 首 残 高）❶	4,200
の れ ん ❷	400		

② のれんの償却

借　　　方		貸　　　方	
の れ ん 償 却 ❸	20	の れ ん	20

③ 子会社の純利益の配分

借　　　方		貸　　　方	
非支配株主に帰属 する当期純利益 ❹	800	非支配株主持分	800

④ 剰余金処分項目の修正

借　　　方		貸　　　方	
受 取 配 当 金 ❺	2,000	剰余金の配当 （配 当 金）	2,500
非支配株主持分 ❻	500		

解説　❶（¥15,000＋¥6,000）×20％＝¥4,200
　　　❷¥17,200－（¥15,000＋¥6,000）×80％＝¥400
　　　❸¥400÷20年＝¥20
　　　❹¥4,000×20％＝¥800
　　　❺¥2,500×80％＝¥2,000
　　　❻¥2,500×20％＝¥500

連 結 精 算 表
令和○2年3月31日

勘 定 科 目	個別貸借対照表 P社	個別貸借対照表 S社	個別貸借対照表 合計	修正消去 借方	修正消去 貸方	連結財務諸表
損 益 計 算 書						(連結損益計算書)
売 上 高	[120,000]	[60,000]	[180,000]	❺ 20,000		[160,000]
受 取 利 息	[400]		[400]	❹ 400		
受 取 配 当 金	[4,000]		[4,000]	❽ 4,000		
固 定 資 産 売 却 益	[2,000]		[2,000]	❼ 2,000		
売 上 原 価	80,000	38,000	118,000	❻ 1,200	❺ 20,000	99,200
の れ ん 償 却				❷ 520		520
支 払 利 息		400	400		❹ 400	
そ の 他 の 費 用	29,200	14,600	43,800			43,800
当 期 純 利 益	[17,200]	[7,000]	[24,200]	28,120	20,400	[16,480]
非支配株主に帰属する当期純利益				❸ 1,400		1,400
親会社株主に帰属する当期純利益	[17,200]	[7,000]	[24,200]	─29,520	─20,400	[15,080]
株主資本等変動計算書 (利益剰余金)						(連結株主資本等変動計算書一部)
利益剰余金当期首残高	[16,000]	[6,000]	[22,000]	❶ 6,000		[16,000]
剰 余 金 の 配 当	13,200	5,000	18,200		❽ 5,000	13,200
親会社株主に帰属する当期純利益	[17,200]	[7,000]	[24,200]	─29,520	─20,400	[15,080]
利益剰余金当期末残高	[20,000]	[8,000]	[28,000]	─35,520	─25,400	[17,880]
貸 借 対 照 表						(連結貸借対照表)
諸 資 産	86,000	36,000	122,000			122,000
商 品	16,000	8,000	24,000		❻ 1,200	22,800
貸 付 金	10,000		10,000		❹ 10,000	
土 地	60,000	32,000	92,000		❼ 2,000	90,000
子 会 社 株 式	47,200		47,200		❶ 47,200	
の れ ん				❶ 10,400	❷ 520	9,880
資 産 合 計	219,200	76,000	295,200	10,400	60,920	244,680
諸 負 債	[99,200]	[18,000]	[117,200]			[117,200]
借 入 金		[10,000]	[10,000]	❹ 10,000		
資 本 金	[100,000]	[40,000]	[140,000]	❶ 40,000		[100,000]
利 益 剰 余 金	[20,000]	[8,000]	[28,000]	─35,520	─25,400	[17,880]
非 支 配 株 主 持 分					❶ 9,200	9,600
				❽ 1,000	❸ 1,400	
負 債・純 資 産 合 計	[219,200]	[76,000]	[295,200]	86,520	36,000	[244,680]

一致

注：[　　　]は，金額が貸方にあることを示す。

解説 資料にそって仕訳を示す。

❶(借)資 本 金 (当期首残高) 40,000　(貸)子会社株式 47,200
利益剰余金 当期首残高 6,000　非支配株主持分 (当期首残高) 9,200②
の れ ん 10,400①
　①¥47,200－(¥40,000＋¥6,000)×0.8＝¥10,400
　②(¥40,000＋¥6,000)×0.2＝¥9,200

❷(借)のれん償却 520　(貸)の れ ん 520
　¥10,400÷20年＝¥520

❸(借)非支配株主に帰属する当期純利益 1,400　(貸)非支配株主持分 1,400
　¥7,000×0.2＝¥1,400

❹(借)借 入 金 10,000　(貸)貸 付 金 10,000
　受 取 利 息 400　支 払 利 息 400

❺(借)売 上 高 20,000　(貸)売上原価 20,000

❻(借)売上原価 1,200　(貸)商 品 1,200

❼(借)固定資産売却益 2,000　(貸)土 地 2,000

❽(借)受取配当金 4,000　(貸)剰余金の配当(配当金) 5,000
　非支配株主持分 1,000

▶33-18

a	❶6,400 千円	b	❷11,000 千円	c	❸ 380 千円
d	❹ 950 千円				

解説 (以下の説明は単位千円)
＜連結仕訳＞
(1)開始仕訳
ⓐ投資と資本の相殺消去
　(借)資 本 金 3,000　(貸)子会社株式 3,200
　利益剰余金 1,000　非支配株主持分 1,200
　の れ ん 400
(2)当期分の連結仕訳
ⓑのれんの償却
　(借)のれん償却 20　(貸)の れ ん 20
ⓒ子会社の純利益の配分
　(借)非支配株主に帰属する当期純利益 90　(貸)非支配株主持分 90

— 55 —

ⓓ剰余金処分項目の修正

(借)受取配当金　　140　　(貸)剰余金の配当(配 当 金)　　200
　　　非支配株主持分　　60

❶4,000(P社買掛金)+2,400(S社買掛金)=6,400

❷11,000(P社資本金)+3,000(S社資本金)−3,000(ⓐ)
　=11,000

❸400(ⓐ)−20(ⓑ)=380

❹900(P社純利益)+300(S社純利益)
　−20(ⓑのれん償却)
　−90(ⓒ非支配株主に帰属する当期純利益)
　−140(ⓓ受取配当金)
　=950

▶33-19

ア	❶3,600 千円	イ	❷1,083 千円	ウ	❸1,983 千円
エ	❹1,200 千円				

解説　(以下の説明は単位千円)
＜連結仕訳＞
(1)開始仕訳
ⓐ投資と資本の相殺消去

(借)資　本　金　　3,000　　(貸)子会社株式　　3,800
　　利益剰余金　　800　　　　非支配株主持分　1,140
　　の　れ　ん　　1,140

(2)当期分の連結仕訳
ⓑのれんの償却

(借)のれん償却　　57　　(貸)の　れ　ん　　57
　　1,140÷20年=57

ⓒ支配獲得日後に生じた子会社の純利益の配分

(借)非支配株主に帰属する当期純利益　150　　(貸)非支配株主持分　150
　　500×30%=150

ⓓ剰余金処分項目の修正

(借)受取配当金　　210①　(貸)剰余金の配当(配 当 金)　　300
　　非支配株主持分　90②
　　①300×70%=210
　　②300×30%=90

❶P社土地2,000+S社土地1,600=3,600

❷1,140(ⓐより)−57(ⓑより)=1,083

❸P社とS社の貸借対照表の利益剰余金を合算する
と,
P社1,900+S社1,000=2,900
この金額に,連結仕訳による修正額を加減する。
2,900(合算額)−800(ⓐ利益剰余金)−57(ⓑの
れん償却)−150(ⓒ非支配株主に帰属する当期
純利益)−210(ⓓ受取配当金)+300(ⓓ剰余金
の配当)=1,983

❹1,140(ⓐより)+150(ⓒより)−90(ⓓより)
　=1,200

◎全商検定試験出題形式別問題

 34 　**適語選択の問題**（p.170）

▶34-1

(1)		(2)❶		(3)		(4)	
ア	イ	ウ	エ	オ	カ	キ	ク
7	13	5	11	2	9	14	10

解説　❶期間損益を正しく計算するために,資産の取得原
価を当期の費用とする額と,資産として次期に繰
り越す額に分ける必要がある。

▶34-2

(1)		(2)❶		(3)		(4)	
ア	イ	ウ	エ	オ	カ	キ	ク
3	5	10	6	7	14	1	9

解説　❶有形固定資産について,資産の取得原価に加える
支出を資本的支出といい,その期の費用として処
理する支出を収益的支出という。

▶34-3

(1)		(2)❶		(3)	
ア	イ	ウ	エ	オ	カ
7	4	6	10	8	13

解説　❶収益・費用を計上する基準には,現金主義・発生
主義・実現主義がある。

▶34-4

(1)❶		(2)		(3)		(4)	
ア	イ	ウ	エ	オ	カ	キ	ク
16	8	5	11	13	2	10	12

解説　❶財務諸表は,信頼できる会計記録にもとづいて作
成されなければならない。

③⑤ 計算の問題 (p.172)

▶35-1

工事収益	¥	*78,948,000*

解説 当期の工事収益＝¥438,600,000× $\dfrac{¥64,800,000}{¥360,000,000}$

　　　 ＝¥78,948,000

▶35-2

a	松阪商会の 流動比率 ❶	174 ％	b	のれんの代価 ¥❷ 270,000

解説 ❶流動比率＝ $\dfrac{¥780,000＋¥2,810,000＋¥1,630,000}{¥2,400,000＋¥600,000}$

　　　　 ×100＝174％

　　 ❷収益還元価値＝¥195,000÷6％＝¥3,250,000

　　 のれんの代価＝¥3,250,000－｛(¥780,000

　　 ＋¥2,810,000＋¥1,630,000＋¥1,960,000)

　　 －(¥2,400,000＋¥600,000＋¥1,200,000)｝

　　 ＝¥270,000

▶35-3

a	備品(アの金額)❶ ¥1,320,000	b	のれんの代価❷¥ 240,000

解説 ❶当座比率＝ $\dfrac{\text{当座資産}}{\text{流動負債}}$ ×100

　　 $\dfrac{¥468,000＋¥396,000}{\text{流動負債}}$ ×100＝120％

　　 よって，流動負債は¥720,000。支払手形を差し
　　 引き，買掛金は¥320,000となる。負債・純資産
　　 合計は¥3,086,000。
　　 ¥3,086,000から受取手形，売掛金，商品を差し
　　 引き，備品は¥1,320,000となる。

　　 ❷収益還元価値＝¥108,000÷8％＝¥1,350,000
　　 のれんの代価＝¥1,350,000－｛¥3,086,000
　　 －(¥400,000＋¥320,000＋¥1,256,000)｝
　　 ＝¥240,000

▶35-4

①	工事進行基準による 当期の工事収益	❶¥313,600,000	②	原価回収基準による 当期の工事収益	❷¥ 17,890,000

解説 ❶当期の工事収益＝¥980,000,000× $\dfrac{¥218,600,000}{¥683,125,000}$

　　　　 ＝¥313,600,000

　　 ❷原価回収基準では，当期に発生した工事原価の金
　　 額を当期の工事収益とする。

▶35-5

繰 越 商 品

4/ 1 前期繰越	(3,520,000)	3/31 仕 入	(3,520,000)
3/31 (仕 入)❶	(3,600,000)	〃 (棚卸減耗損)	(120,000)❷
		〃 商品評価損	(145,000)
		〃 **次期繰越**	(3,335,000)
	(7,120,000)		(7,120,000)

棚 卸 減 耗 損

3/31 (繰越商品)	(120,000)	3/31 仕 入	(30,000)❸
		〃 (損 益)	(90,000)
	(120,000)		(120,000)

解説 ❶帳簿棚卸数量×原価で求める。
　　 600個×@¥6,000＝¥3,600,000
　　 ❷

　　 棚卸減耗損＝原価×(帳簿棚卸数量－実地棚卸数
　　 量)で求める。
　　 @¥6,000×(600個－580個)＝¥120,000

　　 ❸棚卸減耗損は全部で20個 ¥120,000であるが，
　　 その内訳は，(ア)5個が売上原価の内訳項目とし
　　 て仕入勘定へ振り替え，(イ)残りは損益勘定へ振
　　 り替えることになる。よって，@¥6,000×5個
　　 ＝¥30,000を仕入勘定に振り替える。

▶35-6

a	期末商品棚卸高 (原価)	¥❶375,000	b	売 上 高	¥❷4,090,000

解説 ❶期末商品棚卸高(原価)＝¥500,000

　　　 × $\dfrac{¥292,500＋¥3,150,000}{¥390,000＋¥4,200,000}$ ＝¥375,000

　　 ❷売上高＝¥390,000＋¥4,200,000－¥500,000
　　　 ＝¥4,090,000

▶35-7

ア	❶¥4,980,000	イ	❷¥ 225,000	ウ	❸仕　　　入

解説 ❶原価×帳簿棚卸数量で求める。
　　 A品 @¥2,700×1,400個＝¥3,780,000 ｝計¥4,980,000
　　 B品 @¥1,500×800個＝¥1,200,000

　　 ❷原価より正味売却価額が低いB品のみ商品評価損
　　 を計上できる。
　　 (@¥1,500－@¥1,200)×750個＝¥225,000

　　 ❸棚卸減耗損は，売上原価の内訳項目となる場合は
　　 仕入勘定へ振り替える。

▶35-8

当座預金出納帳 の次月繰越高	¥ 1,820,000

解説

i 仕訳なし

ⅱ 仕訳なし

ⅲ (借)当座預金 240,000 (貸)買 掛 金 240,000

¥1,580,000＋¥240,000＝¥1,820,000

▶35-9

銀 行 勘 定 調 整 表

東西銀行仙台支店　令和○年3月31日

	当座預金出納帳	銀行残高証明書
残高	¥ 582,000	¥ 696,000
加算 ［振出小切手未渡し］	(42,000)	( )
［時間外預け入れ］	( )	(82,000)
計	624,000	778,000
減算 ［水道光熱費未記帳］	(36,000)	( )
［振出小切手未払い］	( )	(190,000)
調整後当座預金残高	(¥ 588,000)	(¥ 588,000)

当座預金出納帳 の次月繰越高	¥ 588,000

解説
i （借)当座預金 42,000 （貸)買 掛 金 42,000
ii 仕訳なし
iii （借)水道光熱費 36,000 （貸)当座預金 36,000
iv 仕訳なし

▶35-10

工 事 収 益	¥ 322,000,000

解説 $¥920,000,000 \times \dfrac{¥257,600,000}{¥736,000,000} = ¥322,000,000$

▶35-11

a	売　上　高	¥❷62,600,000	b	当期商品仕入高	¥❸43,960,000
c	営 業 費 用	¥❹55,122,000	d	経 常 利 益	¥❺ 7,568,000
e	特 別 損 失	¥❻ 1,440,000	f	有価証券評価損	¥❼ 134,000
g	固定資産売却益	¥❶ 107,000	h	当期純利益	¥ 4,364,500

解説 ❶損益勘定貸方の固定資産売却益は，損益計算書の特別利益である。
❷固定資産売却益が算出されれば，損益勘定の合計から貸方の四つを差し引き，残額が売上となる。または売上原価率＝70%より，

$$\dfrac{売上原価¥43,820,000}{売上高} \times 100 = 70\%$$

よって売上高は，
$¥43,820,000 \div 0.7 = ¥62,600,000$
❸損益計算書から売上原価は¥43,820,000。売上原価に期末商品棚卸高を加えた金額¥47,560,000が，期首商品棚卸高＋当期商品仕入高となる。第9期の期首商品棚卸高＝第8期の期末商品棚卸高なので，当期商品仕入高＝¥47,560,000 －¥3,600,000＝¥43,960,000となる。
❹営業費用は，損益勘定借方の仕入～雑費であるので¥55,122,000となる（ただし，仕入は売上原価であることに注意）。
❺経常利益＝営業利益＋営業外収益－営業外費用なので，¥7,478,000＋¥423,000－¥333,000 ＝¥7,568,000となる。
❻特別損失は損益勘定借方の固定資産除却損と災害損失である。
❼営業外費用¥333,000から支払利息と株式交付費を差し引く。

▶35-12

a	売 上 原 価	¥❶33,799,000	b	営業利益	¥❷3,180,000
c	平均在庫日数	❸ 40 日			

解説 ❶売上原価＝¥46,300,000×73%＝¥33,799,000
❷営業利益＝¥46,300,000－¥33,799,000 －¥9,321,000＝¥3,180,000
❸平均在庫日数＝365日÷9.125回＝40日

36 分析の問題 (p.176)

▶36-1

①

a	当 座 比 率❶	94.8 %	b	固 定 比 率❷	148.5 %
c	商品回転率❸	12 回			

②

a	流 動 比 率❹	210 %	b	売上高総利益率❺	37.5 %
c	受取勘定回転率 (売上債権回転率)❻	17.5 回			

③

ア	❼	10 %	イ	❽	4.8 %	ウ	2

解説 （以下の説明は単位千円）
＜東京株式会社＞
❶当座比率＝$\dfrac{当座資産}{流動負債} \times 100$より，

$$\dfrac{2,844}{3,000} \times 100 = 94.8\%$$

❷固定比率＝$\dfrac{固定資産}{自己資本} \times 100$より，

$$\dfrac{5,940}{4,000} \times 100 = 148.5\%$$

❸商品回転率＝$\dfrac{売上原価}{商品有高の平均}$より，

$$\dfrac{14,700}{(期首商品1,296 + 期末商品1,154) \div 2} = 12回$$

＜千葉株式会社＞
❹流動比率＝$\dfrac{流動資産}{流動負債} \times 100$より，

$$\dfrac{1,344}{640} \times 100 = 210\%$$

❺売上高総利益率＝$\dfrac{売上総利益}{売上高} \times 100$より，

$$\dfrac{2,100}{5,600} \times 100 = 37.5\%$$

❻受取勘定回転率＝$\dfrac{売上高}{受取勘定の期首と期末の平均}$より，

$$\dfrac{5,600}{(期首の受取勘定331 + 期末の受取勘定309) \div 2} = 17.5回$$

❼自己資本利益率＝$\dfrac{当期純利益}{自己資本} \times 100$より，

$$\dfrac{400}{4,000} \times 100 = 10\%$$

❽総資本利益率＝$\dfrac{当期純利益}{総資本} \times 100$より，

$$\dfrac{120}{2,500} \times 100 = 4.8\%$$

(1)

a	売　上　高	❶76,000千円	b	営業費用	❷72,045千円
c	経常利益	❸ 4,246千円	d	当期純利益	❹ 2,968千円
e	商品回転率	❺ 12 回			

(2)

a	期末商品 帳簿棚卸高	❻ 5,200千円	b	営業利益	❼ 5,700千円
c	税引前当期純利益	❽ 3,450千円	d	貸借対照表に 記載する商品	❾ 3,800千円

(3)

ア	❿	19,200 千円	イ	⓫	1,400 千円

解説（以下の説明は単位千円）

❶売上高総利益率が22%ということは，売上原価率が78%ということになる。

売上原価率 = $\dfrac{59,280}{売上高}$ × 100 = 78%であるので，

売上高は76,000となる。

❷営業費用 = 59,280 + 12,765 = 72,045

❸経常利益 = 76,000 - 59,280 - 12,765 + 459 - 168 = 4,246

❹税引前当期純利益が4,240なので，その30%が法人税・住民税及び事業税の金額となる。

4,240 × 30% = 1,272

当期純利益 = 4,240 - 1,272 = 2,968

❺商品回転率 = $\dfrac{59,280}{(5,380 + 4,500) ÷ 2}$ = 12回

第7期の期末商品棚卸高＝第8期の期首商品棚卸高である。

❻期末商品帳簿棚卸高 = 68,000 - 62,800 = 5,200

❼営業利益 = 82,000 - 62,800 - 13,500 = 5,700

❽法人税・住民税及び事業税が税引前当期純利益の30%であることから，

税引前当期純利益 × 30% = 1,035

よって税引前当期純利益は3,450である。

❾貸借対照表に記載する商品の金額は，実地棚卸高を記載する。

❿売上総利益 = 82,000 - 62,800 = 19,200

⓫経常利益 = 5,700 + 472 - 242 = 5,930

経常利益＋特別利益－特別損失＝税引前当期純利益となるので，5,930 + 520 - 特別損失 = 3,450より，特別損失は3,000。

棚卸減耗損は3,000 - 1,600 = 1,400となる。

ア	イ❶	ウ❷	エ
3	¥ 285,000	¥ 3,400,000	1

オ❸	カ	キ❹	ク	ケ❺	コ
15 %	1	10 回	5	6 回	2

解説 ❶のれんは次のように求める。

収益還元価値 = ¥56,000 ÷ 8% = ¥700,000

のれんの取得原価 = ¥700,000 - (¥1,160,000 - ¥760,000) = ¥300,000

のれんの償却額 = ¥300,000 ÷ 20年 = ¥15,000

イの金額 = ¥300,000 - ¥15,000 = ¥285,000

❷売上高総利益率が30%であることから，売上原価率は70%となり，

売上高 = ¥2,380,000 ÷ 70% = ¥3,400,000となる。

❸第8期の当期純利益を求める。

税引前当期純利益 = 経常利益¥710,000 - ¥128,000 = ¥582,000

当期純利益 = ¥582,000 - ¥57,000 = ¥525,000

自己資本利益率 = $\dfrac{¥525,000}{¥3,000,000 + ¥270,000 + ¥230,000}$ × 100 = 15%

❹第8期の流動負債を求める。

当座比率 = $\dfrac{当座資産}{流動負債}$ × 100 = 150%であることから

流動負債 = (¥350,000 + ¥320,000 + ¥360,000 + ¥290,000) ÷ 150% = ¥880,000

第8期の商品を求める。

流動比率 = $\dfrac{流動資産}{流動負債¥880,000}$ × 100 = 180%

であることから，

流動資産 = ¥880,000 × 180% = ¥1,584,000

商品 = ¥1,584,000 - (¥350,000 + ¥320,000 + ¥360,000 + ¥290,000 + ¥32,000) = ¥232,000

商品回転率 = $\dfrac{¥2,380,000}{(¥244,000 + ¥232,000) ÷ 2}$ = 10回

❺受取勘定回転率 = $\dfrac{¥3,000,000}{¥220,000 + ¥280,000}$ = 6回

(1)

a	投資その他の 資産合計	❶3,900千円	b	別途積立金	❷1,200千円

(2)

	a		b		c	
ア	イ❸	ウ❹	エ	オ❺	カ
2	145 %	56 %	4	6.8 回	6

解説（以下の説明は単位千円）

❶2,400 + 1,500 = 3,900

❷20,400（第5期純資産合計）- 12,000（第5期資本金）- 1,200（第5期資本剰余金合計） = 7,200（第5期利益剰余金合計）

7,200 - 5,700（第5期繰越利益剰余金） - 600（第5期利益準備金） = 900（第5期別途積立金）

900 + 300 = 1,200

❸第6期貸方金額が負債＋純資産(22,400) = 40,000とわかるので，差額により，第6期売掛金が3,500とわかる。

当座比率 = $\dfrac{当座資産}{流動負債}$ × 100

= $\dfrac{16,240}{11,200}$ × 100 = 145%

❹自己資本比率 = $\dfrac{自己資本}{総資本}$ × 100

= $\dfrac{22,400}{40,000}$ × 100 = 56%

❺受取勘定回転率 = $\dfrac{売上高}{売上債権（平均有高）}$

= $\dfrac{63,240}{5,800 + 3,500}$ = 6.8回

▶36-5

①

	ア❶	イ	ウ❷	エ
	220 %	1	15 %	4

②

a	東南株式会社の投資有価証券勘定 （オ の 金 額）	¥	850,000	❸
b	西北株式会社の有形固定資産の合計額	¥	2,880,000	❹

解説 ❶東南株式会社の流動比率は次のように求める。

$$流動比率 = \frac{流動資産}{流動負債} \times 100 より,$$

$$\frac{¥3,300,000}{¥1,500,000} \times 100 = 220\%$$

❷西北株式会社の売上高成長率（増収率）は次のように求める。

売上高成長率（増収率）

$$= \frac{第8期の売上高 - 第7期の売上高}{第7期の売上高} \times 100 より$$

$$\frac{¥27,600,000 - ¥24,000,000}{¥24,000,000} \times 100 = 15\%$$

❸東南株式会社の投資有価証券勘定（オ）の金額は次のように求める。

$$自己資本利益率 = \frac{当期純利益}{自己資本} \times 100 = 5\% より$$

自己資本 = ¥300,000 ÷ 0.05 = ¥6,000,000となる。

$$固定比率 = \frac{固定資産}{自己資本} \times 100 = 85\% より$$

固定資産 = ¥6,000,000 × 0.85 = ¥5,100,000
¥5,100,000より備品, 土地, 長期貸付金を差し引き, 投資有価証券は¥850,000となる。

❹西北株式会社の有形固定資産の合計額は次のように求める。

$$自己資本利益率 = \frac{¥400,000}{自己資本} \times 100 = 8\% より$$

自己資本 = ¥400,000 ÷ 0.08 = ¥5,000,000

$$負債比率 = \frac{負債}{自己資本} \times 100 = 60\% より$$

負債 = ¥5,000,000 × 0.6 = ¥3,000,000

$$流動比率 = \frac{流動資産}{流動負債} \times 100 = 180\% より$$

流動資産 = (¥780,000 + ¥1,060,000 + ¥160,000) × 1.8
= ¥3,600,000

貸方合計¥8,000,000（負債¥3,000,000 + 自己資本¥5,000,000）は借方合計でもあるので, ¥8,000,000より流動資産, 備品, 投資有価証券, 長期貸付金を差し引き, 土地は¥1,400,000となる。

有形固定資産合計 = 備品 + 土地 = ¥2,880,000となる。

▶36-6

①

	ア❶	イ	ウ❷	エ❸	オ❹	カ
	4.9 %	1	1.2 回	1.0 回	14 回	4

②

a	受取手形（キの金額）	1,800	千円	❺
b	繰越利益剰余金（クの金額）	1,846	千円	❻

解説（以下の説明は単位千円）

❶資料ⅴより営業外収益と営業外費用を求める。
営業外収益 = 240 + 125 + 61 + 14 = 440
営業外費用 = 110 + 73 + 37 = 220
経常利益 = 1,230 + 440 − 220 = 1,450
税引前当期純利益 = 1,450 + 230 = 1,680
当期純利益 = 1,680 − 504 = 1,176

$$第5期の売上高純利益率 = \frac{1,176}{24,000} \times 100 = 4.9\%$$

❷未払法人税等 = 504 − 300 × $\frac{1}{2}$ = 354

資本金は, 資本金に計上しない額が資本準備金となり, 会社法に規定する額が$\frac{1}{2}$であるため, 資本準備金の増額と同じ400が資本金に加えられ, 8,400となる。

配当金に関連して利益準備金に30が積み立てられ454となる。

負債・純資産合計は20,000となる。

$$第5期の総資本回転率 = \frac{24,000}{20,000} = 1.2回$$

❸$$第4期の総資本回転率 = \frac{17,500}{17,500} = 1.0回$$

❹$$第4期の商品回転率 = \frac{14,000}{(1,046 + 954) \div 2} = 14回$$

❺第5期の当座比率

$$= \frac{当座資産}{流動負債(2,376 + 2,390 + 354)} \times 100 = 130\% より$$

当座資産 = 5,120 × 130% = 6,656
受取手形 = 6,656 − 1,564 − 1,960 − 1,332 = 1,800

❻繰越利益剰余金 = 11,600 − 8,400 − 900 − 454
= 1,846
（別の解法）
第3期繰越利益剰余金1,000
− 6/28剰余金の配当・処分330
+ 第4期当期純利益1,176
= 1,846

▶36-7

(1)

	a	経常利益 ❶	3,100千円	b	当期商品仕入高 ❷	38,800千円

(2)

	a	営業利益 ❸	5,800千円	b	自己資本 ❹	117,000千円

(3)

	a			b		
ア❺	イ	ウ	エ❻	オ	カ
80 %	2	4	12 回	6	8

解説 (以下の説明は単位千円)

❶税引前当期純利益 = 3,190 + 1,650 = 4,840
経常利益 = 4,840 + 560 − 2,300 = 3,100

❷売上原価38,400 = 3,000 + 当期商品仕入高 − 3,400
よって,当期商品仕入高 = 38,800

❸売上原価率が75%なので,売上原価は
52,000 × 75% = 39,000
営業利益 = 52,000 − 39,000 − 7,200 = 5,800

❹自己資本利益率4% = $\frac{4,680}{自己資本} \times 100$
自己資本 = 4,680 ÷ 4% = 117,000

❺売上原価率 = $\frac{38,400}{48,000} \times 100 = 80\%$
売上原価率は,比率が低いほど利幅が大きいことを示す。

❻商品回転率 = $\frac{38,400}{(3,000 + 3,400) \div 2} = 12$回
商品回転率は,回転率が高いほど商品の在庫期間が短く,販売効率がよいことを示す。

▶36-8

(1)

	a	固定負債合計 ❶	4,020千円	b	利益剰余金合計 ❷	6,120千円

(2)

	a	b		c		
ア	イ❸	ウ❹	エ	オ❺	カ
1	208 %	1.6 回	3	6.8 回	5

解説 (以下の説明は単位千円)

❶3,170 + 850 = 4,020

❷5,140 (第3期利益剰余金合計) + 980 = 6,120

❸第4期貸方金額が負債 + 純資産(22,640) = 31,960とわかるので,差額により,第4期商品が580とわかる。

流動比率 = $\frac{流動資産}{流動負債} \times 100$
$= \frac{11,024}{5,300} \times 100 = 208\%$

❹総資本回転率 = $\frac{売上高}{総資本} \times \frac{51,136}{31,960} = 1.6$回

❺受取勘定回転率 = $\frac{売上高}{売上債権(平均有高)}$
$= \frac{51,136}{1,340 + 6,180} = 6.8$回

---

37 財務諸表作成の問題 (p.186)

▶37-1

損 益 計 算 書

京都商事株式会社　令和○2年4月1日から令和○3年3月31日まで　　　(単位:円)

Ⅰ	売 上 高		62,711,200
Ⅱ	売 上 原 価		
	1. 期首商品棚卸高	1,872,500	
	2. 当期商品仕入高	(48,974,400)	
	合 計	(50,846,900)	
	3. 期末商品棚卸高	(1,936,000)❶	
		(48,910,900)	
	4. (棚卸減耗損)	(73,600)❶	
	5. (商品評価損)	(52,000)❶	(49,036,500)
	売 上 総 利 益		(13,674,700)
Ⅲ	販売費及び一般管理費		
	1. 給 料	6,501,640	
	2. 発 送 費	699,200	
	3. 広 告 料	1,273,600	
	4. (貸倒引当金繰入)	(50,200)❷	
	5. (貸 倒 損 失)	(48,000)①	
	6. (減 価 償 却 費)	(478,400)❺	
	7. (退職給付費用)	(641,600)❽	
	8. 消 耗 品 費	(381,630)	
	9. 保 険 料	(384,000)❻	
	10. 租 税 公 課	218,360	
	11. 雑 費	139,170	(10,815,800)
	営 業 利 益		(2,858,900)
Ⅳ	営 業 外 収 益		
	1. (受 取 地 代)	(384,000)	
	2. (受 取 配 当 金)	(81,600)	
	3. (有価証券利息)	(38,400)②❹	
	4. 有価証券売却益	112,000	
	5. (有価証券評価益)	(24,000)❸	(640,000)
Ⅴ	営 業 外 費 用		
	1. (支 払 利 息)	(76,800)❼	(76,800)
	経 常 利 益		(3,422,100)
Ⅵ	特 別 損 失		
	1. (固定資産売却損)	(112,000)	(112,000)
	税引前当期純利益		(3,310,100)
	法人税・住民税及び事業税		(1,025,600)❾
	当 期 純 利 益		(2,284,500)

貸借対照表

京都商事株式会社　　　令和○3年3月31日　　　（単位：円）

資 産 の 部

I 流 動 資 産

1. 現 金 預 金			(3,375,600)②
2. 受 取 手 形	(1,120,000)		
貸倒引当金	(11,200)❷	(1,108,800)	
3.(電子記録債権)	(1,440,000)		
貸倒引当金	(14,400)❷	(1,425,600)	
4. 売 掛 金	(2,460,000)①		
貸倒引当金	(24,600)❷	(2,435,400)	
5.(有 価 証 券)		(960,000)❸	
6.(商　　　　品)		(1,810,400)❶	
7.(前 払 費 用)		(48,000)❻	
流動資産合計			(11,163,800)

II 固 定 資 産

(1) 有形固定資産

1. 建　　　　物	6,000,000		
減価償却累計額	(1,440,000)❺	(4,560,000)	
2. 備　　　　品	2,800,000		
減価償却累計額	(1,366,400)❺	(1,433,600)	
3. 土　　　　地		2,829,600	
4.(建 設 仮 勘 定)		(4,691,200)	
有形固定資産合計		(13,514,400)	

(2) 投資その他の資産

1.(投資有価証券)		(1,561,600)❹	
投資その他の資産合計		(1,561,600)	
固定資産合計			(15,076,000)
資 産 合 計			(26,239,800)

負 債 の 部

I 流 動 負 債

1. 支 払 手 形	560,800	
2.(電子記録債務)	(320,000)	
3. 買 掛 金	1,361,600	
4.(未 払 費 用)	(6,400)❼	
5.(未払法人税等)	(536,100)❾	
流動負債合計		(2,784,900)

II 固 定 負 債

1. 長 期 借 入 金	(3,200,000)	
2.(退職給付引当金)	(1,495,200)❽	
固定負債合計		(4,695,200)
負 債 合 計		(7,480,100)

純 資 産 の 部

I 株 主 資 本

(1) 資 本 金		11,200,000
(2) 資本剰余金		
1. 資 本 準 備 金	1,520,000	
資本剰余金合計		1,520,000
(3) 利益剰余金		
1. 利 益 準 備 金	1,040,000	
2. その他利益剰余金		
① 別 途 積 立 金	664,000	
②(繰越利益剰余金)	(2,735,700)	
利益剰余金合計		(4,439,700)
株主資本合計		(17,159,700)

II (新 株 予 約 権) (1,600,000)

純資産合計	(18,759,700)
負債及び純資産合計	(26,239,800)

解説 [付記事項の仕訳]

① (借)貸倒引当金　12,000　(貸)売掛金　60,000
　　　貸倒損失　48,000

　貸し倒れ発生額が貸倒引当金勘定の残高より大きい場合，その超過分は貸倒損失勘定(費用)で処理する。

② (借)当座預金　16,000　(貸)有価証券利息　16,000

[決算整理事項の仕訳]

❶ a.(借)仕 入　1,872,500　(貸)繰越商品　1,872,500
　　(借)繰越商品　1,936,000　(貸)仕 入　1,936,000
　　(借)棚卸減耗損　73,600　(貸)繰越商品　73,600
　　(借)商品評価損　52,000　(貸)繰越商品　52,000
　　(借)仕 入　73,600　(貸)棚卸減耗損　73,600
　　(借)仕 入　52,000　(貸)商品評価損　52,000

期末商品棚卸高

A品　原価@¥920×帳簿数量1,200個＝¥1,104,000
B品　〃 @¥800×　〃　1,040個＝¥ 832,000
　　　合計　　　　　　　　　　¥1,936,000

棚卸減耗損

A品　(帳簿数量1,200個－実地数量1,120個)
　　　×原価@¥920＝¥73,600
　　　…B品は帳簿数量と実地数量が同数なので，減耗は発生していない。

商品評価損

B品　(原価@¥800－正味売却価額@¥750)
　　　×実地数量1,040個＝¥52,000
　　　…A品は原価より正味売却価額が下落していないので原価のままとし，商品評価損は計上されない。

貸借対照表に記載する「商品」額は，¥1,936,000－¥73,600－¥52,000＝¥1,810,400

❷ b.(借)貸倒引当金繰入　50,200　(貸)貸倒引当金　50,200
(受取手形¥1,120,000＋電子記録債権¥1,440,000＋売掛金¥2,520,000－付記事項①¥60,000)×1％－貸倒引当金勘定残高¥0＝¥50,200

貸借対照表に記載する「貸倒引当金」額は，受取手形・電子記録債権・売掛金残高のそれぞれの1％分。

❸ c.(借)売買目的有価証券　24,000　(貸)有価証券評価益　24,000
時価@¥3,200×300株－帳簿価額¥936,000＝¥24,000(益)

貸借対照表に記載する「有価証券」額は，時価の¥960,000

❹ (借)満期保有目的債券　6,400　(貸)有価証券利息　6,400
償却原価法による評価額¥1,561,600－帳簿価額¥1,555,200＝¥6,400

満期保有目的債券は，評価額¥1,561,600で貸借対照表の投資その他の資産の区分に「投資有価証券」として表示する。

損益計算書に記載する「有価証券利息」額は，勘定残高¥16,000＋付記事項②¥16,000＋上記¥6,400＝¥38,400

❺ d.(借)減価償却費　478,400　(貸)建物減価償却累計額　120,000
　　　　　　　　　　　備品減価償却累計額　358,400

建物：(取得原価¥6,000,000－残存価額¥0)÷50年＝¥120,000

備品：(取得原価¥2,800,000－減価償却累計額¥1,008,000)×20％＝¥358,400

— 62 —

貸借対照表に記載する建物の「減価償却累計額」は，勘定残高¥1,320,000＋上記¥120,000＝¥1,440,000

備品の「減価償却累計額」は，勘定残高¥1,008,000＋上記¥358,400＝¥1,366,400

❻e.（借）前払保険料　48,000　（貸）保険料　48,000
保険料の繰り延べ処理は4か月分（次期4月〜7月）

$¥144,000 × \dfrac{4か月}{12か月} = ¥48,000$

損益計算書に記載する「保険料」額は，勘定残高¥432,000−上記¥48,000＝¥384,000

❼f.（借）支払利息　6,400　（貸）未払利息　6,400
支払利息の見越し処理は1か月分（当期3月）

$¥3,200,000 × 2.4\% × \dfrac{1か月}{12か月} = ¥6,400$

損益計算書に記載する「支払利息」額は，勘定残高¥70,400＋上記¥6,400＝¥76,800

❽g.（借）退職給付費用　641,600　（貸）退職給付引当金　641,600
貸借対照表に記載する「退職給付引当金」額は，勘定残高¥853,600＋上記¥641,600＝¥1,495,200

❾h.（借）法人税等　1,025,600　（貸）仮払法人税等　489,500
　　　　　　　　　　　　　　未払法人税等　536,100

▶**37-2**

損 益 計 算 書

東京商事株式会社　令和○5年4月1日から令和○6年3月31日まで　　　（単位:円）

Ⅰ　売　上　高　　　　　　　　　　　　　　　　　　56,552,430
Ⅱ　売　上　原　価
　　1.　期首商品棚卸高　　3,547,500
　　2.　当期商品仕入高　　43,767,520
　　　　合　　　計　　　（47,315,020）
　　3.　期末商品棚卸高　（ 3,822,000）❶
　　　　　　　　　　　　（43,493,020）
　　4.（棚卸減耗損）　（　　78,000）❶
　　5.（商品評価損）　（　　72,000）❶（43,643,020）
　　　　売 上 総 利 益　　　　　　　　（12,909,410）
Ⅲ　販売費及び一般管理費
　　1.　給　　　　　料　　3,064,820
　　2.　発　送　費　　1,191,570
　　3.　広　告　料　　952,500
　　4.（貸倒引当金繰入）（　　61,050）❸
　　5.（減価償却費）　（　822,000）❺
　　6.（退職給付費用）　（　322,500）❽
　　7.　通　信　費　　167,500
　　8.　消　耗　品　費　　42,400
　　9.　支　払　家　賃　（　810,000）❻
　　10.　保　険　料　　234,000
　　11.　租　税　公　課　　246,380
　　12.　雑　　　　　費　　　70,520　（ 7,985,240）
　　　　営　業　利　益　　　　　　　（ 4,924,170）
Ⅳ　営　業　外　収　益
　　1.　受　取　手　数　料　　133,500
　　2.（受　取　配　当　金）（　39,000）（　172,500）
Ⅴ　営　業　外　費　用
　　1.（支　払　利　息）（　64,000）❼
　　2.（有価証券評価損）（　90,000）❹
　　3.（為　替　差　損）（　60,000）❷（　214,000）
　　　　経　常　利　益　　　　　　　（ 4,882,670）
Ⅵ　特　別　利　益
　　1.（固定資産売却益）（　97,500）（　97,500）
Ⅶ　特　別　損　失
　　1.（固定資産除却損）（　63,000）②（　63,000）
　　　　税引前当期純利益　　　　　　（ 4,917,170）
　　　　法人税・住民税
　　　　及び事業税　　　　　　　（ 1,624,000）❾
　　　　当　期　純　利　益　　　　（ 3,293,170）

貸借対照表

東京商事株式会社　　令和〇6年3月31日　　（単位：円）

資産の部

I　流動資産

1．現金預金		(4,452,960)
2．受取手形	(3,975,000)	
貸倒引当金	(39,750)❸	(3,935,250)
3．売　掛　金	(3,330,000)①	
貸倒引当金	(33,300)❸	(3,296,700)
4．(有価証券)		(2,115,000)❹
5．(商　　品)		(3,672,000)❶
6．(前払費用)		(270,000)❻
流動資産合計		(17,741,910)

II　固定資産

(1) 有形固定資産

1．備　　品	4,200,000	
減価償却累計額	(1,512,000)❺	(2,688,000)
2．(土　　地)		(8,206,000)
3．(リース資産)	(750,000)	
減価償却累計額	300,000 ❺	(450,000)
有形固定資産合計		(11,344,000)
固定資産合計		(11,344,000)
資　産　合　計		(29,085,910)

負債の部

I　流動負債

1．支払手形		1,807,000
2．買　掛　金		(3,675,600)❷
3．短期借入金		(1,800,000)
4．リース債務		(150,000)③
5．(未払費用)		(18,000)❼
6．(未払法人税等)		(801,100)❾
流動負債合計		(8,251,700)

II　固定負債

1．(リース債務)		(300,000)③
2．退職給付引当金		(1,548,040)❽
固定負債合計		(1,848,040)
負　債　合　計		(10,099,740)

純資産の部

I　株主資本

(1) 資　本　金		13,000,000
(2) 資本剰余金		
1．資本準備金	900,000	
資本剰余金合計		900,000
(3) 利益剰余金		
1．利益準備金	750,000	
2．その他利益剰余金		
① 別途積立金	510,000	
②(繰越利益剰余金)	(3,826,170)	
利益剰余金合計		(5,086,170)
株主資本合計		(18,986,170)
純資産合計		(18,986,170)
負債及び純資産合計		(29,085,910)

解説 ［付記事項の仕訳等］

①(借)仮 受 金 135,000　(貸)売 掛 金 135,000

②(借)固定資産除却損 63,000　(貸)雑 損 63,000

③リース債務¥450,000は残り3年のリース期間に対するものであるから，1年以内の短期分である$¥450,000 \times \dfrac{1\,年}{3\,年} = ¥150,000$は流動負債の区分に，残りの¥300,000は固定負債の区分に表示する。

［決算整理事項の仕訳］

❶a.
(借)仕　入	3,547,500	(貸)繰越商品	3,547,500
(借)繰越商品	3,822,000	(貸)仕　入	3,822,000
(借)棚卸減耗損	78,000	(貸)繰越商品	78,000
(借)商品評価損	72,000	(貸)繰越商品	72,000
(借)仕　入	78,000	(貸)棚卸減耗損	78,000
(借)仕　入	72,000	(貸)商品評価損	72,000

期末商品棚卸高
原価@¥7,800×帳簿数量490個＝¥3,822,000

棚卸減耗損
(帳簿数量490個－実地数量480個)
×原価@¥7,800＝¥78,000

商品評価損
(原価@¥7,800－正味売却価額@¥7,650)
×実地数量480個＝¥72,000

貸借対照表に記載する「商品」額は，¥3,822,000－¥78,000－¥72,000＝¥3,672,000

❷b.(借)為替差損益 60,000　(貸)買掛金 60,000
決算時の為替レートによる買掛金円換算額は，12,000ドル×@¥130＝¥1,560,000
取引日の買掛金円換算額は，12,000ドル×@¥125＝¥1,500,000
よって，¥1,560,000－¥1,500,000＝¥60,000について買掛金を増額するとともに，為替差損益勘定(差損分)を借方に計上する。なお，本問の為替差損益は，「為替差損」として損益計算書の営業外費用に表示する。

❸c.(借)貸倒引当金繰入 61,050　(貸)貸倒引当金 61,050
(受取手形¥3,975,000＋売掛金¥3,465,000－付記事項①¥135,000)×1％－貸倒引当金勘定残高¥12,000＝¥61,050
貸借対照表に記載する「貸倒引当金」額は，受取手形・売掛金残高のそれぞれの1％分。

❹d.(借)有価証券評価損 90,000　(貸)売買目的有価証券 90,000
(時価@¥70,500－帳簿価額@¥73,500)×30株＝△¥90,000(損)
貸借対照表に記載する「有価証券」額は，時価の¥2,115,000

❺e.(借)減価償却費 822,000　(貸)備品減価償却累計額 672,000
リース資産減価償却累計額 150,000

備　品：(取得原価¥4,200,000－減価償却累計額¥840,000)×20％＝¥672,000
リース資産：(取得原価¥750,000－残存価額¥0)÷5年＝¥150,000
貸借対照表に記載する備品の「減価償却累計額」は，勘定残高¥840,000＋上記¥672,000＝¥1,512,000
リース資産の「減価償却累計額」は，勘定残高¥150,000＋上記¥150,000＝¥300,000

❻f.(借)前払家賃 270,000　(貸)支払家賃 270,000

支払家賃の繰り延べ処理は4か月分(次期4月〜7月)

$$¥405,000 × \frac{4か月}{6か月} = ¥270,000$$

損益計算書に記載する「支払家賃」額は, 勘定残高¥1,080,000 − 上記¥270,000 = ¥810,000

❼g. (借)支払利息 18,000 (貸)未払利息 18,000
損益計算書に記載する「支払利息」額は, 勘定残高¥46,000 + 上記¥18,000 = ¥64,000

❽h. (借)退職給付費用 322,500 (貸)退職給付引当金 322,500
貸借対照表に記載する「退職給付引当金」額は, 勘定残高¥1,225,540 + 上記¥322,500 = ¥1,548,040

❾i. (借)法人税等 1,624,000 (貸)仮払法人税等 822,900
　　　　　　　　　　　　　　未払法人税等 801,100

▶37-3

損 益 計 算 書

佐賀物産株式会社　令和○1年4月1日から令和○2年3月31日まで　　　(単位:円)

I 売 上 高		75,903,160
II 売 上 原 価		
1. 期首商品棚卸高	5,120,000	
2. 当期商品仕入高	(59,831,870)	
合　計	(64,951,870)	
3. 期末商品棚卸高	(5,420,000)❶	
	(59,531,870)	
4. (棚卸減耗損)	(108,400)❶	
5. (商品評価損)	(117,600)❶	(59,757,870)
売上総利益		(16,145,290)
III 販売費及び一般管理費		
1. 給　料	3,801,600	
2. 発 送 費	1,216,450	
3. 広 告 料	2,585,340	
4. (貸倒引当金繰入)	(25,600)❷	
5. (減価償却費)	(800,000)❺	
6. (退職給付費用)	(792,300)❽	
7. 通 信 費	278,400	
8. 消 耗 品 費	62,210	
9. 保 険 料	(240,000)❻	
10. 支 払 家 賃	(2,044,000)	
11. 租 税 公 課	315,140	
12. 雑 費	216,860	(12,377,900)
営 業 利 益		(3,767,390)
IV 営 業 外 収 益		
1. (受 取 利 息)	(4,800)	
2. (有価証券利息)	(320,000)❹	(324,800)
V 営 業 外 費 用		
1. (支 払 利 息)	(182,400)❼	
2. (有価証券評価損)	(217,600)❸	(400,000)
経 常 利 益		(3,692,190)
VI 特 別 利 益		
1. (固定資産売却益)	(224,000)	(224,000)
VII 特 別 損 失		
1. (固定資産除却損)	(160,000)	(160,000)
税引前当期純利益		(3,756,190)
法人税・住民税及び事業税	(1,163,400)❾	
法人税等調整額	(△48,000)❿	(1,115,400)
当 期 純 利 益		(2,640,790)

貸借対照表

佐賀物産株式会社　　令和○2年3月31日　　（単位：円）

資産の部

Ⅰ 流動資産

1. 現金預金 （ 6,835,310 ）
2. 受取手形 （ 3,840,000 ）
   貸倒引当金 （ 38,400 ）❷（ 3,801,600 ）
3. 売掛金 （ 2,400,000 ）①
   貸倒引当金 （ 24,000 ）❷ 2,376,000
4. （有価証券） （ 4,166,400 ）②❸
5. （商品） （ 5,194,000 ）❶
6. （前払費用） （ 80,000 ）❻
   流動資産合計 （ 22,453,310 ）

Ⅱ 固定資産

(1) 有形固定資産
1. 備品 3,200,000
   減価償却累計額 （ 1,600,000 ）❺（ 1,600,000 ）
2. 土地 20,736,000
   有形固定資産合計 （ 22,336,000 ）

(2) 投資その他の資産
1. （投資有価証券） （ 6,208,000 ）❹
2. （長期貸付金） （ 800,000 ）
3. （繰延税金資産） （ 96,000 ）❿
   投資その他の資産合計 （ 7,104,000 ）
   固定資産合計 （ 29,440,000 ）
   資産合計 （ 51,893,310 ）

負債の部

Ⅰ 流動負債

1. 支払手形 4,032,000
2. 買掛金 3,499,120
3. （短期借入金） （ 1,920,000 ）
4. （未払費用） （ 86,400 ）❼
5. （未払法人税等） （ 540,200 ）❾
   流動負債合計 （ 10,077,720 ）

Ⅱ 固定負債

1. （長期借入金） （ 5,760,000 ）
2. 退職給付引当金 （ 3,798,800 ）❽
   固定負債合計 （ 9,558,800 ）
   負債合計 （ 19,636,520 ）

純資産の部

Ⅰ 株主資本

(1) 資本金 22,800,000
(2) 資本剰余金
1. 資本準備金 3,200,000
   資本剰余金合計 3,200,000
(3) 利益剰余金
1. 利益準備金 2,480,000
2. その他利益剰余金
   ① 新築積立金 720,000
   ②（繰越利益剰余金） （ 3,056,790 ）
   利益剰余金合計 （ 6,256,790 ）
   株主資本合計 （ 32,256,790 ）
   純資産合計 （ 32,256,790 ）
   負債及び純資産合計 （ 51,893,310 ）

解説 ［付記事項の仕訳］

① (借)仮受金 128,000 (貸)売掛金 128,000
② (借)売買目的有価証券 6,400 (貸)支払手数料 6,400

［決算整理事項の仕訳］

❶ a.(借)仕入 5,120,000 (貸)繰越商品 5,120,000
(借)繰越商品 5,420,000 (貸)仕入 5,420,000
(借)棚卸減耗損 108,400 (貸)繰越商品 108,400
(借)商品評価損 117,600 (貸)繰越商品 117,600
(借)仕入 108,400 (貸)棚卸減耗損 108,400
(借)仕入 117,600 (貸)商品評価損 117,600

期末商品棚卸高
原価@¥2,710×帳簿数量2,000個＝¥5,420,000

棚卸減耗損
（帳簿数量2,000個－実地数量1,960個）
×原価@¥2,710＝¥108,400

商品評価損
（原価@¥2,710－正味売却価額@¥2,650）
×実地数量1,960個＝¥117,600

貸借対照表に記載する「商品」額は，¥5,420,000
－¥108,400－¥117,600＝¥5,194,000

❷ b.(借)貸倒引当金繰入 25,600 (貸)貸倒引当金 25,600
（受取手形¥3,840,000＋売掛金¥2,528,000
－付記事項①¥128,000）×1％－貸倒引当金
勘定残高¥36,800＝¥25,600
貸借対照表に記載する「貸倒引当金」額は，受
取手形・売掛金残高のそれぞれの1％分。

❸ c.(借)有価証券評価損 217,600 (貸)売買目的有価証券 217,600
南北株　時価@¥25,280×100株＝¥2,528,000
熊本株　時価@¥5,120×320株＝¥1,638,400
　　　時価合計　　　　　¥4,166,400
帳簿価額は，勘定残高¥4,377,600＋付記事項
②¥6,400＝¥4,384,000
時価合計¥4,166,400－帳簿価額¥4,384,000
＝△¥217,600（損）
貸借対照表に記載する「有価証券」額は，時価
合計の¥4,166,400

❹ (借)満期保有目的債券 32,000 (貸)有価証券利息 32,000
償却原価法による評価額¥6,208,000－帳簿価
額¥6,176,000＝¥32,000
満期保有目的債券は，評価額¥6,208,000で貸
借対照表の投資その他の資産の区分に「投資有
価証券」として表示する。
損益計算書に記載する「有価証券利息」額は，
勘定残高¥288,000＋上記¥32,000＝¥320,000

❺ d.(借)減価償却費 800,000 (貸)備品減価償却累計額 800,000
（取得原価¥3,200,000－残存価額¥0）÷4年
＝¥800,000
貸借対照表に記載する備品の「減価償却累計
額」は，勘定残高¥800,000＋上記¥800,000
＝¥1,600,000

❻ e.(借)前払保険料 80,000 (貸)保険料 80,000
保険料の繰り延べ処理は4か月分（次期4月～
7月）

$$¥120,000×\frac{4か月}{6か月}＝¥80,000$$

損益計算書に記載する「保険料」額は，勘定残
高¥320,000－上記¥80,000＝¥240,000

❼ f.(借)支払利息 86,400 (貸)未払利息 86,400
損益計算書に記載する「支払利息」額は，勘定

— 66 —

残高￥96,000＋上記￥86,400＝￥182,400

❽ g.(借)退職給付費用　792,300　(貸)退職給付引当金　792,300
貸借対照表に記載する「退職給付引当金」額は，勘定残高￥3,006,500＋上記￥792,300＝￥3,798,800

❾ h.(借)法人税等　1,163,400　(貸)仮払法人税等　623,200
　　　　　　　　　　　　　　未払法人税等　540,200

❿ i.(借)繰延税金資産　48,000　(貸)法人税等調整額　48,000
(期末一時差異￥320,000－期首一時差異￥160,000)×法定実効税率30％＝￥48,000
貸借対照表に記載する「繰延税金資産」は，勘定残高￥48,000＋上記￥48,000＝￥96,000
繰延税金資産は，貸借対照表の投資その他の資産の区分に表示する。
貸方残高の法人税等調整額は，損益計算書の法人税・住民税及び事業税の次の行に税額を減額修正するように記載する。

▶37-4

損　益　計　算　書

岩手商事株式会社　令和〇3年4月1日から令和〇4年3月31日まで　　　(単位:円)

I	売　上　高		77,899,240
II	売　上　原　価		
	1. 期首商品棚卸高	6,606,400	
	2. 当期商品仕入高	51,572,860	
	合　　計	(58,179,260)	
	3. 期末商品棚卸高	(　7,680,000)❶	
		(50,499,260)	
	4.(棚卸減耗損)	(　104,000)❶	
	5.(商品評価損)	(　60,800)❶	(50,664,060)
	売上総利益		(27,235,180)
III	販売費及び一般管理費		
	1. 給　　　料	7,977,600	
	2. 発　送　費	875,200	
	3. 広　告　料	3,841,600	
	4.(貸倒引当金繰入)	(　159,600)❸	
	5.(減価償却費)	(1,769,600)❻	
	6.(退職給付費用)	(　384,500)❾	
	7. 通　信　費	288,720	
	8. 消　耗　品　費	245,280	
	9. 支　払　家　賃	1,344,000	
	10.(支　払　地　代)	(2,323,200)	
	11. 保　険　料	(　443,200)❼	
	12. 租　税　公　課	549,540	
	13. 雑　　　費	35,380	(20,237,420)
	営業利益		(6,997,760)
IV	営業外収益		
	1. 受　取　利　息	91,200	
	2.(受取配当金)	(　76,800)	
	3.(有価証券評価益)	(　35,200)❹	(　203,200)
V	営業外費用		
	1.(支　払　利　息)	(　237,000)❽	
	2.(為　替　差　損)	(　36,000)❷	(　273,000)
	経常利益		(6,927,960)
VI	特　別　利　益		
	1.(固定資産売却益)	(1,561,600)	(1,561,600)
	税引前当期純利益		(8,489,560)
	法人税・住民税及び事業税		(2,557,600)❿
	当期純利益		(5,931,960)

— 67 —

貸借対照表

岩手商事株式会社　令和○4年3月31日　（単位：円）

資産の部

I 流動資産

1. 現金預金		(4,752,920)
2. 受取手形	(3,203,500)	
貸倒引当金	(64,070)❸	(3,139,430)
3. 売掛金	(5,176,500)❷	
貸倒引当金	(103,530)❸	(5,072,970)
4. (有価証券)		(2,323,200)❹
5. (商品)		(7,515,200)❶
6. 短期貸付金		2,240,000
7. (前払費用)		(36,800)❼
流動資産合計		(25,080,520)

II 固定資産

(1) 有形固定資産

1. 建物	(29,088,000)①	
減価償却累計額	(969,600)❻	(28,118,400)
2. (リース資産)	(6,400,000)	
減価償却累計額	(2,400,000)❻	(4,000,000)
有形固定資産合計		(32,118,400)

(2) 投資その他の資産

1. (投資有価証券)		(2,290,400)❺
投資その他の資産合計		(2,290,400)
固定資産合計		(34,408,800)
資産合計		(59,489,320)

負債の部

I 流動負債

1. 支払手形		3,920,000
2. 買掛金		(7,977,600)❷
3. リース債務		(800,000)②
4. (未払費用)		(80,000)❽
5. (未払法人税等)		(1,227,700)❿
流動負債合計		(14,005,300)

II 固定負債

1. (長期借入金)		(4,800,000)
2. (リース債務)		(3,200,000)②
3. 退職給付引当金		(2,543,260)❾
4. (繰延税金負債)		(22,800)❺
固定負債合計		(10,566,060)
負債合計		(24,571,360)

純資産の部

I 株主資本

(1) 資本金		24,000,000
(2) 資本剰余金		
1. 資本準備金	2,880,000	
資本剰余金合計		2,880,000
(3) 利益剰余金		
1. 利益準備金	1,168,000	
2. その他利益剰余金		
① 別途積立金	320,000	
② 繰越利益剰余金	(6,496,760)	
利益剰余金合計		(7,984,760)
株主資本合計		(34,864,760)

II 評価・換算差額等

1. (その他有価証券評価差額金)		(53,200)❺
評価・換算差額等合計		(53,200)
純資産合計		(34,917,960)
負債及び純資産合計		(59,489,320)

解説 [付記事項の仕訳等]

①(借)建物 288,000 (貸)支払手数料 288,000

②リース債務¥4,000,000は残り5年のリース期間に対するものであるから，1年以内の短期分である$¥4,000,000 \times \dfrac{1年}{5年} = ¥800,000$は流動負債の区分に，残りの¥3,200,000は固定負債の区分に表示する。

[決算整理事項の仕訳]

❶ a.

(借)仕 入	6,606,400	(貸)繰越商品	6,606,400
(借)繰越商品	7,680,000	(貸)仕 入	7,680,000
(借)棚卸減耗損	104,000	(貸)繰越商品	104,000
(借)商品評価損	60,800	(貸)繰越商品	60,800
(借)仕 入	104,000	(貸)棚卸減耗損	104,000
(借)仕 入	60,800	(貸)商品評価損	60,800

期末商品棚卸高

A品 原価@¥1,500×帳簿数量3,040個＝¥4,560,000
B品 〃 @¥1,040× 〃 3,000個＝¥3,120,000
　合計 ¥7,680,000

棚卸減耗損

B品 (帳簿数量3,000個－実地数量2,900個)
　×原価@¥1,040＝¥104,000
　…A品は帳簿数量と実地数量が同数なので，減耗は発生していない。

商品評価損

A品 (原価@¥1,500－正味売却価額@¥1,480)
　×実地数量3,040個＝¥60,800
　…B品は原価より正味売却価額が下落していないので原価のままとし，商品評価損は計上されない。

貸借対照表に記載する「商品」額は，¥7,680,000－¥104,000－¥60,800＝¥7,515,200

❷ b.

(借)売掛金	60,000	(貸)為替差損益	60,000
(借)為替差損益	96,000	(貸)買掛金	96,000

〈売掛金〉

決算時の為替レートによる売掛金円換算額は，12,000ドル×@¥135＝¥1,620,000

取引日の売掛金円換算額は，12,000ドル×@¥130＝¥1,560,000

よって，¥1,620,000－¥1,560,000＝¥60,000について売掛金を増額するとともに，為替差損益勘定(差益分)を貸方に計上する。

〈買掛金〉

決算時の為替レートによる買掛金円換算額は，16,000ドル×@¥135＝¥2,160,000

取引日の買掛金円換算額は，16,000ドル×@¥129＝¥2,064,000

よって，¥2,160,000－¥2,064,000＝¥96,000について買掛金を増額するとともに，為替差損益勘定(差損分)を借方に計上する。

なお，損益計算書には，為替差損益勘定の残高(借方分と貸方分を相殺した純額)を計上する。本問では，借方残高¥36,000を「為替差損」として営業外費用に表示する。

❸ c.

(借)貸倒引当金繰入	159,600	(貸)貸倒引当金	159,600

(受取手形¥3,203,500＋売掛金¥5,116,500＋決算b.¥60,000)×2％－貸倒引当金勘定残高¥8,000＝¥159,600

貸借対照表に記載する「貸倒引当金」額は，受

取手形・売掛金残高のそれぞれの2％分。

❹ d.(借)売買目的 35,200 (貸)有価証券評価益 35,200
　　　有価証券

　　山形株　時価@¥60,640×30株＝¥1,819,200
　　青森株　時価@¥25,200×20株＝¥　504,000
　　　　時価合計　　　　　　　　 ¥2,323,200

　　時価合計¥2,323,200－帳簿価額¥2,288,000
　　＝¥35,200(益)

　　貸借対照表に記載する「有価証券」額は，時価
　　合計の¥2,323,200

❺ (借)その他有価証券 76,000 (貸)繰延税金負債 22,800
　　　　　　　　　　　　　　　　その他有価証券 53,200
　　　　　　　　　　　　　　　　評価差額金

　　その他有価証券評価高(時価)は，@¥57,260
　　×40株＝¥2,290,400

　　この金額で貸借対照表の投資その他の資産の
　　区分に「投資有価証券」として表示する。
　　時価¥2,290,400－帳簿価額¥2,214,400
　　＝¥76,000が評価差額となるが，税効果会計
　　を適用するので，¥76,000×法定実効税率
　　30％＝¥22,800を「繰延税金負債」として固定
　　負債の区分に表示し，差額の¥53,200を「その
　　他有価証券評価差額金」として純資産の部の
　　評価・換算差額等の区分に表示する。

❻ e.(借)減価償却費 1,769,600 (貸)建物減価 969,600
　　　　　　　　　　　　　　　　償却累計額
　　　　　　　　　　　　　　　　リース資産 800,000
　　　　　　　　　　　　　　　　減価償却累計額

　　建　物：勘定残高¥28,800,000＋付記事項①¥288,000
　　　　　　　　　　　　(建物の取得原価)
　　　　　　－残存価額¥0)÷30年＝¥969,600

　　リース資産：(取得原価¥6,400,000－残存価額¥0)
　　　　　　　÷8年＝¥800,000

　　貸借対照表に記載するリース資産の「減価償
　　却累計額」は，勘定残高¥1,600,000＋上記
　　¥800,000＝¥2,400,000

❼ f.(借)前払保険料 36,800 (貸)保険料 36,800
　　保険料の繰り延べ処理は1か月分(次期4月
　　分)

　　¥441,600×$\frac{1か月}{12か月}$＝¥36,800

　　損益計算書に記載する「保険料」額は，勘定残
　　高¥480,000－上記¥36,800＝¥443,200

❽ g.(借)支払利息 80,000 (貸)未払利息 80,000
　　支払利息の見越し処理は5か月分(当期11月～
　　3月)

　　¥96,000×$\frac{5か月}{6か月}$＝¥80,000

　　損益計算書に記載する「支払利息」額は，勘定
　　残高¥157,000＋上記¥80,000＝¥237,000

❾ h.(借)退職給付費用 384,500 (貸)退職給付引当金 384,500
　　貸借対照表に記載する「退職給付引当金」額
　　は，勘定残高¥2,158,760＋上記¥384,500
　　＝¥2,543,260

❿ i.(借)法人税等 2,557,600 (貸)仮払法人税等 1,329,900
　　　　　　　　　　　　　　　　未払法人税等 1,227,700

▶**37-5**

損　益　計　算　書

山口商事株式会社　令和○5年4月1日から令和○6年3月31日まで　　　(単位:円)

Ⅰ	売　上　高		68,446,240
Ⅱ	売　上　原　価		
	1.期首商品棚卸高	5,725,600	
	2.当期商品仕入高	(47,878,400)	
	合　　計	(53,604,000)	
	3.期末商品棚卸高	(4,992,000)❶	
		(48,612,000)	
	4.(棚卸減耗損)	(192,000)❶	
	5.(商品評価損)	(30,000)❶	(48,834,000)
	売上総利益		(19,612,240)
Ⅲ	販売費及び一般管理費		
	1.給　　料	10,296,000	
	2.発　送　費	902,160	
	3.広　告　料	1,085,850	
	4.(貸倒引当金繰入)	(90,660)❷	
	5.(減価償却費)	(793,800)❻	
	6.(退職給付費用)	(504,500)❿	
	7.(ソフトウェア償却)	(128,000)❼	
	8.支払手数料	68,540	
	9.保　険　料	(331,200)❽	
	10.(水道光熱費)	(710,310)	
	11.租　税　公　課	416,400	
	12.(雑　費)	(271,240)	(15,598,660)
	営業利益		(4,013,580)
Ⅳ	営　業　外　収　益		
	1.(受取配当金)	(184,800)②	
	2.(有価証券利息)	(42,000)④	
	3.(有価証券評価益)	(163,600)❸	(390,400)
Ⅴ	営　業　外　費　用		
	1.(支　払　利　息)	(144,000)❾	(144,000)
	経常利益		(4,259,980)
Ⅵ	特　別　利　益		
	1.(固定資産売却益)	(732,000)	(732,000)
	税引前当期純利益		(4,991,980)
	法人税・住民税及び事業税		(1,547,500)⓫
	当期純利益		(3,444,480)

貸　借　対　照　表

山口商事株式会社　　令和○6年3月31日　　（単位：円）

資　産　の　部

Ⅰ　流　動　資　産
1．現　金　預　金　　　　　　　　　　　（ 3,472,670 ）②
2．受　取　手　形　（ 1,410,000 ）
　　　貸倒引当金　（ 28,200 ）❷（ 1,381,800 ）
3．（電子記録債権）（ 1,110,000 ）
　　　貸倒引当金　（ 22,200 ）❷（ 1,087,800 ）
4．売　掛　金　（ 3,313,000 ）①❷
　　　貸倒引当金　（ 66,260 ）❷（ 3,246,740 ）
5．（有 価 証 券）　　　　　　　　　（ 2,881,600 ）❸
6．（商　　　　品）　　　　　　　　　（ 4,770,000 ）❶
7．（前 払 費 用）　　　　　　　　　（ 55,200 ）❽
　　　流動資産合計　　　　　　　　　（ 16,895,810 ）

Ⅱ　固　定　資　産
（1）有 形 固 定 資 産
1．建　　　　物　　6,600,000
　　　減価償却累計額（ 3,088,800 ）❻（ 3,511,200 ）
2．備　　　　品　　3,600,000
　　　減価償却累計額（ 1,575,000 ）❻（ 2,025,000 ）
3．土　　　　地　　1,200,000
　　　有形固定資産合計　　　　　　（ 6,736,200 ）
（2）無 形 固 定 資 産
1．（ソフトウェア）　　　　　　　（ 512,000 ）❼
　　　無形固定資産合計　　　　　　（ 512,000 ）
（3）投資その他の資産
1．（投資有価証券）　　　　　（ 3,018,000 ）❹❺
　　　投資その他の資産合計　　（ 3,018,000 ）
　　　固定資産合計　　　　　　　　（ 10,266,200 ）
　　　資　産　合　計　　　　　　　（ 27,162,010 ）

負　債　の　部

Ⅰ　流　動　負　債
1．支　払　手　形　　　　　　1,619,400
2．電子記録債務　　　　　　（ 741,000 ）
3．買　掛　金　　　　　　　3,023,730
4．（未 払 費 用）　　　　　　（ 36,000 ）❾
5．（未払法人税等）　　　　　（ 781,700 ）⓫
　　　流動負債合計　　　　　　（ 6,201,830 ）

Ⅱ　固　定　負　債
1．長 期 借 入 金　　　　　4,800,000
2．（退職給付引当金）　　　（ 1,279,700 ）❿
　　　固定負債合計　　　　　　（ 6,079,700 ）
　　　負　債　合　計　　　　（ 12,281,530 ）

純　資　産　の　部

Ⅰ　株　主　資　本
（1）資　本　金　　　　　　　　　　8,400,000
（2）資本剰余金
1．資 本 準 備 金　　　564,000
　　　資本剰余金合計　　　　　　　564,000
（3）利益剰余金
1．利 益 準 備 金　　　636,000
2．その他利益剰余金
①新 築 積 立 金　　120,000
②（繰越利益剰余金）（ 3,900,480 ）
　　　利益剰余金合計　　　　　　（ 4,656,480 ）
　　　株主資本合計　　　　　　　（ 13,620,480 ）

Ⅱ　評価・換算差額等
1．（その他有価証券評価差額金）（ 60,000 ）❺
　　　評価・換算差額等合計　　　（ 60,000 ）

Ⅲ　（新株予約権）　　　　　　　（ 1,200,000 ）
　　　純資産合計　　　　　　　（ 14,880,480 ）
　　　負債及び純資産合計　　　（ 27,162,010 ）

解説 ［付記事項の仕訳］

①（借）貸倒引当金 100,000　（貸）売 掛 金 100,000
②（借）現　　　金 93,600　（貸）受取配当金 93,600
　　配当金領収証は簿記上現金として扱う。

［決算整理事項の仕訳］

❶a．（借）仕　　入 5,725,600　（貸）繰越商品 5,725,600
　（借）繰越商品 4,992,000　（貸）仕　　入 4,992,000
　（借）棚卸減耗損 192,000　（貸）繰越商品 192,000
　（借）商品評価損 30,000　（貸）繰越商品 30,000
　（借）仕　　入 192,000　（貸）棚卸減耗損 192,000
　（借）仕　　入 30,000　（貸）商品評価損 30,000
　期末商品棚卸高
　原価@¥3,200×帳簿数量1,560個＝¥4,992,000
　棚卸減耗損
　（帳簿数量1,560個－実地数量1,500個）
　×原価@¥3,200＝¥192,000
　商品評価損
　（原価@¥3,200－正味売却価額@¥3,180）
　×実地数量1,500個＝¥30,000
　貸借対照表に記載する「商品」額は，¥4,992,000
　－¥192,000－¥30,000＝¥4,770,000

❷b．（借）貸倒引当金繰入 90,660　（貸）貸倒引当金 90,660
　（受取手形¥1,410,000＋電子記録債権¥1,110,000
　＋売掛金¥3,413,000－付記事項①¥100,000）
　×2％－（貸倒引当金勘定残高¥126,000－付記事
　項①¥100,000）＝¥90,660
　貸借対照表に記載する「貸倒引当金」額は，受
　取手形・電子記録債権・売掛金残高のそれぞ
　れの2％分。

❸c．（借）売買目的 有価証券 163,600　（貸）有価証券評価益 163,600
　岩国株　時価@¥109,200×20株＝¥2,184,000
　下関株　時価@¥ 43,600×16株＝¥ 697,600
　　　　時価合計　　　　　¥2,881,600
　時価合計¥2,881,600－帳簿価額¥2,718,000
　＝¥163,600（益）
　貸借対照表に記載する「有価証券」額は，時価
　合計の¥2,881,600

❹（借）満期保有 目的の債券 6,000　（貸）有価証券利息 6,000
　償却原価法による評価額¥1,782,000－帳簿価
　額¥1,776,000＝¥6,000を帳簿価額に加算す
　る。
　満期保有目的債券は，評価額¥1,782,000を貸
　借対照表の投資その他の資産の区分に「投資有
　価証券」として表示する。
　損益計算書に記載する「有価証券利息」額は，
　勘定残高¥36,000＋上記¥6,000＝¥42,000

❺（借）その他有価証券 60,000　（貸）その他有価証券 評価差額金 60,000
　その他有価証券評価高（時価）は@¥61,800×20株
　＝¥1,236,000
　この金額で貸借対照表の投資その他の資産の
　区分に「投資有価証券」として表示する。
　時価¥1,236,000－帳簿価額¥1,176,000
　＝¥60,000は，「その他有価証券評価差額金」
　として純資産の部の評価・換算差額等の区分
　に表示する。

❻d．（借）減価償却費 793,800　（貸）建物減価 償却累計額 118,800
　　　　　　　　　　　　　備品減価 償却累計額 675,000
　建物：（取得原価¥6,600,000－残存価額¥660,000）
　　　÷50年＝¥118,800

備品：(取得原価¥3,600,000-減価償却累計額¥900,000)
　　　×25%=¥675,000

貸借対照表に記載する建物の「減価償却累計額」は，勘定残高¥2,970,000+上記¥118,800
=¥3,088,800

備品の「減価償却累計額」は，勘定残高¥900,000+上記¥675,000=¥1,575,000

❼ e.(借)ソフトウェア償却 128,000　(貸)ソフトウェア 128,000
取得原価¥640,000÷5年=¥128,000
貸借対照表に記載する「ソフトウェア」額は，勘定残高¥640,000-上記¥128,000=¥512,000

❽ f.(借)前払保険料 55,200　(貸)保険料 55,200
損益計算書に記載する「保険料」額は，勘定残高¥386,400-上記¥55,200=¥331,200

❾ g.(借)支払利息 36,000　(貸)未払利息 36,000
支払利息の見越し処理は3か月分(当期1月～3月)

長期借入金¥4,800,000×3%×$\frac{3か月}{12か月}$=¥36,000

損益計算書に記載する「支払利息」額は，勘定残高¥108,000+上記¥36,000=¥144,000

❿ h.(借)退職給付費用 504,500　(貸)退職給付引当金 504,500
貸借対照表に記載する「退職給付引当金」額は，勘定残高¥775,200+上記¥504,500=¥1,279,700

⓫ i.(借)法人税等 1,547,500　(貸)仮払法人税等 765,800
　　　　　　　　　　　　　　　　未払法人税等 781,700

▶**37-6**

損　益　計　算　書

石川商事株式会社　令和○4年4月1日から令和○5年3月31日まで　　　　(単位:円)

Ⅰ 売　上　高		77,172,000
Ⅱ 売　上　原　価		
1. 期首商品棚卸高	5,580,000	
2. 当期商品仕入高	(61,071,200)	
合　　　計	(66,651,200)	
3. 期末商品棚卸高	(4,968,000)❶	
	(61,683,200)	
4.(棚卸減耗損)	(147,200)❶	
5.(商品評価損)	(104,800)❶	(61,935,200)
売上総利益		(15,236,800)
Ⅲ 販売費及び一般管理費		
1. 給　　　料	5,083,200	
2. 発　送　費	780,760	
3. 広　告　料	913,640	
4.(貸倒引当金繰入)	(119,000)❸	
5.(減価償却費)	(1,026,000)❻	
6.(退職給付費用)	(516,200)❿	
7.(ソフトウェア償却)	(294,000)❼	
8. 支払地代	1,148,800	
9. 保　険　料	(238,800)❽	
10.(水道光熱費)	(189,610)	
11. 租税公課	146,330	
12. 雑　　　費	49,660	(10,506,000)
営業利益		(4,730,800)
Ⅳ 営業外収益		
1.(受取配当金)	(149,600)	
2.(為替差益)	(70,000)❷	(219,600)
Ⅴ 営業外費用		
1.(支払利息)	(139,500)❾	
2.(有価証券評価損)	(70,300)❹	(209,800)
経常利益		(4,740,600)
Ⅵ 特別利益		
1.(固定資産売却益)	(59,200)	(59,200)
税引前当期純利益		(4,799,800)
法人税・住民税及び事業税		(1,468,700)⓫
当期純利益		(3,331,100)

貸借対照表

石川商事株式会社　　令和○5年3月31日　　（単位：円）

資　産　の　部

I　流　動　資　産
1. 現　金　預　金　　　　　　　　(4,384,300)①
2. 受　取　手　形　(2,433,000)
　　　貸 倒 引 当 金　(48,660)❸(2,384,340)
3. (電子記録債権)　(1,167,000)
　　　貸 倒 引 当 金　(23,340)❸(1,143,660)
4. 売　掛　金　(3,710,000)❷
　　　貸 倒 引 当 金　(74,200)❸(3,635,800)
5. (有 価 証 券)　　　　　　　(5,187,300)❹
6. (商　　品)　　　　　　　　(4,716,000)❶
7. (前 払 費 用)　　　　　　　(244,800)❽
　　　流動資産合計　　　　　　　　　　(21,696,200)

II　固　定　資　産
(1) 有形固定資産
1. 建　　　　物　9,600,000
　　減価償却累計額　(1,344,000)❻(8,256,000)
2. 備　　　　品　2,400,000
　　減価償却累計額　(1,050,000)❻(1,350,000)
3. (リース資産)　(1,920,000)
　　減価償却累計額　768,000❻(1,152,000)
　　有形固定資産合計　　　　　　　(10,758,000)
(2) 無形固定資産
1. (ソフトウェア)　　　　　　(882,000)❼
　　無形固定資産合計　　　　　　　(882,000)
(3) 投資その他の資産
1. (投資有価証券)　　　　　　(6,480,000)❺
2. (長期前払費用)　　　　　　(102,000)❽
　　投資その他の資産合計　　　　　(6,582,000)
　　固定資産合計　　　　　　　　　(18,222,000)
　　資　産　合　計　　　　　　　　(39,918,200)

負　債　の　部

I　流　動　負　債
1. 支　払　手　形　　　　　　　1,838,400
2. (電子記録債務)　　　　　　(1,029,600)
3. (買　掛　金)　　　　　　　(2,208,000)
4. (短 期 借 入 金)　　　　　(668,000)①
5. (リース債務)　　　　　　　(384,000)②
6. (未 払 費 用)　　　　　　　(47,500)❾
7. (未払法人税等)　　　　　　(754,600)⓫
　　流動負債合計　　　　　　　　　(6,930,100)

II　固　定　負　債
1. 長 期 借 入 金　　　　　　　3,000,000
2. (リース債務)　　　　　　　(768,000)②
3. (退職給付引当金)　　　　　(1,418,600)❿
　　固定負債合計　　　　　　　　　(5,186,600)
　　負　債　合　計　　　　　　　　(12,116,700)

純　資　産　の　部

I　株　主　資　本
(1) 資　本　金　　　　　　　　　　19,200,000
(2) 資 本 剰 余 金
1. 資 本 準 備 金　　　　　　　2,280,000
　　資本剰余金合計　　　　　　　　　2,280,000
(3) 利 益 剰 余 金
1. 利 益 準 備 金　　　　　　　1,700,000
2. その他利益剰余金
①別 途 積 立 金　　　　　　　448,000
②(繰越利益剰余金)　　　　　(3,933,500)
　　利益剰余金合計　　　　　　　　(6,081,500)
　　株主資本合計　　　　　　　　　(27,561,500)

II　評価・換算差額等
1. (その他有価証券評価差額金)　(240,000)❺
　　評価・換算差額等合計　　　　　(240,000)
　　純　資　産　合　計　　　　　　(27,801,500)
　　負債及び純資産合計　　　　　　(39,918,200)

解説　[付記事項の仕訳等]

①(借)当座預金 236,000　(貸)当座借越 236,000
　　当座預金勘定の残高を資産分と負債分に正しく区分し貸借対照表に記載するため，負債分を当座借越勘定に振り替える。貸借対照表の記載にあたり，当座預金分の¥3,231,230は現金とあわせて「現金預金」として流動資産の区分に表示する。また，当座借越分¥236,000は，手形借入金とあわせて「短期借入金」として流動負債の区分に表示する。

②リース債務¥1,152,000は残り3年のリース期間に対するものであるから，1年以内の短期分である$¥1,152,000 \times \dfrac{1年}{3年} = ¥384,000$は流動負債の区分に，残りの¥768,000は固定負債の区分に表示する。

[決算整理事項の仕訳]

❶a.(借)仕　　　入 5,580,000　(貸)繰越商品 5,580,000
　　(借)繰越商品 4,968,000　(貸)仕　　　入 4,968,000
　　(借)棚卸減耗損 147,200　(貸)繰越商品 147,200
　　(借)商品評価損 104,800　(貸)繰越商品 104,800
　　(借)仕　　　入 147,200　(貸)棚卸減耗損 147,200
　　(借)仕　　　入 104,800　(貸)商品評価損 104,800
　期末商品棚卸高
　原価@¥1,840×帳簿数量2,700個=¥4,968,000
　棚卸減耗損
　(帳簿数量2,700個−実地数量2,620個)
　×原価@¥1,840=¥147,200
　商品評価損
　(原価@¥1,840−正味売却価額@¥1,800)
　×実地数量2,620個=¥104,800
　貸借対照表に記載する「商品」額は，¥4,968,000−¥147,200−¥104,800=¥4,716,000

❷b.(借)売 掛 金 70,000　(貸)為替差損益 70,000
　決算時の為替レートによる売掛金円換算額は，
　10,000ドル×@¥132=¥1,320,000
　よって，¥1,320,000−取引日の円換算額¥1,250,000=¥70,000について売掛金を増額するとともに，為替差損益勘定(差益分)を貸方に計上する。なお，本問の為替差損益は「為替差益」として営業外収益に表示する。

❸c.(借)貸倒引当金繰入 119,000　(貸)貸倒引当金 119,000
　(受取手形¥2,433,000+電子記録債権¥1,167,000+売掛金¥3,640,000+上記決算b.¥70,000)×2%−貸倒引当金勘定残高¥27,200=¥119,000
　貸借対照表に記載する「貸倒引当金」額は，受取手形・電子記録債権・売掛金残高のそれぞれの2%分。

❹d.(借)有価証券評価損 70,300　(貸)売買目的有価証券 70,300
　富山株　時価@¥47,560×80株=¥3,804,800
　福井株　時価@¥39,500×35株=¥1,382,500
　　　　　　　時価合計¥5,187,300
　時価合計¥5,187,300−帳簿価額¥5,257,600=△¥70,300(損)
　貸借対照表に記載する「有価証券」額は，時価合計の¥5,187,300

❺(借)その他有価証券 240,000　(貸)その他有価証券評価差額金 240,000
　その他有価証券評価高(時価)は，@¥108,000×60株=¥6,480,000

— 72 —

この金額で貸借対照表の投資その他の資産の区分に「投資有価証券」として表示する。

時 価¥6,480,000− 帳 簿 価 額¥6,240,000＝¥240,000は，「その他有価証券評価差額金」として純資産の部の評価・換算差額等の区分に表示する。

❻e. (借)減価償却費 1,026,000 (貸)建物減価償却累計額 192,000
備品減価償却累計額 450,000
リース資産減価償却累計額 384,000

建 物：(取得原価¥9,600,000−残存価額¥0)÷50年＝¥192,000

備 品：(取得原価¥2,400,000−減価償却累計額¥600,000)×25%＝¥450,000

リース資産：(取得原価¥1,920,000−残存価額¥0)÷5年＝¥384,000

貸借対照表に記載する建物の「減価償却累計額」は，勘定残高¥1,152,000＋上記¥192,000＝¥1,344,000

備品の「減価償却累計額」は，勘定残高¥600,000＋上記¥450,000＝¥1,050,000

リース資産の「減価償却累計額」は，勘定残高¥384,000＋上記¥384,000＝¥768,000

❼f. (借)ソフトウェア償却 294,000 (貸)ソフトウェア 294,000

前期末に1年分の償却が済んでいるので，勘定残高の¥1,176,000は残り4年で償却する分である。

¥1,176,000÷4年＝¥294,000

貸借対照表に記載する「ソフトウェア」額は，勘定残高¥1,176,000−上記¥294,000＝¥882,000

❽g. (借)前払保険料 244,800 (貸)保険料 346,800
長期前払保険料 102,000

保険料のうち¥489,600に対する繰り延べ処理は，2年分(24か月)のうち17か月分(令和○5年4月〜令和○6年8月)

$¥489,600×\dfrac{17か月}{24か月}＝¥346,800$（前払総額）

このうち，決算日の翌日から1年(12か月)以内に費用化される前払保険料は

$¥346,800×\dfrac{12か月}{17か月}＝¥244,800$

(前払費用 として流動資産の区分に表示)

1年を超えて費用化される長期前払費用(残りの5か月分)は

$¥346,800×\dfrac{5か月}{17か月}＝¥102,000$

(長期前払費用 として投資その他の資産の区分に表示)

損益計算書に記載する「保険料」額は，勘定残高¥585,600−上記前払総額¥346,800＝¥238,800

❾h. (借)支払利息 47,500 (貸)未払利息 47,500

損益計算書に記載する「支払利息」額は，勘定残高¥92,000＋上記¥47,500＝¥139,500

❿i. (借)退職給付費用 516,200 (貸)退職給付引当金 516,200

貸借対照表に記載する「退職給付引当金」額は，勘定残高¥902,400＋上記¥516,200＝¥1,418,600

⓫j. (借)法人税等 1,468,700 (貸)仮払法人税等 714,100
未払法人税等 754,600

38 仕訳の問題 (p.204)

▶38-1

	借　　方		貸　　方		
1	リース債務 支払利息	18,000 2,000	現　　金	20,000	❶
2	機械装置減価償却累計額 機械装置 固定資産売却損	❷6,800,000 7,200,000 750,000	機械装置 未 払 金	8,500,000 6,250,000	
3	当座預金 株式交付費	40,000,000 280,000	資 本 金 資本準備金 当座預金	20,000,000 ❸20,000,000 280,000	
4	自己株式 支払手数料	5,600,000 110,000	当座預金	5,710,000	
5	クレジット売掛金 支払手数料	509,600 10,400	売　　上	520,000	

解説 ❶リース債務の返済額＝¥72,000÷4年＝¥18,000
支払利息＝(¥20,000×4年−¥72,000)÷4年＝¥2,000

❷旧機械装置の減価償却累計額

$¥8,500,000×\dfrac{13,600（時間）}{17,000（時間）}＝¥6,800,000$

❸会社法の規定により，払込金額の2分の1以内の金額は資本金に計上しないで資本準備金に計上することができる。

▶38-2

	借　　方		貸　　方		
1	当座預金 手形売却損 保証債務費用	822,000 8,000 17,000	受取手形 保証債務	830,000 17,000	
2	当座預金 新株予約権	3,500,000 250,000	資 本 金 資本準備金	1,875,000 1,875,000	❶
3	備品減価償却累計額 固定資産除却損	❷3,630,000 1,210,000	備　　品	4,840,000	
4	満期保有目的債券 有価証券利息	6,483,000 24,000	当座預金	6,507,000	❸
5	鉱業権償却	❹3,550,000	鉱 業 権	3,550,000	
6	ソフトウェア	6,200,000	当座預金	6,200,000	

解説 ❶5個分の新株予約権を減少させる。
¥50,000×5個＝¥250,000
権利行使価額¥3,500,000は，1個あたりの権利行使価額が¥700,000で，5個分の権利行使があったので，¥700,000×5個＝¥3,500,000と計算されたものである。

❷備品の1年分の減価償却費＝(¥4,840,000−¥0)÷8年＝¥605,000
第24期から第29期の6年使用したので，
¥605,000×6年＝¥3,630,000

❸満期保有目的で社債を買い入れたときには，購入価額に買入手数料を加えた額を取得価額とする。端数利息とは直近の利払日の翌日から売買日まで

の利息のことであり，買い手が売り手受分の利息を立て替える。購入時には収益である有価証券利息勘定の借方に処理しておく。

❹鉱業権の償却額

$$¥284,000,000 \times \frac{5,000トン}{400,000トン} = ¥3,550,000$$

▶38-3

	借　　　方		貸　　　方	
1	機 械 装 置	90,070,000	建設仮勘定	65,000,000
			当 座 預 金	25,000,000
			現　　　金	70,000
2	繰延税金資産❶	1,200	法人税等調整額	1,200
3	現　　　金	4,925,000	売 買 目 的有 価 証 券	4,600,000
			有価証券売却益	275,000
			有価証券利息	50,000
4	保 証 債 務❷	8,000	保証債務取崩益	8,000
5	当 座 預 金	248,000	電子記録債権	250,000
	電 子 記 録債 権 売 却 損	2,000		
6	そ の 他資 本 剰 余 金	1,650,000	未 払 配 当 金	5,000,000
	繰越利益剰余金	3,850,000	資 本 準 備 金	150,000
			利 益 準 備 金	350,000
7	備 品 減 価償却累計額	976,000	備　　　品	2,000,000
	固定資産除却損	1,024,000		

解説 ❶損金として認められなかった¥4,000については，将来，実際に貸し倒れになったときに損金として認められる。

$¥4,000 \times 30\% = ¥1,200$

❷期日に手形が決済されたときに保証債務は消滅し，保証債務勘定（借方）と保証債務取崩益勘定（貸方）に記入する。

▶38-4

	借　　　方		貸　　　方	
1	買 掛 金	450,000	仕 入 割 引	9,000
			当 座 預 金	441,000
2	鉱業権償却❶	12,800,000	鉱 業 権	12,800,000
3	当 座 預 金	2,750,000	自 己 株 式	3,300,000
	そ の 他資 本 剰 余 金	550,000		
4	支払リース料	30,000	当 座 預 金	30,000
5	電子記録債権	280,000	売 掛 金	280,000
6	修 繕 費❷	2,100,000	建　　　物	2,100,000
7	ソフトウェア償　　　却	1,600,000	ソフトウェア	1,600,000
8	仕 掛 品❸	200,000	給　　　料	80,000
			旅　　　費	120,000

解説 ❶鉱業権の償却額

$$¥512,000,000 \times \frac{40,000トン}{1,600,000トン} = ¥12,800,000$$

❷建物の通常の維持・管理のために支出した金額は収益的支出であり，修繕費として処理する。した

がって，建物の取得原価に加えられた金額から修繕費勘定へ振り替える。

❸サービスを提供する前に，そのサービスにかかる支出があった場合には，その支出額をいったん仕掛品勘定の借方に計上する。

▶38-5

	借　　　方		貸　　　方		
1	リース資産❶	720,000	リース債務	720,000	
2	不 渡 手 形	502,000	当 座 預 金	502,000	❷
	保 証 債 務	5,000	保証債務取崩益	5,000	
3	当 座 預 金	57,000,000	資 本 金	57,000,000	❸
	株 式 交 付 費❹	360,000	当 座 預 金	360,000	
4	電子記録債務	360,000	当 座 預 金	360,000	
5	建　　　物	7,200,000	建設仮勘定	4,200,000	
			当 座 預 金	3,000,000	
	新 築 積 立 金	7,000,000	繰越利益剰余金	7,000,000	
6	備 品 減 価償却累計額	1,085,000	備　　　品	2,480,000	
	備　　　品	3,000,000	未 払 金	2,000,000	❺
	固定資産売却損	395,000			

解説 ❶リース資産：¥90,000×8年=¥720,000

❷裏書譲渡した手形が不渡りとなり，手形金額と償還費用などの請求額を支払ったときは，不渡手形勘定の借方に記入するとともに保証債務の消滅にともなう取り崩しの処理をおこなう。

❸会社法の規定では，株主から払い込まれた額の全額を資本金とするのが原則である。

❹株式の発行は，企業規模拡大のための発行なので，発行に要した費用は株式交付費となる。

❺第6期の減価償却額

$¥2,480,000 \times 25\% = ¥620,000$

第7期の減価償却額

$(¥2,480,000 - ¥620,000) \times 25\% = ¥465,000$

第6期・第7期の減価償却累計額

$¥620,000 + ¥465,000 = ¥1,085,000$

旧備品の第8期初頭の評価額

$¥2,480,000 - ¥1,085,000 = ¥1,395,000$

これを¥1,000,000で引き取らせているので¥395,000の固定資産売却損が計上される。

▶38-6

	借　方		貸　方	
1	前 受 金	290,000	役 務 収 益❶	290,000
2	退職給付引当金	8,500,000	定 期 預 金	8,500,000
3	当 座 預 金 新株予約権	3,000,000 250,000	自 己 株 式 その 他 資本剰余金❷	2,900,000 350,000
4	減価償却費❸	150,000	リ ー ス 資 産 減価償却累計額	150,000
5	買 掛 金	324,000	電子記録債権	324,000
6	機械装置減価 償却累計額❹ 固定資産除却損	2,520,000 1,080,000	機 械 装 置	3,600,000
7	備品減価 償却累計額 備 品	105,000 300,000	備 品 未 払 金 固定資産売却益	240,000 160,000 5,000

解説 ❶サービスの提供が完了する前に代金を受け取った
場合は，前受金勘定を用いて処理し，その後サー
ビスの提供が完了した部分を役務収益勘定（収益）
に振り替える。

❷新株予約権の行使にあたり，新株にかえて自己株
式を交付した場合は，自己株式の処分対価（新株
予約権＋権利行使価額）と自己株式の帳簿価額と
の差額は，その他資本剰余金に計上する。

❸リース資産：$¥150,000×5年＝¥750,000$

減価償却費

$$\frac{¥750,000-¥0}{5年}=¥150,000$$

❹前期末までの減価償却累計額

$$¥3,600,000×(1-0.1)×\frac{21,000時間}{27,000時間}$$
$$=¥2,520,000$$

よって帳簿価額は$¥3,600,000-¥2,520,000=$
$¥1,080,000$となり，これを廃棄したため，固定
資産除却損勘定に記入する。

▶38-7

	借　方		貸　方	
1	売 掛 金 建 物 備 品 の れ ん	3,300,000 3,800,000 1,420,000 680,000	買 掛 金 長期借入金 当 座 預 金❶	3,200,000 1,800,000 4,200,000
2	前 受 金 売 掛 金	300,000 300,000	売 上	600,000
3	当 座 預 金 手形売却損 保証債務費用	696,000 4,000 7,000	受 取 手 形 保 証 債 務❷	700,000 7,000
4	当 座 預 金❸	339,500	クレジット 売 掛 金	339,500
5	子会社株式 評 価 損❹	8,800,000	子会社株式	8,800,000
6	現 金 役 務 原 価	500,000 330,000	役 務 収 益 仕 掛 品	500,000 330,000 ❺

解説 ❶取得対価は$¥336,000÷8％＝¥4,200,000$とな
る。

❷手形を取引銀行で割り引いた場合，手形の債権が
銀行に移るとともに，不渡りになった場合に手形
代金を支払わなければならない義務が生じる。

❸$¥350,000-(¥350,000×3％)＝¥339,500$

❹1株あたりの実質価額
$(¥64,260,000-¥54,760,000)÷250株＝¥38,000$
子会社株式評価損
$(¥82,000-¥38,000)×200株＝¥8,800,000$

❺サービスを提供し，その対価を受け取った場合に
は，役務収益勘定で処理し，仕掛品勘定で処理し
ていたサービス提供前の支出を役務原価勘定に振
り替える。

▶38-8

	借　方		貸　方	
1	仕 入 保証債務費用	770,000 9,000	受 取 手 形 当 座 預 金 保 証 債 務❶	450,000 320,000 9,000
2	繰越利益剰余金	8,000,000	未 払 配 当 金 利 益 準 備 金 別 途 積 立 金	7,000,000 610,000 390,000
3	売 買 目 的 有 価 証 券 有価証券利息	2,874,000 16,000	当 座 預 金	2,890,000 ❷
4	リース資産❸	270,000	リース債務	270,000
5	買 掛 金	1,800,000	仕 入 割 引 現 金	18,000 1,782,000
6	当 座 預 金	3,000,000	前 受 金	3,000,000

解説 ❶手形を裏書譲渡した場合，手形の債権が相手に移
るとともに，不渡りになった場合に手形代金を支
払わなければならない義務が生じる。

❷社債購入価額

$$¥3,000,000×\frac{¥94.80}{¥100}=¥2,844,000$$

取得原価
$¥2,844,000＋買入手数料¥30,000＝¥2,874,000$
支払った金額
$¥2,874,000＋端数利息¥16,000＝¥2,890,000$

❸ファイナンス・リース取引で，利子抜き法なので，
見積現金購入価額$¥270,000$で処理する。

▶38-9

	借 方		貸 方	
1	不渡手形 保証債務	352,000 7,000	当座預金 保証債務取崩益	352,000 7,000
2	繰延税金資産❶	2,400	法人税等調整額	2,400
3	子会社株式 評 価 損❷	7,150,000	子会社株式	7,150,000
4	買 掛 金	240,000	電子記録債務	240,000
5	備品減価 償却累計額 備 品 固定資産売却損	120,000 280,000 51,000	備 品 未 払 金	240,000 211,000 ❸
6	現 金	19,923,000	売買目的 有価証券 有価証券売却益 有価証券利息	19,540,000 300,000 ❹ 83,000

解説 ❶会計上の減価償却費$¥320,000 ÷ 8$年$= ¥40,000$
税法上の減価償却費$¥320,000 ÷ 10$年$= ¥32,000$
となるため，差額の$¥8,000$が損金不算入となる。
$¥8,000 × 30\% = ¥2,400$

❷帳簿価額$¥12,090,000 ÷ 130$株
$= 1$株の帳簿価額$¥93,000$
1株あたりの実質価額
$(¥27,240,000 - ¥19,640,000) ÷ 200$株$= ¥38,000$
子会社株式評価損
$(¥93,000 - ¥38,000) × 130$株$= ¥7,150,000$

❸毎期の減価償却費
$(¥240,000 - ¥0) ÷ 6$年$= ¥40,000$
この備品は3年経過（第4期～第6期）している
ので，減価償却累計額は
$¥40,000 × 3$年$= ¥120,000$
旧備品の第7期初頭の評価額
$¥240,000 - ¥120,000 = ¥120,000$
これを$¥69,000$で引き取らせているので，
$¥51,000$の固定資産売却損が計上される。

❹売却する有価証券の帳簿価額
$\left(¥40,000,000 × \dfrac{¥97.50}{¥100} + ¥80,000\right)$
$× \dfrac{¥20,000,000}{¥40,000,000} = ¥19,540,000$
売却価額
$¥20,000,000 × \dfrac{¥99.20}{¥100} = ¥19,840,000$
有価証券売却益
$¥19,840,000 - ¥19,540,000 = ¥300,000$

▶38-10

	借 方		貸 方	
1	建 物 修 繕 費❶	4,800,000 3,900,000	当座預金	8,700,000
2	当座預金 創 立 費	32,800,000 1,460,000	資 本 金 資本準備金 当座預金	16,400,000 16,400,000 ❷ 1,460,000
3	買 掛 金	500,000	仕 入 割 引 当座預金	15,000 485,000
4	役 務 原 価❸	362,000	現 金	362,000
5	その他 資本剰余金	1,000,000	自己株式	1,000,000
6	当座預金	230,000	電子記録債権	230,000
7	現 金	750,000	契 約 負 債	750,000
8	契 約 負 債	250,000	役 務 収 益	250,000
9	建物減価 償却累計額 火 災 損 失	26,000,000 4,000,000	建 物	30,000,000

解説 ❶代金の残りの部分は収益的支出となるので修繕費
勘定で処理する。

❷会社法の規定により，払込金額の2分の1以内の
額は資本金に計上しないで資本準備金に計上する
ことができる。なお，会社の設立に要した費用は
創立費となる。

❸サービス業において，サービスにかかった費用は，
役務原価勘定(費用)を用いる。

◎日商ではこうでる！

◆ **練習問題**（p.224）

1.

貸　借　対　照　表
X3年3月31日　　　　　　　　　　（単位：円）

資　産　の　部			負　債　の　部		
Ⅰ　流　動　資　産			**Ⅰ　流　動　負　債**		
1　現　　　　　金		（3,720,000）	1　支　払　手　形		（4,660,000）
2　当　座　預　金		（8,880,000）	2　買　掛　金		（5,640,000）
3　受　取　手　形	（6,800,000）		3　リ　ー　ス　債　務		（120,000）
貸　倒　引　当　金	（204,000）	（6,596,000）	4　（未払法人税等）		（1,680,000）
4　売　掛　金	（7,880,000）		流　動　負　債　合　計		（12,100,000）
貸　倒　引　当　金	（447,000）	（7,433,000）	**Ⅱ　固　定　負　債**		
5　商　　　　　品		（5,700,000）	1　長　期　借　入　金		（9,600,000）
6　（前　払　費　用）		（240,000）	2　リ　ー　ス　債　務		（480,000）
流　動　資　産　合　計		（32,569,000）	固　定　負　債　合　計		（10,080,000）
Ⅱ　固　定　資　産			負　債　合　計		（22,180,000）
1　建　　　　　物	（18,000,000）		**純　資　産　の　部**		
減価償却累計額	（4,500,000）	（13,500,000）	**Ⅰ　株　主　資　本**		
2　備　　　　　品	（8,000,000）		1　資　　本　　金		（20,000,000）
減価償却累計額	（5,120,000）	（2,880,000）	2　資　本　剰　余　金		
3　リ　ー　ス　資　産	（720,000）		資　本　準　備　金		（3,400,000）
減価償却累計額	（120,000）	（600,000）	3　利　益　剰　余　金		
4　土　　　　　地		（12,000,000）	①　利　益　準　備　金	（1,600,000）	
5　（投資有価証券）		（3,300,000）	②　任　意　積　立　金	（3,600,000）	
6　繰　延　税　金　資　産		（270,000）	③　繰越利益剰余金	（14,129,000）	（19,329,000）
固　定　資　産　合　計		（32,550,000）	株　主　資　本　合　計		（42,729,000）
			Ⅱ　評価・換算差額等		
			（その他有価証券評価差額金）		（210,000）
			純　資　産　合　計		（42,939,000）
資　産　合　計		（65,119,000）	負債及び純資産合計		（65,119,000）

解説

〈決算整理仕訳〉

1. ①　仕訳不要
   ②（借）当座預金 560,000　（貸）売掛金 560,000
2. （借）売掛金 100,000　（貸）為替差損益 100,000
   …外貨建ての売掛金は、2,500,000円÷輸出時の為替相場@¥125＝20,000ドル
   決算時の再換算額は、20,000ドル×決算日の為替相場@¥130＝2,600,000円
   よって、2,600,000円−2,500,000円＝100,000円を売掛金の増額とする。
3. （借）貸倒引当金繰入 351,000　（貸）貸倒引当金 351,000
   …得意先甲社に対する売掛金の貸倒引当金は、
   （980,000円−500,000円）×50％＝240,000円
   その他の売上債権は、残高試算表の受取手形6,800,000円＋売掛金（8,340,000円−上記1.②560,000円＋上記2.100,000円−甲社売掛金980,000円）＝13,700,000円
   これに対する貸倒引当金は、13,700,000円×3％＝411,000円
   よって、甲社分240,000円＋その他の売上債権分411,000円−貸倒引当金残高300,000円＝351,000円が繰入額。

4. （借）仕　入 7,200,000　（貸）繰越商品 7,200,000
   （借）繰越商品 6,400,000　（貸）仕　入 6,400,000
   （借）棚卸減耗損 320,000　（貸）繰越商品 320,000
   （借）商品評価損 380,000　（貸）繰越商品 380,000
   （借）仕　入 320,000　（貸）棚卸減耗損 320,000
   （借）仕　入 380,000　（貸）商品評価損 380,000
   …期末商品棚卸高　原価3,200円×帳簿数量2,000個＝6,400,000円
   　棚卸減耗損　（帳簿数量2,000個−実地数量1,900個）×原価3,200円＝320,000円
   　商品評価損　（原価3,200円−正味売却価額3,000円）×実地数量1,900個＝380,000円
5. （借）減価償却費 2,940,000　（貸）建物減価償却累計額 900,000／備品減価償却累計額 1,920,000／リース資産減価償却累計額 120,000
   …建物の減価償却費　18,000,000円÷20年＝900,000円
   　備品の減価償却費　耐用年数5年の200％定率法の償却率は（1÷5）×200％＝0.4
   　よって（8,000,000円−3,200,000円）×0.4＝1,920,000円
   リース資産の減価償却費　リース物件は中途解約不能ということからファイナンス・リース取引。リース期間6年しか明示がないので所有権移転外ファイナンス・リース

取引と判断し，リース期間により，また，残存価額は「0」として定額法で減価償却する。

$720,000円÷6年＝120,000円$

6．（借）その他有価証券　300,000　（貸）繰延税金負債　90,000
　　　　　　　　　　　　　　　　　　　その他有価証券評価差額金　210,000

…時価が300,000円アップしているので，その他有価証券を増額。

それに対して繰延税金負債を$300,000円×30\%＝90,000円$計上する。

7．（借）前払保険料　240,000　（貸）支払保険料　240,000

…支払保険料の繰り延べ処理は8か月分（次期4月〜11月）

$支払保険料360,000円×\dfrac{8か月}{12か月}＝240,000円$

8．（借）法人税等　2,480,000　（貸）仮払金　800,000
　　　　　　　　　　　　　　　　　　　未払法人税等　1,680,000

9．（借）繰延税金資産　60,000　（貸）法人税等調整額　60,000

…〈貸倒引当金の分について〉

当期末に損金算入限度を超過した300,000円が損金不算入となり，繰延税金資産計上額は$300,000円×30\%＝90,000円$。

なお，前期末の$280,000円×30\%＝84,000円$の消し込み分を相殺して考えると6,000円分の繰延税金資産を仕訳で追加すればよい。

〈減価償却費の分について〉

当期末に損金算入限度を超過した900,000円が損金不算入となり，繰延税金資産計上額は$900,000円×30\%＝270,000円$。

よって前期末計上済の$720,000円×30\%＝216,000円$に対し，54,000円分の繰延税金資産を仕訳で追加すればよい。

※貸借対照表の表示について

〈リース債務〉

リース債務は1年以内に支払期日が到来する120,000円分を流動負債の区分に，支払期日が1年を超える480,000円分は固定負債の区分に表示する。

〈繰延税金資産〉

繰延税金資産の残高は決算整理前の300,000円に9．の仕訳により60,000円追加され360,000円。

繰延税金負債の残高は6．の仕訳より90,000円。

よってB/S表示額は，両者を相殺（$360,000円−90,000円$）し，270,000円の繰延税金資産として，固定資産の区分に表示する。

2．

連結損益計算書
X1年4月1日〜X2年3月31日　　　（単位：円）

売　　上　　高	(17,700,000)
売　上　原　価	(12,950,000)
売　上　総　利　益	(4,750,000)
販売費及び一般管理費	(3,110,000)
営　業　利　益	(1,640,000)
営　業　外　収　益	(1,050,000)
営　業　外　費　用	(900,000)
当　期　純　利　益	(1,790,000)
非支配株主に帰属する当期純利益	(360,000)
親会社株主に帰属する当期純利益	(1,430,000)

連結貸借対照表（X2年3月31日）の金額　　　（単位：円）

	金　　額
商　　　　　　品	3,490,000
の　　れ　　ん	240,000
利　益　剰　余　金	1,740,000
非　支　配　株　主　持　分	1,220,000

解説

① まず支配獲得時の投資と資本の相殺消去仕訳と，連結第1年度目ののれんの償却と子会社当期純利益の配分に関する連結仕訳を連結第2年度の開始仕訳とする。

（i）投資と資本の相殺消去
（借）資本金当期首残高　1,500,000　（貸）S社株式　1,500,000
　　　資本剰余金当期首残高　400,000　　非支配株主持分当期首残高　800,000
　　　利益剰余金当期首残高　100,000
　　　のれん　300,000

（ii）のれんの償却
（借）利益剰余金当期首残高　30,000　（貸）の　れ　ん　30,000
　　　（のれん償却）

（iii）子会社当期純利益の非支配株主への配分
（借）利益剰余金当期首残高　160,000　（貸）非支配株主持分当期首残高　160,000
　　　（非支配株主に帰属する当期純利益）

上記（i）から（iii）までをまとめて開始仕訳とする。

（借）資本金当期首残高　1,500,000　（貸）S社株式　1,500,000
　　　資本剰余金当期首残高　400,000　　非支配株主持分当期首残高　960,000
　　　利益剰余金当期首残高　290,000
　　　のれん　270,000

〈連結第2年度の連結仕訳〉

② のれんの償却
（借）のれん償却　30,000　（貸）の　れ　ん　30,000
　　　（販売費及び一般管理費）

③ 子会社当期純利益の非支配株主への配分処理
（借）非支配株主に帰属する当期純利益　360,000　（貸）非支配株主持分　360,000

…S社の連結第2年度の当期純利益900,000円×非支配株主持分割合40％＝360,000円

④ 子会社の配当金支払いにともなう内部取引分の相殺と非支配株主への負担処理
（借）受取配当金　150,000　（貸）剰余金の配当　250,000
　　　（営業外収益）　　　　　　（利益剰余金）
　　　非支配株主持分　100,000

…P社（親会社）への配分分は，250,000円×親会社持分割合60％＝150,000円

非支配株主への配当分は，250,000円×非支配株主持分割合40％＝100,000円

⑤ 連結会社相互間の債権・債務の相殺消去
(借)買 掛 金 500,000 (貸)売 掛 金 500,000
　　　貸倒引当金 20,000 　　　貸倒引当金繰入 20,000
　　　　　　　　　　　　　　　(販売費及び
　　　　　　　　　　　　　　　一般管理費)

　　…P社(親会社)の売掛金が減少するので，親会社
　　　分の貸倒引当金を減少させる。500,000円×貸
　　　倒引当金設定率4％＝20,000円
　　　親会社側の利益変動なので，非支配株主への影
　　　響は考えなくてよい。

⑥ 連結会社相互間の内部取引高の相殺消去
(借)売 上 高 3,300,000 (貸)売上原価 3,300,000

⑦ 未実現利益の消去
(借)売上原価 50,000 (貸)商 品 50,000
　　…P社(親会社)が子会社へ販売して(ダウンスト
　　　リーム)，子会社で期末商品となっている場合
　　　は，親会社が付加した利益が未実現であると考
　　　え，非支配株主への影響は考えなくてよい。

　　未実現利益は，$550,000 円 \times \dfrac{0.1}{1.1} = 50,000$ 円

☆連結損益計算書と連結貸借対照表の金額は，まず同一
　表示科目の親会社金額と子会社金額を合算し，上記①
　から⑦までの連結仕訳で表示科目金額の増減があれば
　加減して算出する。

　なお連結損益計算書の末尾ではいったん連結会社全体
　の「当期純利益」を計算し，そこから「非支配株主に帰
　属する当期純利益」を差し引く形で「親会社株主に帰
　属する当期純利益」を表示する。

　また，連結貸借対照表の「利益剰余金」は，親会社と
　子会社の利益剰余金合算後，連結仕訳の損益項目の増
　減ならびに利益剰余金項目の増減を加減して求める。
　連結第2年度期末貸借対照表のP社利益剰余金
　1,200,000円＋S社利益剰余金1,150,000円－①
　290,000円－②30,000円－③360,000円－④150,000
　円＋④250,000円＋⑤20,000円－⑥3,300,000
　円＋⑥3,300,000円－⑦50,000円＝1,740,000円

■練習問題■

20-3 次の取引の仕訳を示しなさい。

(1) 青森建設株式会社に建築を依頼していた店舗用建物が完成し，引き渡しを受けたので，建築代金 ¥9,700,000 のうち，すでに支払ってある ¥5,200,000 を差し引いて，残額は小切手を振り出して支払った。なお，新築積立金 ¥9,700,000 を取り崩した。

(2) 南東商事株式会社は，決算の結果，当期純損失 ¥4,200,000 を計上した。

(3) 神奈川商事株式会社は，株主総会において，繰越利益剰余金 ¥4,600,000 を次のとおり配当および処分することを決議した。なお，資本金は ¥90,000,000 資本準備金および利益準備金の合計額は ¥17,000,000 である。

  配　当　金　¥3,200,000　　利益準備金　会社法に規定する額　　別途積立金　¥1,080,000

	借　　　　　方	貸　　　　　方
(1)		
(2)		
(3)		

20-4 次の株主資本に関する総勘定元帳勘定残高によって，群馬物産株式会社の貸借対照表の一部を完成しなさい。

  資　本　金　¥20,000,000　　資本準備金　¥2,400,000　　その他資本剰余金　¥　300,000
  利益準備金　　400,000　　別途積立金　　800,000　　繰越利益剰余金　[　　　　]

貸　借　対　照　表　（一部）

群馬物産株式会社　　　　　　　　　　　　　　　　　　　　　　　　　　（単位：円）

(3) 利　益　剰　余　金
  1. 利　益　準　備　金　　　　　　　　　　　（　　　　　　）
  2. その他利益剰余金
  ① 別　途　積　立　金　　　　　　　　　　　（　　　　　　）
  ② 繰　越　利　益　剰　余　金　　　　　　　（　　　　　　）
    利　益　剰　余　金　合　計　　　　　　　　　　　　　　　　（　　　　　　）
    株　主　資　本　合　計　　　　　　　　　　　　　　　　　　　25,000,000

20-5 次のように剰余金の配当をおこなった場合，会社法の規定によって計上しなければならない準備金の名称とその計上金額を答えなさい。

(1) 繰越利益剰余金から ¥1,800,000 の配当をおこなうことを決議した。そのときの資本金の額は，¥60,000,000 資本準備金の額は ¥14,000,000 利益準備金の額は ¥850,000 であった。

(2) その他資本剰余金から ¥1,800,000 の配当をおこなうことを決議した。そのときの資本金の額は，¥60,000,000 資本準備金の額は ¥10,000,000 利益準備金の額は ¥500,000 であった。

	準備金の名称	計　上　金　額
(1)		¥
(2)		¥

■■■■■■■■■■■■■■■■■■■■■■■■■■■■■■■■■■■■ 検定問題 ■■■■■■■■■■■■■■■■■■■■■■■■■■■■■■■■■■■■

20-6 次の取引の仕訳を示しなさい。

(1) 関西商事株式会社は，株主総会において，剰余金¥4,000,000（その他資本剰余金¥1,000,000 繰越利益剰余金¥3,000,000）の配当をおこなうことを決議した。なお，配当にともない，資本準備金¥100,000 利益準備金¥300,000 を計上する。 （第83回）

(2) 岐阜商事株式会社は，株主総会において，繰越利益剰余金を次のとおり配当および処分することを決議した。なお，当社の純資産は，資本金¥64,000,000 資本準備金¥14,500,000 利益準備金¥1,370,000 別途積立金¥630,000 繰越利益剰余金¥2,100,000（貸方）である。
（第82回一部修正）

配　当　金 ¥1,410,000　　利益準備金　会社法による額　　別途積立金 ¥220,000

(3) 愛知商事株式会社は，かねて建築を依頼していた本社社屋が完成し，引き渡しを受けた。よって，建築代金¥86,000,000のうち，すでに支払ってある金額を差し引いて，残額¥30,000,000は小切手を振り出して支払った。なお，取締役会の決議により新築積立金¥86,000,000を取り崩した。
（第93回）

(4) かねて建築を依頼していた本社社屋が完成し，引き渡しを受けたので，建築代金¥88,000,000のうち，すでに支払ってある金額を差し引いて，残額¥23,000,000は小切手を振り出して支払った。なお，取締役会の決議により新築積立金¥88,000,000を取り崩した。 （第90回）

(5) 南東物産株式会社は，株主総会において，繰越利益剰余金勘定の借方残高¥800,000をてん補するため，利益準備金¥800,000を取り崩すことを決議した。 （第88回）

(6) 岩手商事株式会社は，株主総会において，剰余金¥6,500,000（その他資本剰余金¥3,000,000 繰越利益剰余金¥3,500,000）の配当をおこなうことを決議した。なお，配当にともない，資本準備金¥300,000 利益準備金¥350,000 を計上する。 （第87回）

(7) 愛知商事株式会社は，株主総会の決議により，繰越利益剰余金のうち¥4,000,000を減債積立金として積み立てることにした。 （第86回）

	借　　　　　方	貸　　　　　方
(1)		
(2)		
(3)		
(4)		
(5)		
(6)		
(7)		

21 自己株式・新株予約権

要点の整理

① 自己株式

株式会社が、自己の発行した株式を取得して、これを保有する場合、その株式を**自己株式**という。自己株式の取得は、対価を株主に支払って、自社の株式を買い入れるため、株式の発行と逆の取引となり、株主に資本を払い戻したことになる。

また、株主に対する配当のかわりとしておこなわれることもある。したがって、自己株式の取得は、その分の株主資本が減少することを意味するので、期末に自己株式を保有している場合は、純資産の部の株主資本の末尾に控除する形式でこれを表示する。

② 自己株式の取得

自己株式を取得したときは、取得原価で**自己株式勘定**（純資産の評価勘定）の借方に計上する。

例 中部商事株式会社は、自社の発行済株式のうち40株を1株につき¥50,000で取得し、代金は買入手数料¥40,000とともに小切手を振り出して支払った。

（借）自 己 株 式 2,000,000 　（貸）当 座 預 金 2,040,000
　　　支 払 手 数 料 　 40,000

③ 自己株式の処分

自己株式の処分とは、自己株式を売却したり、吸収合併のさいに被合併会社の株主に自己株式を交付したりする取引をいう。この取引は、株式の発行と基本的に同じであり、自己株式の処分によって生じる自己株式処分差額は、その他資本剰余金勘定に計上する。

例 中部商事株式会社は、自己株式（1株の帳簿価額¥50,000）のうち、30株を1株につき¥60,000で売却し、受け取った代金は当座預金とした。

（借）当 座 預 金 1,800,000 　（貸）自 己 株 式 1,500,000
　　　　　　　　　　　　　　　　　　その他資本剰余金 　 300,000

例 中部商事株式会社は、自己株式（1株の帳簿価額¥50,000）のうち、30株を1株につき¥40,000で処分し、受け取った代金は当座預金とした。

（借）当 座 預 金 1,200,000 　（貸）自 己 株 式 1,500,000
　　　その他資本剰余金 300,000

④ 自己株式の消却

自己株式の消却とは、自己株式を消滅させることをいう。自己株式を消却した場合には、自己株式の帳簿価額をその他資本剰余金勘定から減額する。

例 中部商事株式会社は、自己株式（1株の帳簿価額¥50,000）10株を消却した。

（借）その他資本剰余金 　 500,000 　（貸）自 己 株 式 　 500,000

⑤ 新株予約権

新株予約権とは、この権利をもつ者（新株予約権者）が、新株予約権を発行した会社に対して新株予約権を行使することにより、あらかじめ定められた価額で株式の交付を受けることができる権利をいう。

会社が新株予約権を発行し、その対価（払込金額）を受け取った場合は、その金額を**新株予約権勘定**の貸方に記入する。なお、新株予約権が行使されないまま期限が到来したときは、未行使の新株予約権の帳簿価額を**新株予約権戻入益勘定**（収益）に振り替える。

（借）当座預金など ××× 　（貸）新株予約権 ×××

また、新株予約権が行使された場合には、発行会社は新株予約権および権利行使価額の払い込みと引き換えに株式を交付する。

例 新株予約権¥250,000の権利行使があったので新株を交付し、払い込みを受けた権利行使価額¥1,000,000を当座預金とした。なお、新株予約権の金額および権利行使価額の全額を資本金に計上した。

（借）当 座 預 金 1,000,000 　（貸）資 本 金 1,250,000
　　　新 株 予 約 権 　 250,000

基本問題

21-1 次の各文の ☐ のなかに，もっとも適当な用語を記入しなさい。

(1) 株式会社が，自己の発行する株式を取得して，これを保有する場合，その株式を ☐ ア ☐ という。自己株式の取得は，対価を株主に支払って，自社の株式を買い入れるため，☐ イ ☐ の発行と逆の取引となり，株主に資本を払い戻したことになる。

(2) 自己株式の取得は，その分の株主資本が減少することを意味するので，期末に自己株式を保有している場合は，純資産の部の株主資本の末尾に ☐ ウ ☐ する形式でこれを表示する。

(3) 保有する自己株式を売却したり，あるいは他の会社を吸収合併するときに，その被合併会社の株主に自己株式を交付したりする取引を自己株式の ☐ エ ☐ という。

(4) 保有する自己株式を消滅させることを自己株式の ☐ オ ☐ という。この場合には，自己株式の帳簿価額をその他資本剰余金から減額する。

(1)		(2)	(3)	(4)
ア	イ	ウ	エ	オ

21-2 次の取引の仕訳を示しなさい。

(1) 横浜商事株式会社は，自社の発行済株式のうち200株を1株につき¥60,000で取得し，代金は買入手数料¥300,000とともに小切手を振り出して支払った。

(2) 横浜商事株式会社は，自己株式¥3,600,000（帳簿価額）を¥4,200,000で売却し，受け取った代金は当座預金とした。

(3) 千葉商事株式会社は，自己株式¥7,200,000（帳簿価額）を¥6,000,000で売却し，受け取った代金は当座預金とした。

(4) 千葉商事株式会社は，自己株式¥1,200,000（帳簿価額）を消却した。

(5) 東京商事株式会社は，新株予約権を発行し，受け取った払込金額¥600,000は当座預金とした。

(6) 東京商事株式会社は，新株予約権¥300,000の権利行使があったので新株を交付し，払い込みを受けた権利行使価額¥2,000,000を当座預金とした。なお，新株予約権の金額および権利行使価額の全額を資本金に計上した。

(7) 東京商事株式会社が発行した上記(5)の新株予約権について，¥300,000分の権利が行使されないまま期限が到来した。

	借 方	貸 方
(1)		
(2)		
(3)		
(4)		
(5)		
(6)		
(7)		

練習問題

21-3 富山商事株式会社の次の一連の取引について仕訳を示しなさい。
(1) 新株予約権/0個を/個につき¥60,000で発行し，受け取った払込金額¥600,000は当座預金とした。
(2) 上記(1)で発行した新株予約権のうち5個の権利行使があったので新株を交付し，払い込みを受けた権利行使価額¥2,000,000 (新株予約権/個あたりの権利行使価額¥400,000) を当座預金とした。なお，新株予約権の金額および権利行使価額の全額を資本金に計上した。
(3) 上記(1)で発行した新株予約権のうち5個の権利行使があったので自己株式¥2,100,000を交付し，払い込みを受けた権利行使価額¥2,000,000 (新株予約権/個あたりの権利行使価額¥400,000) を当座預金とした。

	借 方	貸 方
(1)		
(2)		
(3)		

検定問題

21-4 次の取引の仕訳を示しなさい。
(1) 静岡商事株式会社は，保有する自己株式 (/株の帳簿価額¥60,000) 200株を消却した。 (第92回)
(2) 香川商事株式会社は，自社の発行済株式のうち20,000株を/株につき¥600で取得し，代金は小切手を振り出して支払った。 (第91回)
(3) 福井商事株式会社は，保有する自己株式 (/株の帳簿価額¥70,000) 90株を消却した。 (第89回)
(4) 栃木商事株式会社は，自己株式 (/株の帳簿価額¥50,000) のうち，80株を/株につき¥60,000で処分し，受け取った代金は当座預金とした。なお，帳簿価額と処分対価の差額は，その他資本剰余金勘定を用いて処理する。 (第88回)
(5) 栃木商事株式会社は，自社の発行済株式のうち/00株を/株につき¥60,000で取得し，代金は小切手を振り出して支払った。 (第85回)

	借 方	貸 方
(1)		
(2)		
(3)		
(4)		
(5)		

22 損益計算の意味と基準

要点の整理

① 損益計算の意味

企業会計では，企業の経営成績を明らかにするために損益計算をおこなう。その損益計算は，ふつう継続企業における経営活動を期間的に区切っておこなわれる。これを**期間損益計算**という。その計算方法には**財産法**と**損益法**とがある。

(1) 財産法

財産法は，期首と期末の資本を比較して純損益を計算する方法である。しかし，その純損益は，どのような原因で生じたかを知ることはできない。

> **期末資本額 － 期首資本額 ＝ 当期純利益**（マイナスのときは当期純損失）

(2) 損益法

一会計期間の収益総額と費用総額を比較して，純損益を計算する方法である。この方法によれば，純損益の発生原因を知ることができる。

> **収益総額 － 費用総額 ＝ 当期純利益**（マイナスのときは当期純損失）

貸 借 対 照 表		損 益 計 算 書	
期 末 資 産 ¥6,500	期 末 負 債 ¥4,000	費 用 総 額 ¥2,300	収 益 総 額 ¥2,800
	期末資本 ¥2,500 (期首資本 ¥2,000) 当期純利益 ¥ 500	当期純利益 ¥ 500	

財産法……期末資本額 ¥2,500 －期首資本額 ¥2,000 ＝当期純利益 ¥500
損益法……収益総額 ¥2,800 －費用総額 ¥2,300 ＝当期純利益 ¥500

② 損益計算の基準

期間損益計算を正しくおこなうためには，各期間の収益と費用を正しく計上することが必要である。損益計算の基準には次のようなものがある。

(1) 発生主義

収益と費用の計上は，現金の収支の時点に関係なく収益・費用が発生したという事実により計上する考え方を発生主義という。

例 7月/日に/年分の保険料 ¥12,000 を支払っていたが，決算（3月3/日）にあたり，その前払高を計上した。

　　　（借）前 払 保 険 料 3,000　　（貸）保 　険 　料 3,000

この仕訳により，保険料の前払分 ¥3,000 を保険料勘定から差し引き，当期に計上される保険料（費用）は ¥9,000 となる。このように，発生の事実にもとづき，収益と費用を計上する場合，決算において前払費用・前受収益は当期の損益計算から控除し，未払費用・未収収益は当期の損益計算に計上する必要がある。

(2) 実現主義

商品の販売やサービスの提供によって，その対価として現金を受け取ったり，受取手形や売掛金などの売上債権を取得したときに収益が実現したとして計上する考え方を実現主義という。

(3) 費用収益対応の原則

一会計期間に実現したすべての収益と，これを得るために発生したすべての費用を対応させて損益計算をおこなう考え方を費用収益対応の原則という。

基本問題

22-1 次の各文の □□□ のなかに，下記の語群のなかから，もっとも適当なものを選び，その番号を記入しなさい。

(1) 損益計算の方法としては，期末資本額から期首資本額を差し引き純損益を算出する □ ア □ と，期間中に生じた収益総額から費用総額を差し引いて純損益を算出する □ イ □ とがある。

(2) 現金の収支によって，収益と費用を計上する基準を □ ウ □ といい，また，発生の事実により，収益と費用を計上する基準を □ エ □ という。

(3) 発生主義により収益を認識すると，商品評価益などのような不確実なものまで計上されてしまうので，収益の認識には原則として □ オ □ が用いられる。

(4) 売上高という収益に対して，これを得るために要した売上原価という費用を対応させて損益計算をおこなう基準を □ カ □ という。

1. 損 益 法　　2. 資　　　　　　産　　3. 期 首 資 本 額　　4. 収　　　　　益
5. 実 現 主 義　　6. 費 用 総 額　　7. 売 上 原 価　　8. 発 生 主 義
9. 期 末 資 本 額　　10. 現 金 主 義　　11. 財　　産　　法　　12. 販売費及び一般管理費
13. 費用収益対応の原則　　14. 費用配分の原則

(1)		(2)		(3)	(4)
ア	イ	ウ	エ	オ	カ

ポイント 売上原価とは，売り渡した商品の仕入原価のことである。

22-2 群馬商事株式会社（会計期間4月1日～3月31日）は，8月1日に営業用の自動車を購入し，同時に自動車保険に加入したので，1年分の保険料¥48,000を支払った。よって，

(1) 現金主義による会計処理で，当期の保険料計上額はいくらか。

(2) 発生主義による会計処理で，当期の保険料計上額はいくらか。

(1)	¥	(2)	¥

ポイント (2)は8月1日から翌年の7月31日までの保険料が¥48,000であり，そのうち，当期分の発生高は

$¥48,000 × \dfrac{8}{12}$ （8月から3月までの8か月分）である。

練習問題

22-3 次の各文の □□□ のなかに，下記の語群のなかから，もっとも適当なものを選び，その番号を記入しなさい。

(1) 発生主義によれば，□ ア □ は当期の損益計算に計上するが，□ イ □ は当期の損益計算から除かれる。

(2) 損益の計算方法には，財産法と損益法があるが，いずれの方法でも □ ウ □ は一致する。しかし，その純損益の発生原因を明らかにすることができるのは □ エ □ である。

(3) 売上高は原則として □ オ □ により計上する。

1. 発 生 主 義　　2. 未 収 収 益　　3. 財　　産　　法　　4. 実 現 主 義
5. 損 益 法　　6. 現 金 主 義　　7. 前 払 費 用　　8. 純　損　益

(1)		(2)		(3)
ア	イ	ウ	エ	オ

22-4 福島物産株式会社の総勘定元帳勘定残高と決算整理事項によって，次の金額を計算しなさい。ただし，会計期間は令和○/年4月/日～令和○2年3月3/日とする。

(1) 次期に繰り延べる受取家賃の前受高

(2) 当期の受取利息の計上額

(3) 当期の広告料の計上額

(4) 当期の支払地代の計上額

元帳勘定残高

受取家賃 ¥ 650,000 受取利息 ¥ 16,000 広告料 ¥ 70,000
支払地代 1,400,000

決算整理事項

a．受取家賃勘定のうち¥150,000は，令和○2年2月分から3か月分を受け取ったものであり，前受高を次期に繰り延べた。

b．令和○/年/0月に貸し付けた¥300,000に対する利息¥9,000が未収であった。

c．広告料¥40,000が未払いである。

d．支払地代勘定のうち¥600,000は，令和○/年/2月分から6か月分を支払ったものであり，前払高を次期に繰り延べた。

(1)	(2)	(3)	(4)
¥	¥	¥	¥

検定問題

22-5 次の各文の □ のなかに，下記の語群のなかから，もっとも適当なものを選び，その番号を記入しなさい。ただし，同じ語を何度用いてもよい。

(1) 正しい期間損益計算をおこなうため，資産の取得原価は □ ア □ の原則によって当期の費用となる部分と，次期以降の費用とするために資産として繰り越す部分とに分けられる。たとえば，商品の取得原価は，当期に販売されて □ イ □ となる部分と，当期に販売されずに期末商品棚卸高として繰り越す部分とに分けられる。 (第75回)

(2) 適正な期間損益計算をおこなうために，現金の収支に関係なく発生した事実に基づいて費用や収益を計上するという考え方を □ ウ □ という。これによると，□ エ □ は当期の損益計算から除くことになる。 (第78回)

(3) 費用および収益は，その発生源泉に従って明瞭に分類し，各収益項目とそれに関連する費用項目とを損益計算書に対応表示しなければならないのは □ オ □ の原則によるものである。たとえば，売上高と □ カ □ を対応させて，表示するのはこの原則によるものである。 (第92回)

(4) 商品売買業における売上収益は，原則として，商品の引き渡しとともに，代金として現金および短期間に現金化できる受取手形や売掛金などの貨幣性資産を取得したときにおこなう。これは，資金的な裏付けのある確実な収益を計上し，不確実な収益を計上しないという □ キ □ の考え方によるものである。 (第71回一部修正)

1．発生主義 2．未払費用 3．財産 4．損益
5．継続性 6．現金主義 7．実現主義 8．費用配分
9．正規の簿記 10．売上原価 11．損益計算書 12．前払費用
13．費用収益対応

(1)		(2)		(3)		(4)
ア	イ	ウ	エ	オ	カ	キ

23 営業損益の計算

要点の整理

① 営業収益

営業収益は企業の主たる営業活動から生じる収益で，売上収益や役務収益などがある。

(1) 収益の認識基準

営業収益を認識・測定する場合には，一時点に財またはサービスの提供が完了して収益を認識する場合と，長期間にわたる工事契約や役務の提供のように，徐々に収益を認識する場合がある。

- ・売上収益：販売基準（原則として検収時に認識する。）
- ・役務収益：販売基準（一時点にサービスが提供される場合で，サービス提供時に認識する。）
- ・工事収益：工事進行基準（例外として原価回収基準，工事完成基準）
- ・役務収益：時間基準（時の経過にもとづいて役務が提供される場合）

(2) 売上割引

売掛金を期日前に回収したさいに一定額を割り引くことを**売上割引**という。売上割引をおこなったときは，売上勘定の借方に割引額を記入して総売上高から減額する。

例 得意先に対する売掛金¥100,000について，期日前に支払いの申し出を受けたので2％の割引をおこない，割引額を差し引いた金額が当社の普通預金口座に入金された。

（借）普 通 預 金　98,000　　（貸）売 　掛 　金　100,000
　　　売 　　　　上　 2,000

(3) 売上割戻し

商品売買において，得意先における一定期間の取引高が一定金額または一定数量を超えた場合，代金の一部を払い戻すことを**売上割戻し**という。販売時において，あらかじめ見込まれる売上割戻しは，売上高から直接控除する。

例 ① 得意先A社が一定額を超える仕入¥500,000をおこなったため，同社に対する売掛金¥500,000について5％の割戻しをおこなう予定である。

（借）売 　掛 　金　475,000　　（貸）売 　　　　上　475,000

② 上記①の売掛金（割戻額を控除した額）を現金で回収した。

（借）現 　　　　金　475,000　　（貸）売 　掛 　金　475,000

(4) 予約販売

商品を販売するさいに，前もってその対価の全額または一部を受け取り，後日商品を引き渡す販売方法を**予約販売**という。商品を引き渡す前に受け取った商品代金は前受金勘定で処理する。

例 ① 得意先Bと予約販売契約を結び，予約金¥5,000を現金で受け取った。

（借）現 　　　　金　5,000　　（貸）前 　受 　金　5,000

② 当社は上記①の予約品¥5,000を発送し，得意先Bはこれを受け取った。

（借）前 　受 　金　5,000　　（貸）売 　　　　上　5,000

(5) 工事契約

長期請負工事などの工事契約については，①工事収益総額，②工事原価総額，③決算日における工事の進捗度の三つの要件を合理的に見積もることができる場合は，工事進行基準によって工事収益を計上し，合理的に見積もることができない場合には原価回収基準により収益を計上する。

- ・工事進行基準：次の式より当期の工事収益を算出する。

> **当期の工事収益 ＝ 工事収益総額 ×** $\dfrac{\text{当期までの実際工事原価}}{\text{完成までの工事原価総額}}$ **－ 前期までの工事収益総額**

- ・原価回収基準：当期に発生した工事原価の金額を当期の工事収益とする。

例 建物の建設を引き受け，工事収益総額¥200,000,000で契約し，工事原価総額¥160,000,000と見積もった。当期中の工事原価は¥48,000,000であった。工事進行基準で工事収益を計上する。

（借）工 事 原 価　48,000,000　　（貸）材料費・労務費　48,000,000
　　　　　　　　　　　　　　　　　　　　 ・経 費 な ど
（借）契 約 資 産　60,000,000　　（貸）工 事 収 益　60,000,000

当期の工事収益＝¥200,000,000×$\dfrac{¥48,000,000}{¥160,000,000}$－¥0＝¥60,000,000

例 建物の建設を引き受け，工事収益総額¥/00,000,000で契約し，工事原価総額については見積もることができなかった。よって，期末に原価回収基準により工事収益を計上する。なお，当期中の工事原価は¥/2,000,000であった。

  （借）工 事 原 価 /2,000,000 （貸）材料費・労務費・経費など /2,000,000
  （借）契 約 資 産 /2,000,000 （貸）工 事 収 益 /2,000,000

(6) 役務の提供

 サービス業が役務（サービス）を提供して得る収益を**役務収益**という。役務収益は，多くの場合，役務の提供に応じて認識される。時間の経過にもとづいて収益を認識する基準を**時間基準**という。

 役務の提供が完了する前に代金を受け取ったときは**前受金勘定**または**契約負債勘定**で処理しておき，その後役務の提供が完了した部分を**役務収益勘定**（収益）に振り替える。

例 ① 学習塾を経営している甲学園は，来月から3か月間開講する講座の受講料¥900,000を現金で受け取った。

  （借）現 金 900,000 （貸）前 受 金（契約負債） 900,000

 ② 本日決算日となり，上記①の講座は全体の3分の2が終了している。

  （借）前 受 金（契約負債） 600,000 （貸）役 務 収 益 600,000

② 営業費用

 営業費用は主たる営業活動から生じる費用で，売上原価・役務原価と販売費及び一般管理費がある。

(1) 売上原価と役務原価

 売上原価は，商品売買業の場合，当期に販売された商品の原価で，次のように計算する。

  売上原価 ＝ 期首商品棚卸高 ＋ 当期商品仕入高 － 期末商品棚卸高

 サービス業では，役務の提供を目的に発生した費用をいったん仕掛品勘定に振り替えておき，役務の提供がされた時点で役務収益に対応する分の費用を仕掛品勘定から役務原価勘定に振り替える。

 商品売買業とサービス業の損益計算書（一部）を示すと次のようになる。

損益計算書（商品売買業）	
Ⅰ 売 上 高	×××
Ⅱ 売 上 原 価	××
売上総利益	××

損益計算書（サービス業）	
Ⅰ 役 務 収 益	×××
Ⅱ 役 務 原 価	××
売上総利益	××

例 ① 情報提供を事業目的とする乙情報研究所は，依頼された調査を実施し，労務費¥/0,000および経費¥30,000を消費した。

  （借）仕 掛 品 40,000 （貸）労 務 費 /0,000
              経 費 30,000

 ② 上記①の案件について報告書を提出し，対価として¥200,000が普通預金口座に振り込まれた。役務収益を認識するとともに，これに対応する役務原価を認識する。

  （借）普 通 預 金 200,000 （貸）役 務 収 益 200,000
    役 務 原 価 40,000   仕 掛 品 40,000

(2) 販売費及び一般管理費

 販売費は商品などの販売に関する費用，一般管理費は企業の全般的な管理業務に関する費用である。

販 売 費	販売員給料・荷造発送費・広告宣伝費・販売員旅費・交通費・貸倒引当金繰入・保管料・のれん償却　など
一般管理費	役員給料・事務員給料・退職給付費用・旅費交通費・通信費・消耗品費・租税公課・減価償却費・修繕費・保険料・支払家賃・開発費・研究開発費・雑費　など

・開発費：新技術または新経営組織の採用，資源の開発，市場の開発目的のための諸費用。
・研究開発費：新しい知識の発見または新しい製品についての計画や設計などに要した諸費用。
・営業利益（または営業損失）：営業収益から営業費用を差し引いた差額。

───【 基 本 問 題 】───

②③-1 次の取引の仕訳を完成しなさい。ただし，商品に関する勘定は3分法によること。
(1) 得意先に対する売掛金¥600,000について，期日前に支払いの申し出を受けたので3％の割引をおこない，割引額を差し引いた金額が当社の普通預金口座に入金された。
(2) 得意先L社へ商品¥800,000を掛けで販売したが，一定額を超える販売であるため，売掛金については4％の割戻しをおこなう予定である。
(3) 上記(2)の売掛金（割戻額を控除した額）を現金で回収した。
(4) 学習塾を経営しているM学園は，来月から4か月間開講する講座の受講料¥800,000を現金で受け取った。
(5) 本日決算日となり，上記(4)の講座は全体の4分の3が終了している。

	借 方	貸 方
(1)	普 通 預 金 （ ） （ ） （ ）	売 掛 金 600,000
(2)	売 掛 金 （ ）	（ ） （ ）
(3)	現 金 （ ）	（ ） （ ）
(4)	現 金 （ ）	（ ） （ ）
(5)	（ ） （ ）	（ ） （ ）

───【 練 習 問 題 】───

②③-2 次の取引において，(1)工事進行基準，(2)原価回収基準により，当期に計上する工事収益の金額をそれぞれ求めなさい。
建物の建設を引き受け，工事収益総額¥200,000,000で契約し，工事原価総額¥160,000,000と見積もった。当期中の工事原価は¥48,000,000であった。

(1) ¥	(2) ¥

②③-3 次の一連の取引の仕訳を示しなさい。
(1) 建築物の設計を請け負っているN設計事務所は，給料¥240,000および出張旅費¥90,000を現金で支払った。
(2) 顧客からの依頼のとおり建物の設計をおこなったが，上記(1)のうち給料¥180,000および出張旅費¥50,000が当該設計のために直接に費やされたものとわかり，これらを仕掛品勘定に振り替えた。
(3) 上記(2)について設計図が完成したのでこれを依頼主に提出し，対価として¥510,000が普通預金口座に振り込まれた。役務収益の発生にともない，対応する役務原価を計上する。

	借 方	貸 方
(1)		
(2)		
(3)		

───【 検 定 問 題 】───

②③-4 当期に3年後完成予定で契約した次の工事について，①工事進行基準および②原価回収基準により当期の工事収益を求めなさい。 （第88回一部修正）
工事収益総額：¥234,800,000　工事原価総額：¥187,200,000
当期発生工事原価：¥46,800,000

① 工事進行基準による 当期の工事収益 ¥	② 原価回収基準による 当期の工事収益 ¥

24 経常損益の計算 (1)

要点の整理

① 営業外収益

営業外収益は，企業本来の営業活動以外の経営活動から生じる収益である。

営業外収益	受取利息・有価証券利息・受取配当金・有価証券売却益・有価証券評価益・仕入割引・償却債権取立益・雑益　など

仕 入 割 引：商品などの仕入代金を一定の期間内に支払ったとき，売り手が認めた買掛金の割引額。

例 埼玉商事株式会社は，千葉商事株式会社に対する買掛金¥300,000について，一定の期日前に支払うむね連絡したところ，同店から2％の割引を受け，割引額を差し引いた金額を小切手を振り出して支払った。

(借) 買　掛　金 300,000　(貸) 仕 入 割 引　6,000
　　　　　　　　　　　　　　 当 座 預 金 294,000

② 営業外費用

営業外費用は，企業本来の営業活動以外の経営活動から生じる費用である。

営業外費用	支払利息・手形売却損・創立費・開業費・株式交付費・有価証券売却損・有価証券評価損・貸倒引当金繰入・雑損　など

創 立 費：定款の作成費，株式発行費，設立登記のための費用など株式会社の設立のための諸費用。
開 業 費：開業準備のために支出した広告宣伝費など会社設立後から開業までに支出した諸費用。
株式交付費：株式会社の設立後，企業規模拡大などのために，あらたに株式を発行した場合に要した諸費用。

基本問題

24-1 次の項目を，営業収益，営業費用，営業外収益，営業外費用に分類し，その番号を記入しなさい。

1. 受取配当金　2. 広 告 料　3. 有価証券売却益　4. 受 取 利 息
5. 雑 損　6. 手形売却損　7. 給 料　8. 売 上 高
9. 雑 費　10. 貸倒引当金繰入

営 業 収 益	営 業 費 用	営 業 外 収 益	営 業 外 費 用

24-2 次の資料により，下記の金額を計算しなさい。

売 上 高 ¥400,000　期首商品棚卸高 ¥80,000　当期仕入高 ¥310,000
期末商品棚卸高 ¥90,000　販売費及び一般管理費 ¥60,000
営 業 外 収 益 ¥20,000　営 業 外 費 用 ¥10,000
(1) 売 上 原 価　(2) 売 上 総 利 益　(3) 営 業 費 用
(4) 営 業 利 益　(5) 経 常 利 益

(1)	(2)	(3)	(4)	(5)
¥	¥	¥	¥	¥

練習問題

24-3 次の取引の仕訳を示しなさい。ただし，商品に関する勘定は3分法によること。

宮城商店に対する買掛金¥300,000の支払いにあたり，期日前のため，同店から1%の割引を受け，割引額を差し引いた金額を小切手を振り出して支払った。

借	方	貸	方

検定問題

24-4 次の取引の仕訳を示しなさい。ただし，商品に関する勘定は3分法によること。

(1) 岐阜商店に対する買掛金¥400,000の支払いにあたり，支払期日前のため，契約によって同店から割引を受け，割引額を差し引いた金額¥396,000は現金で支払った。 (第93回)

(2) 青森物産株式会社は，設立にさいし，株式900株を1株につき¥85,000で発行し，全額の引き受け・払い込みを受け，払込金は当座預金とした。ただし，資本金とする額は，会社法が規定する原則を適用する。なお，設立準備に要した諸費用¥6,200,000は小切手を振り出して支払った。 (第87回)

(3) 熊本物産株式会社は，事業規模拡大のため，株式82,000株を1株につき¥700で発行し，全額の引き受け・払い込みを受け，払込金は当座預金とした。ただし，払込金額のうち，資本金に計上しない金額は，会社法に規定する最高限度額とした。なお，株式の発行に要した諸費用¥450,000は小切手を振り出して支払った。 (第93回)

	借	方	貸	方
(1)				
(2)				
(3)				

24-5 損益計算書の ［ ア ］ および ［ イ ］ の区分に記載される項目（科目）を次の語群から3つずつ選び，その番号を記入しなさい。 (第74回一部修正)

語群
1. 雑　益　　2. 支払利息　　3. 固定資産売却益
4. 支払家賃　5. 仕入割引　　6. 消耗品費
7. 受取配当金　8. 保証債務費用　9. 発送費
10. 雑　損

ア		イ	

損益計算書 （単位：円）

長崎商事株式会社　令和01年4月1日から令和02年3月31日まで

I	売 上 高		23,050,000
II	売 上 原 価		
	（　　　）	（　　　）	
III	［ ア ］		4,639,000
	（　　　）	（　　　）	
IV	［ イ ］		139,000
V	営 業 外 費 用		143,000
	（　　　）	（　　　）	
VI	特 別 利 益		180,000
VII	特 別 損 失		225,000
	税引前当期純利益		1,536,000
	法人税・住民税及び事業税		614,000
	当 期 純 利 益		922,000

25 経常損益の計算 (2) －外貨建取引－

要点の整理

① 外貨建取引

外国企業との取引において外国通貨（外貨）でおこなわれる取引を**外貨建取引**といい，外貨建取引を記帳するときは，為替レート（為替相場）を用いて日本円に換算する必要がある。

(1) 外貨建（営業取引）の会計処理

外貨建取引にともなう日本円への換算は，①取引発生時，②代金決済時，③決算時に必要となる。

① 取引発生時：取引時の為替レートにより円換算する。

② 代金決済時：決済時の為替レートにより円換算する。

③ 決 算 時：決算時の為替レートにより円換算する。

取引発生時と決済時における為替レートが異なる場合は，円換算後の金額に差額が生じる。この差額は，為替差損益勘定で処理する。

例 1. ① 商品200ドルを掛けで売り上げた。この日の為替レートは1ドル￥125であった。

　　（借）売 掛 金 25,000 （貸）売 上 25,000

② 上記①の商品200ドルについて送金を受け，取引銀行で円に換算し普通預金口座に入金した。この日の為替レートは1ドル￥122であった。

　　（借）普 通 預 金 24,400 （貸）売 掛 金 25,000
　　　　 為 替 差 損 益 600※

※（￥122－￥125）×200ドル＝△￥600

決算時において保有する売掛金や買掛金などは，決算時の為替レートにより円換算する必要がある。

例 2. 決算日における外貨建資産と負債は次のとおりであり，決算にあたり円換算をおこなう。なお，決算時の為替レートは1ドル￥125である。

　　売掛金 900ドル（帳簿価額￥110,700）
　　買掛金 200ドル（帳簿価額￥24,400）

　　（借）売 掛 金 1,800 （貸）為 替 差 損 益 1,800※
　　※900ドル×￥125－￥110,700＝￥1,800

　　（借）為 替 差 損 益 600 （貸）買 掛 金 600※
　　※200ドル×￥125－￥24,400＝￥600

(2) 為替差損益の損益計算書への表示

為替差損益勘定は，決算時における残高にもとづいて次のように損益計算書に記載する。

① 借方残高の場合：「為替差損」として営業外費用の区分に記載する。

② 貸方残高の場合：「為替差益」として営業外収益の区分に記載する。

例 3. 上記**例**2の為替差損益勘定残高を損益計算書に記載しなさい。

為 替 差 損 益	
600	
（残高 ￥1,200）	1,800

損 益 計 算 書（一部）
V 営業外収益
為 替 差 益 　1,200
VI 営業外費用

② 為替予約

外貨建取引は為替レートがつねに変動しているため，多額の為替差損をこうむる危険性がある。このようなリスクを回避するため，あらかじめ取引銀行と決済時の為替レートを契約で決めておく。これを**為替予約**という。為替予約をおこなったときは，予約レートを用いて日本円に換算して取引を記帳し，そのさい差額が生じた場合は為替差損益勘定で処理する。決済時は予約レートで決済するため差額は生じない。

例 2/1　商品*100*ドルを掛けで売り上げた。(*1*ドル＝¥*120*)
　　　　(借) 売　掛　金 *12,000*　(貸) 売　　　　　上 *12,000*
　　　　*100*ドル×¥*120*＝¥*12,000*
　　3/1　売掛金*100*ドルについて*1*ドルあたり¥*119*で為替予約をおこなった。
　　　　(借) 為 替 差 損 益 *100*　(貸) 売　　掛　　金 *100*※
　　　　※*100*ドル×¥*119*－¥*12,000*＝△¥*100*
　　3/31　決算日をむかえた。(*1*ドル＝¥*115*)
　　　　仕　訳　なし
　　4/30　売掛金*100*ドルが送金され，取引銀行で円に換算し普通預金口座に入金した。
　　　(*1*ドル＝¥*113*)
　　　　(借) 普　通　預　金 *11,900*　(貸) 売　　掛　　金 *11,900*

基本問題

25-1　次の取引の仕訳を完成しなさい。
　4月*10*日　商品*1,000*ドルを掛けで売り上げた。この日の為替レートは*1*ドル¥*123*であった。
　5月*12*日　4月*10*日の商品代金*1,000*ドルの送金があり，取引銀行で円に換算し普通預金口座に振り込まれた。この日の為替レートは*1*ドル¥*125*であった。
　6月　*8*日　商品*3,000*ドルを掛けで売り上げた。この日の為替レートは*1*ドル¥*123*であった。
　7月*15*日　6月8日の商品代金*3,000*ドルの送金があり，取引銀行で円に換算し普通預金口座に振り込まれた。この日の為替レートは*1*ドル¥*120*であった。

	借　　　　　方		貸　　　　　方	
4/10	(　　　　　)	(　　　　　)	売　　　　　上	(　　　　　)
5/12	普 通 預 金	(　　　　　)	(　　　　　) (　　　　　)	(　　　　　) (　　　　　)
6/8	(　　　　　)	(　　　　　)	売　　　　　上	(　　　　　)
7/15	普 通 預 金 (　　　　　)	(　　　　　) (　　　　　)	(　　　　　)	(　　　　　)

25-2　次の取引の仕訳を完成しなさい。
　9月　9日　商品*1,000*ドルを掛けで仕入れた。この日の為替レートは*1*ドル¥*123*であった。
　*10*月　5日　9月9日の商品代金*1,000*ドルを支払うために，取引銀行で円に換算して普通預金口座より仕入先に送金した。この日の為替レートは*1*ドル¥*125*であった。
　*11*月*20*日　商品*3,000*ドルを掛けで仕入れた。この日の為替レートは*1*ドル¥*123*であった。
　*12*月*10*日　*11*月*20*日の商品代金*3,000*ドルを支払うために，取引銀行で円に換算して普通預金口座より仕入先に送金した。この日の為替レートは*1*ドル¥*120*であった。

	借　　　　　方		貸　　　　　方	
9/9	仕　　　　　入	(　　　　　)	(　　　　　)	(　　　　　)
10/5	(　　　　　) (　　　　　)	(　　　　　) (　　　　　)	普 通 預 金	(　　　　　)
11/20	仕　　　　　入	(　　　　　)	(　　　　　)	(　　　　　)
12/10	(　　　　　)	(　　　　　)	普 通 預 金 (　　　　　)	(　　　　　) (　　　　　)

25-3 前ページ**25-1**および**25-2**の取引を，次の為替差損益勘定に転記し，損益計算書（一部）に記載しなさい。なお，勘定記入は日付・金額を示すこと。

(1) **25-1**の取引

為 替 差 損 益

```
──────────────┬──────────────
              │
              │
```

損 益 計 算 書（一部）

Ⅳ　**営業外収益**
　　　　　（　　　　　）（　　　　　）
Ⅴ　**営業外費用**
　　　　　（　　　　　）（　　　　　）

(2) **25-2**の取引

為 替 差 損 益

```
──────────────┬──────────────
              │
              │
```

損 益 計 算 書（一部）

Ⅳ　**営業外収益**
　　　　　（　　　　　）（　　　　　）
Ⅴ　**営業外費用**
　　　　　（　　　　　）（　　　　　）

練習問題

25-4 次の一連の取引の仕訳を示しなさい。ただし，商品に関する勘定は3分法によること。

(1) 米国の取引先から商品500ドルを購入する契約を結び，前払金として50ドルを現金で支払った。（/ドル＝¥125）

(2) 上記(1)の取引先から商品500ドルを仕入れた。なお，先に支払ってある前払金との差額450ドルは翌月支払うことにした。（/ドル＝¥128）

(3) 買掛金450ドルを普通預金口座から支払った。（/ドル＝¥126）

	借　　　　　　　　方	貸　　　　　　　　方
(1)		
(2)		
(3)		

25-5 次の一連の取引の仕訳を示しなさい。ただし，商品に関する勘定は3分法によること。

(1) 米国の得意先へ商品900ドルを販売する契約を結び，前受金として180ドルを現金で受け取った。（/ドル＝¥123）

(2) 上記(1)の得意先へ商品900ドルを売り上げた。なお，先に受け取ってある前受金との差額720ドルは翌月受け取ることにした。（/ドル＝¥126）

(3) 得意先から前受金との差額720ドルの送金があり，普通預金口座に預け入れた。（/ドル＝¥123）

	借　　　　　　　　方	貸　　　　　　　　方
(1)		
(2)		
(3)		

㉕-6 次の一連の取引の仕訳を示しなさい。ただし，商品に関する勘定は3分法によること。なお，仕訳が必要ない場合は「仕訳なし」と記入すること。

2月 /日 商品500ドルを掛けで売り上げた。(/ドル＝¥123)

3月 /日 売掛金500ドルについて，/ドルあたり¥120で為替予約をおこなった。

3月3/日 決算日において，為替レートは/ドルあたり¥118であった。

4月30日 売掛金500ドルが送金され，取引銀行で円に換算し普通預金口座に入金した。
(/ドル＝¥115)

	借　　　　　　　方		貸　　　　　　　方	
2/1				
3/1				
3/31				
4/30				

㉕-7 次の一連の取引の仕訳を示しなさい。ただし，商品に関する勘定は3分法によること。

8月 /日 商品800ドルを掛けで仕入れた。(/ドル＝¥123)

9月 /日 買掛金800ドルについて為替予約をおこなった。同日の為替レートは/ドル¥121で，予約レートは/ドル¥120であった。

10月30日 買掛金800ドルについて，取引銀行との為替予約契約にもとづき，普通預金口座から仕入先へ送金した。(/ドル＝¥118)

	借　　　　　　　方		貸　　　　　　　方	
8/1				
9/1				
10/30				

26 当期純利益の計算 (1)

要点の整理

① 特別利益

特別利益は，当期の経常的な営業活動とは無関係に臨時的・偶発的に発生する収益である。

特 別 利 益	固定資産売却益・投資有価証券売却益・負ののれん発生益・ 新株予約権戻入益・保険差益　など

負ののれん発生益：他の企業を合併などによって取得した場合，その企業の純資産額よりも安価で取得した場合に貸方に生じる差額。

例 東京商事株式会社は，南西商店を取得し，取得対価¥6,000,000は小切手を振り出して支払った。
なお，取得時の南西商店の諸資産の時価は¥15,000,000　諸負債の時価は¥8,000,000であった。

（借）諸　　資　　産　15,000,000　　（貸）諸　　負　　債　　8,000,000
　　　　　　　　　　　　　　　　　　　　　　当 座 預 金　　6,000,000
　　　　　　　　　　　　　　　　　　　　　　負ののれん発生益　1,000,000

例 ① 保険会社と¥2,100,000の火災保険契約を結んでいた建物（取得原価¥5,000,000　減価償却累計額¥3,000,000）が火災により焼失した。なお，保険会社に保険金を請求した。

（借）建物減価償却累計額　3,000,000　　（貸）建　　　　　物　　5,000,000
　　　未　　決　　算　2,000,000

② 上記①の建物について，保険会社より保険金¥2,050,000を支払うとの通知を受けた。

（借）未 収 入 金　2,050,000　　（貸）未　　決　　算　　2,000,000
　　　　　　　　　　　　　　　　　　　　　保 険 差 益　　　50,000

② 特別損失

特別損失は，当期の経常的な営業活動とは無関係に臨時的・偶発的に発生する費用である。

特 別 損 失	固定資産売却損・固定資産除却損・投資有価証券売却損・ 子会社株式評価損・災害損失（火災損失）　など

災 害 損 失：商品・備品などが，火災・暴風雨・洪水などによって破損・き損した場合に生じる損失。

例 取得原価¥10,000,000　減価償却累計額¥7,500,000の建物が火災により焼失した。

（借）建物減価償却累計額　7,500,000　　（貸）建　　　　　物　10,000,000
　　　災　害　損　失　2,500,000

基本問題

26-1 次の事項は，損益計算書においてどのような項目（科目）で表示するか記入しなさい。

(1) 商品が台風によって破損したときに生じる損失。

(2) 土地を帳簿価額より高い価額で売却したときの差額。

(3) 満期保有の目的で保有していた公債を資金の都合で売却したときの利益。

(4) 建物を帳簿価額よりも低い値で売り渡したときの帳簿価額と売価との差額。

(5) 利用価値がなくなった固定資産を帳簿記録から取り除くときの固定資産の帳簿価額。

(6) 決算時における子会社株式の時価が著しく下落したときの帳簿価額と時価との差額。

(1)	(2)	(3)

(4)	(5)	(6)

ポイント (3) 満期保有目的で購入した公債は，投資有価証券勘定で処理している。

(5) 固定資産を帳簿記録から取り除くことを除却という。

━━━ 練 習 問 題 ━━━

26-2 次の取引の仕訳を示しなさい。
(1) 子会社である西南商事株式会社の財政状態が著しく悪化したので，保有する同社の株式600株（/株の帳簿価額 ¥96,000）を実質価額によって評価替えした。なお，西南商事株式会社の資産総額は ¥66,800,000 負債総額は ¥30,000,000 で，発行済株式数は800株（市場価格のない株式）である。
(2) 取得原価 ¥1,000,000 減価償却累計額 ¥450,000 の営業用トラックが，水害によって使用不能となったので，廃棄した。
(3) 保険会社と ¥12,000,000 の火災保険契約を結んでいた建物（取得原価 ¥20,000,000 減価償却累計額 ¥11,000,000）が火災により焼失した。なお，保険会社に保険金を請求した。
(4) 上記(3)の建物について，保険会社より保険金 ¥10,500,000 を支払うとの通知を受けた。

	借 方	貸 方
(1)		
(2)		
(3)		
(4)		

━━━ 検 定 問 題 ━━━

26-3 損益計算書のそれぞれの区分に記載される項目（科目）が，すべて正しいものを1～3のなかから選び，その番号を答えなさい。　（第75回一部修正）

販売費及び一般管理費	1. 退職給付費用，法人税等 2. 広告料，雑損 3. 給料，減価償却費	営業外費用	1. 手形売却損，有価証券評価損 2. 支払家賃，支払利息 3. 消耗品費，有価証券売却損
営業外収益	1. 有価証券評価益，負ののれん発生益 2. 仕入割引，有価証券利息 3. 受取利息，株式交付費	特別損失	1. 租税公課，災害損失 2. 固定資産除却損，子会社株式評価損 3. 雑費，固定資産売却損

区　分	番　号	区　分	番　号
販売費及び一般管理費		営 業 外 費 用	
営 業 外 収 益		特 別 損 失	

26-4 損益計算書の販売費及び一般管理費および営業外収益の項目に属する科目を次の語群から3つ選び，その番号を記入しなさい。　（第77回一部修正）

1. 雑　　益　　2. 有価証券評価損　　3. 支払家賃　　4. 子会社株式評価損
5. 有価証券利息　　6. 固定資産売却益　　7. 雑　　費　　8. 仕 入 割 引
9. 雑　　損　　10. 支払手数料

販売費及び一般管理費				営 業 外 収 益			

27 当期純利益の計算 (2) －法人税等－

要点の整理

① 法人税，住民税及び事業税

(1) 株式会社の税

株式会社が納付する税金

	国　税	地　方　税
利益にもとづいて課される税金	法人税，地方法人税	住民税，事業税
利益以外の金額にもとづいて課される税金	印紙税	固定資産税

(2) 利益と課税所得

会計上の利益と税法上の利益は，次のように求める。しかしながら，それぞれ利益の算定目的が異なるため，これらは通常一致しない。

> **会計上の利益：収益 － 費用 ＝ 当期純利益**

> **税法上の利益：益金 － 損金 ＝ 課税所得**

損益計算書に記載する法人税，住民税及び事業税は，次のように税法上の利益である課税所得にもとづいて算出される。

> **法人税，住民税及び事業税＝課税所得 × 実効税率**

○3期と○4期の税引前当期純利益が同額で実効税率が同率ならば，税引後当期純利益も同額になるはずであるが，次の損益計算書が示すように同額にならないことがある。

損益計算書（○3期）			損益計算書（○4期）	
⋮			⋮	
税引前当期純利益	1,000		税引前当期純利益	1,000
法人税，住民税及び事業税	230		法人税，住民税及び事業税	250
当期純利益	770		当期純利益	750

これは，法人税，住民税及び事業税が，税法上の利益である課税所得にもとづいて算出されるからである。つまり，○3期と○4期の課税所得が異なるため，実効税率が同率であっても法人税，住民税及び事業税額が同額とならず，結果的に税引後当期純利益がズレてしまう。

② 税効果会計

(1) 税効果会計の意味

会計では適切な期間損益計算を目的としているため，会計上の資産・負債の額と課税所得計算上の資産・負債の額に相違がある場合には，法人税，住民税及び事業税を期間配分することにより，税引前当期純利益と法人税，住民税及び事業税を合理的に対応させる手続きをおこなう。この手続きを**税効果会計**という。これにより，税引前当期純利益が同額であれば税額も同額と表示される。

(2) 一時差異の会計処理

税効果会計では，資産と負債について，会計上の簿価と税法上の金額が異なるかを調べ，その差異を二つに分類する。差異が一時的なもので時間の経過とともに解消される差異を**一時差異**といい，解消されない差異を**永久差異**という。これらのうち，税効果会計の対象となるのは一時差異であり，これには，①貸倒引当金，②減価償却，③その他有価証券に関連して生じるものなどがある。

①　貸倒引当金に関する税効果会計

売上債権などに設定される貸倒引当金については，会計上の繰入額と税法上の繰入限度額の違いにより差異が生じ，その差異は将来売上債権が貸し倒れたときに解消される（一時差異）。

会計上の費用より税法上の損金のほうが少なく計算されるため，課税所得は当期純利益よりその分多く算出される。税効果会計ではこれを税金の前払いと考え，**繰延税金資産勘定**(資産)の借方と**法人税等調整額勘定**の貸方に記入する。なお，解消時には，この貸借反対の仕訳をおこなう。

例 1．第1期の決算において，売掛金¥3,000について，¥60の貸倒引当金を設定した。しかし，法人税法上の繰入限度額は¥30であるため，超過額¥30は損金と認められなかった。なお，法定実効税率は30％として，税効果会計を適用する。

（借）貸倒引当金繰入	60	（貸）貸倒引当金	60
繰延税金資産	9	法人税等調整額	9

会計上の売掛金：¥3,000 － ¥60 ＝ ¥2,940
税法上の売掛金：¥3,000 － ¥30 ＝ ¥2,970
繰延税金資産：(¥2,970 － ¥2,940) × 30 % ＝ ¥9

例 2. 第2期の期中に，上記 **例** 1の売掛金が回収不能となった。これにともない前期の損金不算入額 ¥30の損金算入が認められ，決算にあたり一時差異を解消した。

（借）法人税等調整額	9	（貸）繰延税金資産	9

損益計算書（第1期）		
⋮		
税引前当期純利益		10,000
法人税，住民税及び事業税	3,009	
法人税等調整額	△9	3,000
当 期 純 利 益		7,000

損益計算書（第2期）		
⋮		
税引前当期純利益		10,000
法人税，住民税及び事業税	2,991	
法人税等調整額	9	3,000
当 期 純 利 益		7,000

② 減価償却に関する税効果会計

　固定資産の減価償却費については，法人税法上は法定耐用年数によって算出されるが，会計上はこれよりも短い期間である実際の耐用年数によって算出することがあり，これによって差異が生じる。この差異は，固定資産が除却や売却されたときに解消される（一時差異）。

例 3. 決算において，期首に購入した取得原価¥400,000の備品について，残存価額零（0），耐用年数4年として定額法により減価償却をおこなった。なお，法人税法上の法定耐用年数は5年，法定実効税率30％として税効果会計を適用する。

（借）減 価 償 却 費	100,000	（貸）備品減価償却累計額	100,000
繰延税金資産	6,000	法人税等調整額	6,000

会計上の備品の帳簿価額：¥400,000 － {(¥400,000 － ¥0) ÷ 4年} ＝ ¥300,000
税法上の備品の帳簿価額：¥400,000 － {(¥400,000 － ¥0) ÷ 5年} ＝ ¥320,000
繰 延 税 金 資 産：(¥320,000 － ¥300,000) × 30 % ＝ ¥6,000

③ その他有価証券評価差額金に関する税効果会計

　その他有価証券については，会計上は期末に時価で評価するが，法人税法上は時価での評価は認められていないため帳簿価額で評価する。よって，その他有価証券勘定に差異が生じる。この差異は，翌期首に評価差額の洗替えをおこなうことにより解消される（一時差異）。

○その他有価証券の時価が取得原価を下回った場合

（借）繰 延 税 金 資 産	××	（貸）その他有価証券	×××
その他有価証券評価差額金	××		

○その他有価証券の時価が取得原価を上回った場合

（借）その他有価証券	×××	（貸）繰 延 税 金 負 債	××
		その他有価証券評価差額金	××

(3) 繰延税金資産と繰延税金負債の貸借対照表への表示

繰延税金資産：投資その他の資産の区分に表示する。
繰延税金負債：固定負債の区分に表示する。
なお，繰延税金資産と繰延税金負債が両方生じている場合は，相殺して純額を表示する。

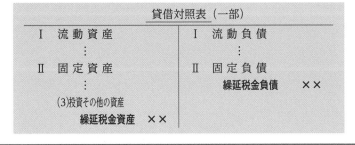

貸借対照表（一部）	
Ⅰ 流 動 資 産	Ⅰ 流 動 負 債
⋮	⋮
Ⅱ 固 定 資 産	Ⅱ 固 定 負 債
⋮	繰延税金負債　　××
(3)投資その他の資産	
繰延税金資産　××	

基 本 問 題

27-1 次の資料によって，税効果会計に関する仕訳を完成しなさい。なお，法定実効税率は30％である。

第/期：売掛金の期末残高¥600,000に対して¥12,000の貸倒引当金を設定したが，税法上の繰入限度額は¥10,000である。

第2期：第/期の売掛金のうち¥12,000が貸し倒れとなったため，損金算入が認められた。

	借	方	貸	方
第/期	(　　　　　　)	(　　　　　　)	法 人 税 等 調 整 額	(　　　　　　)
第2期	(　　　　　　)	(　　　　　　)	(　　　　　　)	(　　　　　　)

27-2 次の資料によって，税効果会計に関する仕訳を完成しなさい。なお，法定実効税率は30％である。

第/期：当期首に¥400,000で取得して使用を開始した備品について，定額法により減価償却をおこなう。会計上の耐用年数は8年，税法上の法定耐用年数は10年であり，残存価額はどちらも零（0）である。

第2期：期首に備品を売却したため，償却限度超過額の損金算入が認められた。

	借	方	貸	方
第/期	(　　　　　)	(　　　　　)	(　　　　　)	(　　　　　)
	(　　　　　)	(　　　　　)	法 人 税 等 調 整 額	(　　　　　)
第2期	(　　　　　)	(　　　　　)	(　　　　　)	(　　　　　)

27-3 次の資料によって，税効果会計に関する仕訳を完成しなさい。なお，法定実効税率は30％である。

第/期：期末現在保有している有価証券は次のとおりである。乙社株式はその他有価証券に該当し，当期に取得したものである。

乙社株式：取得原価¥60,000，時価¥80,000

第2期：期首にその他有価証券について洗替処理をおこなう。

	借	方	貸	方
第/期	その 他 有 価 証 券　(　　　　　)		(　　　　　) (　　　　　)	
			その他有価証券評価差額金　(　　　　　)	
第2期	(　　　　　)	(　　　　　)	(　　　　　)	(　　　　　)
	(　　　　　)	(　　　　　)		

═══ 練習問題 ═══

27-4 次の税効果会計に関する仕訳を示しなさい。なお，法定実効税率は30％である。

(1) ○1年度の決算において，売掛金に対して¥90,000の貸倒引当金を計上したが，そのうち¥20,000は税務上損金に算入することが認められなかった。

(2) 損金不算入であった上記(1)の貸倒引当金¥20,000について，○2年度に売掛金が貸し倒れとなったため，損金算入が認められた。

(3) 当期首に取得した備品（取得原価¥500,000　残存価額零（0）　耐用年数5年）について，定額法によって減価償却をおこなった。なお，税法上の法定耐用年数は8年である。

	借　　　　　方		貸　　　　　方	
(1)				
(2)				
(3)				

28 貸借対照表の作成

要点の整理

① 貸借対照表の作成方法

(1) **棚卸法** 一定時点における企業のすべての資産・負債の金額を，実地棚卸によって決定し，これにもとづいて貸借対照表を作成する方法である。この方法によって作成されるものに，開業時や清算時に作成される貸借対照表がある。

(2) **誘導法** 会計帳簿の継続的な記録によって，資産・負債・純資産の金額を決定し，これにもとづいて貸借対照表を作成する方法である。この方法によって作成されるものには，決算時に作成される貸借対照表がある。

② 貸借対照表の形式

貸借対照表の形式には，勘定式と報告式がある。勘定式は，借方に資産の項目，貸方に負債と純資産の項目を記載する形式である。報告式は，資産・負債・純資産の項目を，上から下に順に記載する形式である。

〔勘定式〕

貸　借　対　照　表

資　産　の　部	負　債　の　部
Ⅰ　流動資産	Ⅰ　流動負債
⋮	Ⅱ　固定負債
Ⅱ　固定資産	純　資　産　の　部
⋮	⋮

〔報告式〕

貸　借　対　照　表

資　産　の　部
Ⅰ　流動資産
Ⅱ　固定資産
　　　負　債　の　部
Ⅰ　流動負債
Ⅱ　固定負債
　　　　　　⋮

③ 貸借対照表の区分

資産の部
- 流動資産
- 固定資産
  - 有形固定資産
  - 無形固定資産
  - 投資その他の資産

負債の部
- 流動負債
- 固定負債

純資産の部
- 株主資本
  - 資本金
  - 資本剰余金
    - 資本準備金
    - その他資本剰余金
  - 利益剰余金
    - 利益準備金
    - その他利益剰余金
      - 任意積立金
      - 繰越利益剰余金
- 評価・換算差額等
- 新株予約権

④ 貸借対照表の作成上の原則

(1) **貸借対照表完全性の原則** 貸借対照表には，作成日におけるすべての資産・負債および純資産を記載しなければならない。

(2) **総額主義の原則** 資産・負債は，総額によって記載することを原則とし，資産の項目と負債または純資産の項目を相殺することによって，それらを貸借対照表から除去してはならない。

⑤ 貸借対照表の配列

貸借対照表の科目の配列は流動的なものから固定的なものへと配列する流動性配列法が一般に用いられる。具体的には資産は，流動資産・固定資産の順に，負債は流動負債・固定負債の順に配列する。

⑥ 報告式の貸借対照表

会社計算規則によって，区分・配列した貸借対照表を示すと，次のとおりである。

```
          貸 借 対 照 表
○○商事株式会社  令和○年3月31日   （単位：円）
            資  産  の  部
 Ⅰ  流 動 資 産            50,000
 Ⅱ  固 定 資 産
  (1) 有形固定資産     20,000
  (2) 無形固定資産      3,000
  (3) 投資その他の資産  17,000    40,000
          資 産 合 計           90,000
            負  債  の  部
 Ⅰ  流 動 負 債            14,000
 Ⅱ  固 定 負 債            27,000
          負 債 合 計           41,000
            純 資 産 の 部
 Ⅰ  株 主 資 本
  (1) 資  本  金             30,000
  (2) 資 本 剰 余 金
    1. 資 本 準 備 金    2,000
    2. その他資本剰余金   1,000
      資本剰余金合計            3,000
  (3) 利 益 剰 余 金
    1. 利 益 準 備 金    2,000
    2. その他利益剰余金
      ① 別 途 積 立 金  8,000
      ② 繰越利益剰余金   5,000
      利益剰余金合計           15,000
        株主資本合計           48,000
 Ⅱ  評価・換算差額等             400
 Ⅲ  新 株 予 約 権             600
        純 資 産 合 計         49,000
      負債及び純資産合計         90,000
```

現金預金は現金と預金の合計額。受取手形・電子記録債権・売掛金は，貸倒引当金を控除する形式による。商品は，実地棚卸高を記載する。短期の前払費用，売買目的有価証券などを記載する。

減価償却累計額は，その固定資産から控除する形式で記載する。建設仮勘定は，ここに記載する。

特許権・のれんなどを記載する。

投資有価証券・長期前払費用などを記載する。

未払費用・未払法人税等などを記載する。

長期借入金・リース債務・退職給付引当金などを記載する。

その他有価証券評価差額金などを記載する。

① 資本金，資本剰余金（資本準備金・その他資本剰余金），利益剰余金（利益準備金と繰越利益剰余金以外のその他利益剰余金）については，元帳勘定残高の金額を記入する。
② 繰越利益剰余金の金額を求める。
　資産合計（¥90,000）を負債及び純資産合計に移記する。次に負債及び純資産合計（¥90,000）から負債合計（¥41,000）を差し引いて純資産合計を求める。
　次に純資産合計（¥49,000）から評価・換算差額等（¥400）および新株予約権（¥600）を差し引いて株主資本合計を求める。
　次に株主資本合計（¥48,000）から資本金（¥30,000）・資本剰余金合計（¥3,000）・利益準備金（¥2,000）・別途積立金（¥8,000）を差し引くと繰越利益剰余金が求められる。

基本問題

28-1 次の各文の ☐ のなかに，下記の語群のなかから，もっとも適当なものを選び，その番号を記入しなさい。ただし，同じ語を何度用いてもよい。

(1) 総額主義の原則とは，資産，負債および純資産は ☐ ア ☐ によって記載することを原則とし，資産の項目と負債または純資産の項目とを ☐ イ ☐ することによって，その全部または一部を除去してはならないとする原則である。

(2) 貸借対照表は，企業の ☐ ウ ☐ を明らかにするため，貸借対照表日におけるすべての ☐ エ ☐，☐ オ ☐ および純資産を記載し，株主，債権者その他の利害関係者にこれを正しく表示するものでなければならない。

(3) 貸借対照表を作成する方法には，☐ カ ☐ における ☐ キ ☐ と負債の実地棚卸をおこない，これを基礎として作成する ☐ ク ☐ と，☐ ケ ☐ における帳簿残高を集計して作成する ☐ コ ☐ がある。前者は継続的に記録された帳簿の存在を必要としないが，後者は ☐ サ ☐ の存在を前提とする。

1. 財 政 状 態　　2. 一 定 時 点　　3. 資　　　　産　　4. 相　　　　殺
5. 誘 　導　 法　　6. 負　　　　債　　7. 総　　　　額　　8. 会 計 期 間
9. 正　 し　 く　 10. 棚　 卸　 法　 11. 経 営 成 績　 12. 帳　　　　簿

(1)		(2)		
ア	イ	ウ	エ	オ

(3)					
カ	キ	ク	ケ	コ	サ

ポイント (1)は貸借対照表総額主義の原則，(2)は貸借対照表完全性の原則，(3)は貸借対照表の二つの作成方法である。

28-2 次の各項目を貸借対照表の下記の適当な区分に記入しなさい。

長 期 貸 付 金　　投 資 有 価 証 券　　退 職 給 付 引 当 金　　貸 倒 引 当 金(売 掛 金)　　前 払 費 用
車 両 運 搬 具　　前 受 収 益　　の れ ん　　新 築 積 立 金　　その他有価証券評価差額金

貸 借 対 照 表

資 産 の 部	負 債 の 部
I 流 動 資 産 　☐	I 流 動 負 債 　☐
☐	II 固 定 負 債 　☐
II 固 定 資 産	純 資 産 の 部
(1) 有形固定資産 ☐	I 株 主 資 本
(2) 無形固定資産 ☐	(1) 資 本 金 ☐
(3) 投資その他の資産 ☐	(2) 資 本 剰 余 金
☐	1. 資本準備金 ☐
	2. その他資本剰余金 ☐
	(3) 利 益 剰 余 金
	1. 利益準備金 ☐
	2. 任意積立金 ☐
	3. 繰越利益剰余金 ☐
	II 評価・換算差額等 ☐

ポイント 投資その他の資産とは，長期前払費用などの長期性資産である。

28-3 千葉商事株式会社の総勘定元帳勘定残高によって，下記の貸借対照表を完成しなさい。なお，[ ]の中にあてはまる適当な区分・科目は次の語群から選ぶこと。

流動資産	流動負債	有形固定資産	現金預金	無形固定資産
支払手形	長期借入金	投資その他の資産	資本金	資本準備金
未収収益	固定資産	短期借入金		

元帳勘定残高

資本金	¥15,000,000	資本準備金	¥1,500,000	利益準備金	¥803,000
別途積立金	910,000	繰越利益剰余金	250,000		

貸借対照表

千葉商事株式会社　　　　　　　令和○2年3月31日　　　　　　　　（単位：円）

資　産　の　部			負　債　の　部		
I [　　　　　]			I [　　　　　]		
1.[　　　　]		2,071,350	1.[　　　　]		2,460,000
2．受取手形	3,000,000		2．買　掛　金		1,482,110
貸倒引当金	30,000	2,970,000	3.[　　　　]		500,000
3．売　掛　金	3,300,000		4．未払費用		6,250
貸倒引当金	33,000	(　　　　)	5．未払法人税等		138,000
4．有価証券		2,090,000	流動負債合計		4,586,360
5．商　　品		4,715,420	II　固　定　負　債		
6.[　　　]		10,320	1.[　　　]		4,000,000
流動資産合計		(　　　　)	2．退職給付引当金		1,470,000
II [　　　　]			固定負債合計		5,470,000
(1) [　　　　]			負　債　合　計		10,056,360
1．建　　物	3,000,000		純　資　産　の　部		
減価償却累計額	1,350,000	1,650,000	I　株　主　資　本		
2．土　　地		(　　　　)	(1) [　　　]		(　　　)
有形固定資産合計		11,600,000	(2) 資本剰余金		
(2) [　　　]			1.[　　　]	(　　　)	
1．の　れ　ん		380,000	資本剰余金合計		(　　　)
無形固定資産合計		380,000	(3) 利益剰余金		
(3) [　　　]			1．利益準備金	(　　　)	
1．投資有価証券		2,000,000	2．その他利益剰余金		
2．長期前払費用		120,000	①　別途積立金 (　　　)		
投資その他の資産合計		2,120,000	②　繰越利益剰余金 (　　　)		
固定資産合計		(　　　)	利益剰余金合計		(　　　)
			純　資　産　合　計		(　　　)
資　産　合　計		29,224,090	負債及び純資産合計		29,224,090

練習問題

28-4 奈良商事株式会社の総勘定元帳勘定残高と付記事項および決算整理事項によって，

(1) 報告式の貸借対照表を完成しなさい。

(2) 損益計算書に記載する次の金額を求めなさい。

a. 売 上 原 価　　b. 貸倒引当金繰入　　c. 保　険　料

ただし，i　会社計算規則によること。

　　　　ii　会計期間は令和○/年4月/日から令和○2年3月3/日までとする。

元帳勘定残高

現　　　　金	¥2,906,700	当 座 預 金	¥3,427,300	電子記録債権	¥2,800,000
売 　掛　 金	2,600,000	貸倒引当金	25,000	売買目的有価証券	3,452,900
繰 越 商 品	2,400,000	仮払法人税等	160,000	リ ー ス 資 産	1,512,000
電子記録債務	1,481,200	買 　掛　 金	1,972,700	仮 受 金	400,000
長 期 借 入 金	1,000,000	リ ー ス 債 務	1,360,800	退職給付引当金	200,000
資 　本　 金	10,000,000	資 本 準 備 金	600,000	利 益 準 備 金	450,000
別 途 積 立 金	300,000	繰越利益剰余金	224,200	売　　　　上	27,527,500
受 取 配 当 金	197,000	仕　　　　入	22,000,000	給　　　　料	1,834,500
発 　送　 費	700,000	広 　告　 料	780,000	支 払 家 賃	550,000
保 　険　 料	72,000	消 耗 品 費	443,700	雑　　　　費	25,300
支 払 利 息	74,000				

付記事項

① 売買目的有価証券¥3,452,900のうち¥2,500,000は，満期保有目的の公債であった。

② 仮受金¥400,000は，得意先三重商店からの売掛代金の回収分¥300,000と，和歌山商店からの商品注文に対する内金¥100,000であった。

③ リース債務のうち¥151,200は，決算日の翌日から/年以内に支払期限が到来する。

決算整理事項

a. 期末商品棚卸高　　¥2,700,000

b. 貸倒見積高　　電子記録債権と売掛金の期末残高に対し，それぞれ/%と見積もり，貸倒引当金を設定する。

c. リース資産減価償却高　定額法により，残存価額は零(0)　耐用年数は/0年とする。

d. 保険料前払高　　¥24,000

e. 利息未払高　　¥50,000

f. 退職給付引当金繰入額　¥170,000

g. 法人税・住民税及び事業税額　¥410,000

(1)

貸 借 対 照 表

奈良商事株式会社　　　　令和○2年3月3/日　　　　(単位：円)

資 産 の 部

I 流 動 資 産

1. 現 金 預 金　　　　　　　　　　(　　　　　)
2. 電 子 記 録 債 権　　(　　　　　)
　　(　　　　　　　)　(　　　　　)　(　　　　　)
3. (　　　　　　)　(　　　　　)
　　(　　　　　　)　(　　　　　)　(　　　　　)
4. (　　　　　)　　　　　　　　　(　　　　　)
5. (　　　　　)　　　　　　　　　(　　　　　)
6. 前 払 費 用　　　　　　　　　　(　　　　　)
　　流 動 資 産 合 計　　　　　　　　　　　(　　　　　)

Ⅱ 固 定 資 産
(1) 有 形 固 定 資 産
　　1. リ ー ス 資 産　　　　(　　　　　)
　　　　(　　　　　　　　)　　(　　　　　)　　(　　　　　)
　　　　有形固定資産合計　　　　　　　　　(　　　　　)
(2) 投 資 そ の 他 の 資 産
　　1. 投 資 有 価 証 券　　　　(　　　　　)
　　　　投資その他の資産合計　　(　　　　　)
　　　　固 定 資 産 合 計　　　　　　　　　　　(　　　　　)
　　　　資 産 合 計　　　　　　　　　　　　(　　　　　)

負 債 の 部

Ⅰ 流 動 負 債
　　1. 電 子 記 録 債 務　　　　(　　　　　)
　　2. 買 　 掛 　 金　　　　(　　　　　)
　　3. リ ー ス 債 務　　　　(　　　　　)
　　4. (　　　　　　　)　　　　(　　　　　)
　　5. 未 払 費 用　　　　(　　　　　)
　　6. (　　　　　　　)　　　　(　　　　　)
　　　　流 動 負 債 合 計　　　　　　　　　(　　　　　)
Ⅱ 固 定 負 債
　　1. 長 期 借 入 金　　　　(　　　　　)
　　2. リ ー ス 債 務　　　　(　　　　　)
　　3. (　　　　　　　)　　　　(　　　　　)
　　　　固 定 負 債 合 計　　　　　　　　　(　　　　　)
　　　　負 債 合 計　　　　　　　　　　　(　　　　　)

純 資 産 の 部

Ⅰ 株 主 資 本
(1) 資 　 本 　 金　　　　　　　　　　　(　　　　　)
(2) 資 本 剰 余 金
　　1. (　　　　　　　)　　　　(　　　　　)
　　　　資 本 剰 余 金 合 計　　　　　　　(　　　　　)
(3) 利 益 剰 余 金
　　1. 利 益 準 備 金　　　　(　　　　　)
　　2. その他利益剰余金
　　　① 別 途 積 立 金　　　　(　　　　　)
　　　② 繰 越 利 益 剰 余 金　　(　　　　　)
　　　　利 益 剰 余 金 合 計　　　　　　　(　　　　　)
　　　　株 主 資 本 合 計　　　　　　　　(　　　　　)
　　　　純 資 産 合 計　　　　　　　　　(　　　　　)
　　　　負債及び純資産合計　　　　　　　(　　　　　)

(2)	a	¥	b	¥	c	¥

28-5 北海道物産株式会社の総勘定元帳勘定残高と付記事項および決算整理事項によって，
(1) 報告式の貸借対照表を完成しなさい。
(2) 損益計算書に記載する次の金額を求めなさい。
　　　　a．売上総利益　　b．減価償却費　　c．当期純利益
　ただし，i　会社計算規則によること。
　　　　　ii　会計期間は令和○年/月/日から令和○年/2月3/日までとする。

元帳勘定残高

現　　　金	¥1,494,100	当座預金	¥2,754,300	受取手形	¥800,000
電子記録債権	4,100,000	売掛金	3,000,000	貸倒引当金	24,000
売買目的有価証券	2,920,000	繰越商品	4,720,000	仮払法人税等	1,280,000
備　　　品	4,800,000	備品減価償却累計額	960,000	土　地	17,000,000
その他有価証券	3,500,000	電子記録債務	2,800,000	買　掛　金	3,068,500
仮　受　金	700,000	長期借入金	2,700,000	退職給付引当金	1,400,000
資　本　金	23,000,000	資本準備金	1,200,000	利益準備金	500,000
新築積立金	600,000	別途積立金	370,000	繰越利益剰余金	304,800
新株予約権	400,000	売　　上	69,700,000	有価証券利息	120,000
仕　　　入	52,400,000	給　　料	5,540,000	発　送　費	614,900
広　告　料	510,000	支払家賃	1,776,000	保　険　料	238,000
租税公課	185,000	雑　　費	163,000	支払利息	52,000

付記事項
① 仮受金¥700,000は，札幌商店に対する売掛金¥400,000の回収額と，小樽商店からの商品注文に対する内金¥300,000であることが判明した。なお，この商品はまだ引き渡していない。
② 長期借入金¥2,700,000のうち¥800,000は，決算日の翌日から/0か月後に返済日が到来する。

決算整理事項
a．期末商品棚卸高　　¥4,950,000
b．外貨建取引の円換算　　当社が保有している外貨建取引による売掛金は，取引日の為替レートで円換算しており，為替予約はおこなっていない。

	取引額	取引日の為替レート	決算日の為替レート
売掛金	10,000ドル	/ドル/20円	/ドル/24円

c．貸倒見積高　　受取手形，電子記録債権および売掛金の期末残高に対し，それぞれ/%と見積もり，貸倒引当金を設定する。
d．有価証券評価高

	銘柄	株式	/株の帳簿価額	/株の時価
売買目的有価証券	南北株式会社	40株	¥73,000	¥71,000
その他有価証券	旭川商事株式会社	1,000株	¥3,500	¥3,610

e．備品減価償却高　　毎期の償却率を20%とし，定率法により計算している。
f．保険料前払高　　保険料のうち¥168,000は，本年6月/日から/年分の保険料として支払ったものであり，前払高を次期に繰り延べる。
g．利息未払高　　¥29,000
h．退職給付引当金繰入額　　¥570,000
i．法人税・住民税及び事業税額　　¥2,930,000

(1)
貸　借　対　照　表
北海道物産株式会社　　令和○年/2月3/日　　（単位：円）
資　産　の　部

I 流　動　資　産
　1．現　金　預　金　　　　　　　　　（　　　　　）
　2．受　取　手　形　（　　　　　）
　　（　　　　　　　）（　　　　　）（　　　　　）
　3．電　子　記　録　債　権（　　　　　）
　　（　　　　　　　）（　　　　　）（　　　　　）
　4．（　　　　　　　）（　　　　　）
　　（　　　　　　　）（　　　　　）（　　　　　）
　5．（　　　　　　　）　　　　　　（　　　　　）
　6．（　　　　　　　）　　　　　　（　　　　　）
　7．（　　　　　　　）　　　　　　（　　　　　）
　　　流　動　資　産　合　計　　　　　　　　　（　　　　　）

Ⅱ 固 定 資 産
　(1) 有 形 固 定 資 産
　　　1.(　　　　　　　　)　　　(　　　　　　　)
　　　　　(　　　　　　　　)　　　(　　　　　　　)　　(　　　　　)
　　　2.(　　　　　　　　)　　　　　　　　　　　(　　　　　)
　　　　　有 形 固 定 資 産 合 計　　　　　(　　　　　)
　(2) 投 資 そ の 他 の 資 産
　　　1.(　　　　　　　　)　　　　　　　　(　　　　　)
　　　　　投資その他の資産合計　　　　(　　　　　)
　　　　　固 定 資 産 合 計　　　　　　　　　(　　　　　)
　　　　　資 産 合 計　　　　　　　　　　　(　　　　　)

負 債 の 部

Ⅰ 流 動 負 債
　　　1. 電 子 記 録 債 務　　　　　　(　　　　　)
　　　2. 買　　掛　　金　　　　　　　(　　　　　)
　　　3.(　　　　　　　　)　　　　　　(　　　　　)
　　　4.(　　　　　　　　)　　　　　　(　　　　　)
　　　5.(　　　　　　　　)　　　　　　(　　　　　)
　　　6.(　　　　　　　　)　　　　　　(　　　　　)
　　　　　流 動 負 債 合 計　　　　　　　　(　　　　　)
Ⅱ 固 定 負 債
　　　1.(　　　　　　　　)　　　　　　(　　　　　)
　　　2.(　　　　　　　　)　　　　　　(　　　　　)
　　　　　固 定 負 債 合 計　　　　　　　　(　　　　　)
　　　　　負 債 合 計　　　　　　　　　　(　　　　　)

純 資 産 の 部

Ⅰ 株 主 資 本
　(1) 資　　本　　金　　　　　　　　　(　　　　　)
　(2) 資 本 剰 余 金
　　　1.(　　　　　　　　)　　　　(　　　　　)
　　　　　資 本 剰 余 金 合 計　　　　　　(　　　　　)
　(3) 利 益 剰 余 金
　　　1. 利 益 準 備 金　　　　　　(　　　　　)
　　　2. そ の 他 利 益 剰 余 金
　　　　　① 新 築 積 立 金　　　　(　　　　　)
　　　　　② 別 途 積 立 金　　　　(　　　　　)
　　　　　③ 繰 越 利 益 剰 余 金　　(　　　　　)
　　　　　利 益 剰 余 金 合 計　　　　　　(　　　　　)
　　　　　株 主 資 本 合 計　　　　　　　(　　　　　)
Ⅱ 評 価 ・ 換 算 差 額 等
　　　1. その他有価証券評価差額金　　(　　　　　)
　　　　　評価・換算差額等合計　　　　　(　　　　　)
Ⅲ 新 株 予 約 権　　　　　　　　　　(　　　　　)
　　　　　純 資 産 合 計　　　　　　　　　(　　　　　)
　　　　　負債及び純資産合計　　　　　　(　　　　　)

(2)

a	¥	b	¥	c	¥

28-6 山口商事株式会社の総勘定元帳勘定残高と付記事項および決算整理事項によって，報告式の貸借対照表と勘定式の損益計算書を完成しなさい。

ただし，i 会社計算規則によること。

ii 会計期間は令和○/年4月/日から令和○2年3月3/日までとする。

元帳勘定残高

現　　　　金	¥ 380,520	当 座 預 金	¥2,808,480	受 取 手 形	¥1,000,000
電子記録債権	985,000	売 掛 金	2,200,000	貸倒引当金	20,000
繰 越 商 品	2,800,000	備　　　品	2,400,000	備品減価償却累計額	600,000
子会社株式	3,040,000	電子記録債務	950,000	買 掛 金	1,824,400
仮 受 金	110,000	退職給付引当金	30,000	資 本 金	10,000,000
資本準備金	190,000	繰越利益剰余金	88,000	売 上	14,590,000
仕 入	11,449,400	給 料	1,151,000	保 険 料	18,000
支 払 家 賃	90,000	雑 費	41,000	支 払 利 息	27,000
電子記録債権売却損	12,000				

付記事項

① 3月3/日現在の当座預金勘定残高証明書の金額は¥2,893,480であったので，その不一致の原因を調査したところ，期日に入金済みになっていた電子記録債権¥85,000が，当社の帳簿に記入もれになっていた。

② 仮受金¥110,000は，鳥取商店からの商品注文に対する内金であった。

決算整理事項

a. 期末商品棚卸高　¥3,150,000

b. 貸倒見積高　受取手形，電子記録債権および売掛金の期末残高に対し，それぞれ/%と見積もり，貸倒引当金を設定する。

c. 備品減価償却高　定率法により，毎期の償却率を25%とする。

d. 保険料前払高　保険料勘定のうち¥12,000は，令和○/年/0月/日から/年分の保険料として支払ったものであり，前払高を次期に繰り延べる。

e. 退職給付引当金繰入額　¥ 18,000

f. 法人税・住民税及び事業税額　¥ 650,000

貸 借 対 照 表

山口商事株式会社　　　　　令和○2年3月3/日　　　　　（単位：円）

資 産 の 部

Ⅰ 流 動 資 産
1. 現 金 預 金　　　　　　　　　　　（　　　　）
2. 受 取 手 形　（　　　　）
　（　　　　　）（　　　　）（　　　　）
3. 電 子 記 録 債 権（　　　　）
　（　　　　　）（　　　　）（　　　　）
4. 売 掛 金（　　　　）
　（　　　　）（　　　　）（　　　　）
5.（　　　　）　　　　　　　　　（　　　　）
6.（　　　　）　　　　　　　　　（　　　　）
　　流 動 資 産 合 計　　　　　　　　　　　（　　　　）
Ⅱ 固 定 資 産
(1) 有 形 固 定 資 産
1. 備 品（　　　　）
　（　　　　）（　　　　）（　　　　）
　　有 形 固 定 資 産 合 計　　　（　　　　）

(2) 投資その他の資産
  1.(　　　　　　　)　　　　　　　　　　(　　　　　　)
     投資その他の資産合計　　　(　　　　　　)
     固 定 資 産 合 計　　　　　　　　　　　(　　　　　　)
      資 産 合 計　　　　　　　　　　　　　(　　　　　　)

負 債 の 部

Ⅰ 流 動 負 債
  1. 電 子 記 録 債 務　　　　　　(　　　　　　)
  2. 買　　掛　　金　　　　　　　(　　　　　　)
  3.(　　　　　　　)　　　　　　(　　　　　　)
  4.(　　　　　　　)　　　　　　(　　　　　　)
     流 動 負 債 合 計　　　　　　　　　　(　　　　　　)
Ⅱ 固 定 負 債
  1.(　　　　　　　)　　　　　　(　　　　　　)
     固 定 負 債 合 計　　　　　　　　　　(　　　　　　)
      負 債 合 計　　　　　　　　　　　　(　　　　　　)

純 資 産 の 部

Ⅰ 株 主 資 本
(1) 資　　本　　金　　　　　　　　　　　　(　　　　　　)
(2) 資 本 剰 余 金
  1. 資 本 準 備 金　　　　　　　(　　　　　　)
     資 本 剰 余 金 合 計　　　　　　　　　(　　　　　　)
(3) 利 益 剰 余 金
  1. その他利益剰余金
   ① 繰 越 利 益 剰 余 金　　　(　　　　　　)
     利 益 剰 余 金 合 計　　　　　　　　　(　　　　　　)
     株 主 資 本 合 計　　　　　　　　　　(　　　　　　)
      純 資 産 合 計　　　　　　　　　　　(　　　　　　)
     負債及び純資産合計　　　　　　　　　(　　　　　　)

損 益 計 算 書

山口商事株式会社　　令和○/年4月/日から令和○2年3月3/日まで　　（単位：円）

費　　　用	金　　額	収　　　益	金　　額
売 上 原 価		売 上 高	
給　　　料			
(　　　　　)			
保 　険 　料			
(　　　　　)			
支 払 家 賃			
(　　　　　)			
雑　　　費			
支 払 利 息			
電子記録債権売却損			
法 人 税 等	650,000		
当 期 純 利 益			

検定問題

28-7 宮崎商事株式会社の総勘定元帳勘定残高と付記事項および決算整理事項によって，報告式の貸借対照表を完成しなさい。 （第86回一部修正）

ただし， i　会社計算規則によること。

ⅱ　会計期間は令和○8年4月/日から令和○9年3月3/日までとする。

元帳勘定残高

現　　　　金	¥ 685,100	当 座 預 金	¥ 1,296,400	電子記録債権	¥ 2,000,000
売 　掛　 金	1,496,000	貸 倒 引 当 金	12,000	売買目的有価証券	1,590,000
繰 越 商 品	1,460,000	仮払法人税等	980,000	備　　　　品	2,600,000
備品減価償却累計額	1,625,000	土　　　　地	10,705,000	建 設 仮 勘 定	4,500,000
その他有価証券	2,262,000	子 会 社 株 式	5,220,000	電子記録債務	1,795,000
買 　掛　 金	1,408,000	長 期 借 入 金	2,600,000	退職給付引当金	2,630,000
資 　本　 金	12,000,000	資 本 準 備 金	1,600,000	利 益 準 備 金	1,380,000
別 途 積 立 金	1,530,000	繰越利益剰余金	439,000	売　　　　上	70,684,600
受 取 配 当 金	74,000	仕 入 割 引	136,000	有価証券売却益	390,000
仕　　　　入	48,375,000	給　　　　料	8,280,000	発 送 費	1,025,000
広 　告　 料	1,772,000	支 払 家 賃	1,920,000	消 耗 品 費	164,300
保 　険　 料	969,000	租 税 公 課	314,000	雑 費	36,800
支 払 利 息	78,000	固定資産除却損	575,000		

付記事項

① 3月3/日の当座勘定残高証明書の金額は¥1,716,400であり，その不一致の原因を調査したところ，次の資料を得た。

㋐ かねて仕入先長崎商店あてに振り出した小切手¥140,000が，銀行でまだ引き落とされていなかった。

㋑ 買掛金支払いのために小切手¥80,000を作成して記帳していたが，まだ仕入先に渡していなかった。

㋒ 鹿児島商店に対する電子記録債権¥200,000について期日となり当社の当座預金口座に入金されていたが，当社では未記帳であった。

決算整理事項

a．期末商品棚卸高

	帳簿棚卸数量	実地棚卸数量	原　　　価	正味売却価額
A品	1,200個	1,200個	@¥900	@¥840
B品	1,400 〃	1,320 〃	〃 550	〃 660

ただし，棚卸減耗損および商品評価損は売上原価の内訳項目とする。

b．外貨建取引の円換算　　当社の外貨建取引による買掛金は，取引日の為替レートで円換算しており，為替予約はおこなっていない。

	取 引 額	取引日の 為替レート	決算日の 為替レート
買掛金	7,200ドル	/ドル/25円	/ドル/28円

c．貸 倒 見 積 高　　電子記録債権と売掛金の期末残高に対し，それぞれ/%と見積もり，貸倒引当金を設定する。

d．有価証券評価高　　保有する株式は次のとおりである。なお，その他有価証券については，法定実効税率30%として税効果会計を適用する。また，子会社株式は時価が著しく下落し，回復の見込みがない。

売買目的有価証券：熊本株式会社　　30株　　時価　/株 ¥56,000

その他有価証券：大分株式会社　290株　　時価　/株 ¥ 8,000

子 会 社 株 式：南北株式会社　600株　　時価　/株 ¥ 3,200

e．備品減価償却高　　定額法により，残存価額は零（0）　耐用年数は8年とする。

f．保険料前払高　　保険料のうち¥864,000は，令和○8年8月/日から3年分の保険料として支払ったものであり，前払高を次期に繰り延べる。

g．利 息 未 払 高　　¥　13,000

h．退職給付引当金繰入額　　¥　820,000

i．法人税・住民税
　及び事業税額　　¥1,354,000

貸 借 対 照 表

宮崎商事株式会社 　　　　　　令和○9年3月3/日 　　　　　　　　　（単位：円）

資 産 の 部

Ⅰ **流 動 資 産**
1. 現 金 預 金 　　　　　　　　　　　（　　　　　）
2. 電 子 記 録 債 権 　　（　　　　　）
   貸 倒 引 当 金 　　（　　　　　）（　　　　　）
3. 売 掛 金 　　（　　　　　）
   貸 倒 引 当 金 　　（　　　　　）（　　　　　）
4. 有 価 証 券 　　　　　　　　　　　（　　　　　）
5. （　　　　　）　　　　　　　　　　（　　　　　）
6. （　　　　　）　　　　　　　　　　（　　　　　）
   流 動 資 産 合 計 　　　　　　　　　　　　　（　　　　　）
Ⅱ **固 定 資 産**
(1) 有 形 固 定 資 産
1. 備 品 　　　　　　　2,600,000
   減 価 償 却 累 計 額 　（　　　　　）（　　　　　）
2. 土 地 　　　　　　　10,705,000
3. 建 設 仮 勘 定 　　　4,500,000
   有 形 固 定 資 産 合 計 　（　　　　　）
(2) 投 資 そ の 他 の 資 産
1. 投 資 有 価 証 券 　　　　　　　　（　　　　　）
2. （　　　　　）　　　　　　　　　　（　　　　　）
3. （　　　　　）　　　　　　　　　　（　　　　　）
   投資その他の資産合計 　　　　　（　　　　　）
   固 定 資 産 合 計 　　　　　　　　　　　　　（　　　　　）
   資 産 合 計 　　　　　　　　　　　　　　　　（　　　　　）

負 債 の 部

Ⅰ **流 動 負 債**
1. 電 子 記 録 債 務 　　　　　　　　1,795,000
2. 買 掛 金 　　　　　　　　　　　　（　　　　　）
3. （　　　　　）　　　　　　　　　　（　　　　　）
4. （　　　　　）　　　　　　　　　　（　　　　　）
   流 動 負 債 合 計 　　　　　　　　　　　　　（　　　　　）
Ⅱ **固 定 負 債**
1. （　　　　　）　　　　　　　　　　（　　　　　）
2. 退 職 給 付 引 当 金 　　　　　　　（　　　　　）
3. 繰 延 税 金 負 債 　　　　　　　　（　　　　　）
   固 定 負 債 合 計 　　　　　　　　　　　　　（　　　　　）
   負 債 合 計 　　　　　　　　　　　　　　　　（　　　　　）

純 資 産 の 部

Ⅰ **株 主 資 本**
(1) 資 本 金 　　　　　　　　　　　　　　　　12,000,000
(2) 資 本 剰 余 金
1. 資 本 準 備 金 　　　　　　　　　　1,600,000
   資 本 剰 余 金 合 計 　　　　　　　　　　　　1,600,000
(3) 利 益 剰 余 金
1. 利 益 準 備 金 　　　　　　　　　　1,380,000
2. そ の 他 利 益 剰 余 金
   ① 別 途 積 立 金 　　　　　　　　1,530,000
   ② 繰 越 利 益 剰 余 金 　　　　　（　　　　　）
   利 益 剰 余 金 合 計 　　　　　　　　　　　（　　　　　）
   株 主 資 本 合 計 　　　　　　　　　　　　（　　　　　）
Ⅱ **評 価・換 算 差 額 等**
1. その他有価証券評価差額金 　　　　（　　　　　）
   評価・換算差額等合計 　　　　　　　　　　（　　　　　）
   純 資 産 合 計 　　　　　　　　　　　　　（　　　　　）
   負 債 及 び 純 資 産 合 計 　　　　　　　　（　　　　　）

28-8 茨城商事株式会社の総勘定元帳勘定残高と付記事項および決算整理事項によって，報告式の貸借対照表を完成しなさい。 (第88回一部修正)

ただし，i 会社計算規則によること。
ii 会計期間は令和○2年4月1日から令和○3年3月31日までとする。

元帳勘定残高

現　金 ¥ 891,400	当座預金 ¥ 1,075,200	受取手形 ¥ 1,700,000
売掛金 1,550,000	貸倒引当金 35,000	繰越商品 1,560,000
仮払法人税等 870,000	建物 4,000,000	建物減価償却累計額 1,512,000
リース資産 2,000,000	リース資産減価償却累計額 400,000	土地 17,009,000
建設仮勘定 1,450,000	その他有価証券 2,160,000	子会社株式 3,220,000
支払手形 2,419,000	買掛金 2,105,600	長期借入金 1,900,000
リース債務 1,200,000	退職給付引当金 2,830,000	資本金 10,000,000
資本準備金 1,300,000	利益準備金 1,280,000	別途積立金 1,490,000
繰越利益剰余金 586,000	新株予約権 1,000,000	売上 72,030,000
受取配当金 84,000	有価証券売却益 126,000	仕入割引 80,000
仕入 48,435,000	給料 8,274,000	発送費 671,000
広告料 1,789,000	支払家賃 1,903,000	消耗品費 120,300
保険料 615,000	租税公課 327,000	雑費 133,700
支払利息 39,000	固定資産除却損 585,000	

付記事項

① 売掛金のうち¥50,000は，南北商店に対する前期末のものであり，同店はすでに倒産しているので，貸し倒れとして処理する。

② リース債務¥1,200,000は，リース契約にもとづいて導入したコピー機に対するものであり，決算日の翌日から1年以内に支払期限の到来する部分は流動負債として表示する。なお，リース契約は令和○1年4月1日に締結したものであり，リース期間は5年，リース料は毎年3月末日払いである。

決算整理事項

a. 期末商品棚卸高

	帳簿棚卸数量	実地棚卸数量	原　価	正味売却価額
A品	1,300個	1,200個	@¥900	@¥860
B品	1,200 〃	1,100 〃	〃 ¥630	〃 ¥850

ただし，棚卸減耗損および商品評価損は売上原価の内訳項目とする。

b. 貸倒見積高 受取手形と売掛金の期末残高に対し，それぞれ1％と見積もり，貸倒引当金を設定する。

c. 有価証券評価高 保有する株式は次のとおりである。なお，その他有価証券については，法定実効税率30％として税効果会計を適用する。また，子会社株式は時価が著しく下落し，回復の見込みがない。

その他有価証券：愛媛製菓株式会社 300株 時価 1株 ¥8,200
子会社株式：東西物産株式会社 700株 時価 1株 ¥2,200

d. 減価償却高 建　物：取得原価¥4,000,000 残存価額は取得原価の10％ 耐用年数は50年とし，定額法により計算している。
リース資産：見積現金購入価額¥2,000,000を取得原価とし，残存価額は零（0） 耐用年数は5年で定額法により計算している。

e. 保険料前払高 保険料のうち¥540,000は，令和○2年9月1日から3年分の保険料として支払ったものであり，前払高を次期に繰り延べる。

f. 利息未払高 ¥ 38,000

g. 退職給付引当金繰入額 ¥ 840,000

h. 法人税・住民税及び事業税額 ¥1,495,000

貸 借 対 照 表

茨城商事株式会社　　　　　　　令和○3年3月3/日　　　　　　　　　（単位：円）
資 産 の 部

Ⅰ 流 動 資 産
1. 現 金 預 金　　　　　　　　　　（　　　　　）
2. 受 取 手 形　　　（　　　　　）
　　　貸 倒 引 当 金　（　　　　　）（　　　　　）
3. 売 掛 金　　　　　（　　　　　）
　　　貸 倒 引 当 金　（　　　　　）（　　　　　）
4. (　　　　　)　　　　　　　　　（　　　　　）
5. (　　　　　)　　　　　　　　　（　　　　　）
　　　流 動 資 産 合 計　　　　　　　　　　　　（　　　　　）
Ⅱ 固 定 資 産
(1) 有 形 固 定 資 産
1. 建 物　　　　　4,000,000
　　減価償却累計額　（　　　　　）（　　　　　）
2. リ ー ス 資 産　2,000,000
　　減価償却累計額　（　　　　　）（　　　　　）
3. 土 地　　　　　　　　　　/7,009,000
4. 建 設 仮 勘 定　　　　　　1,450,000
　　有形固定資産合計　　　　　（　　　　　）
(2) 投資その他の資産
1. 投 資 有 価 証 券　　　　　（　　　　　）
2. (　　　　　)　　　　　　　　（　　　　　）
3. (　　　　　)　　　　　　　　（　　　　　）
　　投資その他の資産合計　　　（　　　　　）
　　固 定 資 産 合 計　　　　　　　　　　（　　　　　）
　　資 産 合 計　　　　　　　　　　　　（　　　　　）
負 債 の 部
Ⅰ 流 動 負 債
1. 支 払 手 形　　　　　　　2,4/9,000
2. 買 掛 金　　　　　　　　2,105,600
3. (　　　　　)　　　　　　（　　　　　）
4. リ ー ス 債 務　　　　　（　　　　　）
5. (　　　　　)　　　　　　（　　　　　）
　　流 動 負 債 合 計　　　　　　　　（　　　　　）
Ⅱ 固 定 負 債
1. 長 期 借 入 金　　　　　1,900,000
2. リ ー ス 債 務　　　　　（　　　　　）
3. (　　　　　)　　　　　　（　　　　　）
4. 繰 延 税 金 負 債　　　　（　　　　　）
　　固 定 負 債 合 計　　　　　　　　（　　　　　）
　　負 債 合 計　　　　　　　　　　（　　　　　）
純 資 産 の 部
Ⅰ 株 主 資 本
(1) 資 本 金　　　　　　　　10,000,000
(2) 資 本 剰 余 金
1. 資 本 準 備 金　　　　　1,300,000
　　資本剰余金合計　　　　　　　　　　1,300,000
(3) 利 益 剰 余 金
1. 利 益 準 備 金　　　　　1,280,000
2. その他利益剰余金
① 別 途 積 立 金　　　　　1,490,000
② 繰 越 利 益 剰 余 金　　（　　　　　）
　　利 益 剰 余 金 合 計　　　　　　（　　　　　）
　　株 主 資 本 合 計　　　　　　　（　　　　　）
Ⅱ 評 価・換 算 差 額 等
1. その他有価証券評価差額金　（　　　　　）
　　評価・換算差額等合計　　　　　　（　　　　　）
Ⅲ 新 株 予 約 権　　　　　　　　（　　　　　）
　　純 資 産 合 計　　　　　　　　（　　　　　）
　　負債及び純資産合計　　　　　　（　　　　　）

28-9 岡山商事株式会社の総勘定元帳勘定残高と付記事項および決算整理事項によって，報告式の貸借対照表を完成しなさい。 (第90回一部修正)

ただし，i　会社計算規則によること。
　　　　ii　会計期間は令和○3年4月1日から令和○4年3月31日までとする。

元帳勘定残高

現　　　　金	¥1,618,500	当 座 預 金	¥2,122,400	電子記録債権	¥2,200,000
売　掛　金	3,150,000	貸倒引当金	15,000	売買目的有価証券	1,170,000
繰 越 商 品	2,340,000	仮払法人税等	450,000	建　　　物	7,500,000
建物減価償却累計額	1,650,000	リース資産	3,500,000	リース資産減価償却累計額	1,400,000
土　　　　地	3,189,000	建設仮勘定	4,800,000	満期保有目的債券	1,940,000
電子記録債務	701,000	買　掛　金	2,105,900	長期借入金	4,000,000
リース債務	1,400,000	退職給付引当金	1,767,000	資　本　金	10,000,000
資本準備金	1,200,000	利益準備金	300,000	別途積立金	830,000
繰越利益剰余金	564,000	新株予約権	200,000	売　　　上	81,629,000
受 取 地 代	480,000	受取配当金	102,000	有価証券利息	40,000
有価証券売却益	140,000	仕　　　入	61,218,000	給　　　料	8,127,000
発 送 費	874,000	広　告　料	1,592,000	支 払 家 賃	1,416,000
消 耗 品 費	102,000	保　険　料	540,000	租 税 公 課	273,000
雑　　　費	132,000	支 払 利 息	130,000	固定資産除却損	140,000

付 記 事 項

①　広島商店に対する売掛金¥150,000を期日前に受け取り，同店振り出しの小切手で受け取っていたが，未記帳であった。

②　リース債務¥1,400,000は，リース契約にもとづいて導入したネットワーク機器に対するものであり，決算日の翌日から1年以内に支払期限の到来する部分は流動負債として表示する。なお，リース契約は令和○1年4月1日に締結したものであり，ファイナンス・リース取引（利子抜き法）として処理をしている。リース期間は5年，リース料は年額¥742,000（毎年3月末日払い），見積現金購入価額は¥3,500,000である。

決算整理事項

a．期末商品棚卸高

	帳簿棚卸数量	実地棚卸数量	原　　価	正味売却価額
A品	1,500個	1,400個	@¥920	@¥1,200
B品	1,300 〃	1,300 〃	〃 〃800	〃 〃 750

ただし，棚卸減耗損および商品評価損は売上原価の内訳項目とする。

b．貸 倒 見 積 高　電子記録債権と売掛金の期末残高に対し，それぞれ1%と見積もり，貸倒引当金を設定する。

c．有価証券評価高　保有する株式は次のとおりである。
　　　　　　　　　売買目的有価証券：山口産業株式会社　300株　時価 1株 ¥4,000
　　　　　　　　　満期保有目的債券：償却原価法によって¥1,952,000に評価する。
　　　　　　　　　　　　　なお，満期日は令和○8年3月31日である。

d．減 価 償 却 高　建　　物：取得原価¥7,500,000　残存価額は零（0）　耐用年数は50年とし，定額法により計算している。
　　　　　　　　　リース資産：取得原価（見積現金購入価額）¥3,500,000　残存価額は零（0）耐用年数は5年とし，定額法により計算している。

e．保険料前払高　¥60,000

f．利 息 未 払 高　長期借入金に対する利息は，利率年2.4%で，2月末と8月末に経過した6か月分を支払う契約となっており，未払高を計上する。

g．退職給付引当金繰入額　¥802,000

h．法人税・住民税及び事業税額　¥954,000

貸 借 対 照 表

岡山商事株式会社　　　　令和○4年3月3/日　　　　　　　　（単位：円）

資 産 の 部

Ⅰ 流 動 資 産
1. 現 金 預 金　　　　　　　　　（　　　　　）
2. 電 子 記 録 債 権　（　　　　　）
　　　貸 倒 引 当 金　（　　　　　）（　　　　　）
3. 売 掛 金　（　　　　　）
　　　貸 倒 引 当 金　（　　　　　）（　　　　　）
4. （　　　　　）　　　　　　　（　　　　　）
5. （　　　　　）　　　　　　　（　　　　　）
6. （　　　　　）　　　　　　　（　　　　　）
　　　流 動 資 産 合 計　　　　　　　　　　　（　　　　　）
Ⅱ 固 定 資 産
(1) 有 形 固 定 資 産
1. 建 物　　　　　　7,500,000
　　　減価償却累計額　（　　　　　）（　　　　　）
2. リ ー ス 資 産　　　3,500,000
　　　減価償却累計額　（　　　　　）（　　　　　）
3. 土 地　　　　　　　　　　3,189,000
4. 建 設 仮 勘 定　　　　　　4,800,000
　　　有 形 固 定 資 産 合 計　（　　　　　）
(2) 投 資 そ の 他 の 資 産
1. 投 資 有 価 証 券　　　　（　　　　　）
　　　投資その他の資産合計　（　　　　　）
　　　固 定 資 産 合 計　　　　　　　　　　（　　　　　）
　　　資 産 合 計　　　　　　　　　　　　（　　　　　）

負 債 の 部

Ⅰ 流 動 負 債
1. 電 子 記 録 債 務　　　　701,000
2. 買 掛 金　　　　　　2,105,900
3. （　　　　　）　　　　　　（　　　　　）
4. リ ー ス 債 務　　　　　（　　　　　）
5. （　　　　　）　　　　　　（　　　　　）
　　　流 動 負 債 合 計　　　　　　　　　　（　　　　　）
Ⅱ 固 定 負 債
1. 長 期 借 入 金　　　　4,000,000
2. リ ー ス 債 務　　　　　（　　　　　）
3. （　　　　　）　　　　　　（　　　　　）
　　　固 定 負 債 合 計　　　　　　　　　　（　　　　　）
　　　負 債 合 計　　　　　　　　　　　　（　　　　　）

純 資 産 の 部

Ⅰ 株 主 資 本
(1) 資 本 金　　　　　　　　　　　10,000,000
(2) 資 本 剰 余 金
1. 資 本 準 備 金　　　　1,200,000
　　　資 本 剰 余 金 合 計　　　　　1,200,000
(3) 利 益 剰 余 金
1. 利 益 準 備 金　　　　300,000
2. その他利益剰余金
① 別 途 積 立 金　　　830,000
② 繰 越 利 益 剰 余 金　（　　　　　）
　　　利 益 剰 余 金 合 計　　　　　（　　　　　）
　　　株 主 資 本 合 計　　　　　　（　　　　　）
Ⅱ 新 株 予 約 権　　　　　　　（　　　　　）
　　　純 資 産 合 計　　　　　　　（　　　　　）
　　　負債及び純資産合計　　　　　（　　　　　）

28-10 鹿児島商事株式会社の総勘定元帳勘定残高と付記事項および決算整理事項によって，報告式の貸借対照表を完成しなさい。　　　　　　　　　　　　　　　　　　　　　　（第92回一部修正）

ただし，ⅰ　会社計算規則によること。
　　　　ⅱ　会計期間は令和○2年4月1日から令和○3年3月31日までとする。

元帳勘定残高

現　　　　金	¥　683,200	当座預金	¥3,121,800	受取手形	¥2,000,000
売　掛　金	3,984,000	貸倒引当金	64,000	売買目的有価証券	4,320,000
繰越商品	5,142,000	仮払法人税等	1,200,000	建　物	6,000,000
建物減価償却累計額	3,600,000	リース資産	1,400,000	リース資産減価償却累計額	350,000
土　　　地	8,193,000	その他有価証券	5,400,000	支払手形	1,257,000
買　掛　金	3,740,000	短期借入金	2,500,000	未　払　金	172,000
長期借入金	3,000,000	リース債務	700,000	退職給付引当金	2,485,000
資　本　金	13,000,000	資本準備金	2,000,000	利益準備金	860,000
繰越利益剰余金	574,000	新株予約権	1,000,000	売　　上	76,650,000
受取家賃	910,000	受取配当金	180,000	固定資産売却益	43,000
仕　　　入	53,976,000	給　　料	9,576,000	発　送　費	1,537,000
広　告　料	1,859,000	保　険　料	1,062,000	租　税　公　課	596,000
支　払地代	1,870,000	水道光熱費	967,700	雑　　費	107,300
支　払利息	90,000				

付記事項

①　売掛金のうち¥84,000は西北商店に対する前期末のものであり，同店はすでに倒産しているので，貸し倒れとして処理する。

②　リース債務¥700,000は，令和○5年3月31日までリース契約（リース期間4年，リース料は毎年3月末日払い）をしているコピー機に対するものであり，決算日の翌日から1年以内に支払期限の到来する部分は流動負債として表示する。

決算整理事項

a．期末商品棚卸高　　帳簿棚卸数量　2,000個　　原　　価　@¥2,700
　　　　　　　　　　実地棚卸数量　1,950〃　　正味売却価額　〃〃2,600
　　　　　　　　　　ただし，棚卸減耗損および商品評価損は売上原価の内訳項目とする。

b．貸倒見積高　　　　受取手形と売掛金の期末残高に対し，それぞれ2％と見積もり，貸倒引当金を設定する。

c．有価証券評価高　　保有する株式は次のとおりである。なお，その他有価証券については，法定実効税率30％として税効果会計を適用する。

	銘　　柄	株　　数	1株の帳簿価額	1株の時価
売買目的有価証券	西南株式会社	1,000株	¥3,020	¥3,000
	佐賀株式会社	200株	¥6,500	¥7,500
その他有価証券	長崎株式会社	5,000株	¥1,080	¥1,100

d．減価償却高　　　　建　　　物：取得原価¥6,000,000　残存価額は取得原価の10％　耐用年数は30年とし，定額法により計算している。

　　　　　　　　　　リース資産：取得原価（見積現金購入価額）¥1,400,000　残存価額は零（0）耐用年数は4年とし，定額法により計算している。

e．保険料前払高　　　保険料のうち¥864,000は，令和○2年12月1日から3年分の保険料として支払ったものであり，前払高を次期に繰り延べる。

f．家賃前受高　　　　¥　70,000

g．退職給付引当金繰入額　¥1,245,000

h．法人税・住民税及び事業税額　¥2,341,000

貸 借 対 照 表

鹿児島商事株式会社　　令和○3年3月3/日　　　　　　（単位：円）

資 産 の 部

Ⅰ **流 動 資 産**
1. 現 金 預 金　　　　　　　　　　　　　　　（　　　　　　）
2. 受 取 手 形　　　　（　　　　　　）
　　　　貸 倒 引 当 金　　（　　　　　　）　（　　　　　　）
3. 売 掛 金　　　　（　　　　　　）
　　　　貸 倒 引 当 金　　（　　　　　　）　（　　　　　　）
4. （　　　　　　）　　　　　　　　　　　　　（　　　　　　）
5. （　　　　　　）　　　　　　　　　　　　　（　　　　　　）
6. （　　　　　　）　　　　　　　　　　　　　（　　　　　　）
　　　　流 動 資 産 合 計　　　　　　　　　　　　　　　（　　　　　　）

Ⅱ **固 定 資 産**
(1) 有 形 固 定 資 産
1. 建 物　　　　　　6,000,000
　　　　減 価 償 却 累 計 額　（　　　　　　）　（　　　　　　）
2. リ ー ス 資 産　　（　　　　　　）
　　　　減 価 償 却 累 計 額　（　　　　　　）　（　　　　　　）
3. 土 地　　　　　　8,/93,000
　　　　有 形 固 定 資 産 合 計　　　　　　（　　　　　　）
(2) 投 資 そ の 他 の 資 産
1. （　　　　　　）　　　　　　　　　　　　　（　　　　　　）
2. （　　　　　　）　　　　　　　　　　　　　（　　　　　　）
　　　　投 資 そ の 他 の 資 産 合 計　　　　（　　　　　　）
　　　　固 定 資 産 合 計　　　　　　　　　　　　　　　（　　　　　　）
　　　　資 産 合 計　　　　　　　　　　　　　　　　　　（　　　　　　）

負 債 の 部

Ⅰ **流 動 負 債**
1. 支 払 手 形　　　　　　　　　　　　　　　/,257,000
2. 買 掛 金　　　　　　　　　　　　　　　　　3,740,000
3. 短 期 借 入 金　　　　　　　　　　　　　　（　　　　　　）
4. （　　　　　　）　　　　　　　　　　　　　（　　　　　　）
5. リ ー ス 債 務　　　　　　　　　　　　　　（　　　　　　）
6. （　　　　　　）　　　　　　　　　　　　　（　　　　　　）
7. （　　　　　　）　　　　　　　　　　　　　（　　　　　　）
　　　　流 動 負 債 合 計　　　　　　　　　　　　　　　（　　　　　　）

Ⅱ **固 定 負 債**
1. 長 期 借 入 金　　　　　　　　　　　　　　3,000,000
2. リ ー ス 債 務　　　　　　　　　　　　　　（　　　　　　）
3. 退 職 給 付 引 当 金　　　　　　　　　　　（　　　　　　）
4. 繰 延 税 金 負 債　　　　　　　　　　　　　（　　　　　　）
　　　　固 定 負 債 合 計　　　　　　　　　　　　　　　（　　　　　　）
　　　　負 債 合 計　　　　　　　　　　　　　　　　　　（　　　　　　）

純 資 産 の 部

Ⅰ **株 主 資 本**
(1) 資 本 金　　　　　　　　　　　　　　　　/3,000,000
(2) 資 本 剰 余 金
1. 資 本 準 備 金　　　　　　　　2,000,000
　　　　資 本 剰 余 金 合 計　　　　　　　　　　　　　2,000,000
(3) 利 益 剰 余 金
1. 利 益 準 備 金　　　　　　　　（　　　　　　）
2. そ の 他 利 益 剰 余 金
　① 繰 越 利 益 剰 余 金　　　　（　　　　　　）
　　　　利 益 剰 余 金 合 計　　　　　　　　　　　　　（　　　　　　）
　　　　株 主 資 本 合 計　　　　　　　　　　　　　　　（　　　　　　）
Ⅱ **評 価・換 算 差 額 等**
1. その他有価証券評価差額金　　　　（　　　　　　）
　　　　評 価・換 算 差 額 等 合 計　　　　　　　　　　（　　　　　　）
Ⅲ **新 株 予 約 権**　　　　　　　　　　　　　　　　　（　　　　　　）
　　　　純 資 産 合 計　　　　　　　　　　　　　　　　（　　　　　　）
　　　　負 債 及 び 純 資 産 合 計　　　　　　　　　　　（　　　　　　）

28-11 兵庫商事株式会社の総勘定元帳勘定残高と付記事項および決算整理事項によって，報告式の貸借対照表を完成しなさい。 （第94回一部修正）

ただし，i　会社計算規則によること。
ii　会計期間は令和○3年4月1日から令和○4年3月31日までとする。
iii　取引銀行は京都銀行と大阪銀行であり，両銀行とも当座借越契約を結んでいる。

元帳勘定残高

現　　　　金	¥　662,120	当 座 預 金	¥2,294,000	電子記録債権	¥1,100,000
売　掛　金	3,000,000	貸倒引当金	15,000	売買目的有価証券	2,259,000
繰 越 商 品	2,989,000	仮払法人税等	740,000	建　　　　物	5,130,000
建物減価償却累計額	684,000	備　　　　品	2,880,000	備品減価償却累計額	720,000
土　　　　地	7,164,000	その他有価証券	5,832,000	電子記録債務	1,377,000
買　掛　金	2,870,110	借　入　金	2,250,000	退職給付引当金	1,269,000
資　本　金	15,300,000	資本準備金	1,080,000	利益準備金	472,000
別途積立金	360,000	繰越利益剰余金	439,000	売　　　　上	68,985,000
受 取 地 代	192,000	受取配当金	130,000	固定資産売却益	200,000
仕　　　　入	50,274,000	給　　　　料	8,400,000	広　告　料	983,000
発　送　費	1,510,000	保　険　料	477,000	消 耗 品 費	141,680
租 税 公 課	185,000	雑　　　　費	29,310	支 払 利 息	122,000
電子記録債権売却損	45,000	固定資産除却損	126,000		

付 記 事 項

① 売掛金¥300,000が大阪銀行の当座預金口座に振り込まれていたが，未記帳であった。なお，当座預金勘定残高¥2,294,000の内訳は，京都銀行の当座預金口座残高が¥2,414,000，大阪銀行の当座借越残高が¥120,000ある。

② 借入金¥2,250,000の返済期限は，令和○4年7月31日までのものが¥450,000であり，令和○6年9月30日までのものが¥1,800,000である。

決算整理事項

a．期末商品棚卸高

	帳簿棚卸数量	実地棚卸数量	原　　　価	正味売却価額
A品	1,400個	1,300個	@¥ 950	@¥1,320
B品	1,500 〃	1,400 〃	〃 〃 830	〃 〃 750

ただし，棚卸減耗損および商品評価損は売上原価の内訳項目とする。

b．貸 倒 見 積 高　　電子記録債権と売掛金の期末残高に対し，それぞれ1％と見積もり，貸倒引当金を設定する。

c．有価証券評価高　　保有する株式は次のとおりである。なお，その他有価証券については，法定実効税率30％として，税効果会計を適用する。

売買目的有価証券：西南株式会社　300株　時価　1株　¥ 6,840
その他有価証券：奈良株式会社　100株　時価　1株　¥59,130

d．減 価 償 却 高　　建　物：取得原価¥5,130,000　残存価額は零(0)　耐用年数は30年とし，定額法により計算している。

備　品：取得原価¥2,880,000　毎期の償却率を25％とし，定率法により計算している。

e．保 険 料 前 払 高　　保険料のうち¥297,000は，令和○3年12月1日から1年分の保険料として支払ったものであり，前払高を次期に繰り延べる。

f．利 息 未 払 高　　¥　26,000

g．退職給付引当金繰入額　　¥　558,000

h．法人税・住民税及び事業税額　　¥1,560,000

貸 借 対 照 表

令和〇4年3月31日

資 産 の 部

兵庫商事株式会社 　　　　　　　　　　　　　　　　　　　　　（単位：円）

I 流 動 資 産

1. 現 金 預 金 　　　　　　　　　　　　（　　　　　　　）

2. 電 子 記 録 債 権 　　　1,100,000

　　　　　貸 倒 引 当 金 　（　　　　　）（　　　　　　　）

3. 売 　 掛 　 金 　（　　　　　）

　　　　　貸 倒 引 当 金 　（　　　　　）（　　　　　　　）

4.（　　　　　　　　）　　　　　　　　（　　　　　　　）

5.（　　　　　　　　）　　　　　　　　（　　　　　　　）

6.（　　　　　　　　）　　　　　　　　（　　　　　　　）

　　　　　流 動 資 産 合 計 　　　　　　　　　　　　　（　　　　　　　）

II 固 定 資 産

(1) 有 形 固 定 資 産

1. 建 　　　　 物 　　　5,130,000

　　　　　減 価 償 却 累 計 額 　（　　　　　）（　　　　　　　）

2. 備 　　　　 品 　　　2,880,000

　　　　　減 価 償 却 累 計 額 　（　　　　　）（　　　　　　　）

3.（　　　　　　　　）　　　　　　　　（　　　　　　　）

　　　　　有 形 固 定 資 産 合 計 　　　　　　（　　　　　　　）

(2) 投 資 そ の 他 の 資 産

1.（　　　　　　　　）　　　　　　　　（　　　　　　　）

　　　　　投資その他の資産合計 　　　　　　（　　　　　　　）

　　　　　固 定 資 産 合 計 　　　　　　　　　　　　　（　　　　　　　）

　　　　　資 産 合 計 　　　　　　　　　　　　　　　　（　　　　　　　）

負 債 の 部

I 流 動 負 債

1. 電 子 記 録 債 務 　　　　　　　　（　　　　　　　）

2. 買 　 掛 　 金 　　　　　　　　　（　　　　　　　）

3.（　　　　　　　　）　　　　　　　　（　　　　　　　）

4.（　　　　　　　　）　　　　　　　　（　　　　　　　）

5.（　　　　　　　　）　　　　　　　　（　　　　　　　）

　　　　　流 動 負 債 合 計 　　　　　　　　　　　　　（　　　　　　　）

II 固 定 負 債

1.（　　　　　　　　）　　　　　　　　（　　　　　　　）

2. 退 職 給 付 引 当 金 　　　　　　　（　　　　　　　）

3. 繰 延 税 金 負 債 　　　　　　　　（　　　　　　　）

　　　　　固 定 負 債 合 計 　　　　　　　　　　　　　（　　　　　　　）

　　　　　負 債 合 計 　　　　　　　　　　　　　　　　（　　　　　　　）

純 資 産 の 部

I 株 主 資 本

(1) 資 　 本 　 金 　　　　　　　　　　　　　　　　　15,300,000

(2) 資 本 剰 余 金

1. 資 本 準 備 金 　　　　　　1,080,000

　　　　　資 本 剰 余 金 合 計 　　　　　　　　　　　　1,080,000

(3) 利 益 剰 余 金

1. 利 益 準 備 金 　　　　　　（　　　　　　　）

2. そ の 他 利 益 剰 余 金

　① 別 途 積 立 金 　　　　　（　　　　　　　）

　② 繰 越 利 益 剰 余 金 　　（　　　　　　　）

　　　　　利 益 剰 余 金 合 計 　　　　　　（　　　　　　　）

　　　　　株 主 資 本 合 計 　　　　　　　　（　　　　　　　）

II 評 価・換 算 差 額 等

1. その他有価証券評価差額金 　　　　（　　　　　　　）

　　　　　評 価・換 算 差 額 等 合 計 　　　（　　　　　　　）

　　　　　純 資 産 合 計 　　　　　　　　　（　　　　　　　）

　　　　　負 債 及 び 純 資 産 合 計 　　　　（　　　　　　　）

29 損益計算書の作成

要点の整理

① 損益計算書作成上の原則

(1) **総額主義の原則**

損益計算書には，費用および収益を，総額によって記載することを原則とし，費用の項目と収益の項目とを直接に相殺して，その差額だけを記載してはならない。

(2) **費用収益対応の原則**

損益計算書には，費用および収益を，その発生源泉にしたがって明瞭に分類し，各収益項目とそれに関連する費用項目とを対応表示しなければならない。

② 損益計算書の区分

会社計算規則にもとづく損益計算書の区分を示すと次のとおりである。

営業損益計算 {
　　売　上　高
(－) 売　上　原　価
　　売上総利益
(－) 販売費及び一般管理費
　　営業利益
}

経常損益計算 {
(＋) 営業外収益
(－) 営業外費用
　　経常利益
}

純損益計算 {
(＋) 特別利益
(－) 特別損失
　　税引前当期純利益
(－) 法人税・住民税及び事業税
　　当期純利益
}

③ 損益計算書の形式

損益計算書の形式には，勘定式と報告式がある。勘定式は借方に費用の項目，貸方に収益の項目を記載する形式である。報告式は収益・費用の項目を上から下に順に記載する形式である。

〔勘定式〕

損　益　計　算　書 （単位：円）

売　上　原　価	120	売　上　高	200
売　上　総　利　益	80		
	200		200
販売費及び一般管理費	40	売　上　総　利　益	80
営　業　利　益	40		
	80		80
営　業　外　費　用	15	営　業　利　益	40
経　常　利　益	45	営　業　外　収　益	20
	60		60
特　別　損　失	5	経　常　利　益	45
税引前当期純利益	50	特　別　利　益	10
	55		55
法人税・住民税及び事業税	15	税引前当期純利益	50
当　期　純　利　益	35		
	50		50

〔報告式〕

損　益　計　算　書 （単位：円）

Ⅰ	売　上　高	200
Ⅱ	売　上　原　価	120
	売　上　総　利　益	80
Ⅲ	販売費及び一般管理費	40
	営　業　利　益	40
Ⅳ	営　業　外　収　益	20
Ⅴ	営　業　外　費　用	15
	経　常　利　益	45
Ⅵ	特　別　利　益	10
Ⅶ	特　別　損　失	5
	税引前当期純利益	50
	法人税・住民税及び事業税	15
	当　期　純　利　益	35

④ 報告式の損益計算書

会社計算規則による損益計算書を示すと，次のとおりである。

損 益 計 算 書

○○商事
株式会社　　令和○/年4月/日から令和○2年3月3/日まで　（単位：円）

Ⅰ	売 上 高		26,700
Ⅱ	売 上 原 価		
	1．期首商品棚卸高	850	
	2．当期商品仕入高　（＋）	23,450	
	合　　計	24,300	
	3．期末商品棚卸高　（－）	800	
		23,500	
	4．棚卸減耗損	30	
	5．商品評価損	20	23,550
	売上総利益		3,150
Ⅲ	販売費及び一般管理費　（－）		2,300
	営 業 利 益		850
Ⅳ	営業外収益　（＋）		50
Ⅴ	営業外費用　（－）		180
	経 常 利 益		720
Ⅵ	特 別 利 益　（＋）		120
Ⅶ	特 別 損 失　（－）		40
	税引前当期純利益		800
	法人税・住民税及び事業税　（－）		240
	当 期 純 利 益		560

売上戻り高を控除した純売上高を記載する。

繰越商品勘定の前期繰越高を記載する。

仕入戻し高を控除した純仕入高を記載する。

売上原価の内訳項目とする場合には，ここに記載する。

決算整理における，貸倒引当金繰入・減価償却費・のれん償却・ソフトウェア償却はここに記載する。なお，雑費は一番最後に記載する。

仕入割引・有価証券売却益・受取配当金・有価証券利息・受取家賃・償却債権取立益・為替差益・保証債務取崩益などを記載する。

支払利息・電子記録債権売却損・貸倒引当金繰入・為替差損・保証債務費用などを記載する。

固定資産売却益・新株予約権戻入益などを記載する。

固定資産売却損・固定資産除却損・投資有価証券売却損・災害損失などを記載する。

売 上 原 価＝期首商品棚卸高（¥850）＋当期商品仕入高
　　　　　（¥23,450）－期末商品棚卸高（¥800）＋
　　　　　棚卸減耗損（¥30）＋商品評価損（¥20）＝¥23,550
売上総利益＝売上高（¥26,700）－売上原価（¥23,550）＝¥3,150
営 業 利 益＝売上総利益（¥3,150）－販売費及び一般管理費（¥2,300）＝¥850
経 常 利 益＝営業利益（¥850）＋営業外収益（¥50）－営業外費用（¥180）＝¥720
税引前当期純利益＝経常利益（¥720）＋特別利益（¥120）－特別損失（¥40）＝¥800
当期純利益＝税引前当期純利益（¥800）－法人税・住民税及び事業税（¥240）＝¥560

基本問題

29-1 次の各文の □□□ のなかに，下記の語群のなかから，もっとも適当な用語を選び，記入しなさい。ただし，同じ語を何度用いてもよい。

(1) 発生主義とは，□ア□ の消費の事実が現れた時点およびその原因事実の □イ□ をもって費用の発生となし，この時点で費用の認識をするものである。

(2) 実現主義とは，企業が財貨または役務を □ウ□ してこれを第三者に □エ□ し，その □オ□ として現金を受け入れたという二つの事実を完了した時点を □カ□ とし，この時点で収益を認識するものである。

(3) 総額主義の原則とは，費用および □キ□ を損益計算書に表示するさいに，□ク□ によって記載することを原則とし，費用の項目と収益の項目を □ケ□ することにより，その全部または一部を損益計算書から □コ□ してはならないとする原則である。

(4) 費用収益対応の原則とは，当期に □サ□ した収益に対し，その収益を獲得するために □シ□ した費用とを損益計算書に □ス□ しなければならないとする原則である。

収　益　　対　応　　表　示　　存　在　　実　現　　生　産
総　額　　発　生　　除　去　　経済価値　　提　供
相　殺　　対　価

	(1)			(2)		
ア	イ	ウ	エ	オ	カ	

		(3)			(4)	
キ	ク	ケ	コ	サ	シ	ス

ポイント (1)は発生主義の原則，(2)は実現主義の原則，(3)と(4)は要点の整理参照。

29-2 次の各項目は，損益計算書の下記のどの区分に記載されるか，該当する欄にその番号を記入しなさい。ただし，二つ以上の区分に記載されるものは，それぞれの区分に番号を記入しなさい。

1．受取手数料　2．当期仕入高
3．投資有価証券売却益　4．売上高
5．支払利息　6．修繕費
7．有価証券売却益　8．広告料
9．期首商品棚卸高　10．減価償却費
11．仕入割引　12．貸倒引当金繰入
13．雑益　14．固定資産除却損
15．投資有価証券売却損　16．受取配当金
17．災害損失　18．受取利息
19．給料　20．固定資産売却益
21．有価証券評価損　22．保険料
23．子会社株式評価損　24．のれん償却
25．研究開発費　26．為替差益
27．ソフトウェア償却

損　益　計　算　書

I　売　上　高……

II　売　上　原　価……

III　販売費及び一般管理費……

IV　営　業　外　収　益……

V　営　業　外　費　用……

VI　特　別　利　益……

VII　特　別　損　失……

29-3 下記の損益計算書の（　）のなかに適当な項目と金額を記入しなさい。なお，項目は次の語群から選ぶこと。

売 上 総 利 益	売　上　高	営 業 外 収 益	特 別 損 失
営 業 利 益	経 常 利 益	売 上 原 価	法人税・住民税及 び 事 業 税
営 業 外 費 用	特 別 利 益	当 期 純 利 益	販売費及び一般管理費
税引前当期純利益			

損 益 計 算 書

○○株式会社　　　　令和○/年4月/日から令和○2年3月3/日まで　　　　　　　　（単位：千円）

Ⅰ （　　　　　　）			20,000
Ⅱ （　　　　　　）			
1. 期 首 商 品 棚 卸 高	500		
2. 当 期 商 品 仕 入 高	7,500		
合　　　　計	8,000		
3. 期 末 商 品 棚 卸 高	800	7,200	
（　　　　　　）		（　　　　　　）	
Ⅲ （　　　　　　）			
1. 給　　　　料	2,400		
2. 広　告　料	570		
3. 貸 倒 引 当 金 繰 入	550		
4. の れ ん 償 却	230		
5. 減 価 償 却 費	350		
6. 雑　　　費	100	（　　　　　　）	
（　　　　　　）		（　　　　　　）	
Ⅳ （　　　　　　）			
1. 受 取 配 当 金	100		
2. 仕 入 割 引	140		
3. 有 価 証 券 売 却 益	160	400	
Ⅴ （　　　　　　）			
1. 支 払 利 息	670		
2. 有 価 証 券 評 価 損	160		
3. 雑　　　損	70	900	
（　　　　　　）		（　　　　　　）	
Ⅵ （　　　　　　）			
1. 固 定 資 産 売 却 益	200		
2. 投資有価証券売却益	100	300	
Ⅶ （　　　　　　）			
1. 固 定 資 産 売 却 損	1,600		
2. 固 定 資 産 除 却 損	1,200	2,800	
（　　　　　　）		（　　　　　　）	
（　　　　　　）		2,000	
（　　　　　　）		（　　　　　　）	

ポイント 当期純利益は，税引前当期純利益から法人税・住民税及び事業税の金額を差し引いた金額である。

練習問題

29-4 愛媛商事株式会社の総勘定元帳勘定残高と付記事項および決算整理事項によって，
(1) 報告式の損益計算書を完成しなさい。
(2) 貸借対照表に記載する次の金額を求めなさい。

      a．現 金 預 金　b．商　　　品　c．買　掛　金
      d．固定負債合計　e．繰越利益剰余金

ただし，ⅰ　会社計算規則によること。
      ⅱ　会計期間は令和○5年4月1日から令和○6年3月31日までとする。

元帳勘定残高

現　　　　金	¥ 229,800	当 座 預 金	¥ 3,833,900	電子記録債権	¥ 1,524,000
売　掛　金	2,300,000	貸倒引当金	10,000	繰 越 商 品	1,950,000
短期貸付金	560,000	リース資産	800,000	リース資産減価償却累計額	160,000
建設仮勘定	3,800,000	子会社株式	1,620,000	電子記録債務	1,140,000
買　掛　金	2,189,020	仮 受 金	80,000	リース債務	480,000
退職給付引当金	760,000	資　本　金	10,000,000	資本準備金	100,000
利益準備金	50,000	別途積立金	70,000	繰越利益剰余金	130,000
売　　　上	44,900,000	受 取 利 息	3,000	償却債権取立益	4,490
仕　　　入	38,350,000	給　　料	3,740,000	広　告　料	800,000
発　送　費	156,500	旅　　費	261,310	保　険　料	72,000
租 税 公 課	9,000	雑　　費	58,800	支 払 利 息	11,200

付記事項

① 仮受金¥80,000は，得意先香川商店からの売掛代金の回収分¥24,000と，当期首に売却した備品の帳簿価額と売却価額との差額であった。
② 仕入先徳島商店の買掛金¥200,000を期日前に支払ったさい，1%の割引を受けたが，その割引額の記入もれがあった。なお買掛金を支払ったさい，次の仕訳がしてあった。
    （借）買　掛　金 198,000　（貸）当 座 預 金 198,000
③ リース債務のうち¥160,000は，決算日の翌日から1年以内に支払期限が到来する。

決算整理事項

a．期末商品棚卸高　帳簿棚卸高 ¥2,860,000　実地棚卸高 ¥2,740,000
    ただし，差額は棚卸減耗であり，全額を売上原価の内訳項目とする。
b．貸 倒 見 積 高　電子記録債権と売掛金の期末残高に対し，それぞれ1%と見積もり，貸倒引当金を設定する。
c．リース資産減価償却高　定額法により，残存価額は零（0）耐用年数は5年とする。
d．収入印紙未使用高　¥ 5,000
e．保険料前払高　¥ 18,000
f．受取利息未収高　¥ 2,000
g．退職給付引当金繰入額　¥ 35,000
h．法人税・住民税及び事業税額　¥821,000

(1)

損 益 計 算 書

愛媛商事株式会社　　　　　令和○5年4月/日から令和○6年3月3/日まで　　　　　（単位：円）

Ⅰ　売　上　高　　　　　　　　　　　　　　　　　　　　　（　　　　　　　　　）

Ⅱ　売　上　原　価
　　1．期首商品棚卸高　　　　　　　　　1,950,000
　　2．当期商品仕入高　　（　　　　　　　　　）
　　　　　合　　　計　　　（　　　　　　　　　）
　　3．期末商品棚卸高　　（　　　　　　　　　）
　　　　　　　　　　　　　（　　　　　　　　　）
　　4．棚卸減耗損　　　　（　　　　　　　　　）　（　　　　　　　　　）
　　　　売上総利益　　　　　　　　　　　　　　　（　　　　　　　　　）

Ⅲ　販売費及び一般管理費
　　1．給　　　料　　　　　　　　　　　3,740,000
　　2．（　　　　　　　）　（　　　　　　　　　）
　　3．（　　　　　　　）　（　　　　　　　　　）
　　4．（　　　　　　　）　（　　　　　　　　　）
　　5．（　　　　　　　）　（　　　　　　　　　）
　　6．（　　　　　　　）　（　　　　　　　　　）
　　7．（　　　　　　　）　（　　　　　　　　　）
　　8．（　　　　　　　）　（　　　　　　　　　）
　　9．（　　　　　　　）　（　　　　　　　　　）
　　10．（　　　　　　　）　（　　　　　　　　　）　（　　　　　　　　　）
　　　　営　業　利　益　　　　　　　　　　　　　（　　　　　　　　　）

Ⅳ　営　業　外　収　益
　　1．受　取　利　息　（　　　　　　　　　）
　　2．（　　　　　　　）　（　　　　　　　　　）
　　3．（　　　　　　　）　（　　　　　　　　　）　（　　　　　　　　　）

Ⅴ　営　業　外　費　用
　　1．支　払　利　息　（　　　　　　　　　）　（　　　　　　　　　）
　　　　経　常　利　益　　　　　　　　　　　　　（　　　　　　　　　）

Ⅵ　特　別　利　益
　　1．（　　　　　　　）　（　　　　　　　　　）　（　　　　　　　　　）
　　　　税引前当期純利益　　　　　　　　　　　　（　　　　　　　　　）
　　　　法人税・住民税及び事業税　　　　　　　　（　　　　　　　　　）
　　　　当　期　純　利　益　　　　　　　　　　　（　　　　　　　　　）

(2)

a	¥	b	¥	c	¥
d	¥	e	¥		

29-5 中国商事株式会社の総勘定元帳勘定残高と付記事項および決算整理事項によって，
(1) 報告式の損益計算書を完成しなさい。
(2) 貸借対照表に記載する次の金額を求めなさい。

       a．現 金 預 金　　b．商　　　　品　　c．売買目的有価証券
       d．負 債 合 計　　e．純資産の部のうち株主資本の合計額

ただし，i　会社計算規則によること。
      ii　会計期間は令和○/年4月/日から令和○2年3月3/日までとする。

元帳勘定残高

現　　　　　金	¥ 759,800	当 座 預 金	¥ 4,377,200	電子記録債権	¥ 3,900,000
売 掛 金	4,400,000	貸倒引当金	27,000	売買目的有価証券	2,800,000
繰越商品	4,530,000	仮払法人税等	1,100,000	備　　　品	3,200,000
備品減価償却累計額	800,000	土　　　地	10,000,000	長期貸付金	3,000,000
電子記録債務	2,820,000	買 掛 金	3,390,000	短期借入金	1,500,000
長期借入金	5,000,000	資 本 金	15,500,000	資本準備金	1,300,000
利益準備金	800,000	別途積立金	240,000	繰越利益剰余金	90,000
新株予約権	700,000	売　　　上	72,750,000	受取配当金	120,000
固定資産売却益	141,000	仕　　　入	54,370,000	給　　　料	6,120,100
発 送 費	2,680,000	支 払 家 賃	3,000,000	保 険 料	220,000
租 税 公 課	190,000	雑　　　費	116,900	支 払 利 息	140,000
固定資産除却損	274,000				

付 記 事 項

① 3月3/日現在の当座勘定残高証明書の金額は¥4,777,200であり，その不一致の原因を調査したところ，電子記録債権¥400,000について期日となり，当社の当座預金口座に振り込まれたが未処理であった。

② 発送費のうち¥160,000は，商品を仕入れたさいの引取運賃であることがわかった。

決算整理事項

a．期末商品棚卸高　　帳簿棚卸数量　500個　　原　　価　@¥9,200
               実地棚卸数量　480〃　　正味売却価額　〃〃9,050
               ただし，棚卸減耗損および商品評価損は売上原価の内訳項目とする。

b．外貨建取引の円換算　当社が保有している外貨建取引による売掛金は，取引日の為替レートで円換算しており，為替予約はおこなっていない。

	取 引 額	取引日の為替レート	決算日の為替レート
売掛金	20,000ドル	/ドル/20円	/ドル/30円

c．貸倒見積高　　電子記録債権と売掛金の期末残高に対し，それぞれ/%と見積もり，貸倒引当金を設定する。

d．税効果会計の適用　売掛金の期末残高に対して貸倒引当金を繰り入れた金額のうち¥26,000については損金として認められなかった。
               なお，法定実効税率を30%として税効果会計を適用する。

e．売買目的有価証券評価高　売買目的で保有している次の株式について，時価によって評価する。
               山口商事株式会社　50株
                 帳簿価額　/株¥56,000　　時　　価　/株¥54,000

f．備品減価償却高　　毎期の償却率を25%とし，定率法で計算している。

g．保険料前払高　　¥ 64,000

h．利息未払高　　¥ 14,000

i．法人税・住民税及び事業税額　¥1,920,000

(1)

損 益 計 算 書

中国商事株式会社　　　　　令和○1年4月1日から令和○2年3月31日まで　　　　　　　　（単位：円）

I　売　　上　　高　　　　　　　　　　　　　　　　　　　　　　　（　　　　　　　　　）

II　売　上　原　価
　　1．期首商品棚卸高　　　　　（　　　　　　　　）
　　2．当期商品仕入高　　　　　（　　　　　　　　）
　　　　　合　　　計　　　　　　（　　　　　　　　）
　　3．期末商品棚卸高　　　　　（　　　　　　　　）
　　　　　　　　　　　　　　　　（　　　　　　　　）
　　4．（　　　　　　）　　　　（　　　　　　　　）
　　5．（　　　　　　）　　　　（　　　　　　　　）　　（　　　　　　　　）
　　　　　売　上　総　利　益　　　　　　　　　　　　　　（　　　　　　　　）

III　販売費及び一般管理費
　　1．給　　　　料　　　　　　（　　　　　　　　）
　　2．発　送　費　　　　　　　（　　　　　　　　）
　　3．（　　　　　　）　　　　（　　　　　　　　）
　　4．（　　　　　　）　　　　（　　　　　　　　）
　　5．（　　　　　　）　　　　（　　　　　　　　）
　　6．（　　　　　　）　　　　（　　　　　　　　）
　　7．（　　　　　　）　　　　（　　　　　　　　）
　　8．（　　　　　　）　　　　（　　　　　　　　）　　（　　　　　　　　）
　　　　　営　業　利　益　　　　　　　　　　　　　　　　（　　　　　　　　）

IV　営　業　外　収　益
　　1．（　　　　　　）　　　　（　　　　　　　　）
　　2．（　　　　　　）　　　　（　　　　　　　　）　　（　　　　　　　　）

V　営　業　外　費　用
　　1．支　払　利　息　　　　　（　　　　　　　　）
　　2．（　　　　　　）　　　　（　　　　　　　　）　　（　　　　　　　　）
　　　　　経　常　利　益　　　　　　　　　　　　　　　　（　　　　　　　　）

VI　特　別　利　益
　　1．（　　　　　　）　　　　（　　　　　　　　）　　（　　　　　　　　）

VII　特　別　損　失
　　1．（　　　　　　）　　　　（　　　　　　　　）　　（　　　　　　　　）
　　　　　税引前当期純利益　　　　　　　　　　　　　　　（　　　　　　　　）
　　　　　法人税・住民税及び事業税　（　　　　　　　　）
　　　　　法人税等調整額　　　　（　　　　　　　　）　　（　　　　　　　　）
　　　　　当　期　純　利　益　　　　　　　　　　　　　　（　　　　　　　　）

(2)

a	¥	b	¥	c	¥
d	¥	e	¥		

29-6 鹿児島商事株式会社の総勘定元帳勘定残高と付記事項および決算整理事項によって，報告式の損益計算書と勘定式の貸借対照表を完成しなさい。

ただし，i　会社計算規則によること。
　　　　 ii　会計期間は令和○/年4月/日から令和○2年3月3/日までとする。

元帳勘定残高

現　　金	¥ 5/5,260	当座預金	¥ 4,490,640	電子記録債権	¥ 2,200,000
売　掛　金	3,400,000	貸倒引当金	8,000	繰越商品	2,3/3,000
仮払法人税等	/50,000	備　品	8/0,000	備品減価償却累計額	270,000
その他有価証券	2,295,000	電子記録債務	/,940,000	買　掛　金	1,276,680
仮　受　金	450,000	退職給付引当金	247,000	資　本　金	10,000,000
利益準備金	/00,000	繰越利益剰余金	4/2,000	売　　上	31,900,000
有価証券利息	76,000	受取配当金	34,000	仕　　入	29,097,000
給　　料	936,000	発　送　費	328,700	雑　　費	/73,080
支払利息	5,000				

付記事項

① 仮受金¥450,000は，当期首に売却した車両運搬具の帳簿価額と売却価額との差額¥230,000と，熊本商店からの商品注文に対する内金¥220,000であった。

② その他有価証券のうち¥/,250,000は，子会社である九州産業株式会社の株式であり，残額は福岡工業株式会社の株式である。

決算整理事項

a. 期末商品棚卸高　帳簿棚卸数量 2,200個　原価 @¥/,000
　　　　　　　　　 実地棚卸数量 2,/50〃　正味売却価額 〃〃 980
　　　　ただし，棚卸減耗損および商品評価損は，売上原価の内訳項目とする。

b. 貸倒見積高　電子記録債権と売掛金の期末残高に対し，それぞれ/%と見積もり，貸倒引当金を設定する。

c. その他有価証券評価高　福岡工業株式会社の株式25株 /株の帳簿価額¥4/,800 時価は/株につき¥43,800であり，時価によって評価する。なお，法定実効税率30%として，税効果会計を適用する。

d. 備品減価償却高　毎期の償却率を25%とし，定率法で計算している。

e. 退職給付引当金繰入額　¥/20,000

f. 法人税・住民税及び事業税額　¥480,000

損　益　計　算　書

鹿児島商事株式会社　　令和○/年4月/日から令和○2年3月3/日まで　　　　（単位：円）

I　売　上　高　　　　　　　　　　　　　　　　　　　　（　　　　　）
II　売　上　原　価
　1. 期首商品棚卸高　　　（　　　　　）
　2. 当期商品仕入高　　　（　　　　　）
　　　　合　　　計　　　（　　　　　）
　3.（　　　　　）　　　（　　　　　）
　　　　　　　　　　　　（　　　　　）
　4.（　　　　　）　　　（　　　　　）
　5.（　　　　　）　　　（　　　　　）　　（　　　　　）
　　　売上総利益　　　　　　　　　　　　　（　　　　　）
III　販売費及び一般管理費
　1. 給　　料　　　　　（　　　　　）
　2. 発　送　費　　　　（　　　　　）
　3.（　　　　　）　　（　　　　　）
　4.（　　　　　）　　（　　　　　）
　5.（　　　　　）　　（　　　　　）
　6.（　　　　　）　　（　　　　　）　　（　　　　　）
　　　営　業　利　益　　　　　　　　　　　（　　　　　）

Ⅳ 営 業 外 収 益
　1.（　　　　　　）　　　（　　　　　　　　　　）
　2.（　　　　　　）　　　（　　　　　　　　　　）　　（　　　　　　　　　　　）

Ⅴ 営 業 外 費 用
　1.（　　　　　　）　　　（　　　　　　　　　　）　　（　　　　　　　　　　　）
　　　　経 常 利 益　　　　　　　　　　　　　　　　　（　　　　　　　　　　　）

Ⅵ 特 別 利 益
　1.（　　　　　　）　　　（　　　　　　　　　　）　　（　　　　　　　　　　　）
　　　税引前当期純利益　　　　　　　　　　　　　　　（　　　　　　　　　　　）
　　　法人税・住民税及び事業税　　　　　　　　　　　（　　　　　　　　　　　）
　　（　　　　　　　　）　　　　　　　　　　　　　　（　　　　　　　　　　　）

貸 借 対 照 表

鹿児島商事株式会社　　　　　令和○2年3月31日　　　　　　　（単位：円）

資 産 の 部	負 債 の 部
Ⅰ 流 動 資 産	Ⅰ 流 動 負 債
1.現 金 預 金　（　　　）	1.電子記録債務　（　　　）
2.電子記録債権（　　　）	2.買 掛 金　（　　　）
貸倒引当金（　　　）（　　　）	3.[　　　]　（　　　）
3.売 掛 金（　　　）	4.未払法人税等　（　　　）
貸倒引当金（　　　）（　　　）	流動負債合計　（　　　）
4.商　品　（　　　）	Ⅱ 固 定 負 債
流動資産合計　（　　　）	1.退職給付引当金　（　　　）
Ⅱ 固 定 資 産	2.繰延税金負債　（　　　）
(1) 有形固定資産	固定負債合計　（　　　）
1.備 品（　　　）	負 債 合 計　（　　　）
減価償却累計額（　　　）（　　　）	純 資 産 の 部
有形固定資産合計　（　　　）	Ⅰ 株 主 資 本
(2) 投資その他の資産	(1) 資 本 金　（　　　）
1.[　　　]（　　　）	(2) 利益剰余金
2.[　　　]（　　　）	1.利益準備金　（　　　）
投資その他の資産合計（　　　）	2.その他利益剰余金
固定資産合計（　　　）	①繰越利益剰余金　（　　　）
	利益剰余金合計　（　　　）
	株主資本合計　（　　　）
	Ⅱ 評価・換算差額等
	1.その他有価証券評価差額金（　　　）
	評価・換算差額等合計（　　　）
	純 資 産 合 計　（　　　）
資 産 合 計　（　　　）	負債・純資産合計　（　　　）

検定問題

29-7 埼玉商事株式会社の総勘定元帳勘定残高と付記事項および決算整理事項によって，報告式の損益
計算書を完成しなさい。 （第85回一部修正）

ただし，ⅰ 会社計算規則によること。
ⅱ 会計期間は令和○4年4月/日から令和○5年3月3/日までとする。

元帳勘定残高

現　　　　金	¥ /,943,200	当 座 預 金	¥ /,974,350	電子記録債権	¥ /,500,000
売　掛　金	/,2/6,000	貸倒引当金	24,000	売買目的有価証券	2,400,000
繰 越 商 品	2,5/0,000	仮払法人税等	760,000	建　　　　物	9,000,000
建物減価償却累計額	2,400,000	備　　　　品	3,400,000	備品減価償却累計額	680,000
土　　　　地	4,8/0,000	満期保有目的債券	/,476,000	その他有価証券	/,0/0,000
電子記録債務	/,6/0,000	買　掛　金	/,882,500	手形借入金	/,4/2,000
長期借入金	/,600,000	退職給付引当金	/,800,000	資　本　金	/2,000,000
資本準備金	/,/00,000	利益準備金	780,000	別途積立金	/,372,000
繰越利益剰余金	376,000	売　　　　上	73,368,000	有価証券利息	30,000
受取配当金	/80,000	仕　　　　入	5/,730,000	給　　　　料	7,290,000
発　送　費	2,280,000	広　告　料	3,/50,000	支払家賃	3,/35,000
保　険　料	350,000	租税公課	379,000	雑　　　　費	/48,950
支払利息	32,000	固定資産除却損	/20,000		

付記事項

① 電子記録債権のうち¥/3,000は，西商店に対する前期末のものであり，同店はすでに倒産して
おり，貸し倒れとして処理する。

決算整理事項

a. 期末商品棚卸高　　帳簿棚卸数量　680個　　原　　　　価　@¥3,400
　　　　　　　　　　　実地棚卸数量　650〃　　正味売却価額　〃3,600
　　　　　　　　　　　ただし，棚卸減耗損は売上原価の内訳項目とする。

b. 貸 倒 見 積 高　　電子記録債権と売掛金の期末残高に対し，それぞれ貸倒実績率を/%とし
　　　　　　　　　　　て，貸倒引当金を設定する。

c. 有価証券評価高　　保有する株式は次のとおりである。なお，その他有価証券については，法定
　　　　　　　　　　　実効税率30%として税効果会計を適用する。
　　　　　　　　　　　売買目的有価証券：甲通信株式会社　20株　時価　/株　¥//5,000
　　　　　　　　　　　満期保有目的債券：償却原価法によって¥/,482,000に評価する。
　　　　　　　　　　　その他有価証券：乙産業株式会社　/0株　時価　/株　¥/03,000

d. 減 価 償 却 高　　建　物：定額法により，残存価額は零（0）　耐用年数は30年とする。
　　　　　　　　　　　備　品：定率法により，毎期の償却率を20%とする。

e. 保険料前払高　　保険料のうち¥300,000は，令和○4年6月/日から/年分の保険料とし
　　　　　　　　　　　て支払ったものであり，前払高を次期に繰り延べる。

f. 利息未払高　　¥　8,000

g. 退職給付引当金繰入額　¥450,000

h. 法人税・住民税
　　及び事業税額　¥990,000

損 益 計 算 書

埼玉商事株式会社　　　令和○4年4月1日から令和○5年3月31日まで　　　　　　　　　　（単位：円）

I 売　上　高			（　　　　　　　）
II 売　上　原　価			
1．期首商品棚卸高		2,510,000	
2．当期商品仕入高	（　　　　　　　）		
合　　　計	（　　　　　　　）		
3．期末商品棚卸高	（　　　　　　　）		
	（　　　　　　　）		
4．（　　　　　　　）	（　　　　　　　）		（　　　　　　　）
売 上 総 利 益			（　　　　　　　）
III 販売費及び一般管理費			
1．給　　　　料		7,290,000	
2．発　　送　　費		2,280,000	
3．広　　告　　料		3,150,000	
4．（　　　　　　　）	（　　　　　　　）		
5．（　　　　　　　）	（　　　　　　　）		
6．（　　　　　　　）	（　　　　　　　）		
7．支　払　家　賃		3,135,000	
8．保　　険　　料	（　　　　　　　）		
9．租　税　公　課		379,000	
10．（　　　　　　　）	（　　　　　　　）		（　　　　　　　）
営 業 利 益			（　　　　　　　）
IV 営 業 外 収 益			
1．（　　　　　　　）	（　　　　　　　）		
2．受 取 配 当 金		180,000	（　　　　　　　）
V 営 業 外 費 用			
1．支　払　利　息	（　　　　　　　）		
2．（　　　　　　　）	（　　　　　　　）		（　　　　　　　）
経 常 利 益			（　　　　　　　）
VI 特　別　損　失			
1．固定資産除却損	（　　　　　　　）		（　　　　　　　）
税引前当期純利益			（　　　　　　　）
法人税・住民税及び事業税			（　　　　　　　）
当 期 純 利 益			（　　　　　　　）

29-8 島根商事株式会社の総勘定元帳勘定残高と付記事項および決算整理事項によって，報告式の損益計算書を完成しなさい。 (第87回一部修正)

ただし，i 会社計算規則によること。

ii 会計期間は令和○1年4月1日から令和○2年3月31日までとする。

元帳勘定残高

現 金	¥1,425,000	当座預金	¥2,283,900	電子記録債権	¥2,060,000
売 掛 金	2,541,000	貸倒引当金	12,000	売買目的有価証券	2,175,000
繰 越 商 品	5,035,000	仮払法人税等	1,450,000	建 物	6,750,000
建物減価償却累計額	945,000	備 品	2,500,000	備品減価償却累計額	1,220,000
土 地	9,289,000	ソフトウェア	320,000	その他有価証券	2,025,000
電子記録債務	563,000	買 掛 金	2,134,400	長期借入金	5,000,000
退職給付引当金	3,428,000	資 本 金	11,000,000	資本準備金	1,400,000
利益準備金	1,200,000	別途積立金	510,000	繰越利益剰余金	279,000
売 上	79,460,000	有価証券利息	8,000	受取配当金	98,000
仕 入	55,622,000	給 料	8,328,000	発 送 費	1,750,000
広 告 料	1,895,000	保 険 料	513,000	水道光熱費	590,000
消 耗 品 費	133,500	租 税 公 課	94,000	雑 費	190,000
支 払 利 息	108,000	固定資産売却損	180,000		

付 記 事 項

① 配当金領収証¥96,000を受け取っていたが，未処理であった。

② 電子記録債権のうち¥600,000を取引銀行で割り引くために電子債権記録機関に譲渡記録の請求をおこない，割引料¥18,200を差し引かれた手取金¥581,800が当社の当座預金口座に振り込まれていたが，記帳していなかった。

決算整理事項

a. 期末商品棚卸高

	帳簿棚卸数量	実地棚卸数量	原 価	正味売却価額
A品	1,780個	1,780個	@¥1,250	@¥1,200
B品	1,430 〃	1,400 〃	〃 1,900	〃 2,620

ただし，棚卸減耗損および商品評価損は売上原価の内訳項目とする。

b. 貸倒見積高 電子記録債権と売掛金の期末残高に対し，それぞれ1%と見積もり，貸倒引当金を設定する。

c. 有価証券評価高 保有する株式は次のとおりである。なお，その他有価証券については法定実効税率30%として税効果会計を適用する。

売買目的有価証券：鳥取株式会社 25株 時価 1株 ¥92,000

その他有価証券：岡山株式会社 15株 時価 1株 ¥139,000

d. 減価償却高 建 物：取得原価¥6,750,000 残存価額は零(0) 耐用年数は50年とし，定額法により計算している。

備 品：取得原価¥2,500,000 毎期の償却率を20%とし，定率法により計算している。

e. ソフトウェア償却高 ソフトウェアは，自社で利用する目的で前期首に¥400,000で購入したものであり，取得のときから5年間にわたって定額法によって償却している。

f. 保険料前払高 ¥145,000

g. 利息未払高 長期借入金に対する利息は，年利率2.4%で，1月末と7月末に経過した6か月分を支払う契約となっており，未払高を計上する。

h. 退職給付引当金繰入額 ¥832,000

i. 法人税・住民税及び事業税額 ¥2,654,000

損 益 計 算 書

島根商事株式会社　　令和○/年4月/日から令和○2年3月3/日まで　　　　　　（単位：円）

Ⅰ **売　　上　　高**			79,460,000
Ⅱ **売　上　原　価**			
1．期首商品棚卸高	5,035,000		
2．当期商品仕入高	（　　　　　）		
合　　　　計	（　　　　　）		
3．期末商品棚卸高	（　　　　　）		
	（　　　　　）		
4．（　　　　　）	（　　　　　）		
5．（　　　　　）	（　　　　　）	（　　　　　）	
売 上 総 利 益		（　　　　　）	
Ⅲ **販売費及び一般管理費**			
1．給　　　　　料	8,328,000		
2．発　　送　　費	1,750,000		
3．広　　告　　料	1,895,000		
4．貸 倒 引 当 金 繰 入	（　　　　　）		
5．（　　　　　）	（　　　　　）		
6．ソフトウェア償却	（　　　　　）		
7．（　　　　　）	（　　　　　）		
8．保　　険　　料	（　　　　　）		
9．水　道　光　熱　費	590,000		
10．消　耗　品　費	133,500		
11．租　税　公　課	94,000		
12．（　　　　　）	（　　　　　）	（　　　　　）	
営 業 利 益		（　　　　　）	
Ⅳ **営 業 外 収 益**			
1．有 価 証 券 利 息	8,000		
2．受 取 配 当 金	（　　　　　）		
3．（　　　　　）	（　　　　　）	（　　　　　）	
Ⅴ **営 業 外 費 用**			
1．（　　　　　）	（　　　　　）		
2．（　　　　　）	（　　　　　）	（　　　　　）	
経 常 利 益		（　　　　　）	
Ⅵ **特　別　損　失**			
1．固 定 資 産 売 却 損	180,000	180,000	
税引前当期純利益		（　　　　　）	
法人税・住民税及び事業税		（　　　　　）	
当 期 純 利 益		（　　　　　）	

29-9 京都商事株式会社の総勘定元帳勘定残高と付記事項および決算整理事項によって，報告式の損益計算書を完成しなさい。 (第89回一部修正)

ただし， i 会社計算規則によること。
ii 会計期間は令和○/年4月/日から令和○2年3月3/日までとする。

元帳勘定残高

現　　　　金	¥ 3,698,000	当 座 預 金	¥ 4,564,000	電子記録債権	¥ 3,100,000
売　　掛　　金	5,200,000	貸倒引当金	24,000	売買目的有価証券	2,180,000
繰 越 商 品	3,615,000	仮払法人税等	285,000	建　　　　物	9,500,000
建物減価償却累計額	3,249,000	備　　　　品	1,600,000	備品減価償却累計額	800,000
その他有価証券	1,980,000	電子記録債務	1,850,000	買　　掛　　金	2,736,000
長 期 借 入 金	2,400,000	退職給付引当金	6,120,000	資　　本　　金	12,000,000
資 本 準 備 金	1,650,000	利益準備金	900,000	別 途 積 立 金	560,000
繰越利益剰余金	745,000	売　　　　上	34,600,000	受 取 家 賃	156,000
受 取 配 当 金	60,000	固定資産売却益	259,000	仕　　　　入	18,627,000
給　　　　料	9,648,000	発 送 費	980,000	広 告 料	760,000
通 信 費	538,000	消 耗 品 費	82,000	保 険 料	1,218,000
租 税 公 課	216,000	雑　　　　費	172,000	支 払 利 息	54,000
電子記録債権売却損	92,000				

付 記 事 項
① 引渡時に掛売上として計上していた金額のうち¥600,000（原価¥400,000）が得意先でまだ検収されていないことが判明した。なお，当社は収益の認識を検収時におこなっている。

決算整理事項
a．期末商品棚卸高　　帳簿棚卸数量　3,840個　　原　　　　価　@¥ 800
実地棚卸数量　3,800 〃　　正味売却価額　〃〃1,200
ただし，棚卸減耗損は売上原価の内訳項目とする。なお，上記の棚卸数量に付記事項①の分は含まれていない。

b．外貨建取引の円換算　当社が保有している外貨建取引による買掛金は，取引日の為替レートで円換算しており，為替予約はおこなっていない。

	取 引 額	取引日の為替レート	決算日の為替レート
買掛金	20,000ドル	/ドル//0円	/ドル//2円

c．貸倒見積高　　電子記録債権と売掛金の期末残高に対し，それぞれ/％と見積もり，貸倒引当金を設定する。ただし，損金算入限度額は¥40,000であり，その超過額¥/3,000については損金として認められなかった。なお，法定実効税率30％として，税効果会計を適用する。

d．有価証券評価高　　保有する株式は次のとおりである。なお，その他有価証券については，法定実効税率30％として，税効果会計を適用する。

	銘　　柄	株　　数	/株の帳簿価額	/株の時価
売買目的有価証券	奈良商事株式会社	400株	¥3,800	¥4,200
	南北物産株式会社	300株	¥2,200	¥1,900
その他有価証券	東西産業株式会社	1,000株	¥1,980	¥2,020

e．減価償却高　　建　物：取得原価¥9,500,000　残存価額は取得原価の/0％　耐用年数は50年とし，定額法により計算している。
備　品：取得原価¥1,600,000　残存価額は零(0)　耐用年数は8年とし，定額法により計算している。

f．保険料前払高　　保険料のうち¥1,008,000は，令和○/年//月/日から3年分の保険料として支払ったものであり，前払高を次期に繰り延べる。

g．利 息 未 払 高　¥ 18,000

h．退職給付引当金繰入額　¥450,000

i．法人税・住民税及び事業税額　¥543,000

損 益 計 算 書

京都商事株式会社　　　令和○/年4月/日から令和○2年3月3/日まで　　　　　　（単位：円）

I 売　　上　　高			（　　　　　　　　　）
II 売　上　原　価			
1. 期首商品棚卸高		3,6/5,000	
2. 当期商品仕入高	（　　　　　　　　）		
合　　　計	（　　　　　　　　）		
3. 期末商品棚卸高	（　　　　　　　　）		
	（　　　　　　　　）		
4.（　　　　　　　）	（　　　　　　　　）		（　　　　　　　　）
売 上 総 利 益			（　　　　　　　　）
III 販売費及び一般管理費			
1. 給　　　　　料		9,648,000	
2. 発　　送　　費		980,000	
3. 広　　告　　料		760,000	
4.（　　　　　）	（　　　　　　　　）		
5.（　　　　　）	（　　　　　　　　）		
6.（　　　　　）	（　　　　　　　　）		
7. 通　　信　　費		538,000	
8. 消　耗　品　費		82,000	
9. 保　　険　　料	（　　　　　　　　）		
10. 租　税　公　課		2/6,000	
11.（　　　　　）	（　　　　　　　　）		（　　　　　　　　）
営　業　利　益			（　　　　　　　　）
IV 営 業 外 収 益			
1. 受　取　家　賃		/56,000	
2. 受　取　配　当　金	（　　　　　　　　）		
3.（　　　　　）	（　　　　　　　　）		（　　　　　　　　）
V 営 業 外 費 用			
1.（　　　　　）	（　　　　　　　　）		
2. 電子記録債権売却損	（　　　　　　　　）		
3. 為　替　差　損	（　　　　　　　　）		（　　　　　　　　）
経　常　利　益			（　　　　　　　　）
VI 特　別　利　益			
1. 固 定 資 産 売 却 益		259,000	259,000
税引前当期純利益			（　　　　　　　　）
法人税・住民税及び事業税	（　　　　　　　　）		
法 人 税 等 調 整 額	（　　　　　　　　）		（　　　　　　　　）
当 期 純 利 益			（　　　　　　　　）

29-10 神奈川産業株式会社の総勘定元帳勘定残高および決算整理事項によって，報告式の損益計算書を完成しなさい。 (第91回一部修正)

ただし， i 会社計算規則によること。

ii 会計期間は令和○/年4月/日から令和○2年3月3/日までとする。

元帳勘定残高

現　　　　金	¥ 6/2,400	当 座 預 金	¥ 4,126,800	受 取 手 形	¥ 3,700,000
売　掛　金	4,300,000	貸倒引当金	15,000	売買目的有価証券	1,650,000
繰 越 商 品	937,000	仮払法人税等	760,000	建　　　物	8,500,000
建物減価償却累計額	1,020,000	備　　　品	2,500,000	備品減価償却累計額	900,000
土　　　地	9,084,000	その他有価証券	1,500,000	電子記録債務	2,870,000
買　掛　金	3,476,000	未　払　金	698,000	手形借入金	500,000
短期借入金	800,000	長期借入金	3,200,000	退職給付引当金	1,067,000
資　本　金	12,000,000	資本準備金	1,500,000	利益準備金	860,000
別途積立金	1,272,000	繰越利益剰余金	473,000	売　　　上	63,107,100
受 取 地 代	480,000	受取配当金	45,000	固定資産売却益	106,000
仕　　　入	43,765,000	給　　　料	8,040,000	発 送 費	874,000
広　告　料	1,563,000	通　信　費	954,000	消 耗 品 費	304,600
保　険　料	540,000	租税公課	273,000	雑　　　費	198,300
支 払 利 息	64,000	固定資産除却損	140,000		

決算整理事項

a. 期末商品棚卸高

	帳簿棚卸数量	実地棚卸数量	原　　価	正味売却価額
A品	1,200個	1,200個	@¥520	@¥500
B品	1,000 〃	900 〃	〃 ¥300	〃 ¥450

ただし，棚卸減耗損および商品評価損は売上原価の内訳項目とする。

b. 外貨建取引の円換算　当社が保有している外貨建取引による売掛金および買掛金は，取引日の為替レートで円換算しており，為替予約はおこなっていない。

	取 引 額	取 引 日 の為替レート	決 算 日 の為替レート
売掛金	30,000ドル	/ドル/08円	/ドル/22円
買掛金	20,000ドル	/ドル//0円	/ドル/22円

c. 貸 倒 見 積 高　受取手形と売掛金の期末残高に対し，それぞれ/%と見積もり，貸倒引当金を設定する。ただし，損金算入限度額は¥30,000であり，その超過額¥39,200については損金として認められなかった。なお，法定実効税率30%として，税効果会計を適用する。

d. 有価証券評価高　保有する株式は次のとおりである。なお，その他有価証券については，法定実効税率30%として，税効果会計を適用する。

売買目的有価証券：埼玉産業株式会社　300株　時価 /株 ¥6,000

その他有価証券：関東製菓株式会社　500株　時価 /株 ¥3,200

e. 減 価 償 却 高　建　物：取得原価¥8,500,000　残存価額は零(0)　耐用年数は50年とし，定額法により計算している。

備　品：取得原価¥2,500,000　毎期の償却率を20%とし，定率法により計算している。

f. 保険料前払高　保険料のうち¥420,000は，令和○/年7月/日から/年分の保険料として支払ったものであり，前払高を次期に繰り延べる。

g. 利 息 未 払 高　¥　8,000

h. 退職給付引当金繰入額　¥ 793,000

i. 法人税・住民税及び事業税額　¥1,755,000

損　益　計　算　書

神奈川産業株式会社　　　令和○/年4月/日から令和○2年3月3/日まで　　　　　　　（単位：円）

Ⅰ **売　　上　　高**			63,/07,/00
Ⅱ **売　上　原　価**			
1．期首商品棚卸高	937,000		
2．当期商品仕入高	（　　　　　　　　）		
合　　　　計	（　　　　　　　　）		
3．期末商品棚卸高	（　　　　　　　　）		
	（　　　　　　　　）		
4．（　　　　　　）	（　　　　　　　　）		
5．（　　　　　　）	（　　　　　　　　）	（　　　　　　　　　　）	
売 上 総 利 益		（　　　　　　　　　　）	
Ⅲ **販売費及び一般管理費**			
1．給　　　　　料	8,040,000		
2．発　　送　　費	（　　　　　　　　）		
3．広　　告　　料	1,563,000		
4．（　　　　　　）	（　　　　　　　　）		
5．（　　　　　　）	（　　　　　　　　）		
6．通　　信　　費	954,000		
7．消　耗　品　費	307,600		
8．（　　　　　　）	（　　　　　　　　）		
9．保　　険　　料	（　　　　　　　　）		
10．租　税　公　課	273,000		
11．（　　　　　　）	（　　　　　　　　）	（　　　　　　　　　　）	
営 業 利 益		（　　　　　　　　　　）	
Ⅳ **営 業 外 収 益**			
1．受　取　地　代	480,000		
2．受　取　配　当　金	（　　　　　　　　）		
3．（　　　　　　）	（　　　　　　　　）		
4．為　替　差　益	（　　　　　　　　）	（　　　　　　　　　　）	
Ⅴ **営 業 外 費 用**			
1．（　　　　　　）	（　　　　　　　　）	（　　　　　　　　　　）	
経 常 利 益		（　　　　　　　　　　）	
Ⅵ **特　別　利　益**			
1．（　　　　　　）	（　　　　　　　　）	（　　　　　　　　　　）	
Ⅶ **特　別　損　失**			
1．（　　　　　　）	（　　　　　　　　）	（　　　　　　　　　　）	
税引前当期純利益		（　　　　　　　　　　）	
法人税・住民税及び事業税	（　　　　　　　　）		
法 人 税 等 調 整 額	（　　　　　　　　）	（　　　　　　　　　　）	
当 期 純 利 益		（　　　　　　　　　　）	

29-11 大分物産株式会社の総勘定元帳勘定残高と付記事項および決算整理事項によって，報告式の損益計算書を完成しなさい。

(第93回一部修正)

ただし，i　会社計算規則によること。
　　　　ii　会計期間は令和○2年4月1日から令和○3年3月31日までとする。

元帳勘定残高

現　　　　　金	¥ 1,240,310	当 座 預 金	¥ 7,341,290	電子記録債権	¥ 4,800,000
売　　掛　　金	3,160,000	貸 倒 引 当 金	46,000	売買目的有価証券	5,472,000
繰 越 商 品	6,400,000	仮払法人税等	750,000	備　　　　　品	4,000,000
備品減価償却累計額	1,000,000	土　　　　　地	25,920,000	満期保有目的債券	7,720,000
長 期 貸 付 金	1,000,000	電子記録債務	5,040,000	買　　掛　　金	4,374,000
仮　受　金	160,000	手 形 借 入 金	2,400,000	長 期 借 入 金	7,200,000
退職給付引当金	3,760,000	資　本　金	28,500,000	資 本 準 備 金	4,000,000
利 益 準 備 金	3,100,000	新 築 積 立 金	900,000	繰越利益剰余金	460,000
売　　　　　上	94,879,000	受 取 利 息	6,000	有価証券利息	360,000
固定資産売却益	280,000	仕　　　　　入	74,790,000	給　　　　　料	4,752,000
発　送　費	1,520,000	広　告　料	3,650,000	支 払 手 数 料	8,000
支 払 家 賃	2,555,000	保　険　料	400,000	租 税 公 課	394,000
雑　　　　　費	272,400	支 払 利 息	120,000	固定資産除却損	200,000

付 記 事 項

① 仮受金¥160,000は，佐賀商店に対する売掛金の回収額であることが判明した。

② 支払手数料勘定の¥8,000は，売買目的で長崎商事株式会社の株式800株を1株につき¥2,490で買い入れたときの手数料と判明したので，適切な科目に訂正した。

決算整理事項

a．期末商品棚卸高　　帳簿棚卸数量　2,000個　原　　　価　@¥3,500
　　　　　　　　　　　実地棚卸数量　1,950 〃　正味売却価額　〃 3,300
　　　　　　　　　　　ただし，棚卸減耗損および商品評価損は売上原価の内訳項目とする。

b．貸 倒 見 積 高　　電子記録債権と売掛金の期末残高に対し，それぞれ1％と見積もり，貸倒引当金を設定する。

c．有価証券評価高　　保有する株式および債券は次のとおりである。
　　　　　　　　　　　売買目的有価証券：南北物産株式会社　100株　時価　1株 ¥31,600
　　　　　　　　　　　　　　　　　　　　長崎商事株式会社　800株　時価　1株 ¥ 2,500
　　　　　　　　　　　　　　　　　　　　※長崎商事株式会社の株式は，付記事項②のものである。
　　　　　　　　　　　満期保有目的債券：償却原価法によって¥7,760,000に評価する。
　　　　　　　　　　　　　　　　　　　　なお，満期日は令和○9年3月31日である。

d．備品減価償却高　　定率法により，毎期の償却率を25％とする。

e．保険料前払高　　　保険料のうち¥150,000は，令和○3年2月から6か月分の保険料として支払ったものであり，前払高を次期に繰り延べる。

f．家 賃 前 払 高　　¥ 365,000

g．利 息 未 収 高　　¥　 3,000

h．退職給付引当金繰入額　¥ 988,000

i．法人税・住民税及び事業税額　¥1,608,000

損　益　計　算　書

大分物産株式会社　　　令和○2年4月/日から令和○3年3月3/日まで　　　　　（単位：円）

I	売　　　上　　　高		94,879,000
II	売　　上　　原　　価		
	1. 期 首 商 品 棚 卸 高	6,400,000	
	2. 当 期 商 品 仕 入 高	(　　　　　　　)	
	合　　　　　計	(　　　　　　　)	
	3. 期 末 商 品 棚 卸 高	(　　　　　　　)	
		(　　　　　　　)	
	4.(　　　　　　)	(　　　　　　　)	
	5.(　　　　　　)	(　　　　　　　)	(　　　　　　　　　)
	売　上　総　利　益		(　　　　　　　　　)
III	販売費及び一般管理費		
	1. 給　　　　　　料	4,752,000	
	2. 発　　送　　費	1,520,000	
	3. 広　　告　　料	3,650,000	
	4.(　　　　　　)	(　　　　　　　)	
	5.(　　　　　　)	(　　　　　　　)	
	6.(　　　　　　)	(　　　　　　　)	
	7. 支　払　家　賃	(　　　　　　　)	
	8. 保　　険　　料	(　　　　　　　)	
	9. 租　税　公　課	394,000	
	10. 雑　　　　　　費	272,400	(　　　　　　　　　)
	営　業　利　益		(　　　　　　　　　)
IV	営　業　外　収　益		
	1.(　　　　　　)	(　　　　　　　)	
	2.(　　　　　　)	(　　　　　　　)	(　　　　　　　　　)
V	営　業　外　費　用		
	1. 支　払　利　息	(　　　　　　　)	
	2.(　　　　　　)	(　　　　　　　)	(　　　　　　　　　)
	経　常　利　益		(　　　　　　　　　)
VI	特　別　利　益		
	1. 固 定 資 産 売 却 益	(　　　　　　　)	(　　　　　　　　　)
VII	特　別　損　失		
	1. 固 定 資 産 除 却 損	(　　　　　　　)	(　　　　　　　　　)
	税 引 前 当 期 純 利 益		(　　　　　　　　　)
	法人税・住民税及び事業税		(　　　　　　　　　)
	当　期　純　利　益		(　　　　　　　　　)

30 その他の財務諸表(株主資本等変動計算書・注記表)

要点の整理

① 株主資本等変動計算書の意味

株主資本等変動計算書は，貸借対照表の純資産の部において記載される株主資本等の各項目が，一会計期間にどのような事由で変動したかを明らかにする財務諸表である。株主資本等の各項目の変動事由には，当期純利益または当期純損失の計上，新株の発行，剰余金の配当，資本金・準備金・剰余金の間の振り替えなどがある。

② 株主資本等変動計算書の作成方法

株主資本等変動計算書の区分は，貸借対照表の純資産の部の区分と同じである。資本金，資本準備金，その他資本剰余金，利益準備金，その他利益剰余金などの項目ごとに，その変動の状況を表示する。

それぞれの項目については，期首残高に当期増減額を加減して期末残高を表示する。当期増減額は，新株の発行，剰余金の配当，当期純利益などの具体的な内容を示す科目を用いる。株主資本等変動計算書の様式を示すと下記のようになる。

株主資本等変動計算書

○○商事株式会社　　　　　令和○/年4月/日から令和○2年3月3/日まで　　　　　（単位：円）

		株 主 資 本								自己株式	純資産合計
	資本金	資本剰余金			利益剰余金						
		資本準備金	その他資本剰余金	資本剰余金計	利益準備金	その他利益剰余金		利益剰余金計			
						別途積立金	繰越利益剰余金				
当期首残高	×××	×××	×××	×××	×××	×××	×××	×××	△××××	×××
当期変動額										
新株発行	×××	×××		×××						×××
剰余金の配当					×××		△××××	△××××		△××××
別途積立金の積立						×××	△××××			
当期純利益							×××	×××		×××
自己株式の処分			×××	×××					×××	×××
当期変動額合計	×××	×××	×××	×××	×××	×××	×××	×××	×××	×××
当期末残高	×××	×××	×××	×××	×××	×××	×××	×××	△××××	×××

③ 注記表

注記表とは，貸借対照表，損益計算書，株主資本等変動計算書などに関係する注記をした財務諸表である。注記表のおもな項目には次のようなものがある。

① 資産の評価基準および評価方法，固定資産の減価償却の方法，引当金の計上基準，収益および費用の計上基準など，重要な会計方針にかかる事項に関する注記
② 貸借対照表に関する注記
③ 損益計算書に関する注記
④ 株主資本等変動計算書に関する注記
⑤ 1株あたりの純資産，1株あたり当期純利益など，1株あたり情報に関する注記

基本問題

30-1 次の各文の _____ のなかに，もっとも適当な用語を記入しなさい。

(1) 会社法では，企業の財政状態を示す貸借対照表，経営成績を示す損益計算書，純資産の部の各項目の変動事由を示す ___ア___ ，注記事項を一括した ___イ___ の四つの計算書類を作成することを要求している。

(2) 株主資本等変動計算書の各項目の変動事由には，新株の発行， ___ウ___ の配当，当期純損益の計上， ___エ___ ・準備金・剰余金の間の振り替えなどがある。

(1)		(2)	
ア	イ	ウ	エ

練習問題

30-2 佐賀商事株式会社における純資産の部の各項目の当期首残高および当期変動事由により，
(1) 当期変動事由に関する仕訳を示しなさい。
(2) 株主資本等変動計算書を作成しなさい。
　　ただし，会計期間は令和○/年4月/日から令和○2年3月3/日までとする。

　純資産の部の各項目の当期首残高

　資　本　金 ¥20,000,000　　資本準備金 ¥ 1,000,000　　その他資本剰余金 ¥ 500,000
　利益準備金 　700,000　　別途積立金 　800,000　　繰越利益剰余金 3,000,000
　自 己 株 式 △1,500,000

　純資産の部の各項目の当期変動事由

　令和○/年 4 月 /日　新株の発行により，株主から¥5,000,000の払い込みを受け，払込金は当
　　　　　　座預金とした。なお，会社法に規定する最低限度額を資本金に計上した。
　令和○/年 6 月27日　株主総会において繰越利益剰余金¥2,800,000について，次のとおり配当
　　　　　　および処分することを決議した。
　　　　　　　配　当　金 ¥2,000,000　　利益準備金 ¥ 200,000
　　　　　　　別途積立金 　600,000
　令和○/年/0月 4 日　自己株式のうち20株（帳簿価額¥1,000,000）を/株につき¥65,000
　　　　　　で売却し，受け取った代金は当座預金とした。
　令和○2年 3月3/日　決算の結果，当期純利益¥4,900,000を計上した。

(1)

	借　　　　方	貸　　　　方
令和○/年 4/1		
令和○/年 6/27		
令和○/年 10/4		
令和○2年 3/31		

(2)

株主資本等変動計算書

佐賀商事株式会社　　　　令和○/年4月/日から令和○2年3月3/日まで　　　　（単位：千円）

	資本金	資本剰余金			利益剰余金				自己株式	純資産合計
		資本準備金	その他資本剰余金	資本剰余金合計	利益準備金	その他利益剰余金		利益剰余金合計		
						別途積立金	繰越利益剰余金			
当期首残高										
当期変動額										
新株の発行										
剰余金の配当										
別途積立金の積立										
当期純利益										
自己株式の処分										
当期変動額合計										
当期末残高										

31 財務諸表分析

要点の整理

① 財務諸表分析の意味

財務諸表分析は，貸借対照表や損益計算書の数値を分析することにより，企業の財政状態や経営成績の良否を判断し，その原因を明らかにするためにおこなう。企業の経営者の立場でおこなうものを**内部分析**，企業債権者・投資家の立場でおこなうものを**外部分析**という。

② 財務諸表分析の方法

(1) 実数分析

財務諸表上の連続する2期以上の金額そのものを比較する方法である。

(2) 比率分析

財務諸表上で相互関係のある項目の金額について**財務比率**を求め，分析をおこなう方法で，**関係比率・構成比率**などがある。

③ 収益性の分析

(1) 資本利益率（分母の総資本は，期末総資本額を用いることもある。）

資本に対する利益の割合を示す。いずれも比率が高いほど収益性が高い。

① $\text{総資本営業利益率}(\%) = \dfrac{\text{営業利益}}{\text{総資本（平均有高）}} \times 100$

③ $\text{総資本利益率}(\%) = \dfrac{\text{当期純利益}}{\text{総資本（平均有高）}} \times 100$

② $\text{総資本経常利益率}(\%) = \dfrac{\text{経常利益}}{\text{総資本（平均有高）}} \times 100$

④ $\text{自己資本利益率}(\%) = \dfrac{\text{当期純利益}}{\text{自己資本（平均有高）}} \times 100$

(2) 売上高利益率

売上高に対する利益の割合を示す。いずれも比率が高いほど収益性が高い。

① $\text{売上高総利益率}(\%) = \dfrac{\text{売上総利益}}{\text{売上高}} \times 100$

③ $\text{売上高経常利益率}(\%) = \dfrac{\text{経常利益}}{\text{売上高}} \times 100$

② $\text{売上高営業利益率}(\%) = \dfrac{\text{営業利益}}{\text{売上高}} \times 100$

④ $\text{売上高純利益率}(\%) = \dfrac{\text{当期純利益}}{\text{売上高}} \times 100$

なお，売上高に対する売上原価の割合を示す**売上原価率**がある。

$\text{売上原価率}(\%) = \dfrac{\text{売上原価}}{\text{売上高}} \times 100$

④ 効率性の分析

(1) 資本回転率（分母の総資本は，期末総資本額を用いることもある。）

資本に対する売上高の割合を示す。回転率が高いほど資本が有効に利用されたことを示す。

① $\text{総資本回転率}(\text{回}) = \dfrac{\text{売上高}}{\text{総資本（平均有高）}}$

(2) 資産回転率

資産に対する売上高や売上原価の割合を示す。回転率が高いほど販売効率がよいことを示す。なお，回転率の逆数が**回転期間**である。

① $\text{商品回転率}(\text{回}) = \dfrac{\text{売上原価}}{\text{商品（平均有高）}}$

注：商品（平均有高）＝（期首商品棚卸高＋期末商品棚卸高）÷2

② $\text{固定資産回転率}(\text{回}) = \dfrac{\text{売上高}}{\text{固定資産（平均有高）}}^{※}$

③ $\begin{array}{c}\text{売上債権回転率}(\text{回}) \\ \text{（受取勘定）}\end{array} = \dfrac{\text{売上高}}{\text{売上債権（平均有高）}}^{※}$

※期末の数値を用いることもある。

⑤ 安全性の分析

(1) 短期支払能力の分析

① 流動比率：流動負債に対する流動資産の割合を示す。ふつう200％以上が望ましいとされている。

$\text{流動比率}(\%) = \dfrac{\text{流動資産}}{\text{流動負債}} \times 100$

② 当座比率：流動負債に対する当座資産の割合を示す。ふつう100％以上が望ましいとされている。

$$当座比率(\%) = \frac{当座資産}{流動負債} \times 100$$

(2) **長期支払能力の分析**

① 自己資本比率：総資本に対する自己資本の割合を示す。ふつう50％以上が望ましいとされている。

$$自己資本比率(\%) = \frac{自己資本}{総資本} \times 100$$

② 負債比率：自己資本に対する負債の割合を示す。比率が低いほど安全性が高い。

$$負債比率(\%) = \frac{負債}{自己資本} \times 100$$

③ 固定比率：自己資本に対する固定資産の大きさを示す。ふつう100％以下が望ましいとされている。

$$固定比率(\%) = \frac{固定資産}{自己資本} \times 100$$

④ 固定長期適合率：長期的な資金に対する固定資産の割合を示す。ふつう100％以下が望ましいとされている。

$$固定長期適合率(\%) = \frac{固定資産}{自己資本＋固定負債} \times 100$$

基本問題

31-1 第6期における下記の計算式と比率を記入しなさい。なお，(1)～(4)の分母には期首と期末の平均値を用いること。

第5期　自己資本 ¥1,300,000
　　　　総資本 ¥2,700,000
第6期　自己資本 ¥1,100,000
　　　　総資本 ¥2,300,000

損 益 計 算 書 (単位：円)

	第6期
売 上 高	1,200,000
売 上 原 価	840,000
売 上 総 利 益	360,000
販売費及び一般管理費	120,000
営 業 利 益	240,000
営 業 外 収 益	360,000
営 業 外 費 用	480,000
経 常 利 益	120,000
特 別 利 益	60,000
特 別 損 失	120,000
当 期 純 利 益	60,000

	計　算　式	比率
(1)総資本営業利益率		％
(2)総資本経常利益率		％
(3)総 資 本 利 益 率		％
(4)自己資本利益率		％
(5)売上高総利益率		％
(6)売上高営業利益率		％
(7)売上高経常利益率		％
(8)売上高純利益率		％
(9)売 上 原 価 率		％

31-2 第9期における下記の計算式と比率を記入しなさい。なお,端数が生じた場合は回または%の小数第2位を四捨五入して第1位まで示すこと。なお,(1)〜(3)の分母には期首と期末の平均値を用い,商品回転率は売上原価と商品平均有高を用いること。

資　料

i 売上高	第8期 ¥39,000,000	第9期 ¥40,000,000
ii 売上原価	第8期 ¥30,420,000	第9期 ¥31,200,000

貸借対照表 (単位：円)

資　産	第8期	第9期	負債・純資産	第8期	第9期
現 金 預 金	648,000	581,000	支 払 手 形	700,000	830,000
受 取 手 形	950,000	1,020,000	買 掛 金	680,000	717,000
売 掛 金	814,000	996,000	短 期 借 入 金	400,000	200,000
商 品	1,000,000	1,400,000	未 払 法 人 税 等	100,000	108,000
前 払 費 用	206,000	84,000	退職給付引当金	2,380,000	2,420,000
建 物	2,410,000	3,940,000	資 本 金	2,500,000	4,500,000
土 地	1,972,000	1,979,000	利 益 剰 余 金	1,240,000	1,225,000
	8,000,000	10,000,000		8,000,000	10,000,000

	計　算　式	比　率
(1)総 資 本 回 転 率		回
(2)固 定 資 産 回 転 率		回
(3)売 上 債 権 回 転 率		回
(4)商 品 回 転 率		回
(5)流 動 比 率		%
(6)当 座 比 率		%
(7)自 己 資 本 比 率		%
(8)負 債 比 率		%
(9)固 定 比 率		%
(10)固 定 長 期 適 合 率		%

練習問題

31-3 愛知商事株式会社の貸借対照表は次のとおりであった。よって，この会社の(1)固定比率，(2)受取勘定回転率（売上債権回転率），(3)商品回転率（売上原価と商品平均有高を用いること）を計算式を示して求めなさい。

ただし，この会社の本年度の商品売上高は¥40,600,000　売上原価は¥31,500,000　期首商品棚卸高は¥2,400,000である。

貸 借 対 照 表

愛知商事㈱　　　　　　令和○年3月3/日　　　　　　（単位：円）

現 金 預 金	2,250,000	支 払 手 形	1,250,000
受 取 手 形	1,500,000	買 掛 金	4,250,000
売 掛 金	4,300,000	未 払 金	1,500,000
商 品	2,850,000	長 期 借 入 金	1,800,000
建 物	6,000,000	資 本 金	10,100,000
備 品	5,900,000	資 本 剰 余 金	1,480,000
		利 益 剰 余 金	2,420,000
	22,800,000		22,800,000

	計 算 式	比 率
(1)固 定 比 率		%
(2)受取勘定回転率 （売上債権回転率）		回
(3)商 品 回 転 率		回

31-4 次の貸借対照表と資料によって，下記の比率を計算しなさい。

貸 借 対 照 表

（単位：円）

現 金 預 金	660,000	支 払 手 形	985,000
受 取 手 形	1,240,000	買 掛 金	1,300,000
売 掛 金	1,850,000	短 期 借 入 金	215,000
商 品	2,125,000	資 本 金	10,000,000
備 品	2,750,000	利 益 剰 余 金	1,125,000
建 物	5,000,000		
	13,625,000		13,625,000

(i) 期首商品棚卸高　¥ 2,325,000
(ii) 当 期 売 上 高　¥37,080,000
(iii) 当 期 仕 入 高　¥33,175,000
※ 商品回転率は，売上原価と商品平均有高を用いること。

	計 算 式	比 率
(1)流 動 比 率		%
(2)当 座 比 率		%
(3)商 品 回 転 率		回
(4)受取勘定回転率 （売上債権回転率）		回

||||||||||||||||||||||||||||||||||||||||||||||||||||||検 定 問 題||||||||||||||||||||||||||||||||||||||||||||||||||||||

31-5 A社とB社の下記の資料によって， （第93回一部修正）

① 次の文の □□□□ のなかに入る適当な比率を求めなさい。

【安全性の分析】

短期的な支払能力を調べるために，流動比率を計算すると，A社は ┌ ア ┐％であり，B社は *180* ％である。さらに当座比率を計算すると，A社は *80* ％であり，B社は ┌ イ ┐％である。また，長期的な支払能力を調べるために，自己資本比率を計算すると，A社は ┌ ウ ┐％で，B社は *60* ％である。

【収益性の分析】

収益性を調べるために，期末の数値と当期純利益を用いて各比率を計算する。まず，総資本利益率を計算すると，A社は *6* ％であり，B社は ┌ エ ┐％である。さらに，総資本利益率を売上高純利益率と総資本回転率に分解し，売上高純利益率を計算すると，A社は *3* ％であり，B社は ┌ オ ┐％である。また，総資本回転率を計算すると，A社は *2* 回であり，B社は ┌ カ ┐回である。

【成長性の分析】

成長性を調べるために，売上高成長率（増収率）を計算すると，A社は ┌ キ ┐％であり，B社は *25* ％である。

② B社の貸借対照表の商品（ク）の金額を求めなさい。

③ 上記①と②により判明したことを説明している文を次のなかから*1*つ選び，その番号を記入しなさい。

　1．企業規模が大きいのはA社で，安全性，収益性，成長性が高いのはB社である。

　2．企業規模が大きく，成長性が高いのはA社で，安全性と収益性が高いのはB社である。

　3．企業規模が大きく，収益性が高いのはA社で，安全性と成長性が高いのはB社である。

資　　　料

i　損益計算書に関する金額（単位：千円）

	前　期	当　　　期			
	売　上　高	期首商品棚卸高	売　上　高	売 上 原 価	当期純利益
A社	*150,000*	*19,000*	*180,000*	*126,000*	*5,400*
B社	*33,600*	*2,700*	*42,000*	*25,200*	*1,680*

ii　当期の商品回転率

　　A社　6回　　　B社　9回

　　商品回転率の計算は，商品有高の平均と売上原価を用いている。なお，棚卸減耗損と商品評価損は発生していない。

iii　当期の貸借対照表

貸　借　対　照　表

A社　　　　　令和○3年3月3*1*日（単位：千円）

資　　　産	金　額	負債・純資産	金　額
現 金 預 金	*4,200*	支 払 手 形	*4,300*
受 取 手 形	*5,600*	買 掛 金	*26,500*
売 掛 金	*9,400*	短期借入金	*8,000*
有 価 証 券	*12,800*	未払法人税等	*1,200*
商 品	*23,000*	長期借入金	*19,800*
短期貸付金	*1,000*	退職給付引当金	*3,200*
備 品	*2,300*	資 本 金	*11,000*
建 物	*13,700*	資本剰余金	*6,400*
土 地	*15,000*	利益剰余金	*9,600*
投資有価証券	*3,000*		
	90,000		*90,000*

貸　借　対　照　表

B社　　　　　令和○3年3月3*1*日（単位：千円）

資　　　産	金　額	負債・純資産	金　額
現 金 預 金	*1,300*	支 払 手 形	*1,400*
受 取 手 形	*600*	買 掛 金	*2,700*
売 掛 金	*2,400*	短期借入金	*600*
有 価 証 券	*1,700*	未払法人税等	*300*
商 品	（　ク　）	退職給付引当金	*600*
短期貸付金	（　　　）	資 本 金	*4,200*
備 品	*700*	資本剰余金	*1,400*
建 物	*1,500*	利益剰余金	*2,800*
土 地	*2,800*		
	14,000		*14,000*

①

	ア	イ	ウ	エ	オ	カ	キ
	％	％	％	％	％	回	％

② [　　　　　] 千円　　　③ [　　　　]

㉛-6 同種企業であるＡ社とＢ社の下記の資料によって，次の文の □ のなかに適当な比率または日数を記入しなさい。また，{ }のなかから，いずれか適当な語を選び，その番号を記入しなさい。

（第92回一部修正）

　Ａ社とＢ社を当期の損益計算書の金額によって比較すると，売上高と当期純利益はともにＡ社の方が高い。次に，比率を用いて分析する方法によって両社を比較した。

　収益性を調べるため，税引後当期純利益を用いて売上高純利益率を計算すると，Ａ社は前期が3.5％で当期が ア ％であり，Ｂ社は前期が7.0％で当期が7.7％である。よって，前期・当期ともに収益性が高いのは，Ｂ社である。

　商品の販売効率を調べるため，当期の商品回転率を商品の平均有高と売上原価を用いて計算すると，Ａ社は20.0回であり，Ｂ社は イ 回である。よって，販売効率がよいのは，ウ{1．Ａ社 2．Ｂ社}である。

　売上債権の回収速度を調べるため，当期の受取勘定（売上債権）回転率を売上債権の期首と期末の平均を用いて計算し，平均回収日数を求めると，Ａ社は エ 日であり，Ｂ社は73.0日である。よって，回収状況がよいのは，オ{1．Ａ社 2．Ｂ社}である。

　企業の成長性を調べるため，売上高成長率（増収率）を計算すると，Ａ社は40.0％であり，Ｂ社は カ ％となり，キ{1．Ａ社 2．Ｂ社}の方が高いことがわかる。

　安全性を調べるため，負債比率を計算すると，Ａ社は前期が60.0％，当期が50.0％であり，Ｂ社は前期が25.0％，当期が ク ％である。このことから，Ａ社・Ｂ社ともに前期よりもケ{1．改善 2．悪化}しているが，より堅実なのは コ{1．Ａ社 2．Ｂ社}である。

資　　料

i　Ａ社とＢ社の貸借対照表に関する金額（単位：千円）

	当期首（令和○2年1月1日）		当期末（令和○2年12月31日）	
	Ａ社	Ｂ社	Ａ社	Ｂ社
資産総額	24,000	7,000	24,000	6,960
うち，受取勘定	11,200	1,300	16,800	1,100
うち，商品	3,470	131	3,684	139
純資産	15,000	5,600	16,000	5,800

ii　前期の売上高と税引後当期純利益（単位：千円）

	Ａ社	Ｂ社
売上高	73,000	4,000
税引後当期純利益	2,555	280

iii　当期の損益計算書（科目の細目は省略している）

損 益 計 算 書

Ａ社　令和○2年1月1日から令和○2年12月31日まで（単位：千円）

費　用	金　額	収　益	金　額
売 上 原 価	71,540	売 上 高	102,200
販売費及び一般管理費	23,571	営業外収益	537
営業外費用	1,509	特 別 利 益	63
特 別 損 失	340		
法 人 税 等	1,752		
当期純利益	4,088		
	102,800		102,800

損 益 計 算 書

Ｂ社　令和○2年1月1日から令和○2年12月31日まで（単位：千円）

費　用	金　額	収　益	金　額
売 上 原 価	3,942	売 上 高	6,000
販売費及び一般管理費	1,158	営業外収益	16
営業外費用	196	特 別 利 益	5
特 別 損 失	65		
法 人 税 等	198		
当期純利益	462		
	6,021		6,021

ア	イ	ウ	エ	オ
％	回		日	

カ	キ	ク	ケ	コ
％		％		

31-7 茨城株式会社と栃木株式会社の下記の資料と貸借対照表によって， （第91回一部修正）

① 茨城株式会社の次の比率を求めなさい。

    a．当座比率　　　b．固定比率

    c．商品回転率（商品有高の平均と売上原価を用いること。）

② 栃木株式会社の次の比率を求めなさい。

    a．流動比率　　　b．売上高総利益率

    c．受取勘定（売上債権）回転率（期首と期末の平均を用いること。）

③ 次の文の □□□□ のなかに入る適当な比率を記入しなさい。また，{ }のなかから，いずれか適当な語を選び，その番号を記入しなさい。

  茨城株式会社と栃木株式会社の自己資本，当期純利益の各金額を比較すると，茨城株式会社の方がどちらも大きい。そこで，投下された資本が効率的に運用されているかを比較するため，自己資本利益率を計算してみると，茨城株式会社が ア ％に対して，栃木株式会社は8.0％であり，茨城株式会社の方が高かった。しかし，総資本利益率を計算してみると，茨城株式会社が4.2％に対して栃木株式会社は イ ％であり，茨城株式会社の方が低かった。これは，茨城株式会社の総資本に占める ウ {1．自己資本　2．他人資本} の割合が高いことが原因である。

茨城株式会社の資料

i　売　上　高　¥ 21,000,000
ii　期首商品棚卸高　¥ 1,296,000
iii　当期商品仕入高　¥ 14,558,000
iv　当期純利益　¥ 420,000
v　棚卸減耗損と商品評価損は発生していない。

貸借対照表

茨城株式会社　　令和〇年3月31日　　（単位：円）

現金預金	940,000	支払手形	1,306,000
受取手形	647,000	買掛金	1,614,000
売掛金	745,000	未払法人税等	80,000
有価証券	530,000	長期借入金	2,700,000
商品	1,154,000	退職給付引当金	300,000
建物	1,800,000	資本金	2,000,000
備品	600,000	資本準備金	1,000,000
土地	1,400,000	利益準備金	241,000
投資有価証券	1,284,000	繰越利益剰余金	759,000
関係会社株式	650,000		
長期前払費用	250,000		
	10,000,000		10,000,000

栃木株式会社の資料

i　売　上　高　¥ 5,760,000
ii　期首売上債権　¥ 331,000
iii　期首商品棚卸高　¥ 307,000
iv　当期商品仕入高　¥ 3,706,000
v　当期純利益　¥ 120,000
vi　棚卸減耗損と商品評価損は発生していない。

貸借対照表

栃木株式会社　　令和〇年3月31日　　（単位：円）

現金預金	309,000	支払手形	249,000
受取手形	186,000	買掛金	376,000
売掛金	123,000	未払法人税等	15,000
有価証券	310,000	長期借入金	300,000
商品	269,000	退職給付引当金	60,000
前払費用	51,000	資本金	700,000
建物	350,000	資本準備金	300,000
備品	210,000	利益準備金	180,000
土地	190,000	繰越利益剰余金	320,000
投資有価証券	240,000		
関係会社株式	262,000		
	2,500,000		2,500,000

①

a	当座比率	％	b	固定比率	％	c	商品回転率	回

②

a	流動比率	％	b	売上高総利益率	％	c	受取勘定回転率 （売上債権回転率）	回

③

ア	％	イ	％	ウ	

31-8 鳥取商事株式会社（決算年1回　3月31日）の下記の資料によって，　　　　　（第90回一部修正）

① 次の文の ☐☐☐☐ のなかに入る適当な比率を記入しなさい。また，{ } のなかから，いずれか適当な語を選び，その番号を記入しなさい。

商品回転率を商品有高の平均と売上原価を用いて計算すると，第8期は21.0回で，第9期は ア 回となり，第9期は第8期に比べ，イ {1. 安全性　2. 収益性} が高くなっている。

当座比率により即時の支払能力を判断すると，第8期の ウ ％に対して，第9期は147.5％で，流動比率により短期的な支払能力を判断しても，第8期の207.5％に対して，第9期は エ ％となり，ともに改善されてきている。さらに，負債比率により オ {3. 短期　4. 長期} の支払能力を判断すると，第8期の78.5％に対して，第9期は カ ％であり，安全性に問題はないと思われる。

② 次の金額を求めなさい。

　　　　　a．第8期の自己資本　　　　b．第8期の固定負債　　　　c．第9期の有形固定資産

資　　　料

i 第9期における純資産の部に関する事項

4月18日　新株式300株を1株につき1.2千円で発行した。ただし，会社法に規定する最高限度額を資本金に組み入れないことにした。

6月27日　株主総会において，次のとおり繰越利益剰余金を配当および処分することを決議した。

　　　　　　　配当金　1,400千円　　　利益準備金　140千円　　　別途積立金　50千円

3月31日　当期純利益1,640千円を計上した。

ii　比較貸借対照表

比較貸借対照表　　　　（単位：千円）

資　産	第8期	第9期	負債及び純資産	第8期	第9期
現 金 預 金	5,730	( )	支 払 手 形	4,620	4,530
受 取 手 形	3,850	4,250	買 掛 金	5,795	5,605
売 掛 金	5,650	5,050	短 期 借 入 金	3,240	3,740
有 価 証 券	4,370	4,280	未払法人税等	345	365
商　　　品	9,240	9,090	長 期 借 入 金	9,600	9,100
前 払 費 用	210	166	退職給付引当金	( )	3,894
建　　　物	12,100	11,500	資 本 金	( )	20,180
備　　　品	5,480	( )	資 本 準 備 金	2,500	2,680
土　　　地	14,645	14,645	利 益 準 備 金	1,300	( )
長 期 貸 付 金	1,200	1,200	別 途 積 立 金	( )	2,650
			繰越利益剰余金	8,600	( )
	( )	( )		( )	( )

iii　第8期に関する金額および財務比率

売上原価　193,200千円
売上原価率　80.0％
期首の売上債権　9,820千円
受取勘定回転率　25.0回
（期首と期末の平均による）
期首商品棚卸高　9,160千円
固定比率　95.5％

iv　第9期に関する金額および財務比率

売上原価　205,296千円
売上原価率　78.0％
受取勘定回転率　28.0回
（期首と期末の平均による）
固定比率　91.5％

v　第8期・第9期ともに棚卸減耗損および商品評価損は発生していない。

①	ア	イ	ウ	エ	オ	カ
	回		％	％		％

②	a	第8期の自己資本	千円	b	第8期の固定負債	千円
	c	第9期の有形固定資産	千円			

31-9 長崎商事株式会社（決算年／回　3月3／日）の次の資料と比較損益計算書および比較貸借対照表によって，　ア　から　ケ　のなかに入る適当な比率または金額を求めなさい。　（第89回）

資　料

i　発行済株式総数　1,000千株

ii　第7期における純資産の部に関する事項

(1)　6月28日　剰余金の配当　／株につき¥40

(2)　　〃　　　利益準備金の計上　[　　　]千円

(3)　11月26日　自己株式の取得　／株あたり¥1,000×77千株

(4)　3月3／日　当期純利益　252,000千円

iii　財務比率

	第6期	第7期
(1)　当座比率	115.0%	ア %
(2)　流動比率	イ %	206.0%
(3)　自己資本比率	ウ %	62.5%
(4)　売上高純利益率	1.6%	エ %
(5)　総資本利益率	オ %	10.0%

期末の総資本と税引後の当期純利益を用いている。

(6)　売上高成長率(増収率)　12.5%　カ %

第5期の売上高　4,000,000千円

(7)　商品回転率　11.4回　12.0回

期首と期末の商品有高の平均と売上原価を用いている。ただし，棚卸減耗損と商品評価損は発生していない。

(8)　第6期の期首商品棚卸高　291,000千円

比較損益計算書（単位：千円）

項　目	第6期	第7期
売　上　高	4,500,000	5,040,000
売　上　原　価	(　　)	3,840,000
売　上　総　利　益	(　　)	1,200,000
販売費及び一般管理費	キ	860,000
営　業　利　益	(　　)	340,000
営　業　外　収　益	74,000	78,000
営　業　外　費　用	52,000	37,000
経　常　利　益	172,000	381,000
特　別　損　失	72,000	31,000
税引前当期純利益	(　　)	350,000
法人税・住民税及び事業税	28,000	(　　)
当　期　純　利　益	(　　)	252,000

比較貸借対照表（単位：千円）

資　産	第6期	第7期	負債・純資産	第6期	第7期
現　金　預　金	217,000	209,000	支　払　手　形	149,000	137,000
受　取　手　形	92,000	73,000	買　掛　金	215,000	179,000
売　掛　金	78,000	96,000	未払法人税等	16,000	84,000
有　価　証　券	50,000	70,000	長期借入金	300,000	300,000
商　　品	309,000	ク	退職給付引当金	280,000	245,000
前　払　費　用	33,000	45,000	資　本　金	1,000,000	1,000,000
建　　物	480,000	464,000	資本準備金	100,000	100,000
土　　地	500,000	500,000	利益準備金	46,000	(　　)
長期貸付金	277,000	(　　)	繰越利益剰余金	294,000	ケ
投資有価証券	364,000	367,000	自　己　株　式	――――	△77,000
	2,400,000	(　　)		2,400,000	(　　)

ア	イ	ウ	エ	オ	カ
%	%	%	%	%	%

キ	ク	ケ
千円	千円	千円

31-10 香川商事株式会社の前期(第17期)と当期(第18期)の下記の資料によって， (第88回一部修正)
① （ ア ）～（ オ ）に入る比率および金額を求めなさい。
② 損益計算書の営業外収益に属する項目(科目)を次のなかから1つ選び，その番号を記入しなさい。
　　　1. 固定資産売却益　　　2. 前受利息　　　3. 未収利息　　　4. 有価証券利息
③ 次の文の □□□□□ にあてはまる適当な語を記入しなさい。
　収益性について調べるため，前期と当期の総資本利益率を求めたところ，ともに1.0%で変化がなかった。さらに収益性について詳しく分析するために，総資本利益率を次のように売上高純利益率と □□□□□ に分解した。

$$\frac{当期純利益}{総資本}=\frac{当期純利益}{売上高}\times\frac{売上高}{総資本}$$

④ 上記③により判明したことを説明している文を次のなかから1つ選び，その番号を記入しなさい。
　1. 総資本は一定で，売価の値引き等により，売上高を増加させたが，費用を減少できなかった。
　2. 総資本は一定で，費用を減少させて利益を増加させようとしたが，売上高も減少してしまった。
　3. 総資本を増加させて販売活動を強化したが，売上高が増加しなかった。
　4. 総資本を増加させて販売活動を強化したが，売上高総利益率が高くなってしまった。

資　　料

		第17期	第18期
i	売上原価率	88.5 %	（ウ）%
ii	売上高総利益率	（ア）%	（ ）%
iii	総資本利益率	1.0 %	1.0 %
iv	自己資本利益率	3.5 %	（エ）%
v	売上高純利益率	2.0 %	（ ）%
vi	総資本回転率	0.5 回	（オ）回
vii	自己資本	（イ）千円	40,000千円
viii	売上総利益	8,050千円	7,000千円

※当期純利益は税引後の金額を用いること。
総資本と自己資本は期末の金額を用いること。

（第18期）損益計算書 （単位：千円）
香川商事株式会社 令和○1年4月1日から令和○2年3月31日まで

I	売上高	56,000
II	売上原価	49,000
	売上総利益	7,000
III	販売費及び一般管理費	4,500
	営業利益	2,500
IV	営業外費用	450
	経常利益	2,050
V	特別損失	50
	税引前当期純利益	2,000
	法人税・住民税及び事業税	600
	当期純利益	1,400

（第18期）株主資本等変動計算書
香川商事株式会社　令和○1年4月1日から令和○2年3月31日まで　（単位：千円）

	資本金	資本準備金	資本剰余金合計	利益準備金	別途積立金	繰越利益剰余金	利益剰余金合計	純資産合計
当期首残高	34,000	3,000	3,000	600	500	1,900	3,000	（ ）
当期変動額								
剰余金の配当				140		△1,540	△1,400	（ ）
別途積立金の積立					200	△200	－	－
当期純利益						1,400	1,400	（ ）
当期変動額合計	－	－	－	140	200	△340	－	（ ）
当期末残高	34,000	3,000	3,000	740	700	1,560	3,000	（ ）

①

ア	イ	ウ	エ	オ
%	千円	%	%	回

② [　　] ③ [　　] ④ [　　]

31-11 秋田商事株式会社の下記の資料と比較貸借対照表によって， （第87回）

① 次の文の [_____] のなかに入る適当な金額または比率を求めなさい。

第4期の売上高は*1,050,000*千円であったが，第5期の売上高は [ア] 千円と増加した。そこで，商品の販売効率を調べるために，商品回転率を期首と期末の商品有高の平均と売上原価を用いて計算すると，第4期は*5.0*回，第5期は [イ] 回であり，商品の在庫期間が短くなり，販売効率がよくなっている。受取勘定（売上債権）の回収速度を調べるために，受取勘定（売上債権）回転率を期首と期末の受取勘定（売上債権）の平均を用いて計算すると，第4期は [ウ] 回，第5期は*5.4*回と回収期間も短くなっている。

また，短期の支払能力を調べるために，流動比率を計算すると，第4期は [エ] ％で，第5期は*159.5*％であり，一般に望ましいとされている*200*％を下回っているが，当座比率を計算すると，第5期は [オ] ％であり，一般に望ましいとされている*100*％を超えている。次に，長期の支払能力を調べるために，固定比率を計算すると，第4期は [カ] ％，第5期は*76.5*％であり，一般に望ましいとされる*100*％以下であり，安全性に問題はないと言える。

② 次の比率を求めなさい。

  a．第4期の負債比率　　　b．第5期の自己資本比率

資　　料

i　第4期の長期借入金*70,000*千円は，すべて第6期中に返済期日が到来し，その他に借入金はない。

ii　第4期の期首商品棚卸高は*120,000*千円である。なお，第4期，第5期ともに商品評価損・棚卸減耗損は発生していない。

iii　第4期の期首の売上債権は*207,500*千円である。

iv　第4期と第5期の財務比率および金額

	第4期	第5期
売　上　原　価　率	65.0%	63.8%
売　上　原　価	682,500千円	861,300千円
商　品　回　転　率	5.0回	（　）回
受取勘定(売上債権)回転率	（　）回	5.4回
固　定　比　率	（　）%	76.5%

比 較 貸 借 対 照 表

（単位：千円）

勘定科目	第4期	第5期	勘定科目	第4期	第5期
現 金 預 金	63,800	86,100	支 払 手 形	98,000	112,500
受 取 手 形	103,000	129,400	買 掛 金	80,000	93,000
売 掛 金	127,000	140,600	短 期 借 入 金	———	（　）
商 品	153,000	108,000	未払法人税等	22,000	24,500
前 払 費 用	14,200	14,400	長 期 借 入 金	70,000	（　）
建 物	105,000	152,100	退職給付引当金	30,000	37,500
備 品	77,000	118,500	資 本 金	300,000	350,000
土 地	120,000	149,000	資 本 剰 余 金	102,000	132,000
投資有価証券	37,000	39,400	利 益 剰 余 金	98,000	118,000
	800,000	937,500		800,000	937,500

①

ア	イ	ウ	エ	オ	カ
千円	回	回	%	%	%

②

a	第 4 期 の 負 債 比 率	%	b	第 5 期 の 自 己 資 本 比 率	%

31-12 長崎産業株式会社の下記の資料と比較損益計算書および比較貸借対照表によって，次の文の □□□□ のなかに入る適当な金額または比率を求めなさい。また，[　]のなかに入るもっとも適当な語を，下記の語群のなかから選び，その番号を記入しなさい。ただし，同じ語を何度使用してもよい。

(第80回一部修正)

　長崎産業株式会社は，競争力強化のため第7期初頭に西商店を取得した。その結果，第7期の貸借対照表には，あらたに [ア] に区分される のれん が ¥ イ と記載されている。そこで，取得後の状況を調べると，第7期の売上高は ¥ ウ となり，第6期と比べて大幅に [エ] した。また，自己資本利益率を期末の金額と当期純利益を用いて計算すると，第6期の4％に対して第7期は オ ％と [カ] した。さらに，商品回転率を商品有高の平均と売上原価を用いて計算すると，第6期の8回に対して第7期は キ 回となり，商品の平均在庫期間が [ク] なった。しかし，受取勘定（売上債権）回転率を期末の金額を用いて計算すると，第6期の ケ 回に対して第7期は5回となり，回収期間が [コ] なった。

語　　群
1. 増加　　2. 長く　　3. 無形固定資産　　4. 減少　　5. 短く　　6. 投資その他の資産

資　　料

i　第7期初頭に西商店を取得した。
　西商店の年平均利益額は¥48,000 同種企業の平均利益率を8％として収益還元価値を求め，その金額を取得代金として支払った。なお，取得直前の西商店の資産総額は¥1,290,000 負債総額は¥890,000であり，資産と負債の時価は帳簿価額に等しいものとする。また，のれんは20年にわたって定額法で償却している。

ii　第6期の期首商品棚卸高は¥877,000である。

iii　第6期・第7期ともに棚卸減耗損および商品評価損は発生していない。

iv　第7期の財務比率
　　売上高総利益率 30％　　当座比率 130％　　流動比率 180％

比 較 損 益 計 算 書 (単位：円)

項　　　　目	第6期	第7期
売　上　高	9,940,000	(ウ)
売　上　原　価	7,456,000	9,072,000
売 上 総 利 益	2,484,000	( )
販売費及び一般管理費	2,129,000	3,274,000
営　業　利　益	355,000	( )
営 業 外 収 益	43,000	69,000
営 業 外 費 用	162,000	( )
経　常　利　益	236,000	486,000
特　別　損　失	92,000	98,000
税引前当期純利益	144,000	( )
法人税・住民税及び事業税	36,000	97,000
当 期 純 利 益	108,000	( )

比 較 貸 借 対 照 表 (単位：円)

資　　産	第6期	第7期	負債・純資産	第6期	第7期
現 金 預 金	720,000	172,000	支 払 手 形	894,000	612,000
受 取 手 形	742,000	1,310,000	買 掛 金	786,000	1,489,000
売 掛 金	678,000	1,282,000	未払法人税等	20,000	( )
有 価 証 券	70,000	70,000	長 期 借 入 金	961,000	( )
商 品	987,000	( )	退職給付引当金	199,000	236,000
前 払 費 用	16,000	61,000	資 本 金	1,750,000	1,750,000
備 品	460,000	550,000	資 本 剰 余 金	343,000	343,000
土 地	1,375,000	1,375,000	利 益 剰 余 金	607,000	817,000
特 許 権	48,000	( )			
の れ ん	———	(イ)			
長 期 貸 付 金	464,000	464,000			
	5,560,000	6,545,000		5,560,000	6,545,000

ア	イ	ウ	エ
	¥	¥	

オ	カ	キ	ク	ケ	コ
％		回		回	

32 連結財務諸表の活用

要点の整理

① 連結財務諸表の意味と作成目的

(1) 連結財務諸表の意味

　グローバル化が進んだ現代の企業は，個々の企業として独立して存在するだけでなく，ある企業がその支配下にある企業と企業集団を形成してグループとして経営活動を営むことも多い。このとき，支配している側の企業を**親会社**といい，支配されている側の企業を**子会社**という。

　① 個別財務諸表

　　法律上の企業を会計単位とする財務諸表を**個別財務諸表**という。

　② 連結財務諸表

　　一つの企業集団に属する複数の企業を一つの会計単位として作成する財務諸表を**連結財務諸表**という。なお，連結財務諸表は親会社が作成する。

(2) 持株会社への移行

　独占禁止法の改正によって持株会社が解禁されたことを機に，持株会社へと移行していった。**持株会社**とは，その会社自体は具体的な事業活動はおこなわず，他の企業の株式を保有することにより，他の企業を支配することを目的に設立された企業をいう。

　持株会社のメリットとしては，子会社の管理監督に専念できるので，グループ全体の利益を念頭においた経営戦略や意思決定のスピード化も可能となることなどがある。

(3) 連結財務諸表の作成目的

　企業集団を形成している企業の場合，親会社の個別財務諸表だけでは企業の実態を把握することが難しいことがある。たとえば，次のような場面である。

　① 親会社の個別貸借対照表には，子会社の財政状態が示されていない。

　　親会社の個別貸借対照表には，子会社株式の金額が示されているにすぎない。

　② 親会社の個別損益計算書には，未実現利益が含まれていることがある。

　　親会社から子会社への固定資産の売却益など，子会社からグループの外部へ固定資産が売却されるまでは，親会社から子会社への固定資産の単なる移動にすぎない場面での利益が計上されていることがある。

　③ 親会社から子会社へ不良債権が移動されていることがある。

　　親会社の不良債権を子会社に売却して業績をよく見せている。

　④ 親会社から子会社に決算期に商品を大量に売却されていることがある。

　　親会社の利益操作として子会社が利用されることがある。

　これらの問題点を解消するために作成されるのが，連結財務諸表である。

② 連結財務諸表の活用

　企業間の競争がグローバル化するにつれ，企業集団の業績を正確に把握するために連結財務諸表が必要不可欠となっている。

(1) 組織形態の異なる企業を比較するさいの活用

　組織形態の異なる企業を比較するときに，連結財務諸表は活用される。

例 A社グループでは，A社が衣料品の製造を担当し，子会社のB社が衣料品の販売を担当している。一方，衣料品の製造・販売をおこなっているX社がある。同業他社2社の財務分析をおこなうとき，どのような財務諸表が必要であるか。

　A社とX社とを比較する場合，A社の個別財務諸表とX社の個別財務諸表とでは，正しく比較することはできない。なぜなら，A社は衣料品の販売業務をおこなっていないからである。

　そこで，A社の連結財務諸表とX社の個別財務諸表とを用いることにより，正しく比較することが可能となる。

(2) **親会社が持株会社の場合の活用**

　　親会社が持株会社である場合，親会社は主たる事業をおこなっていないため，親会社の個別財務諸表に示されている情報があまりに少ない。たとえば，個別貸借対照表には子会社株式，個別損益計算書には受取配当金など，開示されている情報が一部の科目に限定されている。そこで，連結財務諸表が活用されている。

基本問題

32-1 次の各文の ☐☐☐☐ のなかに，下記の語群のなかから，もっとも適当な語を選んで記入しなさい。

(1) 法律上の企業を会計単位とする財務諸表を ☐ア☐ といい，一つの企業集団に属する複数の企業を一つの会計単位として作成する財務諸表を ☐イ☐ という。

(2) ある企業が他の企業の株主総会などの意思決定機関を支配している場合，支配している側の企業を ☐ウ☐ といい，支配されている側の企業を ☐エ☐ という。

(3) 具体的な事業活動はおこなわず，他の企業を実質的に支配することを目的として設立された企業を ☐オ☐ という。

〈語群〉

子 会 社	孫 会 社	持 株 会 社	親 会 社
連結財務諸表	本支店合併財務諸表	個別財務諸表	

(1)		(2)	
ア	イ	ウ	エ

(3)
オ

33 連結財務諸表の作成

要点の整理

① 支配獲得日における連結貸借対照表の作成

連結財務諸表の作成は，**支配獲得日**から決算日ごとにおこなう。ただし，支配獲得日には連結貸借対照表のみを作成し，次のような手続きにより連結精算表上でおこなう。

投資と資本の相殺消去

① 投資と資本の相殺消去

連結貸借対照表は，親会社と子会社の個別貸借対照表を合算して作成する。しかし，単純に合算すると親会社の投資と子会社の資本の金額が二重に計上されてしまうため，親会社の投資と子会社の資本を相殺消去する。

② のれん

親会社の投資と子会社の資本の間に差額が生じる場合がある。この差額を**のれん**という。

借方に生じるのれん：のれん（無形固定資産）

貸方に生じるのれん：負ののれん発生益（特別利益）

③ 非支配株主持分

子会社の資本のうち，親会社に帰属している部分を**親会社持分**といい，親会社以外の株主に帰属している部分のことを**非支配株主持分**という。

例 令和○／年度末にP社はS社の株式80％を¥1,600で取得して支配した。このときのS社の資本金は¥1,000 利益剰余金は¥500であった。よって，投資と資本を相殺するための連結仕訳を示しなさい。

（借）	資本金	1,000	（貸）	子会社株式	1,600
	利益剰余金	500		非支配株主持分	300
	のれん	400			

② 連結決算の手続き

支配獲得日後の連結決算では，親会社と子会社の個別財務諸表の合算後，連結仕訳をおこない，連結貸借対照表，連結損益計算書，連結包括利益計算書および連結株主資本等変動計算書を作成する。

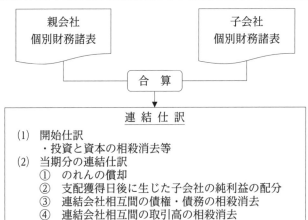

(1) **開始仕訳**

　　連結仕訳は連結精算表上でおこなうため，当期の個別財務諸表には過年度の連結仕訳が反映されていない。そこで，支配獲得日後の連結財務諸表を作成する場合には，前期までにおこなった連結仕訳をもう一度おこない，前期末における連結財務諸表を再現する必要がある。このための仕訳を**開始仕訳**という。なお，開始仕訳のうち，純資産項目は各科目の後に"当期首残高"をつけ，利益に影響を与える項目は"利益剰余金当期首残高"として仕訳する。

(2) **当期分の連結仕訳**

① **のれんの償却**

　　投資と資本の相殺消去により借方にのれんが生じている場合は，原則として20年以内に定額法その他の方法により償却しなければならない。なお，のれんの償却額は，**のれん償却**で処理する。

② **支配獲得日後に生じた子会社の純利益の配分**

　　支配獲得日後に生じた子会社の純利益は，持株比率によって親会社持分と非支配株主持分とに配分する。しかし，個別財務諸表を単純に合算すると，子会社の純利益がすべて連結上の純利益となってしまう。そこで，非支配株主持分に帰属する額を非支配株主持分に配分するために，**非支配株主に帰属する当期純利益**勘定の借方と非支配株主持分勘定の貸方に記入する。

③ **連結会社相互間の債権・債務の相殺消去**

　　連結財務諸表の作成では，親会社と子会社はすべて同一の企業集団に属しているとみなすので，親会社と子会社との間の債権・債務は相殺消去しなければならない。

④ **連結会社相互間の取引高の相殺消去**

　　親会社と子会社との間，および子会社相互間における商品の売買その他の損益取引は，企業集団内部の取引と考えられるので相殺消去しなければならない。

⑤ **棚卸資産（商品）に含まれる未実現利益の消去**

　　親会社と子会社，または子会社相互間で売買された商品が，連結決算日に連結会社内に残っている場合には，その商品の期末棚卸高に含まれる未実現利益を消去しなければならない。

　　・親会社から子会社へ商品を販売している場合

　　　　連結貸借対照表の商品勘定から未実現利益を控除し，連結損益計算書の期末商品から未実現利益を控除するため，その額だけ売上原価に加算する。

　　　　（借）売 上 原 価 ×× 　（貸）商　　　　　品 ××

　　・子会社から親会社へ商品を販売している場合

　　　　未実現利益は子会社において計上されるため，未実現利益を全額消去したうえで，持株比率に応じて非支配株主持分に負担させる。

　　　　（借）売 上 原 価 ×× 　（貸）商　　　　　品 ××
　　　　（借）非支配株主持分 ×× 　（貸）非支配株主に帰属する当期純利益 ××

⑥ **剰余金処分項目の修正**

　　子会社からの剰余金処分である配当金の支払いは，利益剰余金の減少である。よって，減少額を持株比率により親会社持分と非支配株主持分に負担させる。

基本問題

33-1 令和○/年度末にP社は，S社の株式100%を¥4,500で取得し支配を獲得した。このときのS社の資本金は¥3,000 利益剰余金は¥1,500であった。よって，投資と資本を相殺消去するための連結仕訳を示しなさい。

借	方	貸	方

33-2 令和○/年度末にP社は，S社の株式100%を¥5,400で取得して支配した。このときのS社の資本金は¥3,000 利益剰余金は¥1,500であった。よって，投資と資本を相殺消去するための連結仕訳を示しなさい。

借	方	貸	方

33-3 令和○/年度末にP社は，S社の株式90%を¥4,650で取得して支配した。このときのS社の資本金は¥3,000 利益剰余金は¥1,500であった。よって，投資と資本を相殺消去するための連結仕訳を示しなさい。

借	方	貸	方

33-4 令和○/年3月3/日，P社は，S社の株式80%を¥2,800で取得し支配した。このときの両社の貸借対照表は次のとおりであった。よって，(1)連結仕訳を示し，(2)連結精算表と(3)連結貸借対照表（勘定式）を完成しなさい。

貸 借 対 照 表

P社	令和○/年3月3/日	（単位：円）
流 動 資 産	2,400	流 動 負 債	1,800
固 定 資 産	5,200	固 定 負 債	2,600
子会社株式	2,800	資 本 金	4,000
		利益剰余金	2,000
	10,400		10,400

貸 借 対 照 表

S社	令和○/年3月3/日	（単位：円）
流 動 資 産	1,200	流 動 負 債	1,600
固 定 資 産	4,000	固 定 負 債	600
		資 本 金	2,000
		利益剰余金	1,000
	5,200		5,200

(1) 連結仕訳

投資と資本の相殺消去仕訳

借	方	貸	方

(2)

連 結 精 算 表
令和○/年3月3/日

科　　　目	個別貸借対照表			修 正 消 去		連結貸借対照表	
	P　社	S　社	合　計	借　方	貸　方	借　方	貸　方
（資　　産）							
流 動 資 産							
固 定 資 産							
子 会 社 株 式							
の　れ　ん							
資 産 合 計							
（負債・純資産）							
流 動 負 債	[　　　]	[　　　]	[　　　]				
固 定 負 債	[　　　]	[　　　]	[　　　]				
資 本 金	[　　　]	[　　　]	[　　　]				
利 益 剰 余 金	[　　　]	[　　　]	[　　　]				
非支配株主持分							
負債・純資産合計	[　　　]	[　　　]	[　　　]				

注：[　　] は，金額が貸方にあることを示す。

(3)

連 結 貸 借 対 照 表
令和○/年3月3/日　　　　　　　　（単位：円）

流 動 資 産 （　　　　　）	流 動 負 債 （　　　　　）
固 定 資 産 （　　　　　）	固 定 負 債 （　　　　　）
の　れ　ん （　　　　　）	資 本 金 （　　　　　）
	利 益 剰 余 金 （　　　　　）
	非支配株主持分 （　　　　　）
（　　　　　）	（　　　　　）

33-5 令和○/年3月3/日，P社は，S社の株式90％を¥4,650で取得し支配した。このときのS社の貸借対照表は次のとおりであった。よって，令和○2年3月3/日（連結第/年度末）における開始仕訳を示しなさい。

貸 借 対 照 表

S社	令和○/年3月3/日		（単位：円）
諸　資　産	6,000	諸　負　債	2,100
		資　本　金	3,000
		利　益　剰　余　金	900
	6,000		6,000

借　　　　　方		貸　　　　　方	

33-6 33-5ののれんについて，償却年数を20年とする定額法で償却する連結仕訳を示しなさい。

借　　　　　方		貸　　　　　方	

33-7 S社の当期純利益¥600を，P社持分90％と非支配株主持分/0％に配分し，非支配株主持分に振り替える連結仕訳を示しなさい。

借　　　　　方		貸　　　　　方	

33-8 P社はS社に¥300を貸し付けている。連結に必要な相殺消去仕訳を示しなさい。

借　　　　　方		貸　　　　　方	

33-9 33-8において，P社ではS社に対する貸付金について2％の利息を受け取っている。連結に必要な相殺消去仕訳を示しなさい。

借　　　　　方		貸　　　　　方	

33-10 P社はS社振り出しの約束手形¥900のうち，¥300を銀行で割り引いてある。連結に必要な相殺消去仕訳を示しなさい。

借　　　　　方		貸　　　　　方	

33-11 33-10において，P社では受取手形の期末残高に対して2％の貸倒引当金を設定している。連結に必要な相殺消去仕訳を示しなさい。

借　　　　　方		貸　　　　　方	

33-12 P社はS社に商品を販売している。当期の子会社への売上高は¥3,000であった。連結に必要な相殺消去仕訳を示しなさい。

借　　　　　方		貸　　　　　方	

33-13 P社は，S社に原価の*10*％の利益を加算した価額で商品を販売している。期末現在，この商品の一部¥*330*が期末商品としてS社内に残っている。よって，連結に必要な相殺消去仕訳を示しなさい。

借	方	貸	方

33-14 S社は，P社に原価の*10*％の利益を加算した価額で商品を販売している。期末現在，この商品の一部¥*440*が期末商品として親会社に残っている。よって，連結に必要な相殺消去仕訳を示しなさい。なお，P社はS社の株式の*80*％を保有している。

借	方	貸	方

33-15 P社は，S社株式を*70*％保有している。S社は，当期中に配当金¥*2,000*を株主総会により決議した。よって，連結に必要な相殺消去仕訳を示しなさい。

借	方	貸	方

33-16 次の資料によって，支配獲得日から*1*年経過後における連結財務諸表の作成に必要な仕訳を示しなさい。

P社は令和○*1*年3月*31*日にS社の株式*80*％を¥*17,200*で取得し支配した。なお，のれんは*20*年で償却をおこなう。（決算日：3月*31*日）

資　　料
1．S社の資本状況

	資　本　金	利益剰余金
令和○*1*年3月*31*日	¥*15,000*	¥ *6,000*
令和○*2*年3月*31*日	*15,000*	*7,500*

2．S社の利益剰余金

	配　当　金	当期純利益
令和○*2*年度	¥ *2,500*	¥ *4,000*

① 開始仕訳

借	方	貸	方

② のれんの償却

借	方	貸	方

③ 子会社の純利益の配分

借	方	貸	方

④ 剰余金処分項目の修正

借	方	貸	方

練習問題

33-17 下記の資料によって，当期における連結精算表を作成しなさい。ただし，連結株主資本等変動計算書は，利益剰余金の変動のみを記入すること。なお，会計期間は，令和○/年4月/日から令和○2年3月3/日までの/年間である。

資　料

① P社はS社の発行済株式総数の80%を令和○/年3月3/日に¥47,200で取得し支配した。そのときのS社の貸借対照表は次のとおりであった。

<table>
<tr><td colspan="4" align="center">貸　借　対　照　表</td></tr>
<tr><td>S社</td><td colspan="2" align="center">令和○/年3月3/日</td><td>（単位：円）</td></tr>
<tr><td>諸　資　産</td><td>56,000</td><td>諸　負　債</td><td>30,000</td></tr>
<tr><td>土　　　地</td><td>20,000</td><td>資　本　金</td><td>40,000</td></tr>
<tr><td></td><td></td><td>利益剰余金</td><td>6,000</td></tr>
<tr><td></td><td>76,000</td><td></td><td>76,000</td></tr>
</table>

② のれんは20年間で定額法により償却する。
③ S社は令和○2年3月3/日の決算で¥7,000の純利益を計上した。
④ P社はS社に¥/0,000を貸し付けており，それにより利息¥400を受け取っている。
⑤ P社の売上高のうち¥20,000はS社に対するものである。
⑥ S社の期末商品のうち，親会社から仕入れた商品が¥3,000あり，未実現利益が¥/,200含まれている。なお，S社の期首商品にはP社から仕入れた商品はなかった。
⑦ 当期中にP社は土地¥/0,000をS社に¥/2,000で売却し，固定資産売却益¥2,000を計上している。
⑧ 当期中にS社が支払った配当金は¥5,000であった。

連 結 精 算 表
令和○2年3月3/日

勘定科目	個別貸借対照表			修正消去		連結財務諸表
	P 社	S 社	合 計	借 方	貸 方	
損 益 計 算 書						(連結損益計算書)
売 上 高	[120,000]	[60,000]	[180,000]			
受 取 利 息	[400]		[400]			
受 取 配 当 金	[4,000]		[4,000]			
固 定 資 産 売 却 益	[2,000]		[2,000]			
売 上 原 価	80,000	38,000	118,000			
の れ ん 償 却						
支 払 利 息		400	400			
そ の 他 の 費 用	29,200	14,600	43,800			
当 期 純 利 益	[17,200]	[7,000]	[24,200]			
非支配株主に帰属する当期純利益						
親会社株主に帰属する当期純利益	[17,200]	[7,000]	[24,200]			
株主資本等変動計算書						(連結株主資本等変動計算書一部)
(利益剰余金)						
利益剰余金当期首残高	[16,000]	[6,000]	[22,000]			
剰 余 金 の 配 当	13,200	5,000	18,200			
親会社株主に帰属する当期純利益	[17,200]	[7,000]	[24,200]			
利益剰余金当期末残高	[20,000]	[8,000]	[28,000]			
貸 借 対 照 表						(連結貸借対照表)
諸 資 産	86,000	36,000	122,000			
商 品	16,000	8,000	24,000			
貸 付 金	10,000		10,000			
土 地	60,000	32,000	92,000			
子 会 社 株 式	47,200		47,200			
の れ ん						
資 産 合 計	219,200	76,000	295,200			
諸 負 債	[99,200]	[18,000]	[117,200]			
借 入 金		[10,000]	[10,000]			
資 本 金	[100,000]	[40,000]	[140,000]			
利 益 剰 余 金	[20,000]	[8,000]	[28,000]			
非 支 配 株 主 持 分						
負債・純資産合計	[219,200]	[76,000]	[295,200]			

注:[　]は,金額が貸方にあることを示す。

||||||||||||||||||||||||||||||||||||||||||| 検 定 問 題 |||||||||||||||||||||||||||||||||||||||||||

33-18 下記の資料により，令和○2年/2月3/日（連結決算日）における次の金額を求めなさい。

(第91回一部修正)

a．連結貸借対照表に計上する買掛金
b．連結貸借対照表に計上する資本金
c．連結貸借対照表に計上するのれん
d．連結損益計算書に計上する親会社株主に帰属する当期純利益

資　　　料
i　令和○2年/2月3/日における個別財務諸表

貸 借 対 照 表

P社　　令和○2年/2月3/日（単位：千円）

現金預金	8,000	買 掛 金	4,000
売 掛 金	5,000	資 本 金	11,000
商　　品	1,800	利益剰余金	3,000
子会社株式	3,200		
	18,000		18,000

貸 借 対 照 表

S社　　令和○2年/2月3/日（単位：千円）

現金預金	4,500	買 掛 金	2,400
売 掛 金	1,100	資 本 金	3,000
商　　品	900	利益剰余金	1,100
	6,500		6,500

損 益 計 算 書

P社　　令和○2年/月/日から令和○2年/2月3/日まで（単位：千円）

売 上 原 価	15,700	売 上 高	23,000
給　　料	6,540	受取配当金	140
当期純利益	900		
	23,140		23,140

損 益 計 算 書

S社　　令和○2年/月/日から令和○2年/2月3/日まで（単位：千円）

売 上 原 価	5,000	売 上 高	7,000
給　　料	1,700		
当期純利益	300		
	7,000		7,000

株 主 資 本 等 変 動 計 算 書

令和○2年/月/日から令和○2年/2月3/日まで　　（単位：千円）

		資 本 金		利益剰余金	
		P社	S社	P社	S社
当期首残高		11,000	3,000	3,300	1,000
当期変動額	剰余金の配当			△1,200	△200
	当期純利益			900	300
当期末残高		11,000	3,000	3,000	1,100

ii　P社は，令和○/年/2月3/日にS社の発行する株式の70％を3,200千円で取得し支配した。取得日のS社の資本は，資本金3,000千円　利益剰余金/,000千円であり，S社の資産および負債の時価は帳簿価額に等しかった。

iii　のれんは償却期間を20年間とし，定額法により償却する。

iv　P社とS社相互間の債権・債務の取引はなかった。

v　P社とS社相互間で売買された資産はなかった。

a	千円	b	千円	c	千円
d	千円				

33-19 下記の資料により，令和○2年3月3/日（連結決算日）における次の連結貸借対照表の（ ア ）
から（ エ ）の金額を答えなさい。

（第90回一部修正）

連 結 貸 借 対 照 表

P社　　　　　　　令和○2年3月3/日　　　　（単位：千円）

諸 資 産	10,100	諸 負 債	6,600
土 地	（ ア ）	資 本 金	（ ）
の れ ん	（ イ ）	利 益 剰 余 金	（ ウ ）
		非支配株主持分	（ エ ）
	（ ）		（ ）

資　　料

i　令和○2年3月3/日における個別財務諸表

貸 借 対 照 表

P社　　令和○2年3月3/日（単位：千円）

諸 資 産	5,900	諸 負 債	4,800
土 地	2,000	資 本 金	5,000
子会社株式	3,800	利益剰余金	1,900
	11,700		11,700

損 益 計 算 書

P社　令和○/年4月/日から令和○2年3月3/日まで（単位：千円）

売 上 原 価	13,400	売 上 高	17,500
給 料	2,810	受取配当金	210
当期純利益	1,500		
	17,710		17,710

貸 借 対 照 表

S社　　令和○2年3月3/日（単位：千円）

諸 資 産	4,200	諸 負 債	1,800
土 地	1,600	資 本 金	3,000
		利益剰余金	1,000
	5,800		5,800

損 益 計 算 書

S社　令和○/年4月/日から令和○2年3月3/日まで（単位：千円）

売 上 原 価	4,850	売 上 高	6,500
給 料	1,150		
当期純利益	500		
	6,500		6,500

株 主 資 本 等 変 動 計 算 書

令和○/年4月/日から令和○2年3月3/日まで　　（単位：千円）

	資 本 金		利 益 剰 余 金	
	P社	S社	P社	S社
当期首残高	5,000	3,000	1,200	800
当期変動額　　剰余金の配当			△800	△300
当期純利益			1,500	500
当期末残高	5,000	3,000	1,900	1,000

ii　P社は，令和○/年3月3/日にS社の発行する株式の70％を3,800千円で取得し支配した。
　取得日のS社の資本は，資本金3,000千円　利益剰余金800千円であった。なお，当期中に土地
　の売買取引はなかった。

iii　のれんは償却期間を20年間とし，定額法により償却する。

iv　当期中にS社が計上した純利益は500千円であった。

v　当期中にS社が支払った配当金は300千円であった。

vi　P社とS社相互間の債権・債務の取引はなかった。

vii　P社とS社相互間で売買された資産はなかった。

ア	3,600　千円	イ	1,083　千円	ウ	1,983　千円
エ	1,200　千円				

34 適語選択の問題

34-1 次の各文の [_____] のなかに，下記の語群のなかから，もっとも適当なものを選び，その番号を記入しなさい。

(1) 企業会計では，[ア] を作成する場合，科目の分類や配列に一定の基準を設けたり，重要な会計方針を注記するなどして，利害関係者に企業の状況に関する判断を誤らせないようにしなければならない。これは [イ] の原則によるものである。

(2) 正しい期間損益計算をおこなうため，資産の取得原価は [ウ] の原則によって当期の費用となる部分と，次期以降の費用とするために資産として繰り越す部分とに分けられる。たとえば，商品の取得原価は，当期に販売されて [エ] となる部分と，当期に販売されずに期末商品棚卸高として次期に繰り越す部分とに分けられる。

(3) 貸借対照表を作成するにあたり，貸付金勘定と [オ] 勘定の残高を相殺して，その差額だけを表示することは [カ] の原則に反することになる。

(4) 自己株式を取得するために要した費用は取得原価に含めない。よって，この費用は損益計算書に [キ] として計上する。また，期末に自己株式を保有している場合は，貸借対照表の [ク] の末尾に控除する形式で表示することになる。

1. 会計期間　2. 借入金　3. 発生主義　4. 単一性
5. 費用配分　6. 現金主義　7. 財務諸表　8. 支払利息
9. 総額主義　10. 株主資本　11. 売上原価　12. 正規の簿記
13. 明瞭性　14. 営業外費用　15. 重要性

(1)		(2)		(3)		(4)	
ア	イ	ウ	エ	オ	カ	キ	ク

34-2 次の各文の [_____] のなかに，下記の語群のなかから，もっとも適当なものを選び，その番号を記入しなさい。

(1) 企業会計ではいったん採用した会計処理の原則および手続きは，正当な理由により変更をおこなう場合を除き，みだりにこれを変更してはならない。これを [ア] の原則という。この原則により財務諸表の [イ] が可能となり，また，利益操作の防止ができる。

(2) 有形固定資産の価値を増加させたり，耐用年数を延長させたりするための支出を [ウ] といい，その支出は有形固定資産の取得原価に加算する。しかし，このような支出を当期の費用として処理した場合，純利益は [エ] に計上されることになる。

(3) 決算日の翌日から [オ] を超えて支払期限が到来する債務を [カ] 負債という。これには，長期借入金などがある。

(4) 企業集団を構成する複数の企業の財政状態と経営成績を，総合的に報告する目的で企業集団に属する複数の企業を一つの会計主体とみなし，[キ] を作成することが求められている。これは，企業集団の中で，他の企業の意思決定機関を支配している [ク] が作成する。

1. 連結財務諸表　2. 過大　3. 継続性　4. 実現主義
5. 期間比較　6. 過小　7. 1年　8. 保守主義
9. 親会社　10. 資本的支出　11. 発生主義　12. 特別損失
13. 流動　14. 固定　15. 重要性

(1)		(2)		(3)		(4)	
ア	イ	ウ	エ	オ	カ	キ	ク

34-3 次の各文の □□□□ のなかに，下記の語群のなかから，もっとも適当なものを選び，その番号を記入しなさい。

(1) 企業会計は，すべての取引について ア の原則にしたがって，正確な会計帳簿を作成しなければならない。しかし，勘定科目の性質や金額の大きさによっては，本来の厳密な処理方法によらず他の簡便な方法をとることも認められている。これは イ の原則によるものである。

(2) 適正な期間損益計算をおこなうために，現金の収支とは関係なく，発生した事実にもとづいて収益・費用を計上するという考え方を ウ という。これによると エ は当期の損益計算に計上しなければならない。

(3) 企業会計の実務のなかに慣習として発達したもののなかから，一般に公正妥当と認められたところを要約したものが オ である。このなかの一般原則は七つの原則から構成されており，そのうち他の一般原則を総括する基本的な原則を カ の原則という。

1．前 払 費 用	2．明 瞭 性	3．保 守 主 義	4．重 要 性
5．会 計 期 間	6．発 生 主 義	7．正 規 の 簿 記	8．企業会計原則
9．現 金 主 義	10．未 収 収 益	11．実 現 主 義	12．過 大
13．真 実 性	14．前 受 収 益	15．総 額 主 義	

(1)		(2)		(3)	
ア	イ	ウ	エ	オ	カ

34-4 次の各文の □□□□ のなかに，下記の語群のなかから，もっとも適当なものを選び，その番号を記入しなさい。

(1) 財務諸表は，利用目的に応じてその形式は異なることはあっても，それらは信頼できる ア にもとづいて作成され，実質的な内容は同じでなければならない。これは イ の原則によるものである。

(2) 費用および収益は，その発生源泉にしたがって明瞭に分類し，各収益項目とそれに関連する費用項目とを対応させて ウ に表示しなければならない。これは エ の原則によるものである。

(3) 有形固定資産の減価のうち，企業経営上，当然発生する減価を経常的減価という。これには，使用または時の経過にともない生じる オ 減価と，陳腐化や不適応化によって生じる カ 減価がある。

(4) 企業が自社の会計情報を開示することを キ といい，わが国では会社法や金融商品取引法によって規制されている。会社法は，株主に対する計算書類の提供や，貸借対照表・損益計算書の要旨を官報や新聞等で公告することを規定している。また，金融商品取引法は， ク の開示を義務づけている。

1．附 属 明 細 書	2．機 能 的	3．アカウンタビリティ	4．正 規 の 簿 記
5．損 益 計 算 書	6．固 定 資 産	7．資 本 準 備 金	8．単 一 性
9．明 瞭 性	10．ディスクロージャー	11．費 用 収 益 対 応	12．有価証券報告書
13．物 質 的	14．偶 発 的	15．貸 借 対 照 表	16．会 計 記 録

(1)		(2)		(3)		(4)	
ア	イ	ウ	エ	オ	カ	キ	ク

計算の問題

35-1 金沢建設株式会社は，当期に，5年後完成の予定で岐阜工業株式会社の工場の建設を請け負った。次の資料によって，当期の工事収益を求めなさい。ただし，工事進行基準によること。

ⅰ 工事収益総額は¥438,600,000で，見積工事原価総額は¥360,000,000である。

ⅱ 当期発生工事原価は¥64,800,000である。

工　事　収　益	¥

35-2 輪島商事株式会社は令和○年4月1日に松阪商会を取得した。よって，下記の資料と貸借対照表から次の比率および金額を求めなさい。

　　　a．松阪商会の流動比率　　　b．のれんの代価

資　　料

ⅰ 松阪商会の資産と負債の時価は帳簿価額に等しい。

ⅱ 収益還元価値を求め，取得対価とする。

ⅲ 松阪商会の年平均利益額　¥195,000

ⅳ 同種企業の平均利益率　　6％

貸　借　対　照　表

松阪商会	令和○年4月1日		(単位：円)
受 取 手 形	780,000	買　掛　金	2,400,000
売　掛　金	2,810,000	未　払　金	600,000
商　　　品	1,630,000	長期借入金	1,200,000
備　　　品	1,960,000	資　本　金	2,980,000
	7,180,000		7,180,000

a	松阪商会の流動比率	％	b	の れ ん の 代 価	¥

35-3 大津商事株式会社は令和○年4月1日に西北商会を取得した。よって，下記の貸借対照表と資料により次の金額を求めなさい。なお，西北商会の取得直前の当座比率は120％である。

　　　a．備品(アの金額)　　　b．のれんの代価

貸　借　対　照　表

西北商会	令和○年4月1日		(単位：円)
受 取 手 形	468,000	支 払 手 形	400,000
売　掛　金	396,000	買　掛　金	(　　　)
商　　　品	902,000	長期借入金	1,256,000
備　　　品	(　ア　)	資　本　金	1,110,000
	(　　　)		(　　　)

資　　料

ⅰ 西北商会の資産と負債の時価は，帳簿価額に等しい。

ⅱ 収益還元価値を求め，取得の対価とする。

ⅲ 西北商会の年平均利益額　¥108,000

ⅳ 同種企業の平均利益率　　8％

a	備 品 (ア の 金 額)	¥	b	の れ ん の 代 価	¥

35-4 次の二つの工事について，当期の工事収益を求めなさい。

① 当期に請け負った次の工事について，工事進行基準により工事収益を計上する。

ⅰ 工事収益総額は¥980,000,000であり，工事原価総額を¥683,125,000と見積もることができた。

ⅱ 当期の実際発生工事原価は¥218,600,000であった。

② 前期に請け負った次の工事について，原価回収基準により工事収益を計上する。

ⅰ 工事収益総額は¥48,000,000であり，工事原価総額は合理的に見積もることができなかった。

ⅱ 実際発生工事原価は，前期が¥8,860,000　当期が¥17,890,000であった。

①	工事進行基準による 当 期 の 工 事 収 益	¥	②	原価回収基準による 当 期 の 工 事 収 益	¥

35-5 白浜商事株式会社（決算年／回　3月3/日）の次の資料によって，繰越商品勘定および棚卸減耗損勘定を完成しなさい。

資　　料
i　期首商品棚卸高　¥3,520,000
ii　期末商品棚卸高　帳簿棚卸数量　600個　原　　価　@¥6,000
　　　　　　　　　　実地棚卸数量　580〃　正味売却価額　〃〃5,750
　　ただし，商品評価損は売上原価の内訳項目とする。また，棚卸減耗損のうち5個分は売上原価の内訳項目とし，残りは営業外費用とする。

繰　越　商　品

4/1 前 期 繰 越 (	)	3/31 仕　　　　入 (	)
3/31 (　　　　) (	)	〃 (　　　　) (	)
		〃 商 品 評 価 損　145,000	
		〃 次 期 繰 越 (	)
(	)	(	)

棚　卸　減　耗　損

3/31 (　　　　) (	)	3/31 仕　　　　入 (	)
		〃 (　　　　) (	)
(	)	(	)

35-6 売価還元法を採用している神戸商店の下記の資料によって，次の金額を求めなさい。
　a. 期末商品棚卸高(原価)　　b. 売　上　高

資　　料

	原　価	売　価
i　期首商品棚卸高	¥ 292,500	¥ 390,000
ii　当期純仕入高	3,150,000	4,200,000
iii　期末商品棚卸高	☐	500,000

a	期末商品棚卸高(原価)	¥	b	売　　上　　高	¥

35-7 宝塚物産株式会社の次の勘定記録と資料から，（ ア ）と（ イ ）に入る金額と，（ ウ ）に入る勘定科目を記入しなさい。

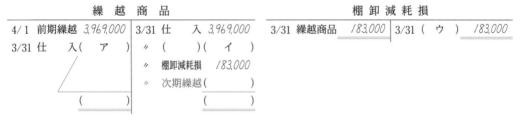

繰　越　商　品

4/1 前期繰越 3,969,000	3/31 仕　　入 3,969,000
3/31 仕　入 (ア)	〃 (　) (イ)
	〃 棚卸減耗損 183,000
	〃 次期繰越( )
( )	( )

棚　卸　減　耗　損

3/31 繰越商品　183,000	3/31 (ウ)　183,000

資　　料

期末商品棚卸高	帳簿棚卸数量	実地棚卸数量	原　　価	正味売却価額
A 品	1,400個	1,360個	@¥2,700	@¥2,900
B 品	800〃	750〃	〃〃1,500	〃〃1,200

　　ただし，棚卸減耗損および商品評価損は，売上原価の内訳項目とする。

ア	¥		イ	¥		ウ	

35-8 博多商事株式会社の決算日における当座預金出納帳の残高は¥1,580,000であり，銀行が発行した当座勘定残高証明書の金額は¥1,990,000であった。そこで，不一致の原因を調査したところ，次の資料を得た。よって，当座預金出納帳の次月繰越高を求めなさい。

 資 料
  i 決算日に現金¥150,000を預け入れたが，営業時間外のため銀行では翌日付けの入金として扱われていた。
  ii かねて仕入先あてに振り出していた小切手¥320,000が，銀行でまだ支払われていなかった。
  iii 買掛金支払いのために小切手¥240,000を作成して記帳していたが，まだ仕入先に未渡しであった。

当座預金出納帳の次月繰越高	¥

35-9 東北商事株式会社の決算日における当座預金出納帳の残高は¥582,000であり，銀行が発行した当座勘定残高証明書の金額は¥696,000であった。そこで不一致の原因を調査したところ，次の資料を得た。よって，銀行勘定調整表を完成し，当座預金出納帳の次月繰越高を求めなさい。

 資 料
  i 買掛金支払いのために振り出した小切手¥42,000が，未渡しであった。
  ii 決算日に現金¥82,000を預け入れたが，営業時間外のため翌日入金として扱われていた。
  iii 水道光熱費¥36,000が当座預金口座から引き落とされていたが，当社ではまだ記帳していなかった。
  iv かねて，福島商店あてに振り出していた小切手¥190,000が，銀行ではまだ支払われていなかった。

銀　行　勘　定　調　整　表			
東西銀行仙台支店	令和○年3月31日		
		当座預金出納帳	銀行残高証明書
残高		¥　582,000	¥　696,000
加算 [ ]		( )	( )
[ ]		( )	( )
計		624,000	778,000
減算 [ ]		( )	( )
[ ]		( )	( )
調整後当座預金残高		(¥)	(¥)

当座預金出納帳の次月繰越高	¥

35-10 福山建設株式会社は，当期に工事収益総額¥920,000,000で工事を引き受け，3年後の完成予定で工事を開始した。決算にあたり，当期の実際発生工事原価を集計したところ¥257,600,000であった。なお，工事原価は信頼性をもった見積もりがされており，工事原価総額は¥736,000,000である。よって決算日における工事進捗度（工事の進行具合）により，当期の工事収益を求めなさい。

工　事　収　益	¥

35-11 桂浜商事株式会社の第8期の資料と第9期の資料および損益計算書によって，第9期の次の金額を求めなさい。

　　　　a. 売　上　高　　　　b. 当期商品仕入高　　　c. 営　業　費　用　　　d. 経　常　利　益
　　　　e. 特　別　損　失　　f. 有価証券評価損　　　g. 固定資産売却益　　　h. 当 期 純 利 益

第8期の資料

　ⅰ　期首商品棚卸高　¥ 3,440,000
　ⅱ　期末商品棚卸高　¥ 3,600,000（棚卸減耗損と商品評価損は発生していない。）
　ⅲ　当期純売上高　¥55,020,000
　ⅳ　当期純仕入高　¥38,680,000

第9期の資料

　ⅰ　売上原価率は70％である。
　ⅱ　法人税・住民税及び事業税額は税引前当期純利益の30％である。
　ⅲ　損益勘定の記録

	損		益	
3/31	仕　入(	)	3/31 売　上(	)
〃	給　料	8,404,000	〃 受取手数料	156,000
〃	発送費	1,804,000	〃 受取配当金	217,000
〃	貸倒引当金繰入	79,000	〃 仕入割引	50,000
〃	減価償却費	964,000	〃 固定資産売却益(	)
〃	雑　費	51,000		
〃	支払利息	41,000		
〃	株式交付費	158,000		
〃	有価証券評価損(	)		
〃	固定資産除却損	130,000		
〃	災害損失	1,310,000		
〃	法人税等(	)		
〃	繰越利益剰余金(	)		
		63,130,000		63,130,000

　（第9期）損 益 計 算 書　（単位：円）
桂浜商事株式会社　令和〇1年4月1日から令和〇2年3月31日まで

Ⅰ	売　上　高		(	)
Ⅱ	売　上　原　価			
	1．期首商品棚卸高	(	)	
	2．(	)	(	)
	合　計		(	)
	3．期末商品棚卸高	3,740,000	43,820,000	
			(	)
Ⅲ	販売費及び一般管理費		(	)
			7,478,000	
Ⅳ	営業外収益		(	)
Ⅴ	営業外費用		333,000	
			(	)
Ⅵ	特　別　利　益		107,000	
Ⅶ	特　別　損　失			
	(	)	(	)
	(	)	(	)

a	売　　上　　高	¥	b	当 期 商 品 仕 入 高	¥
c	営　業　費　用	¥	d	経　常　利　益	¥
e	特　別　損　失	¥	f	有 価 証 券 評 価 損	¥
g	固 定 資 産 売 却 益	¥	h	当 期 純 利 益	¥

35-12 宇和島商事株式会社の下記の資料および損益計算書によって，次の金額および日数を求めなさい。ただし，1年間の日数は365日とする。

　　　　a. 売　上　原　価　　　b. 営　業　利　益　　　c. 平均在庫日数

資　　料

　ⅰ　宇和島商事株式会社の財務比率

　　　売上原価率　　　　　　　　　73.0 ％
　　　総資本利益率（当期純利益による）　8.0 ％
　　　商品回転率　　　　　　　　　9.125回

損 益 計 算 書　（単位：円）
宇和島商事株式会社　令和〇1年4月1日から令和〇2年3月31日まで

Ⅰ	売　上　高		46,300,000
Ⅱ	売　上　原　価	(	)
		(	)
Ⅲ	販売費及び一般管理費		9,321,000
		(	)
Ⅳ	営業外収益		265,000
Ⅴ	営業外費用		274,000
		(	)
Ⅵ	特　別　利　益		358,000
Ⅶ	特　別　損　失		434,000
	税引前当期純利益		3,095,000
	法人税・住民税及び事業税		923,000
	当期純利益		2,172,000

a	売　上　原　価	¥
b	営　業　利　益	¥
c	平 均 在 庫 日 数	日

36 分析の問題

36-1 東京株式会社と千葉株式会社の下記の資料と貸借対照表によって，

① 東京株式会社の次の比率を求めなさい。
　　　a．当座比率　　　　b．固定比率
　　　c．商品回転率（商品有高の平均と売上原価を用いること。）

② 千葉株式会社の次の比率を求めなさい。
　　　a．流動比率　　　　b．売上高総利益率
　　　c．受取勘定（売上債権）回転率（期首と期末の平均を用いること。）

③ 次の文の　□□□□　のなかに入る適当な比率を記入しなさい。また，{　　}のなかから，いずれか適当な語を選び，その番号を記入しなさい。

　　東京株式会社と千葉株式会社の自己資本，当期純利益の各金額を比較すると，東京株式会社の方がどちらも大きい。そこで，投下された資本が効率的に運用されているかを比較するため，自己資本利益率を計算してみると，東京株式会社が　□ア□　％に対して，千葉株式会社は8.0％であり，東京株式会社の方が高かった。しかし，総資本利益率を計算してみると，東京株式会社が4.0％に対して千葉株式会社は　□イ□　％であり，東京株式会社の方が低かった。これは，東京株式会社の総資本に占める　ウ {1．自己資本　2．他人資本} の割合が高いことが原因である。

東京株式会社の資料

- i 売上高　21,000千円
- ii 期首商品棚卸高　1,296千円
- iii 当期商品仕入高　14,558千円
- iv 当期純利益　400千円
- v 棚卸減耗損と商品評価損は発生していない。

貸借対照表

東京株式会社　　令和○年3月31日　　（単位：千円）

現 金 預 金	990	支 払 手 形	1,263
受 取 手 形	579	買 掛 金	1,657
売 掛 金	765	未払法人税等	80
有 価 証 券	510	長期借入金	2,400
商 品	1,154	退職給付引当金	600
前 払 費 用	62	資 本 金	2,200
建 物	2,000	資本準備金	800
土 地	1,800	利益準備金	177
投資有価証券	1,340	繰越利益剰余金	823
関係会社株式	550		
長期前払費用	250		
	10,000		10,000

全商検定形式別問題

千葉株式会社の資料
i 売　上　高　　5,600千円
ii 期首売上債権　　331千円
iii 期首商品棚卸高　　307千円
iv 当期商品仕入高　3,462千円
v 当期純利益　　120千円
vi 棚卸減耗損と商品評価損は発生し
　　ていない。

貸　借　対　照　表

千葉株式会社	令和○年3月31日		(単位：千円)
現 金 預 金	309	支 払 手 形	249
受 取 手 形	186	買 掛 金	376
売 掛 金	123	未払法人税等	15
有 価 証 券	310	長期借入金	204
商　　　品	269	退職給付引当金	156
前 払 費 用	147	資 本 金	700
建　　　物	350	資本準備金	300
備　　　品	210	利益準備金	180
土　　　地	190	繰越利益剰余金	320
投資有価証券	240		
関係会社株式	166		
	2,500		2,500

①
a	当 座 比 率	％	b	固 定 比 率	％	c	商 品 回 転 率	回

②
a	流 動 比 率	％	b	売上高総利益率	％	c	受取勘定回転率 （売上債権回転率）	回

③
ア		％	イ		％	ウ	

36-2 萩商事株式会社の第7期と第8期の資料と損益計算書によって，

(1) 第7期の次の金額および比率を求めなさい。
  a．売　上　高　　b．営 業 費 用　　c．経 常 利 益　　d．当 期 純 利 益
  e．商 品 回 転 率（商品有高の平均と売上原価を用いること。）

(2) 第8期の次の金額を求めなさい。
  a．期末商品帳簿棚卸高　　b．営 業 利 益　　c．税引前当期純利益
  d．貸借対照表に記載する商品

(3) 次の文の　　　　　のなかに入る適当な金額を記入しなさい。
  第8期の売上総利益は　ア　千円であり，第7期に比べて増加しているが，第8期の当期純利益は第7期に比べて減少している。これは第8期に特別損失として処理した棚卸減耗損　イ　千円と固定資産売却損1,600千円が多額であったことが主な原因である。

第7期の資料

i　期末商品棚卸高　　　　　千円
 ただし，棚卸減耗損と商品評価損は発生していない。
ii　売上高総利益率は22％である。
iii　法人税・住民税及び事業税は税引前当期純利益の30％である。なお，第8期も同じである。

第8期の資料

i　期末商品棚卸高
 帳簿棚卸高　　　　　千円
 実地棚卸高　3,800 千円
 ただし，帳簿棚卸高と実地棚卸高の差額は全額棚卸減耗損であり，特別損失として処理している。
ii　特別損失の内訳
 棚 卸 減 耗 損　　　　　千円
 固定資産売却損　1,600 千円

（第7期）損 益 計 算 書（単位：千円）

萩商事株式会社　令和○/年/月/日から令和○/年/2月3/日まで

I　売　上　高		（　　　）
II　売 上 原 価		
1．期首商品棚卸高	5,380	
2．当期商品仕入高	（　　　）	
合　計	（　　　）	
3．期末商品棚卸高	（　　　）	59,280
		（　　　）
III　販売費及び一般管理費		12,765
		（　　　）
IV　営業外収益		459
V　営業外費用		168
		（　　　）
VI　特 別 利 益		86
VII　特 別 損 失		92
（　　　）		4,240
（　　　）		（　　　）
（　　　）		（　　　）

（第8期）損 益 計 算 書（単位：千円）

萩商事株式会社　令和○2年/月/日から令和○2年/2月3/日まで

I　売　上　高		82,000
II　売 上 原 価		
1．期首商品棚卸高	4,500	
2．当期商品仕入高	（　　　）	
合　計	68,000	
3．期末商品棚卸高	（　　　）	62,800
		（　　　）
III　販売費及び一般管理費		13,500
		（　　　）
IV　営業外収益		472
V　営業外費用		242
		（　　　）
VI　特 別 利 益		520
VII　特 別 損 失		（　　　）
（　　　）		1,035
（　　　）		（　　　）

(1)

a	売　上　高	千円	b	営 業 費 用	千円
c	経 常 利 益	千円	d	当 期 純 利 益	千円
e	商 品 回 転 率	回			

(2)

a	期末商品帳簿棚卸高	千円	b	営 業 利 益	千円
c	税引前当期純利益	千円	d	貸借対照表に記載する商品	千円

(3)

ア		千円	イ		千円

36-3 長野産業株式会社の下記の資料と比較損益計算書および比較貸借対照表によって，次の文の ☐ のなかに入る適当な金額または比率を求めなさい。また，[ ] のなかに入るもっとも適当な語を，下記の語群のなかから選び，その番号を記入しなさい。ただし，同じ語を何度使用してもよい。

　長野産業株式会社は，競争力強化のため第8期初頭に南商店を取得した。その結果，第8期の貸借対照表には，あらたに [ア] に区分される のれん が ¥ ☐イ☐ と記載されている。そこで，取得後の状況を調べると，第8期の売上高は ¥ ☐ウ☐ となり，第7期と比べて [エ] した。また，自己資本利益率を期末の金額と当期純利益を用いて計算すると，第7期の10％に対して第8期は ☐オ☐ ％と [カ] した。さらに，商品回転率を商品有高の平均と売上原価を用いて計算すると，第7期の9回に対して第8期は ☐キ☐ 回となり，商品の平均在庫期間が [ク] なった。しかし，受取勘定（売上債権）回転率を期末の金額を用いて計算すると，第7期の ☐ケ☐ 回に対して第8期は5回となり，回収期間が [コ] なった。

語　群

1．増加　　2．長く　　3．無形固定資産　　4．減少　　5．短く　　6．投資その他の資産

資　料

i　第8期初頭に南商店を取得した。

　南商店の年平均利益額は¥56,000 同種企業の平均利益率を8％として収益還元価値を求め，その金額を取得代金として支払った。なお，取得直前の南商店の資産総額は¥1,160,000 負債総額は¥760,000であり，資産と負債の時価は帳簿価額に等しいものとする。また，のれんは20年にわたって定額法で償却している。

ii　第7期の期首商品棚卸高は¥236,000である。

iii　第7期・第8期ともに棚卸減耗損および商品評価損は発生していない。

iv　第8期の財務比率

　　売上高総利益率　30％　　当座比率　150％　　流動比率　180％

比 較 損 益 計 算 書 （単位：円）

項　　　　目	第7期	第8期
売　　上　　高	3,000,000	(ウ)
売　上　原　価	2,160,000	2,380,000
売 上 総 利 益	840,000	( )
販売費及び一般管理費	180,000	240,000
営　業　利　益	660,000	( )
営 業 外 収 益	170,000	330,000
営 業 外 費 用	310,000	( )
経　常　利　益	520,000	710,000
特　別　損　失	125,000	128,000
税引前当期純利益	395,000	( )
法人税・住民税及び事業税	47,000	57,000
当 期 純 利 益	348,000	( )

比 較 貸 借 対 照 表 （単位：円）

資　　　　産	第7期	第8期	負債・純資産	第7期	第8期
現　金　預　金	420,000	350,000	支　払　手　形	310,000	480,000
受　取　手　形	220,000	320,000	買　　掛　　金	280,000	320,000
売　　掛　　金	280,000	360,000	未 払 法 人 税 等	74,000	( )
有　価　証　券	290,000	290,000	長 期 借 入 金	830,000	( )
商　　　　品	244,000	( )	退職給付引当金	398,000	587,000
前　払　費　用	24,000	32,000	資　　本　　金	3,000,000	3,000,000
備　　　　品	864,000	920,000	資 本 剰 余 金	270,000	270,000
土　　　　地	2,000,000	2,000,000	利 益 剰 余 金	210,000	230,000
特　　許　　権	30,000	( )			
の　　れ　　ん	――――	(イ)			
長 期 貸 付 金	1,000,000	1,000,000			
	5,372,000	5,817,000		5,372,000	5,817,000

ア	イ	ウ	エ
	¥	¥	

オ	カ	キ	ク	ケ	コ
％		回		回	

36-4 東京商事株式会社の下記の資料と比較貸借対照表および株主資本等変動計算書によって，

(1) 第6期の次の金額を求めなさい。

　　　　　ａ．投資その他の資産合計　　　ｂ．別途積立金

(2) 次の各文の _____ のなかに適当な比率を記入しなさい。また，{　}のなかから，いずれか適当な語を選び，その番号を記入しなさい。

　　ａ．第6期の即時の支払能力を判断するために，ア{1.商品回転率　2.当座比率}を求めると ___イ___ ％であり，一般に望ましいとされている100％以上であるので問題ないと判断できる。

　　ｂ．第6期の自己資本比率を期末の自己資本を用いて求めると ___ウ___ ％であり，一般に望ましいとされている50％以上あるので　エ{3.経営成績　4.財政状態}は安全であると判断できる。

　　ｃ．受取勘定（売上債権）回転率を期末の売上債権を用いて求めると，第5期が7.6回であり，第6期が ___オ___ 回であった。このことから，第6期は第5期と比べて売上債権の回収期間がカ{5.短く　6.長く}なったと判断できる。

　資　　　料

　売 上 高　　第5期 69,920千円　　第6期 63,240千円

比 較 貸 借 対 照 表

（単位：千円）

資　　産	第5期	第6期	負債・純資産	第5期	第6期
現 金 預 金	5,110	6,940	支 払 手 形	3,580	5,300
受 取 手 形	6,000	5,800	買 掛 金	3,370	5,120
売 掛 金	3,200	(　　)	未払法人税等	1,000	780
商　　品	2,850	4,000	長 期 借 入 金	4,770	5,260
前 払 費 用	560	590	退職給付引当金	880	1,140
備　　品	(　　)	6,000	資 本 金	12,000	12,000
土　　地	6,300	8,500	資 本 準 備 金	(　　)	(　　)
特 許 権	880	770	利 益 準 備 金	600	(　　)
関 係 会 社 株 式	2,400	2,400	別 途 積 立 金	(　　)	(　　)
長 期 貸 付 金	1,500	1,500	繰越利益剰余金	5,700	(　　)
	(　　)	(　　)		(　　)	(　　)

（第6期） 株 主 資 本 等 変 動 計 算 書

東京商事株式会社　　　　　令和○5年4月1日から令和○6年3月31日まで　　　　（単位：千円）

	資本金	資本剰余金		利益剰余金				純資産合計
		資本準備金	資本剰余金合計	利益準備金	その他利益剰余金		利益剰余金合計	
					別途積立金	繰越利益剰余金		
当期首残高	12,000	1,200	1,200	(　　)	(　　)	5,700	(　　)	20,400
当期変動額								
剰余金の配当				100		△1,100	△1,000	△1,000
別途積立金の積立					300	△300	－	－
当期純利益						3,000	3,000	3,000
当期変動額合計	－	－	－	100	300	1,600	2,000	2,000
当期末残高	12,000	1,200	1,200	(　　)	(　　)	(　　)	(　　)	22,400

(1)

a	投資その他の資産合計	千円	b	別 途 積 立 金	千円

(2)

	a		b		c	
ア	イ	ウ	エ	オ	カ
	％	％		回	

36-5 同種企業である東南株式会社と西北株式会社の下記の資料によって，次の各問いに答えなさい。

① 次の文の □□□□ のなかに適当な比率を記入しなさい。また，{　}のなかから，いずれか適当な語を選び，その番号を記入しなさい。

a．第8期の流動比率は，東南株式会社は ［　ア　］ ％であり，西北株式会社は180％である。よって，流動比率によれば，東南株式会社は西北株式会社に比べて短期的な支払能力は イ.｛1．高い　2．低い｝ことがわかる。

b．第7期の売上高と第8期の売上高を比べて売上高成長率（増収率）を求めると，東南株式会社の10％に対して，西北株式会社は ［　ウ　］ ％となる。よって，売上高成長率（増収率）はエ.｛3．東南株式会社　4．西北株式会社｝が良いことがわかる。

② 次の金額を求めなさい。

a．東南株式会社の投資有価証券勘定（オの金額）　　b．西北株式会社の有形固定資産の合計額

東南株式会社の資料

i　第8期の貸借対照表

貸 借 対 照 表

東南株式会社　　　　令和○9年3月31日　　　（単位：円）

資　産	金　額	負債・純資産	金　額
現 金 預 金	360,000	支 払 手 形	680,000
受 取 手 形	580,000	買 掛 金	640,000
売 掛 金	360,000	未払法人税等	180,000
有 価 証 券	1,200,000	長 期 借 入 金	660,000
商　　　品	740,000	退職給付引当金	240,000
前 払 費 用	60,000	資 本 金	5,000,000
備　　　品	1,470,000	資 本 準 備 金	320,000
土　　　地	1,780,000	利 益 準 備 金	（　　　）
投資有価証券	（　オ　）	繰越利益剰余金	400,000
長 期 貸 付 金	1,000,000		
	（　　　）		（　　　）

ii　第7期の損益計算書に関する金額（一部）

売 上 高 ¥22,000,000

iii　第8期の損益計算書に関する金額（一部）

売 上 高 ¥24,200,000

当 期 純 利 益 ¥ 300,000

iv　第8期の財務比率

自己資本利益率　5％

（期末の自己資本による）

固 定 比 率 85％

負 債 比 率 40％

西北株式会社の資料

i　第8期の貸借対照表

貸 借 対 照 表

西北株式会社　　　　令和○9年3月31日　　　（単位：円）

資　産	金　額	負債・純資産	金　額
現 金 預 金	380,000	支 払 手 形	780,000
受 取 手 形	490,000	買 掛 金	1,060,000
売 掛 金	460,000	未払法人税等	160,000
有 価 証 券	1,370,000	長 期 借 入 金	（　　　）
商　　　品	（　　　）	退職給付引当金	320,000
前 払 費 用	80,000	資 本 金	4,000,000
備　　　品	1,480,000	資 本 準 備 金	280,000
土　　　地	（　　　）	利 益 準 備 金	（　　　）
投資有価証券	700,000	繰越利益剰余金	400,000
長 期 貸 付 金	820,000		
	（　　　）		（　　　）

ii　第7期の損益計算書に関する金額（一部）

売 上 高 ¥24,000,000

iii　第8期の損益計算書に関する金額（一部）

売 上 高 ¥27,600,000

当 期 純 利 益 ¥ 400,000

iv　第8期の財務比率

自己資本利益率　8％

（期末の自己資本による）

負 債 比 率 60％

①	ア	イ	ウ	エ
	％		％	

②	a	東南株式会社の投資有価証券勘定（オの金額）	¥	b	西 北 株 式 会 社 の 有形固定資産の合計額	¥

36-6 高知商事株式会社の下記の資料と比較損益計算書・比較貸借対照表によって，次の各問いに答えなさい。

① 次の文の [   ] のなかに適当な比率を記入しなさい。また，{   } のなかから，いずれか適当な語を選び，その番号を記入しなさい。

　　高知商事株式会社は第4期・第5期ともに売上総利益率は同じであるが，売上高純利益率を調べると，第5期は [ア] ％となり，第4期の4.0％と比べて収益性が イ {1. 高く　2. 低く} なっている。次に，総資本回転率を売上高と期末の総資本を用いて調べると，第5期は [ウ] 回となり，第4期の [エ] 回と比べ，資本を有効に活用しているといえる。しかし，商品回転率を商品有高の平均と売上原価を用いて計算してみると，第5期は10回となり，第4期の [オ] 回と比べ，販売効率が悪くなった。これは，カ {3. 当座資産　4. 棚卸資産} の増加に影響している。

② 第5期の次の金額を求めなさい。
　　　　a．受取手形（キの金額）　　　b．繰越利益剰余金（クの金額）

資　　料

i　第4期の期首商品棚卸高は1,046千円である。なお，第4期・第5期ともに棚卸減耗損および商品評価損は発生していない。

ii　第5期の7月20日に法人税・住民税及び事業税額の中間申告をおこない，前年度の法人税・住民税及び事業税額の2分の1を納付した。

iii　第5期における純資産の部に関する資料は次のとおりである。
　　　　4月15日　　　事業拡張のため，あらたに株式を発行した。ただし，払込金額のうち，資本金に計上しない金額は，会社法に規定する最高限度額とした。
　　　　6月28日　　　株主総会において，次のとおり繰越利益剰余金の配当および処分を決議した。
　　　　　　　　剰余金の配当　300千円　　　利益準備金積立額　30千円

iv　第5期の財務比率および金額は次のとおりである。

当 座 比 率　　　130％
流 動 比 率　　　190％
自 己 資 本 比 率　58％
商 品 回 転 率　　10回
純 資 産 合 計　11,600千円

v　第5期の営業外収益および営業外費用は次のとおりである。ただし，金額の大きい順に示している。

有価証券売却益　　240千円
受 取 配 当 金　　125千円
株 式 交 付 費　　110千円
有価証券評価損　　73千円
受 取 利 息　　　61千円
支 払 利 息　　　37千円
仕 入 割 引　　　14千円

比 較 損 益 計 算 書 （単位：千円）

項　　　目	第4期	第5期
売　　上　　高	17,500	24,000
売　上　原　価	14,000	19,200
売 上 総 利 益	3,500	4,800
販売費及び一般管理費	2,750	3,570
営　業　利　益	750	1,230
営 業 外 収 益	300	（　　）
営 業 外 費 用	150	（　　）
経　常　利　益	900	（　　）
特　別　利　益	280	230
特　別　損　失	180	———
税引前当期純利益	1,000	（　　）
法人税・住民税及び事業税	300	504
当 期 純 利 益	700	（　　）

比 較 貸 借 対 照 表　　　　　　　　　（単位：千円）

資　　産	第4期	第5期	負債・純資産	第4期	第5期
現 金 預 金	1,336	1,564	支 払 手 形	2,016	2,376
受 取 手 形	2,100	(キ)	買 掛 金	2,360	2,390
売 掛 金	1,560	1,960	未払法人税等	180	( )
有 価 証 券	1,800	1,332	長 期 借 入 金	1,620	1,700
商 品	954	( )	退職給付引当金	1,400	1,580
前 払 費 用	141	186	資 本 金	8,000	( )
備 品	1,850	1,744	資 本 準 備 金	500	900
土 地	5,250	5,300	利 益 準 備 金	424	( )
投 資 有 価 証 券	1,350	1,888	繰越利益剰余金	1,000	(ク)
関 係 会 社 株 式	439	548			
長 期 貸 付 金	720	792			
	17,500	( )		17,500	( )

(注意)アとウとエについては, 小数第1位まで示すこと。

①

	ア	イ	ウ		エ		オ		カ
	%		回		回		回		

②

a	受 取 手 形 (キ の 金 額)		千円	b	繰 越 利 益 剰 余 金 (ク の 金 額)			千円

36-7 同種の企業である別府物産株式会社と小倉物産株式会社の下記の資料と損益計算書によって，

(1) 別府物産株式会社の次の金額を求めなさい。

     a．経常利益   b．当期商品仕入高

(2) 小倉物産株式会社の次の金額を求めなさい。

     a．営業利益   b．自己資本

(3) 次の各文の _____ のなかに適当な比率を記入しなさい。また，{ } のなかから，いずれか適当な語を選び，その番号を記入しなさい。なお，商品回転率は商品有高の平均と売上原価により求めること。

  a．別府物産株式会社の売上原価率は ア ％である。よって，小倉物産株式会社より

    イ { 1. 安全性 / 2. 収益性 } が ウ { 3. 高い / 4. 低い } といえる。

  b．別府物産株式会社の商品回転率は エ 回である。よって，小倉物産株式会社より商品の平

    均在庫日数が オ { 5. 短く / 6. 長く } 販売効率が カ { 7. 良い / 8. 悪い } といえる。

別府物産株式会社の資料

i　期首商品棚卸高　3,000千円
ii　期末商品棚卸高　3,400千円
　（棚卸減耗損および商品評価損は
　　発生していない）

小倉物産株式会社の資料

i　商品回転率　20回
ii　売上原価率　75％
iii　売上高純利益率　9％（当期純利益による）
iv　自己資本利益率　4％（当期純利益による）

損益計算書（単位：千円）

別府物産株式会社　令和〇/年4月/日から令和〇2年3月3/日まで

I　売上高	( )
II　売上原価	38,400
（　　　）	9,600
III　販売費及び一般管理費	5,800
（　　　）	( )
IV　営業外収益	1,750
V　営業外費用	( )
（　　　）	( )
VI　特別利益	2,300
VII　特別損失	560
（　　　）	( )
法人税・住民税及び事業税	1,650
当期純利益	3,190

損益計算書（単位：千円）

小倉物産株式会社　令和〇/年4月/日から令和〇2年3月3/日まで

I　売上高	52,000
II　売上原価	( )
（　　　）	( )
III　販売費及び一般管理費	7,200
（　　　）	( )
IV　営業外収益	1,800
V　営業外費用	1,200
（　　　）	( )
VI　特別利益	2,000
VII　特別損失	700
（　　　）	( )
法人税・住民税及び事業税	3,020
当期純利益	( )

---

(1)

a	経　常　利　益	千円	b	当 期 商 品 仕 入 高	千円

(2)

a	営　業　利　益	千円	b	自　己　資　本	千円

(3)

	a			b	
ア	イ	ウ	エ	オ	カ
％			回		

36-8 大阪商事株式会社の下記の資料と比較貸借対照表および株主資本等変動計算書によって，

(1) 第4期の次の金額を求めなさい。

      a．固定負債合計　　b．利益剰余金合計

(2) 次の各文の ☐☐☐☐ のなかに適当な比率を記入しなさい。また，{　　} のなかから，いずれか適当な語を選び，その番号を記入しなさい。

  a．第4期の短期的な支払能力を判断するために，ア {1．流動比率　2．固定比率} を求めると ☐ イ ☐ ％であり，一般に望ましいとされている200％以上であるので問題ないと判断できる。

  b．第4期の総資本回転率は ☐ ウ ☐ 回であり，第3期の1.5回に比べて回数がわずかに多くなり，総資本が売上高に対して有効に エ {3．利用されている　4．利用されていない} と判断できる。

  c．受取勘定（売上債権）回転率を期末の売上債権を用いて求めると，第3期が6回であり，第4期が ☐ オ ☐ 回であった。このことから，第4期は第3期と比べて売上債権の回収期間がカ {5．短く　6．長く} なったと判断できる。

資　料

売上高　第3期 46,290千円　第4期 51,136千円

比 較 貸 借 対 照 表　　　　　（単位：千円）

資　　産	第3期	第4期	負債・純資産	第3期	第4期
現 金 預 金	2,639	2,760	支 払 手 形	880	840
受 取 手 形	1,250	1,340	買 掛 金	4,081	3,860
売 掛 金	6,465	6,180	未払法人税等	640	600
商 品	648	(　　　)	長 期 借 入 金	2,724	3,170
前 払 費 用	200	164	退職給付引当金	875	850
備 品	2,500	2,500	資 本 金	(　　　)	(　　　)
土 地	(　　　)	10,800	資 本 準 備 金	520	520
特 許 権	812	800	利 益 準 備 金	300	(　　　)
関 係 会 社 株 式	4,546	4,840	別 途 積 立 金	480	(　　　)
長 期 貸 付 金	1,000	1,996	繰越利益剰余金	(　　　)	5,300
	(　　　)	(　　　)		(　　　)	(　　　)

（第4期） 株 主 資 本 等 変 動 計 算 書

大阪商事株式会社　　　　令和○5年4月1日から令和○6年3月31日まで　　　（単位：千円）

	資本金	資本剰余金		利益剰余金					純資産合計
		資本準備金	資本剰余金合計	利益準備金	その他利益剰余金		利益剰余金合計		
					別途積立金	繰越利益剰余金			
当期首残高	16,000	520	520	(　　)	480	(　　)	5,140	(　　)	
当期変動額									
剰余金の配当				20		△220	△200	△200	
別途積立金の積立					20	△20	－	－	
当期純利益						1,180	1,180	1,180	
当期変動額合計	－	－	－	20	20	940	980	980	
当期末残高	16,000	520	520	(　　)	(　　)	5,300	(　　)	22,640	

(1)

a	固 定 負 債 合 計	千円	b	利 益 剰 余 金 合 計	千円

(2)

	a		b		c	
ア	イ	ウ	エ	オ	カ	
	％	回		回		

37 財務諸表作成の問題

37-1 京都商事株式会社の総勘定元帳勘定残高と付記事項および決算整理事項は次のとおりであった。よって，報告式の損益計算書および報告式の貸借対照表を完成しなさい。なお，税効果会計については考慮しない。

ただし，i　会社計算規則によること。
ii　会計期間は令和○2年4月1日から令和○3年3月31日までとする。

元帳勘定残高

現　　金 ¥991,470	当座預金 ¥2,368,130	受取手形 ¥1,120,000	
電子記録債権 1,440,000	売掛金 2,520,000	貸倒引当金 12,000	
売買目的有価証券 936,000	繰越商品 1,872,500	仮払法人税等 489,500	
建　　物 6,000,000	建物減価償却累計額 1,320,000	備　　品 2,800,000	
備品減価償却累計額 1,008,000	土　　地 2,829,600	建設仮勘定 4,691,200	
満期保有目的債券 1,555,200	支払手形 560,800	電子記録債務 320,000	
買掛金 1,361,600	長期借入金 3,200,000	退職給付引当金 853,600	
資本金 11,200,000	資本準備金 1,520,000	利益準備金 1,040,000	
別途積立金 664,000	繰越利益剰余金 451,200	新株予約権 1,600,000	
売上 62,711,200	受取地代 384,000	受取配当金 81,600	
有価証券利息 16,000	有価証券売却益 112,000	仕入 48,974,400	
給料 6,501,640	発送費 699,200	広告料 1,273,600	
消耗品費 381,630	保険料 432,000	租税公課 218,360	
雑費 139,170	支払利息 70,400	固定資産売却損 112,000	

付記事項

① 売掛金のうち¥60,000は東西商店に対する前期末のものであるが，同店の倒産により回収不能となったので，貸し倒れとして処理する。

② 所有している満期保有目的の債券について，3月31日利払日分の利息¥16,000が当座預金口座に振り込まれていたが，未処理であった。

決算整理事項

a．期末商品棚卸高

	帳簿棚卸数量	実地棚卸数量	原　価	正味売却価額
A品	1,200個	1,120個	@¥920	@¥1,200
B品	1,040〃	1,040〃	〃〃800	〃〃750

ただし，棚卸減耗損および商品評価損は売上原価の内訳項目とする。

b．貸倒見積高　　売上債権の期末残高に対し，それぞれ1%と見積もり，貸倒引当金を設定する。

c．有価証券評価高　保有する有価証券は次のとおりである。
売買目的有価証券：奈良商事株式会社　300株　1株の時価　¥3,200
満期保有目的債券：償却原価法によって¥1,561,600に評価する。なお，満期日は令和○9年3月31日である。

d．減価償却高　　建　物：取得原価¥6,000,000　残存価額は零(0)　耐用年数は50年とし，定額法により計算している。
備　品：取得原価¥2,800,000　毎期の償却率を20%とし，定率法により計算している。

e．保険料前払高　　保険料のうち¥144,000は令和○2年8月1日から1年分の保険料として支払ったものであり，前払高を次期に繰り延べる。

f．利息未払高　　長期借入金に対する利息は，利率年2.4%で，毎年2月末と8月末に経過した6か月分を支払う契約となっており，未払高を計上する。

g．退職給付引当金繰入額　¥641,600

h．法人税・住民税及び事業税額　¥1,025,600

損　益　計　算　書

京都商事株式会社　　　令和○2年4月1日から令和○3年3月31日まで　　　　　　　　　（単位：円）

Ⅰ **売　　　上　　　高**			62,711,200
Ⅱ **売　　上　　原　　価**			
1. 期首商品棚卸高	1,872,500		
2. 当期商品仕入高	( )		
合　　　計	( )		
3. 期末商品棚卸高	( )		
	( )		
4.( )	( )		
5.( )	( )	( )	
売　上　総　利　益		( )	
Ⅲ **販売費及び一般管理費**			
1. 給　　　　　料	6,501,640		
2. 発　　送　　費	699,200		
3. 広　　告　　料	1,273,600		
4.( )	( )		
5.( )	( )		
6.( )	( )		
7.( )	( )		
8. 消　耗　品　費	( )		
9. 保　　険　　料	( )		
10. 租　税　公　課	218,360		
11. 雑　　　　　費	139,170	( )	
営　業　利　益		( )	
Ⅳ **営　業　外　収　益**			
1.( )	( )		
2.( )	( )		
3.( )	( )		
4. 有価証券売却益	112,000		
5.( )	( )	( )	
Ⅴ **営　業　外　費　用**			
1.( )	( )	( )	
経　常　利　益		( )	
Ⅵ **特　別　損　失**			
1.( )	( )	( )	
税引前当期純利益		( )	
法人税・住民税及び事業税		( )	
当　期　純　利　益		( )	

貸 借 対 照 表

京都商事株式会社 　　　　　　令和○3年3月3/日 　　　　　　　　　　（単位：円）

資 産 の 部

Ⅰ 流 動 資 産
1. 現 金 預 金 　　　　　　　　　　　　　　　（　　　　　　　　）
2. 受 取 手 形 　　　（　　　　　　　）
　　　 貸 倒 引 当 金 　（　　　　　　　）　（　　　　　　　　）
3. （　　　　　　　） 　（　　　　　　　）
　　　 貸 倒 引 当 金 　（　　　　　　　）　（　　　　　　　　）
4. 売 　 掛 　 金 　（　　　　　　　）
　　　 貸 倒 引 当 金 　（　　　　　　　）　（　　　　　　　　）
5. （　　　　　　　） 　　　　　　　　　　　（　　　　　　　　）
6. （　　　　　　　） 　　　　　　　　　　　（　　　　　　　　）
7. （　　　　　　　） 　　　　　　　　　　　（　　　　　　　　）
　　　 流 動 資 産 合 計 　　　　　　　　　　　　　　　　　（　　　　　　　　）

Ⅱ 固 定 資 産
(1) 有 形 固 定 資 産
1. 建 　　　　 物 　　　6,000,000
　　　 減価償却累計額 　（　　　　　　　）　（　　　　　　　　）
2. 備 　　　　 品 　　　2,800,000
　　　 減価償却累計額 　（　　　　　　　）　（　　　　　　　　）
3. 土 　　　　 地 　　　　　　　　　　　　2,829,600
4. （　　　　　　　） 　　　　　　　　　　　（　　　　　　　　）
　　　 有形固定資産合計 　　　　　　　　　　（　　　　　　　　）
(2) 投 資 そ の 他 の 資 産
1. （　　　　　　　） 　　　　　　　　　　　（　　　　　　　　）
　　　 投資その他の資産合計 　　　　　　　　（　　　　　　　　）
　　　 固 定 資 産 合 計 　　　　　　　　　　　　　　　　（　　　　　　　　）
　　　 資 産 合 計 　　　　　　　　　　　　　　　　　　（　　　　　　　　）

負 債 の 部

Ⅰ 流 動 負 債
1. 支 払 手 形 　　　　　　　　　　　　　560,800
2. （　　　　　　　） 　　　　　　　　　　　（　　　　　　　　）
3. 買 　 掛 　 金 　　　　　　　　　　　1,361,600
4. （　　　　　　　） 　　　　　　　　　　　（　　　　　　　　）
5. （　　　　　　　） 　　　　　　　　　　　（　　　　　　　　）
　　　 流 動 負 債 合 計 　　　　　　　　　　　　　　　　（　　　　　　　　）

Ⅱ 固 定 負 債
1. 長 期 借 入 金 　　　　　　　　　　　（　　　　　　　　）
2. （　　　　　　　） 　　　　　　　　　　　（　　　　　　　　）
　　　 固 定 負 債 合 計 　　　　　　　　　　　　　　　　（　　　　　　　　）
　　　 負 債 合 計 　　　　　　　　　　　　　　　　　　（　　　　　　　　）

純 資 産 の 部

Ⅰ 株 主 資 本
(1) 資 　 本 　 金 　　　　　　　　　　　　　　　　　11,200,000
(2) 資 本 剰 余 金
1. 資 本 準 備 金 　　　　　　　　　　　1,520,000
　　　 資 本 剰 余 金 合 計 　　　　　　　　　　　　　1,520,000
(3) 利 益 剰 余 金
1. 利 益 準 備 金 　　　　　　　　　　　1,040,000
2. その他利益剰余金
① 別 途 積 立 金 　　　　　　　　　　　664,000
② （　　　　　　　） 　　　　　　　　　（　　　　　　　　）
　　　 利 益 剰 余 金 合 計 　　　　　　　　　　　（　　　　　　　　）
　　　 株 主 資 本 合 計 　　　　　　　　　　　　（　　　　　　　　）
Ⅱ （　　　　　　　） 　　　　　　　　　　　　（　　　　　　　　）
　　　 純 資 産 合 計 　　　　　　　　　　　　（　　　　　　　　）
　　　 負債及び純資産合計 　　　　　　　　　　（　　　　　　　　）

37-2 東京商事株式会社の総勘定元帳勘定残高と付記事項および決算整理事項は次のとおりであった。よって，報告式の損益計算書および報告式の貸借対照表を完成しなさい。なお，税効果会計については考慮しない。

ただし，i　会社計算規則によること。
　　　　ii　会計期間は令和○5年4月1日から令和○6年3月31日までとする。

元帳勘定残高

現　　　　金	¥1,017,330	当 座 預 金	¥3,435,630	受 取 手 形	¥3,975,000
売　掛　金	3,465,000	貸倒引当金	12,000	売買目的有価証券	2,205,000
繰 越 商 品	3,547,500	仮払法人税等	822,900	備　　　品	4,200,000
備品減価償却累計額	840,000	土　　　地	8,206,000	リース資産	750,000
リース資産減価償却累計額	150,000	支 払 手 形	1,807,000	買　掛　金	3,615,600
短期借入金	1,800,000	仮　受　金	135,000	リース債務	450,000
退職給付引当金	1,225,540	資　本　金	13,000,000	資本準備金	900,000
利益準備金	750,000	別途積立金	510,000	繰越利益剰余金	533,000
売　　　上	56,552,430	受取手数料	133,500	受取配当金	39,000
固定資産売却益	97,500	仕　　　入	43,767,520	給　　　料	3,064,820
発　送　費	1,191,570	広　告　料	952,500	通　信　費	167,500
消 耗 品 費	42,400	支 払 家 賃	1,080,000	保　険　料	234,000
租 税 公 課	246,380	雑　　　費	70,520	支 払 利 息	46,000
雑　　　損	63,000				

付記事項

①　仮受金¥135,000は，浅草商店に対する売掛金の回収額であることが判明した。

②　雑損¥63,000は，不用になった備品を除却して廃棄したときの帳簿価額であったので，適切な科目に修正する。なお，この備品の評価額は零（0）とする。

③　リース債務¥450,000は，リース契約にもとづいて調達したコピー機に対するものであり，決算日の翌日から1年以内に支払期限の到来する部分は流動負債として表示する。なお，リース契約は令和○4年4月1日に締結したものであり，リース料は毎年3月末日払いである。

決算整理事項

a．期末商品棚卸高　　帳簿棚卸数量　490個　　原　　　価　@¥7,800
　　　　　　　　　　実地棚卸数量　480〃　　正味売却価額　〃〃7,650
　　　　　　　　　　ただし，棚卸減耗損および商品評価損は売上原価の内訳項目とする。

b．外貨建取引の円換算　買掛金の一部は外貨建取引によるもので，取引日の為替レートで円換算しており，為替予約はおこなっていない。

	取　引　額	取引日の為替レート	決算日の為替レート
買 掛 金	12,000ドル	1ドル125円	1ドル130円

c．貸 倒 見 積 高　　売上債権の期末残高に対し，それぞれ1%と見積もり，貸倒引当金を設定する。

d．有価証券評価高　　売買目的で保有する株式は次のとおりである。
　　　　　　　　　　埼玉商事株式会社　30株
　　　　　　　　　　1株の帳簿価額¥73,500　1株の時価¥70,500

e．減 価 償 却 高　　備　　　品：毎期の償却率を20%とし，定率法により計算している。
　　　　　　　　　　リース資産：見積現金購入価額¥750,000を取得原価とし，残存価額は零（0）　耐用年数は5年で定額法により計算している。

f．家 賃 前 払 高　　支払家賃のうち¥405,000は，令和○6年2月分から令和○6年7月分までを支払ったものであり，前払高を次期に繰り延べる。

g．利 息 未 払 高　　短期借入金に対する利息の未払高¥18,000を計上する。

h．退職給付引当金繰入額　¥322,500

i．法人税・住民税及び事業税額　¥1,624,000

損　益　計　算　書

東京商事株式会社　　　令和○5年4月/日から令和○6年3月3/日まで　　　　　　（単位：円）

I 売　上　高				56,552,430
II 売　上　原　価				
1．期首商品棚卸高		3,547,500		
2．当期商品仕入高		43,767,520		
合　　　計	（　　　　　　　）			
3．期末商品棚卸高	（　　　　　　　）			
	（　　　　　　　）			
4．（　　　　　　）	（　　　　　　　）			
5．（　　　　　　）	（　　　　　　　　　）		（　　　　　　　　　）	
売　上　総　利　益			（　　　　　　　　　）	
III 販売費及び一般管理費				
1．給　　　　　料		3,064,820		
2．発　　送　　費		1,191,570		
3．広　　告　　料		952,500		
4．（　　　　　　）	（　　　　　　　）			
5．（　　　　　　）	（　　　　　　　）			
6．（　　　　　　）	（　　　　　　　）			
7．通　　信　　費		167,500		
8．消　耗　品　費		42,400		
9．支　払　家　賃	（　　　　　　　）			
10．保　　険　　料	（　　　　　　　）			
11．租　税　公　課		246,380		
12．雑　　　　　費		70,520	（　　　　　　　　　）	
営　業　利　益			（　　　　　　　　　）	
IV 営　業　外　収　益				
1．受　取　手　数　料		133,500		
2．（　　　　　　）	（　　　　　　　）		（　　　　　　　　　）	
V 営　業　外　費　用				
1．（　　　　　　）	（　　　　　　　）			
2．（　　　　　　）	（　　　　　　　）			
3．（　　　　　　）	（　　　　　　　）		（　　　　　　　　　）	
経　常　利　益			（　　　　　　　　　）	
VI 特　別　利　益				
1．（　　　　　　）	（　　　　　　　　　）		（　　　　　　　　　）	
VII 特　別　損　失				
1．（　　　　　　）	（　　　　　　　　　）		（　　　　　　　　　）	
税引前当期純利益			（　　　　　　　　　）	
法人税・住民税及び事業税			（　　　　　　　　　）	
当　期　純　利　益			（　　　　　　　　　）	

全商検定形式別問題

貸 借 対 照 表

東京商事株式会社　　　　　　　　令和○6年3月3/日　　　　　　　　（単位：円）

資 産 の 部

Ⅰ 流 動 資 産
1. 現 金 預 金　　　　　　　　　　　　　　（　　　　　　　）
2. 受 取 手 形　　　　（　　　　　　　）
　　　貸 倒 引 当 金　（　　　　　　　）（　　　　　　　）
3. 売 掛 金　　　　　（　　　　　　　）
　　　貸 倒 引 当 金　（　　　　　　　）（　　　　　　　）
4.（　　　　　　　）　　　　　　　　　　　（　　　　　　　）
5.（　　　　　　　）　　　　　　　　　　　（　　　　　　　）
6.（　　　　　　　）　　　　　　　　　　　（　　　　　　　）
　　　流 動 資 産 合 計　　　　　　　　　　　　　　　　　（　　　　　　　）
Ⅱ 固 定 資 産
(1) 有 形 固 定 資 産
1. 備 品　　　　　　　4,200,000
　　　減 価 償 却 累 計 額　（　　　　　　　）（　　　　　　　）
2.（　　　　　　　）　　　　　　　　　　　（　　　　　　　）
3.（　　　　　　　）（　　　　　　　）
　　　減 価 償 却 累 計 額　（　　　　　　　）（　　　　　　　）
　　　有 形 固 定 資 産 合 計　　　　　（　　　　　　　）
　　　固 定 資 産 合 計　　　　　　　　　　　　　　　　　（　　　　　　　）
　　　　資 産 合 計　　　　　　　　　　　　　　　　　　（　　　　　　　）

負 債 の 部

Ⅰ 流 動 負 債
1. 支 払 手 形　　　　　　　　　　　　　　/,807,000
2. 買 掛 金　　　　　　　　　　　　　　　（　　　　　　　）
3. 短 期 借 入 金　　　　　　　　　　　　（　　　　　　　）
4. リ ー ス 債 務　　　　　　　　　　　　（　　　　　　　）
5.（　　　　　　　）　　　　　　　　　　（　　　　　　　）
6.（　　　　　　　）　　　　　　　　　　（　　　　　　　）
　　　流 動 負 債 合 計　　　　　　　　　　　　　　　　（　　　　　　　）
Ⅱ 固 定 負 債
1.（　　　　　　　）　　　　　　　　　　（　　　　　　　）
2. 退 職 給 付 引 当 金　　　　　　　　　（　　　　　　　）
　　　固 定 負 債 合 計　　　　　　　　　　　　　　　　（　　　　　　　）
　　　　負 債 合 計　　　　　　　　　　　　　　　　　（　　　　　　　）

純 資 産 の 部

Ⅰ 株 主 資 本
(1) 資 本 金　　　　　　　　　　　　　　　　/3,000,000
(2) 資 本 剰 余 金
1. 資 本 準 備 金　　　　　　　　900,000
　　　資 本 剰 余 金 合 計　　　　　　　　　　　　900,000
(3) 利 益 剰 余 金
1. 利 益 準 備 金　　　　　　　　750,000
2. その他利益剰余金
　① 別 途 積 立 金　　　　　　　5/0,000
　②（　　　　　　　）　　　　　（　　　　　　　）
　　　利 益 剰 余 金 合 計　　　　　　　　　　　　　　（　　　　　　　）
　　　株 主 資 本 合 計　　　　　　　　　　　　　　　（　　　　　　　）
　　　　純 資 産 合 計　　　　　　　　　　　　　　　（　　　　　　　）
　　　負 債 及 び 純 資 産 合 計　　　　　　　　　　　（　　　　　　　）

37-3 佐賀物産株式会社の総勘定元帳勘定残高と付記事項および決算整理事項は次のとおりであった。よって，報告式の損益計算書および報告式の貸借対照表を完成しなさい。なお，法定実効税率を30％として税効果会計を適用する。

ただし，i　会社計算規則によること。
　　　　ii　会計期間は令和○1年4月1日から令和○2年3月31日までとする。

元帳勘定残高

現　　　　　金	¥ 994,320	当 座 預 金	¥5,840,990	受 取 手 形	¥3,840,000
売　 掛　 金	2,528,000	貸倒引当金	36,800	売買目的有価証券	4,377,600
繰 越 商 品	5,120,000	仮払法人税等	623,200	備　　　　品	3,200,000
備品減価償却累計額	800,000	土　　　地	20,736,000	満期保有目的債券	6,176,000
長 期 貸 付 金	800,000	繰延税金資産	48,000	支 払 手 形	4,032,000
買　 掛　 金	3,499,120	仮 受 金	128,000	手 形 借 入 金	1,920,000
長 期 借 入 金	5,760,000	退職給付引当金	3,006,500	資　 本　 金	22,800,000
資 本 準 備 金	3,200,000	利 益 準 備 金	2,480,000	新 築 積 立 金	720,000
繰越利益剰余金	416,000	売　　　上	75,903,160	受 取 利 息	4,800
有価証券利息	288,000	固定資産売却益	224,000	仕　　　入	59,831,870
給　　　料	3,801,600	発 送 費	1,216,450	広 告 料	2,585,340
通 信 費	278,400	支 払 手 数 料	6,400	消 耗 品 費	62,210
保 険 料	320,000	支 払 家 賃	2,044,000	租 税 公 課	315,140
雑　　　費	216,860	支 払 利 息	96,000	固定資産除却損	160,000

付記事項

① 仮受金¥128,000は，福岡商店に対する売掛金の回収額であることが判明した。

② 支払手数料¥6,400は，売買目的で熊本商事株式会社の株式320株を1株につき¥4,980で買い入れたときの手数料と判明したので，適切な勘定に訂正する。

決算整理事項

a．期末商品棚卸高　　帳簿棚卸数量　2,000個　　原　　　価　@¥2,710
　　　　　　　　　　実地棚卸数量　1,960 〃　　正味売却価額　 〃 2,650
　　　　　　　　　　ただし，棚卸減耗損および商品評価損は売上原価の内訳項目とする。

b．貸 倒 見 積 高　　売上債権の期末残高に対し，それぞれ1％と見積もり，貸倒引当金を設定する。

c．有価証券評価高　　保有する株式および債券は次のとおりである。

	銘　　　柄	株数	1株の時価
売買目的有価証券	南北物産株式会社	100株	¥25,280
	熊本商事株式会社	320株	¥ 5,120

　　　　　　　　　満期保有目的債券：償却原価法によって¥6,208,000に評価する。なお，満期日は令和○8年3月31日である。

d．備品減価償却高　　残存価額は零（0）　耐用年数は4年とし，定額法により計算している。

e．保険料前払高　　　保険料のうち¥120,000は，令和○2年2月から令和○2年7月分までを支払ったものであり，前払高を次期に繰り延べる。

f．利 息 未 払 高　　¥　86,400

g．退職給付引当金繰入額　¥　792,300

h．法人税・住民税及び事業税額　¥1,163,400

i．税効果会計の一時差異　減価償却費の償却限度超過額による。
　　　　　　　　　　期首の一時差異額　¥160,000
　　　　　　　　　　期末の一時差異額　¥320,000
　　　　　　　　　　　　　　　　（決算整理事項dの減価償却高を計上後のもの）

損 益 計 算 書

佐賀物産株式会社　　　令和○/年4月/日から令和○2年3月3/日まで　　　　　　（単位：円）

Ⅰ　売　　上　　高				75,903,160
Ⅱ　売　上　原　価				
1．期首商品棚卸高		5,120,000		
2．当期商品仕入高		（　　　　　　　）		
合　　　計		（　　　　　　　）		
3．期末商品棚卸高		（　　　　　　　）		
		（　　　　　　　）		
4．（　　　　　　）		（　　　　　　　）		
5．（　　　　　　）		（　　　　　　　）	（　　　　　　　　　）	
売 上 総 利 益			（　　　　　　　　　）	
Ⅲ　販売費及び一般管理費				
1．給　　　　　料		3,801,600		
2．発　　送　　費		1,216,450		
3．広　　告　　料		2,585,340		
4．（　　　　　　）		（　　　　　　　）		
5．（　　　　　　）		（　　　　　　　）		
6．（　　　　　　）		（　　　　　　　）		
7．通　　信　　費		278,400		
8．消　耗　品　費		62,210		
9．保　　険　　料		（　　　　　　　）		
10．支　払　家　賃		（　　　　　　　）		
11．租　税　公　課		315,140		
12．雑　　　　　費		216,860	（　　　　　　　　　）	
営 業 利 益			（　　　　　　　　　）	
Ⅳ　営 業 外 収 益				
1．（　　　　　　）		（　　　　　　　）		
2．（　　　　　　）		（　　　　　　　）	（　　　　　　　　　）	
Ⅴ　営 業 外 費 用				
1．（　　　　　　）		（　　　　　　　）		
2．（　　　　　　）		（　　　　　　　）	（　　　　　　　　　）	
経 常 利 益			（　　　　　　　　　）	
Ⅵ　特　別　利　益				
1．（　　　　　　）		（　　　　　　　）	（　　　　　　　　　）	
Ⅶ　特　別　損　失				
1．（　　　　　　）		（　　　　　　　）	（　　　　　　　　　）	
税引前当期純利益			（　　　　　　　　　）	
法人税・住民税及び事業税		（　　　　　　　）		
法 人 税 等 調 整 額		（　　　　　　　）	（　　　　　　　　　）	
当 期 純 利 益			（　　　　　　　　　）	

貸 借 対 照 表

佐賀物産株式会社　　　　　　　　令和○2年3月3/日　　　　　　　　　　（単位：円）

資 産 の 部

I 流 動 資 産
　1. 現 金 預 金　　　　　　　　　　　　　　　（　　　　　　）
　2. 受 取 手 形　　　　（　　　　　　）
　　　貸 倒 引 当 金　　（　　　　　　）　　（　　　　　　）
　3. 売 掛 金　　　　　（　　　　　　）
　　　貸 倒 引 当 金　　（　　　　　　）　　（　　　　　　）
　4.（　　　　　　）　　　　　　　　　　　（　　　　　　）
　5.（　　　　　　）　　　　　　　　　　　（　　　　　　）
　6.（　　　　　　）　　　　　　　　　　　（　　　　　　）
　　　流 動 資 産 合 計　　　　　　　　　　　　　　　　　　（　　　　　　）
II 固 定 資 産
　(1) 有 形 固 定 資 産
　1. 備 品　　　　　　　3,200,000
　　　減 価 償 却 累 計 額　（　　　　　　）　（　　　　　　）
　2. 土 地　　　　　　　　　　　　　20,736,000
　　　有 形 固 定 資 産 合 計　　　　　（　　　　　　）
　(2) 投 資 そ の 他 の 資 産
　1.（　　　　　　）　　　　　　　　　　　（　　　　　　）
　2.（　　　　　　）　　　　　　　　　　　（　　　　　　）
　3.（　　　　　　）　　　　　　　　　　　（　　　　　　）
　　　投資その他の資産合計　　　　　　（　　　　　　）
　　　固 定 資 産 合 計　　　　　　　　　　　　　　　　　　（　　　　　　）
　　　資 産 合 計　　　　　　　　　　　　　　　　　　　　　（　　　　　　）

負 債 の 部

I 流 動 負 債
　1. 支 払 手 形　　　　　　　　　　　　4,032,000
　2. 買 掛 金　　　　　　　　　　　　　3,499,/20
　3.（　　　　　　）　　　　　　　　　　　（　　　　　　）
　4.（　　　　　　）　　　　　　　　　　　（　　　　　　）
　5.（　　　　　　）　　　　　　　　　　　（　　　　　　）
　　　流 動 負 債 合 計　　　　　　　　　　　　　　　　　　（　　　　　　）
II 固 定 負 債
　1.（　　　　　　）　　　　　　　　　　　（　　　　　　）
　2. 退 職 給 付 引 当 金　　　　　　　　（　　　　　　）
　　　固 定 負 債 合 計　　　　　　　　　　　　　　　　　　（　　　　　　）
　　　負 債 合 計　　　　　　　　　　　　　　　　　　　　　（　　　　　　）

純 資 産 の 部

I 株 主 資 本
　(1) 資 本 金　　　　　　　　　　　　　　　　　　　　22,800,000
　(2) 資 本 剰 余 金
　1. 資 本 準 備 金　　　　　　　3,200,000
　　　資 本 剰 余 金 合 計　　　　　　　　　　　　　　3,200,000
　(3) 利 益 剰 余 金
　1. 利 益 準 備 金　　　　　　　2,480,000
　2. そ の 他 利 益 剰 余 金
　　① 新 築 積 立 金　　　　　　720,000
　　②（　　　　　　）　　　　　（　　　　　　）
　　　利 益 剰 余 金 合 計　　　　　　　　　　　　　（　　　　　　）
　　　株 主 資 本 合 計　　　　　　　　　　　　　　（　　　　　　）
　　　純 資 産 合 計　　　　　　　　　　　　　　　　（　　　　　　）
　　　負債及び純資産合計　　　　　　　　　　　　　　（　　　　　　）

37-4 岩手商事株式会社の総勘定元帳勘定残高と付記事項および決算整理事項は次のとおりであった。よって，報告式の損益計算書および報告式の貸借対照表を完成しなさい。なお，法定実効税率を30％として税効果会計を適用する。

ただし，i　会社計算規則によること。
　　　　ii　会計期間は令和○3年4月1日から令和○4年3月31日までとする。

元帳勘定残高

現　　　　金	¥ 1,561,240	当 座 預 金	¥ 3,191,680	受 取 手 形	¥ 3,203,500
売　 掛　 金	5,116,500	貸 倒 引 当 金	8,000	売買目的有価証券	2,288,000
繰 越 商 品	6,606,400	短 期 貸 付 金	2,240,000	仮払法人税等	1,329,900
建　　　　物	28,800,000	リ ー ス 資 産	6,400,000	リース資産減価償却累計額	1,600,000
その他有価証券	2,214,400	支 払 手 形	3,920,000	買　 掛　 金	7,881,600
長 期 借 入 金	4,800,000	リ ー ス 債 務	4,000,000	退職給付引当金	2,158,760
資　 本　 金	24,000,000	資 本 準 備 金	2,880,000	利 益 準 備 金	1,168,000
別 途 積 立 金	320,000	繰越利益剰余金	564,800	売　　　　上	77,899,240
受 取 利 息	91,200	受 取 配 当 金	76,800	固定資産売却益	1,561,600
仕　　　　入	51,572,860	給　　　　料	7,977,600	発　 送　 費	875,200
広　 告　 料	3,841,600	通　 信　 費	288,720	支 払 手 数 料	288,000
消 耗 品 費	245,280	支 払 家 賃	1,344,000	支 払 地 代	2,323,200
保　 険　 料	480,000	租 税 公 課	549,540	雑　　　　費	35,380
支 払 利 息	157,000				

付記事項

① 支払手数料¥288,000は，当期首に取得した建物¥28,800,000の買入手数料と判明したので，適切な科目に訂正する。

② リース債務¥4,000,000は，リース契約にもとづいて調達したオフィス設備に対するものであり，決算日の翌日から1年以内に支払期限の到来する部分は流動負債として表示する。なお，リース契約は令和○1年4月1日に締結したものであり，ファイナンス・リース取引（利子抜き法）として処理をしている。リース期間は8年，リース料は年額¥845,000（毎年3月末日払い）である。

決算整理事項

a．期末商品棚卸高

	帳簿棚卸数量	実地棚卸数量	原　　価	正味売却価額
A品	3,040個	3,040個	@¥1,500	@¥1,480
B品	3,000 〃	2,900 〃	〃 〃1,040	〃 〃1,120

ただし，棚卸減耗損および商品評価損は売上原価の内訳項目とする。

b．外貨建取引の円換算　当社保有の外貨建取引による売掛金および買掛金は下記のとおりである。それぞれ取引日の為替レートで円換算しており，為替予約はおこなっていない。

	取　 引　 額	取引日の為替レート	決算日の為替レート
売 掛 金	12,000ドル	1ドル130円	1ドル135円
買 掛 金	16,000ドル	1ドル129円	1ドル135円

c．貸倒見積高　　売上債権の期末残高に対し，それぞれ貸倒実績率を2％として貸倒引当金を設定する。

d．有価証券評価高　保有する株式は次のとおりである。

	銘　　　柄	株数	1株の帳簿価額	1株の時価
売買目的有価証券	山形商事株式会社	30株	¥61,000	¥60,640
	青森商事株式会社	20株	¥22,900	¥25,200
その他有価証券	函館物産株式会社	40株	¥55,360	¥57,260

※なお，その他有価証券の時価評価にあたり，税効果会計を適用する。

e．減価償却高　　建　　　物：定額法により，残存価額は零（0）耐用年数は30年とする。
　　　　　　　　リース資産：定額法により，残存価額は零（0）耐用年数は8年とする。

f．保険料前払高　保険料のうち¥441,600は，令和○3年5月1日から1年分の保険料として支払ったものであり，前払高を次期に繰り延べる。

g．利息未払高　　長期借入金に対する利息は，毎年4月末と10月末に，経過した6か月分として¥96,000支払うことになっており，未払高を計上する。

h．退職給付引当金繰入額　¥ 384,500

i．法人税・住民税及び事業税額　¥2,557,600

損　益　計　算　書

岩手商事株式会社　　　令和○3年4月/日から令和○4年3月3/日まで　　　　　（単位：円）

Ⅰ　売　上　高			77,899,240
Ⅱ　売　上　原　価			
1．期首商品棚卸高		6,606,400	
2．当期商品仕入高		51,572,860	
合　　　計		（　　　　　　　）	
3．期末商品棚卸高		（　　　　　　　）	
		（　　　　　　　）	
4．（　　　　　　）		（　　　　　　　）	
5．（　　　　　　）		（　　　　　　　）	（　　　　　　　　　）
売　上　総　利　益			（　　　　　　　　　）
Ⅲ　販売費及び一般管理費			
1．給　　　　　料		7,977,600	
2．発　　送　　費		875,200	
3．広　　告　　料		3,841,600	
4．（　　　　　　）		（　　　　　　　）	
5．（　　　　　　）		（　　　　　　　）	
6．（　　　　　　）		（　　　　　　　）	
7．通　　信　　費		288,720	
8．消　耗　品　費		245,280	
9．支　払　家　賃		1,344,000	
10．（　　　　　　）		（　　　　　　　）	
11．保　　険　　料		（　　　　　　　）	
12．租　税　公　課		549,540	
13．雑　　　　　費		35,380	（　　　　　　　　　）
営　業　利　益			（　　　　　　　　　）
Ⅳ　営　業　外　収　益			
1．受　取　利　息		91,200	
2．（　　　　　　）		（　　　　　　　）	
3．（　　　　　　）		（　　　　　　　）	（　　　　　　　　　）
Ⅴ　営　業　外　費　用			
1．（　　　　　　）		（　　　　　　　）	
2．（　　　　　　）		（　　　　　　　）	（　　　　　　　　　）
経　常　利　益			（　　　　　　　　　）
Ⅵ　特　別　利　益			
1．（　　　　　　）		（　　　　　　　）	（　　　　　　　　　）
税引前当期純利益			（　　　　　　　　　）
法人税・住民税及び事業税			（　　　　　　　　　）
当　期　純　利　益			（　　　　　　　　　）

全商検定形式別問題

貸 借 対 照 表

岩手商事株式会社　　　　　　　令和○4年3月3/日　　　　　　　（単位：円）

資 産 の 部

Ⅰ 流 動 資 産
　1. 現 金 預 金　　　　　　　　　　　　（　　　　　）
　2. 受 取 手 形　　　（　　　　　）
　　　　貸 倒 引 当 金　（　　　　　）　（　　　　　）
　3. 売 　 掛 　 金　　（　　　　　）
　　　　貸 倒 引 当 金　（　　　　　）　（　　　　　）
　4.（　　　　　　　）　　　　　　　　　（　　　　　）
　5.（　　　　　　　）　　　　　　　　　（　　　　　）
　6. 短 期 貸 付 金　　　　　　　　　　2,240,000
　7.（　　　　　　　）　　　　　　　　　（　　　　　）
　　　　流 動 資 産 合 計　　　　　　　　　　　　　　（　　　　　）
Ⅱ 固 定 資 産
　(1) 有 形 固 定 資 産
　1. 建 　 　 物　　　（　　　　　）
　　　　減 価 償 却 累 計 額（　　　　　）（　　　　　）
　2.（　　　　　　　）　（　　　　　）
　　　　減 価 償 却 累 計 額（　　　　　）（　　　　　）
　　　　有 形 固 定 資 産 合 計　　　（　　　　　）
　(2) 投 資 そ の 他 の 資 産
　1.（　　　　　　　）　　　　　　　　　（　　　　　）
　　　　投資その他の資産合計　　　　　（　　　　　）
　　　　固 定 資 産 合 計　　　　　　　　　　　　　　（　　　　　）
　　　　資 産 合 計　　　　　　　　　　　　　　　　　（　　　　　）

負 債 の 部

Ⅰ 流 動 負 債
　1. 支 払 手 形　　　　　　　　　　　3,920,000
　2. 買 　 掛 　 金　　　　　　　　　　（　　　　　）
　3. リ ー ス 債 務　　　　　　　　　　（　　　　　）
　4.（　　　　　　　）　　　　　　　　　（　　　　　）
　5.（　　　　　　　）　　　　　　　　　（　　　　　）
　　　　流 動 負 債 合 計　　　　　　　　　　　　　　（　　　　　）
Ⅱ 固 定 負 債
　1.（　　　　　　　）　　　　　　　　　（　　　　　）
　2.（　　　　　　　）　　　　　　　　　（　　　　　）
　3. 退 職 給 付 引 当 金　　　　　　　（　　　　　）
　4.（　　　　　　　）　　　　　　　　　（　　　　　）
　　　　固 定 負 債 合 計　　　　　　　　　　　　　　（　　　　　）
　　　　負 債 合 計　　　　　　　　　　　　　　　　　（　　　　　）

純 資 産 の 部

Ⅰ 株 主 資 本
　(1) 資 　 本 　 金　　　　　　　　　　　　　　　　24,000,000
　(2) 資 本 剰 余 金
　1. 資 本 準 備 金　　　　　　　　　　2,880,000
　　　　資 本 剰 余 金 合 計　　　　　　　　　　　　2,880,000
　(3) 利 益 剰 余 金
　1. 利 益 準 備 金　　　　　　　　　　1,168,000
　2. そ の 他 利 益 剰 余 金
　　　① 別 途 積 立 金　　　　　　　　320,000
　　　② 繰 越 利 益 剰 余 金　　　　　（　　　　　）
　　　　利 益 剰 余 金 合 計　　　　　　　　　　　　（　　　　　）
　　　　株 主 資 本 合 計　　　　　　　　　　　　　（　　　　　）
Ⅱ 評 価・換 算 差 額 等
　1.（　　　　　　　）　　　　　　　　　（　　　　　）
　　　　評 価・換 算 差 額 等 合 計　　　　　　　　（　　　　　）
　　　　純 資 産 合 計　　　　　　　　　　　　　　　（　　　　　）
　　　　負 債 及 び 純 資 産 合 計　　　　　　　　　（　　　　　）

37-5 山口商事株式会社の総勘定元帳勘定残高と付記事項および決算整理事項は次のとおりであった。よって，報告式の損益計算書および報告式の貸借対照表を完成しなさい。なお，税効果会計については考慮しない。

ただし，i 会社計算規則によること。
ii 会計期間は令和○5年4月/日から令和○6年3月3/日までとする。

元帳勘定残高

現　　　　金	¥ 1,180,370	当 座 預 金	¥ 2,198,700	受 取 手 形	¥ 1,410,000
電子記録債権	1,110,000	売 掛 金	3,413,000	貸 倒 引 当 金	126,000
売買目的有価証券	2,718,000	繰 越 商 品	5,725,600	仮払法人税等	765,800
建　　　　物	6,600,000	建物減価償却累計額	2,970,000	備　　　　品	3,600,000
備品減価償却累計額	900,000	土　　　地	1,200,000	ソフトウェア	640,000
満期保有目的債券	1,776,000	その他有価証券	1,176,000	支 払 手 形	1,619,400
電子記録債務	741,000	買 掛 金	3,023,730	長 期 借 入 金	4,800,000
退職給付引当金	775,200	資 本 金	8,400,000	資 本 準 備 金	564,000
利 益 準 備 金	636,000	新 築 積 立 金	120,000	繰越利益剰余金	456,000
新 株 予 約 権	1,200,000	売 上	68,446,240	受 取 配 当 金	91,200
有価証券利息	36,000	固定資産売却益	732,000	仕 入	47,878,400
給 料	10,296,000	発 送 費	902,160	広 告 料	1,085,850
支 払 手 数 料	68,540	保 険 料	386,400	水 道 光 熱 費	710,310
租 税 公 課	416,400	雑 費	271,240	支 払 利 息	108,000

付 記 事 項

① 売掛金のうち¥100,000は，南東商店に対する前期末のものであり，同店はすでに倒産しているので，貸し倒れとして処理する。

② 配当金領収証¥93,600を受け取っていたが，未処理であった。

決算整理事項

a．期末商品棚卸高　帳簿棚卸数量　1,560個　原　　価　@¥3,200
実地棚卸数量　1,500 〃　正味売却価額　〃〃3,180
ただし，棚卸減耗損および商品評価損は売上原価の内訳項目とする。

b．貸 倒 見 積 高　売上債権の期末残高に対し，それぞれ貸倒実績率を2%として貸倒引当金を設定する。

c．有価証券評価高　保有する株式と債券は次のとおりである。
売買目的有価証券：岩国株式会社　20株　/株の時価　¥109,200
下関株式会社　16株　/株の時価　¥ 43,600
満期保有目的債券：鳥取商事株式会社発行のものであり，償却原価法によって¥1,782,000に評価する。なお，満期日は令和○9年3月3/日である。
その他有価証券：広島株式会社　20株　/株の時価　¥ 61,800

d．減 価 償 却 高　建　物：取得原価¥6,600,000　残存価額は取得原価の/0%　耐用年数は50年とし，定額法により計算している。
備　品：取得原価¥3,600,000　毎期の償却率を25%とし，定率法により計算している。

e．ソフトウェア償却　ソフトウェア¥640,000は当期首に事務効率化の目的で取得したものであり，利用可能期間を5年とし，定額法により償却する。

f．保険料前払高　¥ 55,200

g．利 息 未 払 高　長期借入金に対する利息は，利率年3%で，6月末と/2月末に経過した6か月分を支払う契約となっており，未払高を計上する。

h．退職給付引当金繰入額　¥ 504,500

i．法人税・住民税及び事業税額　¥1,547,500

損 益 計 算 書

山口商事株式会社　　　令和○5年4月1日から令和○6年3月31日まで　　　　　（単位：円）

I	売 上 高			68,446,240
II	売 上 原 価			
	1. 期首商品棚卸高		5,725,600	
	2. 当期商品仕入高	( )		
	合　　計	( )		
	3. 期末商品棚卸高	( )		
		( )		
	4. ( )	( )		
	5. ( )	( )	( )	
	売 上 総 利 益		( )	
III	販売費及び一般管理費			
	1. 給　　料		10,296,000	
	2. 発 送 費		902,160	
	3. 広 告 料		1,085,850	
	4. ( )	( )		
	5. ( )	( )		
	6. ( )	( )		
	7. ( )	( )		
	8. 支 払 手 数 料		68,540	
	9. 保 険 料	( )		
	10. ( )	( )		
	11. 租 税 公 課		416,400	
	12. ( )	( )	( )	
	営 業 利 益		( )	
IV	営 業 外 収 益			
	1. ( )	( )		
	2. ( )	( )		
	3. ( )	( )	( )	
V	営 業 外 費 用			
	1. ( )	( )	( )	
	経 常 利 益		( )	
VI	特 別 利 益			
	1. ( )	( )	( )	
	税引前当期純利益		( )	
	法人税・住民税及び事業税		( )	
	当 期 純 利 益		( )	

貸 借 対 照 表

山口商事株式会社　　　　令和○6年3月3/日　　　　　　　　（単位：円）

資 産 の 部

Ⅰ 流 動 資 産
  1. 現 金 預 金　　　　　　　　　　　　　　　（　　　　　　）
  2. 受 取 手 形　　　（　　　　　　）　（　　　　　　）
     　　貸 倒 引 当 金　（　　　　　　）　（　　　　　　）
  3. （　　　　　　）　（　　　　　　）
     　　貸 倒 引 当 金　（　　　　　　）　（　　　　　　）
  4. 売 　 掛 　 金　（　　　　　　）
     　　貸 倒 引 当 金　（　　　　　　）　（　　　　　　）
  5. （　　　　　　）　　　　　　　　　　　　　（　　　　　　）
  6. （　　　　　　）　　　　　　　　　　　　　（　　　　　　）
  7. （　　　　　　）　　　　　　　　　　　　　（　　　　　　）
     　　流 動 資 産 合 計　　　　　　　　　　　　　　　　（　　　　　　）
Ⅱ 固 定 資 産
 (1) 有 形 固 定 資 産
  1. 建 　 　 物　　　6,600,000
     　　減 価 償 却 累 計 額　（　　　　　　）　（　　　　　　）
  2. 備 　 　 品　　　3,600,000
     　　減 価 償 却 累 計 額　（　　　　　　）　（　　　　　　）
  3. 土 　 　 地　　　　　　　　　　　　1,200,000
     　　有 形 固 定 資 産 合 計　　　　　　　（　　　　　　）
 (2) 無 形 固 定 資 産
  1. （　　　　　　）　　　　　　　　　　　（　　　　　　）
     　　無 形 固 定 資 産 合 計　　　　　　　（　　　　　　）
 (3) 投 資 そ の 他 の 資 産
  1. （　　　　　　）　　　　　　　　　　　（　　　　　　）
     　　投 資 そ の 他 の 資 産 合 計　　　（　　　　　　）
     　　固 定 資 産 合 計　　　　　　　　　　　　　　　　（　　　　　　）
     　　資 産 合 計　　　　　　　　　　　　　　　　（　　　　　　）

負 債 の 部

Ⅰ 流 動 負 債
  1. 支 払 手 形　　　　　　　　　　　1,6/9,400
  2. （　　　　　　）　　　　　　　　　　（　　　　　　）
  3. 買 　 掛 　 金　　　　　　　　　3,023,730
  4. （　　　　　　）　　　　　　　　　　（　　　　　　）
  5. （　　　　　　）　　　　　　　　　　（　　　　　　）
     　　流 動 負 債 合 計　　　　　　　　　　　　　　　　（　　　　　　）
Ⅱ 固 定 負 債
  1. 長 期 借 入 金　　　　　　　　　4,800,000
  2. （　　　　　　）　　　　　　　　　　（　　　　　　）
     　　固 定 負 債 合 計　　　　　　　　　　（　　　　　　）
     　　負 債 合 計　　　　　　　　　　（　　　　　　）

純 資 産 の 部

Ⅰ 株 主 資 本
 (1) 資 　 本 　 金　　　　　　　　　　　　　　　8,400,000
 (2) 資 本 剰 余 金
  1. 資 本 準 備 金　　　　　564,000
     　　資 本 剰 余 金 合 計　　　　　　　　　　　　564,000
 (3) 利 益 剰 余 金
  1. 利 益 準 備 金　　　　　636,000
  2. そ の 他 利 益 剰 余 金
     ① 新 築 積 立 金　　　　　/20,000
     ②（　　　　　　）　　（　　　　　　）
     　　利 益 剰 余 金 合 計　　　　　　　　　（　　　　　　）
     　　株 主 資 本 合 計　　　　　　　　　　（　　　　　　）
Ⅱ 評 価・換 算 差 額 等
  1. （　　　　　　）　　　　　　　　　　（　　　　　　）
     　　評価・換算差額等合計　　　　　　　　　（　　　　　　）
Ⅲ （　　　　　　）　　　　　　　　　　　　（　　　　　　）
     　　純 資 産 合 計　　　　　　　　　　（　　　　　　）
     　　負 債 及 び 純 資 産 合 計　　　（　　　　　　）

37-6 石川商事株式会社の総勘定元帳勘定残高と付記事項および決算整理事項は次のとおりであった。よって，報告式の損益計算書および報告式の貸借対照表を完成しなさい。なお，税効果会計については考慮しない。

ただし，ⅰ　会社計算規則によること。
ⅱ　会計期間は令和○４年４月１日から令和○５年３月３１日までとする。

元帳勘定残高

現　　　　金	¥1,153,070	当 座 預 金	¥2,995,230	受 取 手 形	¥2,433,000
電子記録債権	1,167,000	売 　掛 　金	3,640,000	貸倒引当金	27,200
売買目的有価証券	5,257,600	繰 越 商 品	5,580,000	仮払法人税等	714,100
建　　　　物	9,600,000	建物減価償却累計額	1,152,000	備　　　品	2,400,000
備品減価償却累計額	600,000	リ ー ス 資 産	1,920,000	リース資産減価償却累計額	384,000
ソフトウェア	1,176,000	その他有価証券	6,240,000	支 払 手 形	1,838,400
電子記録債務	1,029,600	買 　掛 　金	2,208,000	手形借入金	432,000
長期借入金	3,000,000	リ ー ス 債 務	1,152,000	退職給付引当金	902,400
資 　本 　金	19,200,000	資本準備金	2,280,000	利益準備金	1,700,000
別途積立金	448,000	繰越利益剰余金	602,400	売　　　上	77,172,000
受取配当金	149,600	固定資産売却益	59,200	仕　　　入	61,071,200
給　　　料	5,083,200	発 　送 　費	780,760	広 　告 　料	913,640
支 払 地 代	1,148,800	保 　険 　料	585,600	水道光熱費	189,610
租 税 公 課	146,330	雑　　　費	49,660	支 払 利 息	92,000

付記事項

①　当座預金勘定の残高¥2,995,230は，金沢銀行の当座預金残高¥3,231,230から小松銀行の当座借越残高¥236,000を差し引いた金額である。よって借越分を適切な勘定に振り替える。

②　リース債務¥1,152,000は，令和○８年３月３１日までリース契約（リース料は毎年３月末日払い）をしているコピー機に対するものであり，決算日の翌日から１年以内に支払期限の到来する部分は流動負債として表示する。

決算整理事項

a．期末商品棚卸高　　帳簿棚卸数量　2,700個　　原　　　価　@¥1,840
実地棚卸数量　2,620〃　　正味売却価額　〃〃1,800
ただし，棚卸減耗損および商品評価損は売上原価の内訳項目とする。

b．外貨建取引の円換算　売掛金期末残高のうち¥1,250,000は，外貨建てによる輸出取引額10,000ドルを取引日の為替相場で円換算したものである。なお，決算日の為替相場は１ドルあたり¥132で，為替予約はおこなっていない。

c．貸倒見積高　　　　売上債権の期末残高に対し，それぞれ２％と見積もり，貸倒引当金を設定する。

d．有価証券評価高　　保有する株式は次のとおりである。

	銘　　柄	株数	１株の帳簿価額	１株の時価
売買目的有価証券	富山商事株式会社	80株	¥48,920	¥47,560
	福井物産株式会社	35株	¥38,400	¥39,500
その他有価証券	長野産業株式会社	60株	¥104,000	¥108,000

e．減価償却高　　建　　物：残存価額は零（0）耐用年数は50年とし，定額法により計算している。
備　　品：毎期の償却率を25％とし，定率法により計算している。
リース資産：取得原価（見積現金購入価額）¥1,920,000　残存価額は零（0）耐用年数は5年とし，定額法により計算している。

f．ソフトウェア償却　　ソフトウェアは前期首に自社利用目的で取得したものであり，利用可能期間を5年とし，定額法により償却している。

g．保険料前払高　　　保険料のうち¥489,600は，令和○４年９月１日から2年分の保険料として支払ったものであり，前払高を次期に繰り延べる。

h．利息未払高　　　¥　47,500

i．退職給付引当金繰入額　¥　516,200

j．法人税・住民税及び事業税額　¥1,468,700

損　益　計　算　書

石川商事株式会社　　　令和○4年4月1日から令和○5年3月31日まで　　　　　　　（単位：円）

Ⅰ **売　上　高**			77,172,000
Ⅱ **売　上　原　価**			
1. 期首商品棚卸高	5,580,000		
2. 当期商品仕入高	(　　　　　　　)		
合　　　計	(　　　　　　　)		
3. 期末商品棚卸高	(　　　　　　　)		
	(　　　　　　　)		
4. (　　　　　　)	(　　　　　　　)		
5. (　　　　　　)	(　　　　　　　)	(　　　　　　　　)	
売　上　総　利　益		(　　　　　　　　)	
Ⅲ **販売費及び一般管理費**			
1. 給　　　料	5,083,200		
2. 発　送　費	780,760		
3. 広　告　料	913,640		
4. (　　　　　　)	(　　　　　　　)		
5. (　　　　　　)	(　　　　　　　)		
6. (　　　　　　)	(　　　　　　　)		
7. (　　　　　　)	(　　　　　　　)		
8. 支　払　地　代	1,148,800		
9. 保　険　料	(　　　　　　　)		
10. (　　　　　)	(　　　　　　　)		
11. 租　税　公　課	146,330		
12. 雑　　　費	49,660	(　　　　　　　　)	
営　業　利　益		(　　　　　　　　)	
Ⅳ **営　業　外　収　益**			
1. (　　　　　　)	(　　　　　　　)		
2. (　　　　　　)	(　　　　　　　)	(　　　　　　　　)	
Ⅴ **営　業　外　費　用**			
1. (　　　　　　)	(　　　　　　　)		
2. (　　　　　　)	(　　　　　　　)	(　　　　　　　　)	
経　常　利　益		(　　　　　　　　)	
Ⅵ **特　別　利　益**			
1. (　　　　　　)	(　　　　　　　)	(　　　　　　　　)	
税引前当期純利益		(　　　　　　　　)	
法人税・住民税及び事業税		(　　　　　　　　)	
当　期　純　利　益		(　　　　　　　　)	

貸 借 対 照 表

石川商事株式会社 　　　令和○5年3月3/日　　　　　　　　（単位：円）

資 産 の 部

I 流 動 資 産
1. 現 金 預 金 　　　　　　　　　　　（　　　　　）
2. 受 取 手 形　　　（　　　　　）
　　　　貸 倒 引 当 金　（　　　　　）　　（　　　　　）
3. （　　　　　　　）　（　　　　　）
　　　　貸 倒 引 当 金　（　　　　　）　　（　　　　　）
4. 売 　 掛 　 金　（　　　　　）
　　　　貸 倒 引 当 金　（　　　　　）　　（　　　　　）
5. （　　　　　　　）　　　　　　　　　（　　　　　）
6. （　　　　　　　）　　　　　　　　　（　　　　　）
7. （　　　　　　　）　　　　　　　　　（　　　　　）
　　　　流 動 資 産 合 計　　　　　　　　　　　　　　　（　　　　　）

II 固 定 資 産
(1) 有 形 固 定 資 産
1. 建 　　　　 物　　9,600,000
　　　　減 価 償 却 累 計 額　（　　　　　）　　（　　　　　）
2. 備 　　　　 品　　2,400,000
　　　　減 価 償 却 累 計 額　（　　　　　）　　（　　　　　）
3. （　　　　　　　）　（　　　　　）
　　　　減 価 償 却 累 計 額　（　　　　　）　　（　　　　　）
　　　　有 形 固 定 資 産 合 計　　　　　　（　　　　　）
(2) 無 形 固 定 資 産
1. （　　　　　　　）　　　　　　　　　（　　　　　）
　　　　無 形 固 定 資 産 合 計　　　　　　（　　　　　）
(3) 投 資 そ の 他 の 資 産
1. （　　　　　　　）　　　　　　　　　（　　　　　）
2. （　　　　　　　）　　　　　　　　　（　　　　　）
　　　　投 資 そ の 他 の 資 産 合 計　　　（　　　　　）
　　　　固 定 資 産 合 計　　　　　　　　　　　　　　　（　　　　　）
　　　　資 産 合 計　　　　　　　　　　　　　　　　　　（　　　　　）

負 債 の 部

I 流 動 負 債
1. 支 払 手 形　　　　　　　　　　　1,838,400
2. （　　　　　　　）　　　　　　　　　（　　　　　）
3. 買 　 掛 　 金　　　　　　　　　　（　　　　　）
4. （　　　　　　　）　　　　　　　　　（　　　　　）
5. リ ー ス 債 務　　　　　　　　　　（　　　　　）
6. （　　　　　　　）　　　　　　　　　（　　　　　）
7. （　　　　　　　）　　　　　　　　　（　　　　　）
　　　　流 動 負 債 合 計　　　　　　　　　　　　　　　（　　　　　）

II 固 定 負 債
1. 長 期 借 入 金　　　　　　　　　　3,000,000
2. （　　　　　　　）　　　　　　　　　（　　　　　）
3. （　　　　　　　）　　　　　　　　　（　　　　　）
　　　　固 定 負 債 合 計　　　　　　　　　　　　　　　（　　　　　）
　　　　負 債 合 計　　　　　　　　　　　　　　　　　　（　　　　　）

純 資 産 の 部

I 株 主 資 本
(1) 資 　 本 　 金　　　　　　　　　　　　　　　　　19,200,000
(2) 資 本 剰 余 金
1. 資 本 準 備 金　　　　　　　　　2,280,000
　　　　資 本 剰 余 金 合 計　　　　　　　　　　　2,280,000
(3) 利 益 剰 余 金
1. 利 益 準 備 金　　　　　　　　　1,700,000
2. そ の 他 利 益 剰 余 金
　① 別 途 積 立 金　　　　　　　　448,000
　② （　　　　　　　）　　　　　　（　　　　　）
　　　　利 益 剰 余 金 合 計　　　　　　　　　　（　　　　　）
　　　　株 主 資 本 合 計　　　　　　　　　　　（　　　　　）

II 評 価 ・ 換 算 差 額 等
1. （　　　　　　　）　　　　　　（　　　　　）
　　　　評 価 ・ 換 算 差 額 等 合 計　　　　　（　　　　　）
　　　　純 資 産 合 計　　　　　　　　　　　　（　　　　　）
　　　　負 債 及 び 純 資 産 合 計　　　　　　（　　　　　）

38 仕訳の問題

38-1 次の取引の仕訳を示しなさい。ただし，勘定科目は，次のなかからもっとも適当なものを使用すること。

現　金	当座預金	クレジット売掛金	売買目的有価証券	機械装置
機械装置減価償却累計額	備品	備品減価償却累計額	リース資産	リース債務
未払金	資本金	資本準備金	利益準備金	自己株式
売上	受取手数料	受取利息	固定資産売却益	支払手数料
支払利息	手形売却損	株式交付費	創立費	固定資産売却損

1．当期首において，リース契約（ファイナンス・リース取引，リース期間：4年，見積現金購入価額：¥72,000，リース料：年額¥20,000　毎年3月末日払い）を結んでいたが，3月末にリース料を現金で支払った。なお，リース取引については，利子抜き法（支払利息の配分は定額法）によって処理している。

2．大阪鉱業株式会社（決算年1回）は，当期首に機械装置を¥7,200,000で買い入れ，この代金は，これまで使用してきた機械装置を¥950,000で引き取らせ，新しい機械装置の代金との差額は月末に支払うことにした。ただし，これまで使用してきた機械装置は¥8,500,000で買い入れたもので，残存価額は零（0）　予定総利用時間数は17,000時間　前期末までの実際利用時間数は13,600時間であり，生産高比例法によって減価償却費を計算し，間接法で記帳してきた。

3．山形商事株式会社は，開業後5年目に，株式400株を1株につき¥100,000で発行し，全額の引き受け・払い込みを受け，払込金は当座預金とした。ただし，払込金額のうち，資本金に計上しない金額は，会社法に規定する最高限度額とした。なお，この株式の発行に要した諸費用¥280,000は小切手を振り出して支払った。

4．立山商事株式会社は，自社の発行済株式のうち80株を1株につき¥70,000で取得し，代金は買入手数料¥110,000とともに小切手を振り出して支払った。

5．商品¥520,000をクレジットカード払いの条件で販売した。なお，販売代金の2％にあたる金額をクレジット会社への手数料として販売時に計上する。

	借　　方	貸　　方
1		
2		
3		
4		
5		

38-2 次の取引の仕訳を示しなさい。ただし，勘定科目は，次のなかからもっとも適当なものを使用すること。

現　　　　　金	当 座 預 金	受 取 手 形	売買目的有価証券	備　　　　　品
備品減価償却累計額	鉱 業 権	ソフトウェア	満期保有目的債券	支 払 手 形
保 証 債 務	資 本 金	資 本 準 備 金	利 益 準 備 金	繰越利益剰余金
新 株 予 約 権	売　　　　　上	受 取 利 息	有 価 証 券 利 息	仕　　　　　入
手 形 売 却 損	固定資産除却損	鉱 業 権 償 却	保 証 債 務 費 用	株 式 交 付 費

1．群馬商店から商品代金として受け取っていた同店振り出しの約束手形¥830,000を取引銀行で割り引き，割引料を差し引かれた手取金¥822,000は当座預金とした。なお，保証債務の時価を¥17,000と評価した。

2．栃木商事株式会社は，新株予約権10個を1個につき¥50,000で発行していたが，そのうち5個の権利行使があったので新株を交付し，払い込みを受けた権利行使価額¥3,500,000（新株予約権1個あたりの権利行使価額¥700,000）を当座預金とした。なお，会社法に規定する最高限度額を資本金に計上しないことにした。

3．大分商事株式会社（決算年1回）は，取得原価¥4,840,000の備品を第30期初頭に除却し，廃棄処分した。ただし，この備品は，第24期初頭に買い入れたもので，定額法により，残存価額は零（0）耐用年数は8年として減価償却費を計算し，間接法で記帳してきた。なお，この備品の評価額は零（0）である。

4．満期まで保有する目的で，京都商事株式会社の額面¥6,700,000の社債を，額面¥100につき¥96.50で買い入れ，代金は買入手数料¥17,500および端数利息¥24,000とともに小切手を振り出して支払った。

5．熊本鉱業株式会社（決算年1回　3月31日）は，決算にあたり，生産高比例法を用いて鉱業権を償却した。なお，この鉱業権は当期の10月1日に¥284,000,000で取得し，当期に5,000トンの採掘量があった。ただし，この鉱区の推定埋蔵量は400,000トンであり，鉱業権の残存価額は零（0）である。

6．自社で利用する目的でソフトウェアの制作を外部に委託していたが，本日，制作代金¥6,200,000を小切手を振り出して支払い，その引き渡しを受けた。

	借　　　　　　　　方	貸　　　　　　　　方
1		
2		
3		
4		
5		
6		

38-3 次の取引の仕訳を示しなさい。ただし，勘定科目は，次のなかからもっとも適当なものを使用すること。

現　　　金	当 座 預 金	受 取 手 形	電 子 記 録 債 権	売買目的有価証券
機 械 装 置	備　　　品	備品減価償却累計額	建 設 仮 勘 定	繰 延 税 金 資 産
支 払 手 形	電 子 記 録 債 務	未 払 配 当 金	保 証 債 務	繰 延 税 金 負 債
資 本 準 備 金	その他資本剰余金	利 益 準 備 金	繰越利益剰余金	売　　　上
受 取 利 息	有 価 証 券 利 息	有価証券売却益	保証債務取崩益	仕　　　入
電子記録債権売却損	有価証券売却損	保 証 債 務 費 用	固 定 資 産 除 却 損	法人税等調整額

1．かねて建設を依頼していた機械装置が完成し，引き渡しを受けたので，建設代金¥90,000,000のうち，すでに支払ってある¥65,000,000を差し引いて，残額は小切手を振り出して支払った。なお，この機械装置の試運転費¥70,000は現金で支払った。

2．決算において，売掛金¥400,000について，¥8,000の貸倒引当金を設定したが，法人税法上の繰入限度額は¥4,000であるため，その超過額¥4,000については，損金として認められなかった。そのため，税効果会計を適用する。なお，法定実効税率は30％とする。

3．売買目的で保有している新潟商事株式会社の社債　額面¥15,000,000（帳簿価額 ¥13,800,000）のうち，その3分の1を額面¥100につき¥97.50で売却し，代金は端数利息¥50,000とともに小切手で受け取った。

4．かねて，商品代金として福井商店に裏書譲渡していた石川商店振り出しの約束手形¥800,000が期日に決済された。なお，この手形を裏書譲渡したさいに¥8,000の保証債務を計上している。

5．電子債権記録機関に取引銀行を通じて電子記録債権¥250,000の取引銀行への譲渡記録をおこない，取引銀行から¥2,000が差し引かれた残額が当座預金口座に振り込まれた。

6．奈良商事株式会社は，株主総会において，剰余金¥5,000,000（その他資本剰余金¥1,500,000繰越利益剰余金¥3,500,000）の配当をおこなうことを決議した。なお，配当にともない，資本準備金¥150,000　利益準備金¥350,000を計上する。

7．青森商事株式会社（決算年1回）は，取得原価¥2,000,000の備品を第22期初頭に除却し，廃棄処分した。ただし，この備品は，第19期初頭に買い入れたもので，定率法により，毎期の償却率を20％として，減価償却費を計算し，間接法で記帳してきた。なお，この備品の評価額は零（0）である。

	借　　　　方	貸　　　　方
1		
2		
3		
4		
5		
6		
7		

38-4 次の取引の仕訳を示しなさい。ただし，勘定科目は，次のなかからもっとも適当なものを使用すること。

現　　　　　金	当 座 預 金	電 子 記 録 債 権	売 掛 金	仕 掛 品
建　　　　　物	リ ー ス 資 産	鉱 業 権	ソ フ ト ウ ェ ア	買 掛 金
電 子 記 録 債 務	資 本 金	資 本 準 備 金	利 益 準 備 金	その他資本剰余金
自 己 株 式	売 上	受 取 利 息	有価証券売却益	仕 入 割 引
仕 入	支 払 リ ー ス 料	支 払 利 息	給 料	旅 費
修 繕 費	ソフトウェア償却	株 式 交 付 費	鉱 業 権 償 却	

1．福岡商店に対する買掛金¥450,000の支払いにあたり，支払期日前のため同店から2％の割引を受け，割引額を差し引いた金額を小切手を振り出して支払った。
2．長崎鉱業株式会社は¥512,000,000で鉱業権を取得した鉱区から，当期に40,000トンの採掘量があったので，生産高比例法を用いて鉱業権を償却した。ただし，この鉱区の推定埋蔵量は1,600,000トンであり，鉱業権の残存価額は零（0）である。
3．黒部商事株式会社は，保有している自社が発行した株式（1株の帳簿価額¥60,000）のうち，55株を1株につき¥50,000で売却し，受け取った代金は当座預金とした。
4．当期首において，リース会社と備品のリース契約（オペレーティング・リース取引，リース期間：6年，見積現金購入価額：¥162,000，リース料：年額¥30,000，毎年3月末日払い）を結んでいたが，本日，1回目のリース料を小切手を振り出して支払った。
5．売掛金¥280,000について，電子債権記録機関から取引銀行を通じて電子記録債権の発生記録の通知を受けた。
6．前橋商事株式会社は建物の改良および修繕をおこない，その代金¥6,900,000を小切手を振り出して支払ったさい，全額を資本的支出として処理していたが，その代金のうち¥2,100,000は建物の通常の維持・管理のために支出していたことが判明したため，本日，これを訂正した。
7．決算にあたり，期首に取得したソフトウェアを定額法により償却した。なお，ソフトウェアの取得原価は¥8,000,000　償却期間は5年である。
8．埼玉設計事務所は，大宮商店から依頼のあった店舗用建物の設計をおこない，給料¥80,000，旅費¥120,000はこの設計のための支出であることがわかったので仕掛品勘定へ振り替える。

	借　　　　　方	貸　　　　　方
1		
2		
3		
4		
5		
6		
7		
8		

38-5 次の取引の仕訳を示しなさい。ただし，勘定科目は，次のなかからもっとも適当なものを使用すること。

現　　　　　金	当 座 預 金	電 子 記 録 債 権	売　掛　金	不 渡 手 形
備　　　　　品	備品減価償却累計額	建　　　　　物	リ ー ス 資 産	建 設 仮 勘 定
前　払　金	電 子 記 録 債 務	リ ー ス 債 務	保 証 債 務	未　払　金
資　本　金	資 本 準 備 金	利 益 準 備 金	新 築 積 立 金	繰越利益剰余金
売　　　　　上	受 取 利 息	固 定 資 産 売 却 益	保証債務取崩益	仕　　　　　入
株 式 交 付 費	創　立　費	固 定 資 産 売 却 損		

1．当期首において，リース会社と備品のリース契約（ファイナンス・リース取引，リース期間：8年，見積現金購入価額：¥624,000，リース料：年額¥90,000，毎年3月末払い，利子込み法）を締結した。

2．かねて，商品代金として水戸商店に裏書譲渡していた北東商店振り出しの約束手形が期日に不渡りとなり，水戸商店から償還請求を受けた。よって，手形金額¥500,000および償還請求の諸費用¥2,000をともに小切手を振り出して支払い，同時に北東商店に支払請求をおこなった。なお，この手形を裏書譲渡したさいに¥5,000の保証債務を計上している。

3．愛知商事株式会社は，企業規模の拡大のため，株式600株を1株につき¥95,000で発行し，全額の引き受け・払い込みを受け，払込金は当座預金とした。ただし，資本金とする額は会社法が規定する原則を適用する。なお，株式の発行に要した諸費用¥360,000は小切手を振り出して支払った。

4．発生記録の通知を受けていた電子記録債務¥360,000の支払期日が到来し，当座預金口座から引き落とされた。

5．かねて建築を依頼していた店舗用建物が完成し，引き渡しを受けたので，建築代金¥7,200,000のうち，すでに支払ってある¥4,200,000を差し引き，残額は小切手を振り出して支払った。なお，取締役会の決議により，新築積立金¥7,000,000を取り崩した。

6．和歌山商事株式会社（決算年1回）は，第8期初頭に備品を¥3,000,000で買い入れ，この代金はこれまで使用してきた備品を¥1,000,000で引き取らせ，新しい備品の代金との差額は月末に支払うことにした。ただし，これまで使用してきた備品は第6期初頭に¥2,480,000で買い入れたもので，定率法により毎期の償却率を25％として減価償却費を計算し，間接法で記帳してきた。

	借　　　　方	貸　　　　方
1		
2		
3		
4		
5		
6		

38-6 次の取引の仕訳を示しなさい。ただし，勘定科目は，次のなかからもっとも適当なものを使用すること。

現 金	当 座 預 金	定 期 預 金	受 取 手 形	電子記録債権
売 掛 金	前 払 金	機 械 装 置	機 械 装 置 減価償却累計額	備 品
備品減価償却累計額	リ ー ス 資 産 減価償却累計額	支 払 手 形	電子記録債務	買 掛 金
未 払 金	前 受 金	退職給付引当金	資 本 金	資 本 準 備 金
その他資本剰余金	自 己 株 式	新 株 予 約 権	役 務 収 益	固定資産売却益
仕 入	役 務 原 価	減 価 償 却 費	固定資産売却損	固定資産除却損

1．学習塾を経営している北東学園は，開講予定の講座（受講期間／年）の受講料¥290,000を受け取っていたが，本日，講座の日程がすべて終了した。

2．従業員横浜太郎が退職し，退職一時金¥8,500,000を定期預金から支払った。ただし，退職給付引当金勘定の残高が¥12,000,000ある。

3．千葉商事株式会社は，新株予約権15個を1個につき¥50,000で発行していたが，そのうち5個の権利行使があったので自己株式¥2,900,000を交付し，払い込みを受けた権利行使価額¥3,000,000（新株予約権1個あたりの権利行使価額¥600,000）を当座預金とした。

4．当期首において，リース契約（ファイナンス・リース取引，リース期間：5年，見積現金購入価額：¥700,000，リース料：年額¥150,000，毎年3月末日払い，利子込み法）を結んでいたが，本日，決算のため減価償却費を計上する。なお，減価償却は，定額法，残存価額は零（0）耐用年数はリース期間とし，記帳方法は間接法である。

5．買掛金¥324,000の支払いのため，電子債権記録機関に取引銀行を通じて電子記録債権の譲渡記録をおこなった。

6．島根鉱業株式会社は，期首にこれまで使用してきた取得原価¥3,600,000の採掘用機械装置を除却し，廃棄処分した。ただし，残存価額は取得原価の10％　予定総利用時間数は27,000時間　前期末までの実際利用時間数は21,000時間であり，生産高比例法によって減価償却費を計算し，間接法で記帳してきた。なお，この機械装置の評価額は零（0）である。

7．福島商事株式会社（決算年1回）は，第5期初頭に備品を¥300,000で買い入れ，この代金はこれまで使用してきた備品を¥140,000で引き取らせ，新備品との差額は月末に支払うこととした。ただし，この旧備品は第3期初頭に¥240,000で買い入れたもので，定率法により毎期の償却率を25％として減価償却費を計算し，間接法で記帳してきた。

	借　　　　　　方	貸　　　　　　方
1		
2		
3		
4		
5		
6		
7		

38-7 次の取引の仕訳を示しなさい。ただし，勘定科目は，次のなかからもっとも適当なものを使用すること。

現　　　金　　当　座　預　金　　定　期　預　金　　受　取　手　形　　売　　掛　　金
クレジット売掛金　　仕　掛　品　　建　　　　　物　　備　　　　　品　　子　会　社　株　式
の　れ　ん　　買　　掛　　金　　前　受　　金　　支　払　手　形　　長　期　借　入　金
保　証　債　務　　資　　本　　金　　売　　　　上　　役　務　収　益　　役　務　原　価
保証債務費用　　手　形　売　却　損　　子会社株式評価損

1．広島商事株式会社は，次の財政状態にある山口商会を取得し，取得代金は小切手を振り出して支払った。ただし，同商会の年平均利益額は¥336,000　同種の企業の平均利益率を8％として収益還元価値を求め，その金額を取得代金とした。なお，山口商会の貸借対照表に示されている資産および負債の帳簿価額は時価に等しいものとする。

山口商会	貸　借　対　照　表		（単位：円）
売　掛　金	3,300,000	買　掛　金	3,200,000
建　　　物	3,800,000	長期借入金	1,800,000
備　　　品	1,420,000	資　本　金	3,520,000
	8,520,000		8,520,000

2．さきに，三重商店と商品¥600,000について予約販売契約を結び，予約金として商品代金の50％を受け取っていたが，本日，予約商品のすべてを同店に引き渡し，残額は掛けとした。

3．愛媛商店から商品代金として受け取っていた同店振り出しの約束手形¥700,000を取引銀行で割り引き，割引料¥4,000を差し引かれた手取金は当座預金とした。なお，保証債務の時価は手形額面金額の1％とする。

4．商品¥350,000をクレジットカード払いの条件で販売し，販売代金の3％にあたる手数料を販売時に計上していたが，本日，手数料を差し引かれた手取額が当座預金口座に入金された。

5．宇都宮商業株式会社は，実質的に支配している南北産業株式会社の財政状態が著しく悪化したので，保有する同社の株式200株（1株の帳簿価額¥82,000）を実質価額によって評価替えした。なお，南北産業株式会社の資産総額は¥64,260,000　負債総額は¥54,760,000で，発行済株式数は250株（市場価格のない株式）である。

6．栃木マーケティング会社は，顧客から依頼のあった市場調査に要した諸費用¥330,000を仕掛品勘定で処理していたが，本日，その調査報告書を顧客に渡し，その対価として現金¥500,000を受け取った。

	借　　　　　　方		貸　　　　　　方	
1				
2				
3				
4				
5				
6				

38-8 次の取引の仕訳を示しなさい。ただし，勘定科目は，次のなかからもっとも適当なものを使用すること。

現　　　金	当 座 預 金	受 取 手 形	売 掛 金	売買目的有価証券
リース資産	支 払 手 形	買 掛 金	リース債務	前 受 金
未 払 配 当 金	保 証 債 務	資 本 金	資本準備金	利益準備金
別 途 積 立 金	繰越利益剰余金	売　　　上	受 取 利 息	有価証券利息
仕 入 割 引	仕　　　入	支 払 利 息	保証債務費用	

1．佐賀商店から商品¥770,000を仕入れ，代金のうち¥450,000は得意先熊本商店振り出し，当店あての約束手形¥450,000を裏書譲渡し，残額は小切手を振り出して支払った。なお，保証債務の時価を¥9,000と評価した。
2．宮崎商事株式会社は，株主総会において，繰越利益剰余金を次のとおり配当および処分することを決議した。ただし，繰越利益剰余金勘定の貸方残高は¥8,350,000である。なお，資本金は¥70,000,000　資本準備金は¥16,000,000　利益準備金は¥890,000である。
　　配 当 金 ¥7,000,000　　利益準備金 会社法に規定する額　　別途積立金 ¥390,000
3．売買目的で額面¥3,000,000の社債を額面¥100につき¥94.80で買い入れ，代金は買入手数料¥30,000　端数利息¥16,000とともに小切手を振り出して支払った。
4．当期首において，リース会社と備品のリース契約（ファイナンス・リース取引，利子抜き法，リース期間：5年，見積現金購入価額：¥270,000，リース料：年額¥60,000，毎年3月末日払い）を締結した。
5．沖縄商店に対する買掛金の支払いにあたり，支払期日前のため，契約によって¥18,000の割引を受け，割引額を差し引いた金額¥1,782,000は現金で支払った。
6．顧客に季節ごとの商品（全4回）を発送する契約で予約を受け付けたところ，100件（1件あたり¥30,000）の申し込みがあり，予約金¥3,000,000が当座預金口座に振り込まれた。

	借　　　　　方	貸　　　　　方
1		
2		
3		
4		
5		
6		

38-9 次の取引の仕訳を示しなさい。ただし、勘定科目は、次のなかからもっとも適当なものを使用すること。

現　　　　　金	当 座 預 金	受 取 手 形	電子記録債権	売 　掛　 金
売買目的有価証券	不 渡 手 形	備　　　　品	備品減価償却累計額	子 会 社 株 式
繰 延 税 金 資 産	支 払 手 形	電子記録債務	買 　掛 　金	未 　払 　金
保 証 債 務	繰 延 税 金 負 債	売 　　　 上	有価証券利息	有価証券売却益
保証債務取崩益	固定資産売却益	保証債務費用	支 払 利 息	有価証券売却損
固定資産売却損	子会社株式評価損	法人税等調整額		

1．かねて、取引銀行で割り引いた東南商店振り出しの約束手形が期日に不渡りとなり、取引銀行から償還請求を受けた。よって、手形金額¥350,000および期日以後の利息¥2,000をともに小切手を振り出して支払い、同時に東南商店に支払請求をおこなった。なお、この手形を割り引いたさいに¥7,000の保証債務を計上している。

2．決算において、当期首に購入した取得原価¥320,000の備品を、会計上8年の耐用年数（残存価額零（0））で定額法によって減価償却をおこなっていたが、法人税法上の耐用年数は10年であるため、税効果会計を適用する。なお、法定実効税率は30％とする。

3．弘前商事株式会社は、実質的に支配している西南産業株式会社の財政状態が著しく悪化したので、保有する同社の株式130株（帳簿価額¥12,090,000）を実質価額によって評価替えした。なお、西南産業株式会社の資産総額は¥27,240,000　負債総額は¥19,640,000で、発行済株式数は200株（市場価格のない株式）である。

4．秋田商店に対する買掛金¥240,000について、取引銀行を通じて電子債権記録機関に債務の発生記録を請求した。

5．仙台商事株式会社（決算年1回）は、第7期初頭に備品を¥280,000で買い入れ、この代金はこれまで使用してきた備品を¥69,000で引き取らせ、新しい備品の代金との差額は翌月末に支払うことにした。ただし、この古い備品は第4期初頭に¥240,000で買い入れたもので、耐用年数6年、残存価額は零（0）とし、定額法によって毎期の減価償却費を計算し、間接法で記帳してきた。

6．売買目的で保有している甲府工業株式会社の社債　額面¥40,000,000のうち¥20,000,000を¥100につき¥99.20で売却し、代金は端数利息¥83,000とともに小切手で受け取った。ただし、この額面¥40,000,000の社債は当期に¥100につき¥97.50で買い入れたものであり、同時に買入手数料¥80,000および端数利息¥48,000を支払っている。

	借　　　　　方	貸　　　　　方
1		
2		
3		
4		
5		
6		

38-10 次の取引の仕訳を示しなさい。ただし，勘定科目は，次のなかからもっとも適当なものを使用すること。

現　　　　　金	当　座　預　金	受　取　手　形	電子記録債権	売　　掛　　金
仕　　掛　　品	建　　　　　物	建物減価償却累計額	支　払　手　形	電子記録債務
買　　掛　　金	契　約　負　債	資　　本　　金	資　本　準　備　金	その他資本剰余金
利　益　準　備　金	繰越利益剰余金	自　己　株　式	役　務　収　益	仕　入　割　引
役　務　原　価	仕　　　　　入	修　　繕　　費	株式交付費	創　　立　　費
開　　業　　費	有価証券売却損	火　災　損　失		

1. 長崎商事株式会社は建物の改良と修繕をおこない，その代金¥8,700,000を小切手を振り出して支払った。ただし，代金のうち¥4,800,000は資本的支出とした。
2. 米沢商事株式会社は，設立にさいし，株式400株を1株につき¥82,000で発行し，全額の引き受け・払い込みを受け，払込金は当座預金とした。ただし，払込金額のうち，資本金に計上しない金額は，会社法に規定する最高限度額とした。なお，設立準備に要した諸費用¥1,460,000は小切手を振り出して支払った。
3. 清水商店に対する買掛金¥500,000の支払いにあたり，期日前のため契約によって同店から割引を受け，割引額を差し引いた金額¥485,000は小切手を振り出して支払った。
4. 旅行業を営む神奈川旅行社は，国内旅行のツアーを実施し，サービスの提供にともなう費用¥362,000を現金で支払った。
5. 埼玉商事株式会社は，自己株式（1株の帳簿価額¥50,000）20株を消却した。
6. 発生記録の通知を受けていた電子記録債権¥230,000の支払期日が到来し，当座預金口座に振り込まれた。
7. 大学受験に向けた予備校を経営している徳島学園は，来月から3か月間開講する講座の受講料¥750,000を現金で受け取った。
8. 決算日となり，上記7.の講座について，講座の全体の3分の1が終了した。
9. 建物（取得原価¥30,000,000　減価償却累計額¥26,000,000）が，火災により焼失した。

	借　　　　　方	貸　　　　　方
1		
2		
3		
4		
5		
6		
7		
8		
9		

☆ 日商簿記２級の重要論点

●出題の傾向●

❖これまで日商簿記検定出題区分表の１級にあったリース取引・外貨建取引・税効果会計・圧縮記帳・連結会計の５項目が２級にも入ってきました。また2022年４月から「収益認識に関する会計基準」が出題範囲に含まれました。ここでは，それぞれの攻略ポイントを解説します。

■ 攻略のポイント

1 収益認識に関する会計基準（収益認識基準）

企業の売上などの収益を認識するタイミングは，新たに設定された「収益認識に関する会計基準」の考え方によって定められることになった。

新しい基準では，約束した財又はサービスを顧客に移転することで履行義務（財又はサービスを顧客に移転する約束のこと）が充足（完了・果たされること）され，それに応じて収益を認識するとしている。

> **＜基本原則＞**
> 約束した財又はサービスの顧客への移転を，その財又はサービスと交換に企業が権利を得ると見込む対価の額で描写するように，収益を認識する。

ここでは日商簿記２級までの出題範囲である簡易な内容のものに絞り，設例を通してその考え方を学習する。なお，収益認識基準では，第三者のために回収される金額は取引価格（対価の額）に含めないこととしているので，消費税の会計処理は，税抜方式のみが認められることに変更となっている。

(1) 【商品販売時に売手が送料を支払った場合】

例 商品Xを¥200,000で販売し，相手方負担の送料¥3,000を含めた合計額を掛けとした。また，同時に運送業者へ商品Xを引き渡し，送料¥3,000は月末に支払うこととした。

（出荷・配送を別個の履行義務と識別しない方法によること）

（借）売　掛　金	203,000	（貸）売　　　　上	203,000
発　送　費	3,000	未　払　金	3,000

…出荷・配送を別個の履行義務とせず，一つの履行義務ととらえるため，売上収益は送料を含めた債権額と同額の¥203,000で認識する。なお，送料の支払分は発送費勘定で処理し，純粋な収益額は取引価格の¥200,000となる。

(2) 【一つの契約の中に複数の履行義務が存在する場合（別個に収益認識する）】

① それぞれが一時点で充足される履行義務の場合

例 (ⅰ) 実教商事とA品¥300,000とB品¥400,000を販売する契約を結び，A品を引き渡した。なお，代金はB品引き渡し後にまとめて請求することになっており，A品分はまだ債権になっていない。A品とB品はそれぞれ独立した履行義務として識別している。

（借）契　約　資　産	300,000	（貸）売　　　　上	300,000

…A品の引き渡しにより，A品の履行義務は充足されたので，収益を認識（売上計上）する。ただし，代金請求権はB品引き渡し後に生じるので，債権の前段階として「**契約資産**」を借方に計上する。

> 「債権（売掛金など）」→対価に対する法的な請求権が確定したもの
> 「**契約資産**」→債権確定前の財・サービスと交換に受け取る権利のある対価額

例 (ⅱ) 実教商事にB品を引き渡すとともに，A品とB品両方を合わせた請求書を後日発送することにした。

（借）売　掛　金　700,000　（貸）売　　　　上　400,000
　　　　　　　　　　　　　　　　　契　約　資　産　300,000

…Ｂ品の引き渡しにより，Ｂ品の履行義務は充足されたので，収益を認識（売上計上）する。また，代金の請求権が確定したので，契約資産を債権としての売掛金に振り替える。

② 一時点で充足される履行義務と一定の期間にわたり充足される履行義務の場合

例 (i) 12月1日　Ａ社にコンピュータ機器一式（販売価格¥2,400,000）と，この機器類に対する1年間の保守サービス（販売価格¥60,000）合わせて¥2,460,000を販売・納入し，代金が当座預金口座に振り込まれた。当社では，それぞれを別個の履行義務として識別している。保守サービスは本日より開始し，経過月数に応じて履行義務が充足するものとする。

（借）当　座　預　金　2,460,000　（貸）売　　　　上　2,400,000
　　　　　　　　　　　　　　　　　　　契　約　負　債　60,000

…コンピュータ機器一式は販売・納入により履行義務が充足されたので，収益を認識（売上計上）する。保守サービスは1年間という一定の期間を経て履行義務が充足されていくので，この段階では収益認識せず，「契約負債」を貸方に計上する。

> 「契約負債」→財・サービスを移転する義務に対して顧客から受け取った対価額

例 (ii) 3月31日　本日決算をむかえたので，保守サービスのうち履行義務を充足した分について収益を計上した。

（借）契　約　負　債　20,000　（貸）役　務　収　益　20,000
　　　　　　　　　　　　　　　　　　（または売上）

…保守サービスは時の経過に応じて履行義務が充足されることから，決算日までに経過した4か月分（$¥60,000 \times \dfrac{4か月}{12か月} = ¥20,000$）を収益として認識し，契約負債から振り替える。

＜参考＞　受け取った手付金を契約負債とする場合

例 (i) Ｃ品¥600,000を販売する契約を結び，手付金として¥60,000を現金で受け取った。

（借）現　　　　金　60,000　（貸）契　約　負　債　60,000

…Ｃ品を引き渡す前に代金の一部を受け取っているので「契約負債」を計上する。

例 (ii) 本日Ｃ品を引き渡し，手付金を除いた残額¥540,000を掛けとした。

（借）売　掛　金　540,000　（貸）売　　　　上　600,000
　　　　契　約　負　債　60,000

…Ｃ品を引き渡すことによって履行義務が充足されたので，収益を認識（売上計上）する。また，事前に受け取っていた手付金は売上代金の一部に充当され，残額の¥540,000は債権として売掛金を計上する。

(3) 【売上割戻し（変動対価としての処理）】

変動対価とは，顧客と約束した対価のうち変動する可能性がある部分をいい，この部分について収益計上の額を調整する処理をおこなう。売上割戻契約による割戻額（リベート）はこれに該当する。

例 (i) 5月10日　実教商事へＡ品800個を1個あたり¥1,000で販売し，代金は掛けとした。ただし，実教商事とは5月から6月の間にＡ品を1,200個以上購入した場合に，この期間の販売額の5％をリベートとして，7月末に支払う取り決めが結ばれており，この条件が達成される可能性は高い。

（借）売　掛　金　800,000　（貸）売　　　　上　760,000
　　　　　　　　　　　　　　　　　返　金　負　債　40,000

…顧客から受け取る対価のうち企業が権利を得られないと見込まれる額（この例では割戻見込額がこれにあたり，¥800,000×5％＝¥40,000）を「返金負債」として計上し，収益認識をしない。

例 (ii) 6月20日　実教商事へA品600個を / 個あたり￥1,000で販売し，代金は掛けとした。また，
この取引によってリベートの支払条件が満たされたので，リベートを7月末に支払うこととした。

（借）売　掛　金　600,000　（貸）売　　　　上　570,000
　　　　　　　　　　　　　　　　　返 金 負 債　 30,000
（借）返 金 負 債　 70,000　（貸）未　払　金　 70,000

例 (iii) 7月31日　実教商事へ約束したリベート￥70,000を現金で支払った。

（借）未　払　金　 70,000　（貸）現　　　　金　 70,000

2　リース取引

　企業が使用する備品や機械などを，購入ではなくリース契約によって調達することがあり，これを**リース取引**という。リース取引では借手側が貸手側に対してリース料を支払うことによって，リース物件（備品や機械など）を使用する権利を得る。日商簿記2級では借手側の会計処理について出題される。

　リース取引は**ファイナンス・リース取引**と**オペレーティング・リース取引**に分類される。

【ファイナンス・リース取引】（売買取引に準じて会計処理）

　リース契約が途中解約できず，リース物件から生じるコストを借手が負担するような，実質的にリース物件を購入したのと同様な契約の場合に「ファイナンス・リース取引」と分類される。また，リース期間終了後にリース物件の所有権が借手側に移ることになる場合は「所有権移転ファイナンス・リース取引」，そうでない場合は「所有権移転外ファイナンス・リース取引」と細分類される。この違いは，リース資産の減価償却費計算に影響を与える。

　ファイナンス・リース取引は，リース物件を分割払いで購入したのと同様な会計処理とするため，リース取引開始日にリース物件を**リース資産**勘定（資産）とし，これに対して将来支払うリース料を**リース債務**勘定（負債）として計上する。

　　　　（借）リ ー ス 資 産 ×××　（貸）リ ー ス 債 務 ×××

　その後，リース料支払時には「リース債務」の返済手続きを，そして「リース資産」については決算整理として減価償却の手続きをとることになる。

　なお，「リース資産」「リース債務」として計上する金額の決定方法には次の二つがある。

① **利子抜き法（原則処理法）**……リース料総額から利息相当額を控除した金額をリース資産の取得原価とする方法。日商簿記2級では「見積現金購入価額」をこの額と考えてよい。この方法によると，リース料を支払ったときにリース債務の支払い処理とあわせて，経過した期間に応じた利息相当額を支払利息勘定（費用）に計上する。なお，日商簿記2級では，定額法によって利息の期間配分をおこなう方法に限定されている。

② **利子込み法**……利息相当額を控除せず，リース料総額をリース資産の取得原価とする方法。この方法によれば，リース料を支払ったときには利息部分を区別せず，支払額すべてをリース債務の減少にあてる。

例 当期首に，リース会社からリース物件としてコピー機を，年間リース料￥820,000（毎期末現金払い），期間5年の条件で調達した。このリース取引はファイナンス・リース取引と判定され，当該コピー機の現金購入価額は￥3,800,000と見積もられた。減価償却は残存価額0，リース期間を耐用年数とする定額法により間接法により記帳している。

① 利子抜き法（利息の期間配分は定額法）による場合
（ⅰ）リース物件取得時

（借）リ ー ス 資 産　3,800,000　（貸）リ ー ス 債 務　3,800,000
…リース資産の取得原価は見積現金購入価額

(ii) 期末のリース料支払時

(借) リ ー ス 債 務　760,000　　（貸）現　　　　　金　820,000
　　　支 払 利 息　 60,000
　…支払利息額は利息相当額のうちの当期／年分（定額法）
　（年間リース料¥820,000×5回－取得原価¥3,800,000）÷5回＝¥60,000
　リース債務返済額は¥820,000－支払利息¥60,000＝¥760,000

(iii) 決算整理

(借) 減 価 償 却 費　760,000　　（貸）リ ー ス 資 産　760,000
　　　　　　　　　　　　　　　　　　　減価償却累計額
　…減価償却費は，取得原価¥3,800,000÷5年＝¥760,000

② 利子込み法による場合

(i) リース物件取得時

(借) リ ー ス 資 産　4,100,000　　（貸）リ ー ス 債 務　4,100,000
　…リース資産の取得原価は，年間リース料¥820,000×5回＝¥4,100,000

(ii) 期末のリース料支払時

(借) リ ー ス 債 務　820,000　　（貸）現　　　　　金　820,000

(iii) 決算整理

(借) 減 価 償 却 費　820,000　　（貸）リ ー ス 資 産　820,000
　　　　　　　　　　　　　　　　　　　減価償却累計額
　…減価償却費は，取得原価¥4,100,000÷5年＝¥820,000

【オペレーティング・リース取引】（賃貸借取引に準じて会計処理）

　ファイナンス・リース取引と分類されなかった取引をいい，通常の賃貸借取引と同様に，支払ったリース料を支払リース料勘定（費用）で処理する。

〈契　約　時〉（仕 訳 な し）
〈リース料支払時〉　(借) 支 払 リ ー ス 料　×××　　（貸）現　　　　　金　×××

例　当期首にリース会社からリース物件としてパソコンを年間リース料¥120,000（毎期末現金払い），期間3年間の条件で調達した。なお，このリース取引はオペレーティング・リース取引と判定された。

(i) リース物件取得時
　（仕 訳 な し）

(ii) 期末のリース料支払時
　(借) 支 払 リ ー ス 料　120,000　　（貸）現　　　　　金　120,000

(iii) 決算整理
　（仕 訳 な し）

③ 外貨建取引

① 外貨建取引

　　外国の企業と商品売買取引をおこなったときに，取引額を外国通貨単位（たとえばドル）で契約することがある。このような取引を**外貨建取引**という。外貨建取引を記帳するためには日本円に換算しなければならず（為替換算という），このときに**為替相場**（為替レートともいう）を使用する。外貨建取引は取引発生日にその時点の為替相場（**直物為替相場**という）で換算した金額で記帳するが，たとえば，商品売買取引の代金を掛け（外貨建金銭債権・債務）としている場合，その掛代金の決済は後日となり，代金決済日には，その時点の為替相場で換算した金額で決済される。そのため，為替相場の変動で決済額に差額が生じることになり，その差額は**為替差損益**勘定で処理する。

　　また，取引発生日と代金決済日の間に決算日を迎えたときは，決算日の為替相場で外貨建金銭債権・債務を換算替えしなければならない。このときに生じる差額も為替差損益勘定で処理する。

　　なお，為替差損益勘定を損益計算書に記載するときは，純額で，借方残高であれば「為替差損」として営業外費用の区分に，貸方残高であれば「為替差益」として営業外収益の区分に表示する。

例 ① 　2月10日　アメリカの得意先に商品3,000ドルを輸出し，代金は掛けとした。なお，代金の決済日は4月30日の予定であり，2月10日の直物為替相場は1ドル¥125であった。
　　　（借）売　掛　金　　375,000　　（貸）売　　　　上　　375,000
　　…換算額は3,000ドル×@¥125＝¥375,000
　　　　売上の取引額はこの金額で確定となる。

例 ② 　3月31日　本日決算日にあたり，上記3,000ドルの掛代金を換算替えする。3月31日の直物為替相場は1ドル¥128であった。
　　　（借）売　掛　金　　9,000　　（貸）為 替 差 損 益　　9,000
　　…売掛金の再換算額は3,000ドル×@¥128＝¥384,000
　　　　よって売掛金を¥9,000増額し，為替差損益（為替差益分）を貸方に計上する。

例 ③ 　4月30日　アメリカの得意先から3,000ドルの送金があり，取引銀行で円貨に両替して当社の当座預金口座に入金した。4月30日の直物為替相場は1ドル¥127であった。
　　　（借）当 座 預 金　　381,000　　（貸）売　掛　金　　384,000
　　　　　為 替 差 損 益　　3,000
　　…当座預金口座への入金額は3,000ドル×@¥127＝¥381,000
　　　　売掛金¥384,000に対し実際の入金額が¥381,000であるため，¥3,000の為替差損益（為替差損分）を借方に計上する。

② 為替予約

　　外貨建取引では為替相場の変動により，多額の損失（為替差損）が生じるリスク（危険性）を抱えている。そこで，このリスクを回避するために，将来の決済時の為替レートを取引銀行などと事前に取り決めて契約する場合がある。これを**為替予約**という。為替予約契約を締結した場合は，決済時の円貨額が確定するため，為替相場の変動の影響を受けなくなるが，どの段階で為替予約契約をおこなうかで次のように処理方法が異なる。

（i）**取引発生の段階で為替予約契約が締結されている場合**

　　この場合は取引発生日に予約した為替レート（**予約レート**）で円換算した金額をもって記帳し，その後，決算日においては換算替えせず，決済日に所定の円貨額をもって決済することになる。よって，為替相場の変動による為替差損益は発生しない。

例 ① 2月1日　イタリアの仕入先から商品4,000ユーロを掛けで輸入した。なお，この取引と同時に1ユーロあたり¥134の為替予約契約を取引銀行と締結した（決済予定日4月30日）。なお，2月1日の直物為替相場は1ユーロ¥130であった。

（借）仕　　　　入　536,000　（貸）買　掛　金　536,000
…換算額は，4,000ユーロ×予約レート@¥134＝¥536,000

例 ② 3月31日　本日決算日。3月31日の直物為替相場は1ユーロ¥133であった。
（仕　訳　な　し）

例 ③ 4月30日　本日決済日につき，取引銀行との為替予約契約に基づき，当座預金口座からイタリアの仕入先に4,000ユーロを送金する決済をした。4月30日の直物為替相場は1ユーロ¥136であった。

（借）買　掛　金　536,000　（貸）当　座　預　金　536,000
…決済に必要な円貨額は為替予約時の金額

(ii) **取引発生後に為替予約契約を締結した場合**

　　この場合は，取引発生日には直物為替相場で円換算した金額が記帳され，その後，為替予約契約を締結した時点で決済額が確定する。この為替予約契約締結時に，取引発生時の直物為替相場と予約レートとの差額を為替差損益として処理する。（日商簿記２級では為替差損益は期間配分せず，すべて当期の損益とする。）

例 ① 2月1日　イタリアの仕入先から商品4,000ユーロを掛けで輸入した。2月1日の直物為替相場は1ユーロ¥130であった。

（借）仕　　　　入　520,000　（貸）買　掛　金　520,000
…換算額は4,000ユーロ×直物為替相場@¥130＝¥520,000

例 ② 3月1日　2月中の円安傾向を受け，円貨による掛代金支払額を固定するために取引銀行との間で4,000ユーロを1ユーロあたり¥135で購入する為替予約契約を締結した（決済予定日4月30日）。3月1日の直物為替相場は1ユーロ¥132であった。なお，直物為替相場と予約レートとの差額はすべて当期の損益として処理する。

（借）為　替　差　損　益　20,000　（貸）買　掛　金　20,000
…買掛金の再換算額は4,000ユーロ×予約レート@¥135＝¥540,000
　　よって，買掛金を¥20,000増額し，為替差損益（為替差損分）を借方に計上する。

例 ③ 3月31日　本日決算日。3月31日の直物為替相場は1ユーロ¥133であった。
（仕　訳　な　し）

例 ④ 4月30日　本日決済日につき，取引銀行との為替予約契約に基づき，当座預金口座からイタリアの仕入先に4,000ユーロを送金する決済をした。4月30日の直物為替相場は1ユーロ¥136であった。

（借）買　掛　金　540,000　（貸）当　座　預　金　540,000
…決済に必要な円貨額は為替予約時の金額

④ **税効果会計**

　企業会計上の利益計算と税法上の利益（所得という）計算の算定目的が異なる（企業会計は適正な期間損益計算，税法は課税の公平性）ため，企業会計で計算される税引前当期純利益と税法により計算される法人税等が期間対応していないことがある。**税効果会計**はこの相違を調整するため，法人税等を期間配分することにより両者を期間的に対応させる会計処理である。税効果会計を適用する対象は，企業会計上の損益認識時点と税法上の損益（益金・損金という）認識時点がズレているだけで，時間の経過によりやがてズレが解消される「一時差異」にかぎられる。（正確には資産負債法により一時差異を認識する。）

① 将来の課税所得が減算となる「**将来減算一時差異**」

　企業会計上費用として計上した金額が，税法上の損金（税法上の費用）と認められない場合などによる差異で，企業会計上よりも多い法人税等額が算出され課税される。税効果会計ではこの多くなりすぎている税額を一時差異が解消されるまでの前払分と考え，

　　　（借）繰 延 税 金 資 産　×××　　（貸）法人税等調整額　×××

と仕訳し，法人税等計上額を減額，前払分の税金を**繰延税金資産**（資産）として計上する。

　この対象には，貸倒引当金の繰入限度超過額，減価償却費の償却限度超過額などがある。

② 将来の課税所得が加算となる「**将来加算一時差異**」

　固定資産の圧縮記帳のうち積立金方式による場合では，企業会計上よりも少ない法人税等額が算出され課税される。この少ない状態を一時差異が解消されるまでの法人税等の未払いと考え，

　　　（借）法人税等調整額　×××　　（貸）繰 延 税 金 負 債　×××

と仕訳し，法人税等計上額を増額，未払分の税金を**繰延税金負債**（負債）として計上する。

　なお，日商簿記2級の出題は，次の三つに対する税効果に限定されている。

(i)　**貸倒引当金の損金算入限度額を超過した分**

(ii)　**減価償却費の損金算入限度額を超過した分**

(iii)　**その他有価証券の時価評価における評価差額（全部純資産直入法）**

例 ①　令和×/年度の決算において，売掛金に対し貸倒引当金を¥300,000計上したが，そのうち¥60,000については税法上の損金に算入することが認められなかった。税効果会計適用の仕訳を示せ。なお，法人税等の実効税率は30%とする。

　　（借）繰 延 税 金 資 産　　18,000　　（貸）法人税等調整額　　18,000

　…繰延税金資産の金額は，損金不算入額¥60,000×30%＝¥18,000

例 ②　前期に損金算入を認められなかった上記例①の貸倒引当金繰入額¥60,000について，該当する売掛金が実際に貸し倒れとなったため，当期の損金に算入することが認められた。税効果会計適用の仕訳を示せ。

　　（借）法人税等調整額　　18,000　　（貸）繰 延 税 金 資 産　　18,000

　…差異が解消したので例①の仕訳を取り消す。

例 ③　決算にあたり，当期首に取得した備品（取得原価¥960,000，残存価額ゼロ，耐用年数4年）について定額法により減価償却をおこなった。なお，税法で認められている耐用年数は6年であるため，税法上の償却限度額を超過した部分については損金に算入することが認められなかった。

　　以上の内容に対し，減価償却費計上の仕訳と税効果会計適用の仕訳を示せ。法人税等の実効税率は30%とする。

　　（借）減 価 償 却 費　　240,000　　（貸）備品減価償却累計額　　240,000
　　　　　繰 延 税 金 資 産　　24,000　　　　　法人税等調整額　　24,000

　…企業会計上の減価償却費は¥960,000÷4年＝¥240,000（減価償却費計上額）

　　税法上の償却限度額は¥960,000÷6年＝¥160,000

　　よって，超過額は¥240,000－¥160,000＝¥80,000

　　この損金不算入額に対し，税効果会計を適用する。

　　¥80,000×30%＝¥24,000

例 ④　決算にあたり，その他有価証券で処理しているA社株式（取得原価¥1,600,000）の時価が¥1,700,000であったため，評価替えをおこなった。ただし，税法ではその他有価証券の評価差額は計上を認められていないため，税効果会計を適用する。なお，法人税等の実効税率は30％とする。

（借）　その他有価証券　100,000　　（貸）　繰延税金負債　30,000
　　　　　　　　　　　　　　　　　　　　その他有価証券評価差額金　70,000

…評価替えにより資産額が増加するが，税法上はこれを認めないまま税額が少なく算出されている。よって，法人税等の未払いがあると考え，評価差額金¥100,000×30％＝¥30,000を繰延税金負債に計上する。ただし，評価差額金は損益認識せず，すべて純資産に計上するので，この税効果に対しては法人税等調整額を計上せず，繰延税金負債分は評価差額金から直接控除される。

例 ⑤　例④のA社株式の時価が¥1,550,000であった場合。

（借）　繰延税金資産　15,000　　（貸）　その他有価証券　50,000
　　　　その他有価証券評価差額金　35,000

…評価替えにより資産額が減少するが，税法上はこれを認めないまま税額が多く算出されている。よって，法人税等の前払いがあると考え，評価差額金¥50,000×30％＝¥15,000を繰延税金資産に計上する。ただし，評価差額金は損益認識せず，すべて純資産に計上するので，この税効果に対しては法人税等調整額を計上せず，繰延税金資産分は評価差額金から直接控除される。

5　圧縮記帳（直接控除方式）

固定資産を取得するさいに国や地方公共団体から国庫補助金を受け入れた場合，その受け入れた額は**国庫補助金受贈益**勘定（特別利益）で処理される。そのため，このままだと補助金額に対し法人税が課せられ，補助金の効果を薄めてしまう。

圧縮記帳とは，この補助金に対する課税を一時的に回避するため，国庫補助金受贈益に対し，**固定資産圧縮損**勘定（特別損失）を計上し相殺するとともに，同額を固定資産の帳簿価額から**減額（圧縮）**する記帳方法である。

この結果，補助金相当額の収益は相殺され課税されることはなくなるが，その分，固定資産額が減額（圧縮）されているので，毎決算時の減価償却費（費用）が圧縮記帳をしない場合にくらべて小さくなり，結果，利益が増加し，課税額が増えることになる。このように，圧縮記帳は，課税される時期を将来の期間に繰り延べる効果があるとされている。

なお，電力・ガス・鉄道会社などの公益企業が，設備建設にさいし消費者から工事負担金を受け取った場合も，同様の会計処理が認められている。

例 ①　備品の購入にあたり，国庫補助金¥600,000の助成を受けることとなり，当社の当座預金口座に助成金が振り込まれた。

（借）　当座預金　600,000　　（貸）　国庫補助金受贈益　600,000

例 ②　助成対象の備品¥6,000,000を本日取得し，使用を開始した。なお，代金は今月末に支払うことになっている。

（借）　備品　6,000,000　　（貸）　未払金　6,000,000

例 ③　本日，決算日となり，直接控除方式により圧縮記帳の処理をおこなった。

（借）　固定資産圧縮損　600,000　　（貸）　備品　600,000

例 ④　決算整理として減価償却を200％定率法により月割計算にておこなう。記帳は間接法による。なお，当該備品は6か月間使用しており，耐用年数8年，残存価額は0とする。

（借）　減価償却費　675,000　　（貸）　備品減価償却累計額　675,000

…（200％定率法の償却率）

残存価額0で耐用年数8年の定額法の償却率は1÷8年＝0.125

200％定率法はこの定額法償却率の200％（2倍）を定率法の償却率とするので0.125×2＝0.25

備品の帳簿価額は¥6,000,000－¥600,000＝¥5,400,000に圧縮されているので

$$¥5,400,000×0.25×\frac{6か月}{12か月}=¥675,000$$

6 　連結会計

財務会計Ⅰの教科書で学ぶ連結会計の基本的な連結修正事項は次のとおりである。

> ①　資本連結（投資と資本の相殺消去を開始仕訳として）
> ②　のれんの償却
> ③　子会社当期純利益の非支配株主への配分処理
> ④　子会社の配当金支払いにともなう内部取引分の相殺と非支配株主への負担処理
> ⑤　連結会社相互間の取引高や債権・債務の相殺消去
> ⑥　連結会社相互間の未実現利益の消去

　日商簿記2級ではこれらに追加して，ダウンストリームの場合とアップストリームの場合の未実現利益の消去や貸倒引当金の消去が出題範囲に含まれる。

Ⅰ　未実現利益の消去

　連結会社相互間の取引により生じた未実現利益は消去するが，親会社と子会社のどちらに帰属する未実現利益を消去するかで会計処理を変えなければならない。

【ダウンストリームとアップストリーム】

　未実現利益を消去するときに，親会社から子会社へ販売・売却（ダウンストリーム）の場合と，子会社から親会社へ販売・売却（アップストリーム）の場合とで消去仕訳が異なる。

《親会社から子会社への販売（ダウンストリーム）の場合》

　　親会社が付加した未実現利益を消去するので，親会社側の利益変動となり，非支配株主への影響は考えなくてよい。

《子会社から親会社への販売（アップストリーム）の場合》

　　子会社が付加した未実現利益を消去するので，子会社側の利益変動となり，非支配株主への影響も考える。

①　期末商品棚卸高に含まれる未実現利益の消去

例　親会社の投資割合80％，未実現利益1,000千円とする。

《ダウンストリームの場合》

（借）売 上 原 価　　1,000　（貸）商　　　品　　　1,000

《アップストリームの場合》

（借）売 上 原 価　　1,000　（貸）商　　　品　　　1,000
　　　非支配株主持分　　200　　　　非支配株主に帰属
　　　　　　　　　　　　　　　　　する当期純利益　　　200

　　…未実現利益消去仕訳は同じだが，子会社に帰属する未実現利益を消去した結果，子会社側の利益変動が－1,000千円（費用1,000千円増）となるため，非支配株主にそのうちの20％を負担させる。（全額消去持分比率負担方式という。）

②　固定資産に含まれる未実現利益の消去

　連結会社相互間で固定資産の売却取引がおこなわれ，売却益が生じたまま連結会社内に残っている場合も未実現利益として消去する。この場合，対象が減価償却資産か否かで会計処理が異なる。日商簿記2級では非減価償却資産の土地に限定して出題される。

（i）　非減価償却資産の場合

　　土地など減価償却しない固定資産が対象の場合は，単純に未実現となる売却益と過大になっている資産額を相殺消去すればよい。なお，ダウンストリームとアップストリームとの場合を区別して考えなければならない。

例 親会社の投資割合80％　対象資産が土地で20,000千円の売却益が計上されている場合

《ダウンストリームの場合》

（借）　固定資産売却益　　20,000　　（貸）　土　　　　　地　　20,000

《アップストリームの場合》

（借）　固定資産売却益　　20,000　　（貸）　土　　　　　地　　20,000
　　　　非支配株主持分　　　4,000　　　　　非支配株主に帰属
する当期純利益　　　4,000

　…子会社に帰属する未実現利益を消去するので，その利益変動額−20,000千円に対し，非支配株主にそのうちの20％分を負担させる。

(ii) **減価償却資産の場合**（参考）

　備品など減価償却をおこなう固定資産が対象の場合は，未実現となる売却益と過大になっている資産額を相殺消去し，過大計上された減価償却費についても減額修正をおこなう。なお，ダウンストリームとアップストリームとの場合を区別して考えなければならない。

例 親会社の投資割合80％，対象資産が備品（購入側の計上額70,000千円）で20,000千円の売却益が計上されている。減価償却は残存価額「0」で，5年の定額法でおこなわれている。

《ダウンストリームの場合》

（借）　固定資産売却益　　20,000　　（貸）　備　　　　　品　　20,000
　　　　備品減価償却累計額　4,000　　　　　減　価　償　却　費　　4,000

　…親会社に帰属する未実現利益を消去し，その影響で過大となっていた減価償却費20,000千円÷5年＝4,000千円を減額修正する。

《アップストリームの場合》

（借）　固定資産売却益　　20,000　　（貸）　備　　　　　品　　20,000
　　　　備品減価償却累計額　4,000　　　　　減　価　償　却　費　　4,000
　　　　非支配株主持分　　　3,200　　　　　非支配株主に帰属
する当期純利益　　　3,200

　…子会社に帰属する未実現利益を消去し，減価償却費も減額修正した結果の総利益変動額−16,000千円（売却益20,000千円減，減価償却費4,000千円減）に対し，非支配株主にそのうちの20％分を負担させる。

Ⅱ　貸倒引当金繰入額の消去

　連結会社相互間の債権・債務の相殺消去により売上債権が減額された場合，それに対して設定している貸倒引当金も減額修正する。なお，親会社の売掛金が相殺されたことにより親会社の貸倒引当金を消去したのか，子会社の売掛金が相殺されたことにより子会社の貸倒引当金を消去したのかによって会計処理が異なる。

例 親会社の投資割合80％，相殺消去された売掛金10,000千円，貸倒引当金設定率2％とする。

《親会社の売掛金が相殺される場合》

（借）　貸 倒 引 当 金　　　200　　（貸）　貸倒引当金繰入　　　200

　…消去する貸倒引当金は10,000千円×2％＝200千円。親会社側の利益変動になるので非支配株主への影響は考えなくてよい。

《子会社の売掛金が相殺される場合》

（借）　貸 倒 引 当 金　　　200　　（貸）　貸倒引当金繰入　　　200
　　　　非支配株主に帰属
する当期純利益　　　40　　　　　非支配株主持分　　　40

　…貸倒引当金の消去仕訳は同じだが，その結果子会社の利益変動が＋200千円（費用200千円減）生じるため，非支配株主にそのうちの20％を配分する。

練習問題

1. 次の(A)決算整理前残高試算表と(B)決算整理事項等にもとづいて，貸借対照表を完成しなさい。なお，会計期間はX2年4月1日からX3年3月31日までの1年である。なお，決算整理事項6と9については法定実効税率を30％として税効果会計を適用する。

(A) 決算整理前残高試算表

決算整理前残高試算表

X3年3月31日　　　　　　　　　　（単位：円）

借方科目	金額	貸方科目	金額
現　　　　　金	3,720,000	支　払　手　形	4,660,000
当　座　預　金	8,320,000	買　　掛　　金	5,640,000
受　取　手　形	6,800,000	長　期　借　入　金	9,600,000
売　　掛　　金	8,340,000	リ　ー　ス　債　務	600,000
繰　越　商　品	7,200,000	貸　倒　引　当　金	300,000
仮　　払　　金	800,000	建物減価償却累計額	3,600,000
建　　　　　物	18,000,000	備品減価償却累計額	3,200,000
備　　　　　品	8,000,000	資　　本　　金	20,000,000
リ　ー　ス　資　産	720,000	資　本　準　備　金	3,400,000
土　　　　　地	12,000,000	利　益　準　備　金	1,600,000
その他有価証券	3,000,000	任　意　積　立　金	3,600,000
繰　延　税　金　資　産	300,000	繰越利益剰余金	10,606,000
仕　　　　　入	38,400,000	売　　　　　上	57,600,000
給　　　　　料	6,500,000	為　替　差　損　益	260,000
広　告　宣　伝　費	1,026,000		
支　払　保　険　料	360,000		
支　払　利　息	580,000		
固　定　資　産　売　却　損	600,000		
	124,666,000		124,666,000

(B) 決算整理事項等

1　銀行から受け取った残高証明書の残高と不一致があったため原因を調査したところ，次のことが判明した。

①　広告宣伝費の支払いとして振り出した小切手680,000円が銀行に未呈示であった。

②　売掛金の入金980,000円があったさいに，誤って420,000円と誤記入していた。

2　売掛金期末残高のうち，期中に外貨建て（ドル建て）で生じた売掛金（輸出時の為替相場：1ドル125円）が2,500,000円である。決算日の為替相場は1ドル130円となっている。

3　売上債権について，次のように貸倒引当金の設定をおこなう。

得意先甲社に対する売掛金980,000円については，債権額から担保処分見込額500,000円を控除した残額の50％の金額を，貸倒引当金として設定することにした。その他の売上債権については，貸倒実績率3％として貸倒引当金を設定する。なお，甲社に対する売掛金も含めて売掛金は流動資産に表示する。

4　期末商品棚卸高は，次のとおりである。

帳簿棚卸高　数量　2,000個　　原　　価　@3,200円

実地棚卸高　数量　1,900個　　正味売却価額　@3,000円

棚卸減耗損と商品評価損は，売上原価の内訳科目として表示する。

5　固定資産の減価償却を次のとおりおこなう。

建　　　物：定額法（耐用年数　20年　　残存価額　ゼロ）

備　　　品：200％定率法（取得日　X1年4月1日　　耐用年数　5年）

リース資産：車両のリース契約によるものであり，X2年4月1日に契約したものである。
　　　　　　　リース期間6年，中途解約不能。リース料は年額120,000円であり，期末に6回
　　　　　　　均等額支払い。
6　当期に購入したその他有価証券は次のとおりである。

	帳簿価額（取得原価）	時　価
D社株式	3,000,000円	3,300,000円

7　支払保険料はX2年12月1日に向こう1年分の保険料を支払ったものである。
8　仮払金は，法人税等の中間納付額を計上したものである。法人税等の課税見込額は2,480,000円である。
9　当期の税効果会計上の一時差異は，次のとおりである。

	期　首	期　末
貸倒引当金損金算入限度超過額	280,000円	300,000円
減価償却費限度超過額	720,000円	900,000円
合　　計	1,000,000円	1,200,000円

貸　借　対　照　表
X3年3月31日　　　　　　　　　　　　（単位：円）

資産の部		負債の部	
Ⅰ　流動資産		Ⅰ　流動負債	
1　現　　金	（　　）	1　支払手形	（　　）
2　当座預金	（　　）	2　買掛金	（　　）
3　受取手形（　　）		3　リース債務	（　　）
貸倒引当金（　　）（　　）		4　（　　　）	（　　）
4　売掛金（　　）		流動負債合計	（　　）
貸倒引当金（　　）（　　）		Ⅱ　固定負債	
5　商　　品	（　　）	1　長期借入金	（　　）
6　（　　　）	（　　）	2　リース債務	（　　）
流動資産合計	（　　）	固定負債合計	（　　）
Ⅱ　固定資産		負債合計	（　　）
1　建　　物（　　）		純資産の部	
減価償却累計額（　　）（　　）		Ⅰ　株主資本	
2　備　　品（　　）		1　資本金	（　　）
減価償却累計額（　　）（　　）		2　資本剰余金	
3　リース資産（　　）		資本準備金	（　　）
減価償却累計額（　　）（　　）		3　利益剰余金	
4　土　　地	（　　）	①　利益準備金（　　）	
5　（　　　）	（　　）	②　任意積立金（　　）	
6　繰延税金資産	（　　）	③　繰越利益剰余金（　　）（　　）	
固定資産合計	（　　）	株主資本合計	（　　）
		Ⅱ　評価・換算差額等	
		（　　　　）（　　）	
		純資産合計	（　　）
資産合計	（　　）	負債及び純資産合計	（　　）

2. 次の［資料］にもとづき，連結第2年度（X1年4月1日からX2年3月31日）の連結損益計算書を作成し，連結貸借対照表に関する解答欄の金額について答えなさい。

［資料］

1．P社はX0年3月31日にS社の発行済株式総数（3,000株）の60％を1,500,000円で取得して支配を獲得し，それ以降S社を連結子会社として連結財務諸表を作成している。なお，P社のS社に対する持分の変動はない。のれんの償却は，支配獲得時の翌年度から10年間で均等償却をおこなっている。

X0年3月31日（支配獲得時）のS社の個別貸借対照表は，次のとおりである。

S社の個別貸借対照表

X0年3月31日　　　　　　　（単位：円）

諸　資　産	3,750,000	諸　負　債	1,750,000
		資　本　金	1,500,000
		資本剰余金	400,000
		利益剰余金	100,000
	3,750,000		3,750,000

S社の連結第1年度（X0年4月1日からX1年3月31日）の当期純利益は400,000円であり，配当はおこなっていない。

2．P社およびS社の連結第2年度期末の貸借対照表および連結第2年度の損益計算書は，次のとおりである。

貸　借　対　照　表

X2年3月31日　　　　　　　　　　　　　　　　　　　（単位：円）

資　　産	P　社	S　社	負債・純資産	P　社	S　社
諸　資　産	6,060,000	2,800,000	諸　負　債	2,000,000	900,000
売　掛　金	1,500,000	1,000,000	買　掛　金	800,000	850,000
（貸倒引当金）	△60,000	△40,000	資　本　金	7,000,000	1,500,000
商　　品	2,500,000	1,040,000	資本剰余金	500,000	400,000
S　社　株　式	1,500,000	－	利益剰余金	1,200,000	1,150,000
	11,500,000	4,800,000		11,500,000	4,800,000

損　益　計　算　書

X1年4月1日～X2年3月31日　　　（単位：円）

	P　社	S　社
売　　上　　高	12,000,000	9,000,000
売　上　原　価	9,000,000	7,200,000
売　上　総　利　益	3,000,000	1,800,000
販売費及び一般管理費	2,000,000	1,100,000
営　業　利　益	1,000,000	700,000
営　業　外　収　益	700,000	500,000
営　業　外　費　用	600,000	300,000
当　期　純　利　益	1,100,000	900,000

3．連結第2年度（X1年4月1日からX2年3月31日）において，S社は250,000円の配当をおこなっている。その他，連結会社間で次のことが判明している。

　ⅰ）連結会社間の債権・債務について

　　　P社は売掛金期末残高1,500,000円に対して4％の貸倒引当金を設定しており，売掛金期末残高のうち500,000円がS社に対するものである。

　ⅱ）連結会社間の内部取引高について

　　　P社は当期においてS社に対して商品を販売しており，その売上高は3,300,000円である。S社のP社からの商品仕入高は3,300,000円である。

iii） 未実現利益について

　　P社はS社に対して以前より仕入原価に10%の利益を付加して商品を販売しており，S社はP社から仕入れた商品を外部に販売している。（ともに決算日は3月31日）

　　X2年3月31日にS社が保有する期末商品のうち，P社から仕入れた金額は550,000円である。なお，S社の期首商品にP社から仕入れたものはなかった。

連 結 損 益 計 算 書

X1年4月1日〜X2年3月31日　（単位：円）

売　　　　　上　　　　　高	（　　　　　　　　）
売　　　上　　　原　　　価	（　　　　　　　　）
売　上　総　利　益	（　　　　　　　　）
販　売　費　及　び　一　般　管　理　費	（　　　　　　　　）
営　業　利　益	（　　　　　　　　）
営　業　外　収　益	（　　　　　　　　）
営　業　外　費　用	（　　　　　　　　）
当　期　純　利　益	（　　　　　　　　）
非支配株主に帰属する当期純利益	（　　　　　　　　）
親会社株主に帰属する当期純利益	（　　　　　　　　）

連結貸借対照表(X2年3月31日)の金額(単位：円)

	金　　額
商　　　　　　　　品	
の　　れ　　ん	
利　益　剰　余　金	
非　支　配　株　主　持　分	

公益財団法人全国商業高等学校協会主催　**簿記実務検定試験規則**　（平成27年2月改正）

第1条　公益財団法人全国商業高等学校協会は，簿記実務の能力を検定する。

第2条　検定は筆記試験によって行う。

第3条　検定は第1級，第2級および第3級の3種とする。

第4条　検定試験は全国一斉に同一問題で実施する。

第5条　検定試験は年2回実施する。

第6条　検定の各級は次のように定める。

第1級　会計（商業簿記を含む）・原価計算
第2級　商業簿記
第3級　商業簿記

第7条　検定に合格するためには各級とも70点以上の成績を得なければならない。ただし，第1級にあっては，各科目とも70点以上であることを要する。

第8条　検定に合格した者には合格証書を授与する。

第1級にあっては，会計・原価計算のうち1科目が70点以上の成績を得たときは，その科目の合格証書を授与する。

前項の科目合格証書を有する者が，取得してから4回以内の検定において，第1級に不足の科目について70点以上の成績を得たときは，第1級合格と認め，合格証書を授与する。

第9条　省　略

第10条　検定試験受験志願者は所定の受験願書に受験料を添えて本協会に提出しなければならない。

第11条　試験委員は高等学校その他の関係職員がこれに当たる。

施　行　細　則　（平成27年2月改正）

第1条　受験票は本協会で交付する。受験票は試験当日持参しなければならない。

第2条　試験規則第5条による試験日は，毎年1月・6月の第4日曜日とする。

第3条　検定の第1級の各科目および第2・3級の配点は各100点満点とし，制限時間は各1時間30分とする。

第1級にあっては，会計・原価計算のうち，いずれか一方の科目を受験することができる。

第4条　試験問題の範囲および答案の記入については別に定めるところによる。

第5条　受験料は次のように定める。（消費税を含む）

第1級　1科目につき　1,300円
第2級　1,300円
第3級　1,300円

第6条　試験会場では試験委員の指示に従わなければならない。

第7条　合格発表は試験施行後1か月以内に行う。その日時は試験当日までに発表する。

答 案 の 記 入 に つ い て　（昭和26年6月制定）

1. 答案はインクまたは鉛筆を用いて記載すること。けしゴムを用いてさしつかえない。

2. 朱記すべきところは赤インクまたは赤鉛筆を用いること。ただし線は黒でもよい。

出 題 の 範 囲 に つ い て　（令和5年3月改正）

この検定試験は，文部科学省高等学校学習指導要領に定める内容によっておこなう。

Ⅰ　各級の出題範囲

各級の出題範囲は次のとおりである。ただし，2級の範囲は3級の範囲を含み，1級の範囲は2・3級の範囲を含む。

内　　容	3　級	2　級	1　級　（会計）
(1)簿記の原理	ア．簿記の概要 資産・負債・純資産・収益・費用 貸借対照表・損益計算書 イ．簿記の一巡の手続 取引・仕訳・勘定 仕訳帳・総勘定元帳 試算表 ウ．会計帳簿 主要簿と補助簿 現金出納帳・小口現金出納帳・当座預金出納帳・仕入帳・売上帳・商品有高帳（先入先出法・移動平均法）・売掛金元帳・買掛金元帳	受取手形記入帳 支払手形記入帳	(総平均法)
(2)取引の記帳	ア．現金預金 イ．商品売買 ウ．掛け取引	現金過不足の処理 当座借越契約 エ．手形 手形の受取・振出・決済・裏書・割引・書換・不渡 手形による貸付及び借入 営業外取引による手形処理 オ．有価証券 売買を目的とした有価証券	銀行勘定調整表の作成 予約販売 サービス業会計 工事契約 契約資産・契約負債 満期保有目的の債券・他企業支配目的株式・その他有価証券・有価証券における利息

内　　容	3　級	2　級	1　級　（会計）
	カ．その他の債権・債務	クレジット取引 電子記録債権・債務	
	キ．固定資産 　　取得	売却	除却・建設仮勘定・無形固定資産 リース会計（借り手の処理）
	ク．販売費と一般管理費 ケ．個人企業の純資産		
		追加元入れ・引き出し コ．税金 　　所得税・住民税・固定資産税・事業 　　税・印紙税・消費税・法人税 サ．株式会社会計 　　設立・新株の発行・当期純損益の計 　　上・剰余金の配当と処分	課税所得の計算 税効果会計に関する会計処理 合併・資本金の増加・資本金の減 少・任意積立金の取り崩し・自己株 式の取得・処分・消却 新株予約権の発行と権利行使 シ．外貨建換算会計
(3)決　　算	ア．決算整理 　商品に関する勘定の整理 　貸倒れの見積もり 　固定資産の減価償却（定額法） 　　　　　　　　　　（直接法）	（定率法） （間接法） 有価証券の評価 収益・費用の繰り延べと見越し 消耗品の処理	商品評価損・棚卸減耗損 （生産高比例法） 税効果会計を含む処理 退職給付引当金 リース取引における利息の計算 外貨建金銭債権の評価
	イ．精算表 ウ．財務諸表 　損益計算書（勘定式） 　貸借対照表（勘定式）		（報告式） （報告式） 株主資本等変動計算書
(4)本支店会計		ア．本店・支店間取引 　支店相互間の取引 イ．財務諸表の合併	
(5)記帳の効率化	ア．伝票の利用 　入金伝票・出金伝票・振替伝票の起 　票 イ．会計ソフトウェアの活用	伝票の集計と転記	
(6)財務会計の概要			ア．企業会計と財務会計の目的 イ．会計法規と会計基準 ウ．財務諸表の種類
(7)資産,負債,純資産			ア．資産，負債の分類，評価基準 イ．資産，負債の評価法
(8)収益, 費用			ア．損益計算の基準 イ．営業損益 ウ．営業外損益 エ．特別損益
(9)財務諸表 　分析の基礎			ア．財務諸表の意義・方法 イ．収益性，成長性，安全性の分析 ウ．連結財務諸表の目的，種類，有用性

内　　容	1　級　（原価計算）
(1)原価と原価計算	ア．原価の概念と原価計算 イ．製造業における簿記の特色と仕組み
(2)費目別計算	ア．材料費の計算と記帳 イ．労務費の計算と記帳 ウ．経費の計算と記帳
(3)部門別計算と製品別計算	ア．個別原価計算と製造間接費の計算 　　（製造間接費差異の原因別分析（公式法変動予算）を含む） イ．部門別個別原価計算 　　（補助部門費の配賦は，直接配賦法・相互配賦法による） ウ．総合原価計算 　　（月末仕掛品原価の計算は，平均法・先入先出法による） 　　（仕損と減損の処理を含む）
(4)内部会計	ア．製品の完成と販売 イ．工場会計の独立 ウ．製造業の決算
(5)標準原価計算	ア．標準原価計算の目的と手続き 　　（シングルプラン及びパーシャルプランによる記帳を含む） イ．原価差異の原因別分析 ウ．損益計算書の作成
(6)直接原価計算	ア．直接原価計算の目的 イ．損益計算書の作成 ウ．短期利益計画

Ⅱ　各級の勘定科目（第97回より適用）

勘定科目のおもなものを級別に示すと，次のとおりである。

ただし，同一の内容を表せば，教科書に用いられている別の名称の科目を用いてもさしつかえない。

3　級

——ア行——
受取地代勘定
受取手数料〃
受取家賃〃
受取利息〃
売上〃
売掛金〃

——カ行——
買掛金勘定
貸倒損失〃
貸倒引当金〃
貸倒引当金繰入〃
貸付金〃
借入金〃
仮受金〃

仮払金勘定
給料〃
繰越商品〃
減価償却費〃
現金〃
広告交通費〃
小口現金〃

——サ行——
雑費勘定
仕入〃
支払地代〃
支払手数料〃
支払家賃〃
支払利息〃

資本金勘定
車両運搬具〃
従業員預り金〃
従業員立替金〃
商品売買益〃
商品売買損〃
消耗品費〃
所得税預り金〃
水道光熱費〃
損益〃

——タ行——
建物勘定
通信費〃
定期預金〃

当座預金勘定
土地〃

——ハ行——
発送費勘定
普通預金〃
保険料〃

——マ行——
前受金勘定
前払金〃
未収金〃
未払金〃

——ラ行——
旅費勘定

2　級

——ア行——
印紙税勘定
受取商品券〃
受取手形〃
営業外受取手形〃
営業外支払手形〃

——カ行——
開業費勘定
株式交付費〃
仮受消費税〃
仮払法人税等〃
仮払消費税〃
繰越利益剰余金〃
クレジット売掛金〃
現金過不足〃
固定資産税〃
固定資産売却益〃
固定資産売却損〃

——サ行——
雑益勘定
雑損〃
事業税〃
支店〃
支払手形〃
資本準備金〃
社会保険料預り金〃
車両運搬具減価償却累計額〃
修繕費〃
消耗品〃
新築積立金〃
創立費〃
租税公課〃

——タ行——
建物減価償却累計額勘定
貯蔵品〃
手形貸付金〃

手形借入金勘定
手形売却損〃
電子記録債務〃
電子記録債権売却損〃
当座借越〃

——ハ行——
配当平均積立金勘定
引出金〃
備品減価償却累計額〃
不渡手形〃
別途積立金〃
法人税等〃
法定福利費〃
本店〃

——マ行——
未払消費税勘定
未払税金〃

未払配当金勘定
未払法人税等〃

——ヤ行——
有価証券勘定
有価証券売却益〃
有価証券売却損〃
有価証券評価益〃
有価証券評価損〃

——ラ行——
利益準備金勘定

ほかに
［前払費用に関する勘定
　前受収益に関する〃
　未払費用に関する〃
　未収収益に関する〃

1　級　（会　計）

——ア行——
受取配当金勘定
役務原価〃
役務収益〃

——カ行——
開発費勘定
火災損失〃
為替差損益〃
関連会社株式〃
関連会社株式評価損〃
機械装置〃
機械装置減価償却累計額〃
繰延税金資産〃
繰延税金負債〃
契約資産〃
契約負債〃
研究開発費〃
建設仮勘定〃

鉱業権勘定
鉱業権償却〃
工事収益〃
工事原価〃
構築物〃
構築物減価償却累計額〃
子会社株式〃
子会社株式評価損〃
固定資産除却損〃

——サ行——
災害損失勘定
仕入割引〃
仕掛品〃
自己株式〃
支払リース料〃
商品評価損〃
新株予約権〃
新株予約権戻入益〃

その他資本剰余金勘定
その他有価証券〃
その他有価証券評価差額金〃
ソフトウェア〃
ソフトウェア仮勘定〃
ソフトウェア償却〃

——タ行——
退職給付引当金勘定
退職給付費用〃
棚卸減耗損〃
投資有価証券売却益〃
投資有価証券売却損〃
特許権〃
特許権償却〃

——ナ行——
のれん勘定
のれん償却〃

——ハ行——
売買目的有価証券勘定
法人税等調整額〃
保険差益〃
保証債務〃
保証債務取崩益〃
保証債務費用〃
保証債務見返〃

——マ行——
満期保有目的の債券勘定
未決算〃

——ヤ行——
有価証券利息勘定

——ラ行——
リース資産勘定
リース資産減価償却累計額〃
リース債務〃

1　級　（原価計算）

——ア行——
売上原価勘定

——カ行——
買入部品勘定
外注加工賃〃
ガス代〃
機械装置〃
機械装置減価償却累計額〃
組間接費〃
月次損益〃
健康保険料〃
健康保険料預り金〃
工具器具備品〃
工具器具備品減価償却累計額〃
工場〃
工場消耗品〃
厚生費〃

——サ行——
材料消費価格差異勘定
材料消費数量差異〃
作業くず〃
作業時間差異〃
雑給〃
仕掛品に関する勘定
仕掛品勘定
×組仕掛品〃
××工程仕掛〃
仕損費〃
仕損品〃
修繕費〃
従業員賞与手当〃
消費材料〃
消費賃金〃
消耗工器具備品〃
水道料〃

——製造間接費——
製造間接費勘定
製造間接費配賦差異〃
製造部門費に関する勘定
××製造部門費勘定
製造部門費配賦差異〃
製品に関する勘定
製品勘定
×級製品〃
×組製品〃
操業度差異〃
素材〃

——タ行——
退職給付費用勘定
棚卸減耗〃
賃金〃
賃借料〃
賃率差異〃
電力料〃

特許権使用料勘定

——ナ行——
年次損益勘定
燃料〃
能率差異〃

——ハ行——
半製品に関する勘定
××工程半製品〃
販売費及び一般管理費〃
副産物〃
部門共通費〃
補助部門に関する勘定
××部門費勘定
本社〃

——ヤ行——
予算差異勘定

英語表記一覧表

英数	
1年基準	One-year rule

あ	
移動平均法	moving average method
売上原価	cost of goods sold
売上総利益	gross profit on sales
売上高	sales
売上割引	sales discount
営業外収益	non-operating revenues
営業外費用	non-operating expenses
営業循環基準	Operating cycle rule
（正常営業循環基準）	（normal operating cycle rule）
営業損失	operating loss
営業利益	operating profit
親会社	parent company

か	
会計	accounting
会計期間	accounting period
会計公準	accounting postulates
会計責任	accountability
株主資本	shareholders' equity
株主資本等変動計算書	statement of changes in shareholders' equity
管理会計	management accounting
企業会計基準委員会	ASBJ ; Accounting Standards Board of Japan
継続企業	going concern
減価償却	depreciation
現金主義	cash basis
子会社	subsidiary company
国際会計基準	IAS
国際会計基準委員会	IASC
国際会計基準審議会	IASB
国際財務報告基準	IFRS
固定資産	fixed assets
固定負債	fixed liabilities

さ	
財務会計	financial accounting
財務諸表	financial statements
先入先出法	first-in first-out method ; FIFO
仕入割引	purchase discount
自己資本利益率	ROE ; Return on Equity
資産	assets
実現主義	realization principle
支払利息	interest expense
資本金	stated capital
資本剰余金	capital surplus
収益	revenues
純資産	net assets
証券監督者国際機構	IOSCO
総資産利益率	ROA : Return On Assets
総平均法	weighted average method
損益計算書	profit and loss statement ; P/L income statement ; I/S

た	
貸借対照表	balance sheet ; B/S statement of financial position
棚卸資産	inventories
ディスクロージャー	disclosure
当期純利益	net income
当座資産	quick assets
投資家	investors

な	
のれん	goodwill

は	
発生主義	accrual basis
販売費及び一般管理費	selling and administrative expenses
引当金	allowance （評価性引当金） provisions （負債性引当金）
非支配株主持分	non-controlling interests
費用	expenses
負債	liabilities
法人税等	corporate income taxes

ま	
無形固定資産	intangible fixed assets

や	
有形固定資産	tangible fixed assets property, plant and equipment

ら	
利益剰余金	earned surplus retained earnings
流動資産	current assets
流動負債	current liabilities
連結財務諸表	consolidated financial statements
連結損益計算書	consolidated profit and loss statement
連結貸借対照表	consolidated balance sheet

表紙・本文基本デザイン
エッジ・デザインオフィス

最新段階式　簿記検定問題集　全商1級会計

● 編　者——実教出版編修部

● 発行者——小田　良次

● 印刷所——株式会社 広済堂ネクスト

● 発行所——実教出版株式会社

〒102-8377
東京都千代田区五番町5
電 話〈営業〉（03）3238-7777
　　　〈編修〉（03）3238-7332
　　　〈総務〉（03）3238-7700
https://www.jikkyo.co.jp/

002502023　　　　　ISBN　978-4-407-35723-3